EL VERDADERO SHAKESPEARE

Edward de Vere (1550–1604), 17.º conde de Oxford, a los 25 años, en un retrato de autor desconocido. Copia del original perdido, conservada en la National Portrait Gallery de Londres

EL VERDADERO
SHAKESPEARE

identificado

como

Edward de Vere

el decimoséptimo

conde de Oxford

por

JOHN THOMAS LOONEY

Traducción de Millán Picouto

LINTEO

Lintei Libri

Título original:
Shakespeare Identified
Cecil Palmer, London, 1920

© Ediciones Linteo S. L., 2016
Primavera, 4 - 32005 Ourense
Telf.: 988 247864 - Fax: 988 247163
e-mail: linteo@edicioneslinteo.com
www.edicioneslinteo.com
❦ ✎

© De la traducción: Millán Picouto, 2016

Diseño de la cubierta: Equipo editorial

Las fotografías reproducidas en el interior
se corresponden básicamente con las que
contiene el original inglés

ISBN: 978-84-944660-6-9
Depósito Legal: OU 22-2016

Impreso en España - *Printed in Spain*

PRÓLOGO

La solución del problema Shakespeare, que las siguientes páginas aspiran a desarrollar, se elaboró durante la Gran Guerra Europea y era mi deseo dar al asunto plena difusión tan pronto cesasen las hostilidades. Como ello resultó impracticable, hubo que tomar medidas tanto para garantizar que los resultados obtenidos no se perdiesen, como para salvaguardar lo que yo creía mi prioridad en el descubrimiento. Con tales objetivos, en noviembre de 1918 realicé un anuncio del mero hecho del descubrimiento, omitiendo todos los detalles, a sir Frederick Kenyon, bibliotecario del Museo Británico, quien de inmediato se comprometió a recibir extraoficialmente un sobre sellado que contenía una declaración sobre el tema. Habiendo pasado más de un año desde que se hizo el depósito, y como nadie más se ha adelantado con la misma solución, no es probable que ahora surja la cuestión de la prioridad; así pues, con la publicación del presente trabajo el propósito del documento depositado expira naturalmente. Mi primer deber, entonces, ha de ser expresar mi profundo sentimiento de la deuda contraída con sir Frederick Kenyon, por el estado libre de ansiedad de que he gozado durante el desarrollo ulterior de mi argumento hasta llegar a su publicación.

Fue a mi cuñado, el Sr. M. Gompertz, licenciado en Humanidades, director de la Escuela Secundaria del Condado, en Leytonstone, y a mi amigo el Sr. W. T. Thorn, a quienes primero presenté una declaración de evidencias, y su aceptación total de mi solución me ha dado mucha confianza y mucho ánimo. A ellos también estoy muy obligado por su ayuda práctica: al primero sobre todo por la revisión de las pruebas, y al segundo por su valiosa labor en la confección del índice.

La relación del señor Cecil Palmer con el proyecto ha sido mucho más que la de editor. Cuando se le expuso el caso, adoptó sus conclusiones con entusiasmo e hizo suya la causa. Mi obligación personal con él es muy considerable.

Una de las mayores deudas que debo reconocer es más impersonal; es decir, con la biblioteca de la Literary and Philosophical Society, en Newcastle-upon-Tyne. El sistema único de funcionamiento de esta institución ha hecho posible una facilidad y rapidez en el trabajo que tal vez habría sido imposible en cualquier otra institución del país.

También he de reconocer con gratitud mi deuda respecto a los retratos cuya inclusión en la obra era importante: a Su Majestad el rey, por el permiso para reproducir la miniatura de sir Philip Sidney que se halla en el castillo de Windsor; a Su Gracia el duque de Portland, no solo por el permiso para reproducir sino también por los servicios espontánea y generosamente ofrecidos a fin de asegurar una buena copia de su retrato de Edward de Vere, en la abadía de Welbeck; a los administradores de la National Portrait Gallery, por un permiso similar sobre los retratos de lord Burleigh y sir Horatio de Vere; y al Sr. Emery Walker, de la Financial Services Authority, por su amable permiso para el uso de varias fotografías y fragmentos de estos retratos.

Ahora lanzo los resultados de mis investigaciones a afrontar la dura prueba de un examen público. Si bien he intentado mirar todas las escuelas de pensamiento como a otros tantos agentes en la causa única de la verdad, es esperar demasiado que al manejar estos asuntos polémicos haya evitado herir susceptibilidades. Para las faltas de este tipo me acojo a la generosidad de mis lectores. Sin embargo no tengo ningún deseo de que se me escatimen las críticas justas y útiles, ni puedo esperar sustraerme a la crítica del tipo menos amable. Pero si al final puedo ver la verdad prevalecer y un acto de reparación hecho a un gran inglés, quedaré satisfecho.

J. Thomas Looney
15 de diciembre de 1919

ÍNDICE

CAPÍTULO I

Escepticismo creciente. Ignatius Donnelly. Autoridades antistratfordianas. «Shakespeare» y el Derecho. La educación de «Shakespeare». Halliwell-Phillipps. La vida temprana de William Shakspere. Shakespeare y Burns. Los tres períodos de William Shakspere. El período final. El testamento. Ben Jonson. Hemming y Condell. La caligrafía. Los manuscritos de «Shakespeare». El Primer Infolio. Silencio necrológico. El período medio de William Shakspere. Ninguna participación en publicación. Duración incierta. Morada incierta. La gran *coartada*. Silencio de William Shakspere. El carácter de las noticias contemporáneas. La imposibilidad stratfordiana. Ausencia de incidentes. Ninguna carta. William Shakspere como actor. Los archivos municipales. William Shakspere como actor en Londres. Las cuentas del tesorero de la Cámara. Libros desaparecidos del lord chambelán. Omisiones notables. Resumen.

El gran chambelán. El padre de Edward de Vere. Shakespeare y el culto al padre. Una tutela real. *A buen fin no hay mal principio*: un paralelismo notable. Educación. El Ovidio de Arthur Golding. De Vere y el Derecho. La vida y el aprendizaje por los libros. Las universidades. Relación con los Cecil. Experiencias generales. Danza. Caza. Equitación. Poesía temprana.

Matrimonio. Consideraciones sórdidas. Oxford y Burleigh. Burleigh y los hombres de letras. Espionaje de Burleigh. Hostilidad. Raleigh. Deseo de viajar. Viaje no autorizado. Viaje a Italia. Shakespeare y los viajes. Oxford en Italia. Ruptura doméstica. Un argumento de Otelo. Un descubrimiento sensacional. Sacando los pies del plato. Métodos de guerra de Burleigh.

Gabriel Harvey. Holofernes. Oxford y Berowne. Philip Sidney. Boyet. Excentricidad. Escándalo vulgar. Actividades dramáticas. Anthony Munday. «Agamenón y Ulises». *Troilo y Crésida*. Lyly y los Muchachos de Oxford. Shakespeare y Lyly. Inactividad aparente. Spenser y De Vere. «Willie» de Spenser. Shakespeare y «Will».

Ejecución de la reina María de Escocia y funeral de

CAPÍTULO XV

CAPÍTULO XVI

CAPÍTULO XVII

CAPÍTULO XVIII

APÉNDICE I

La mujer. Equitación. Deporte. La naturaleza. Vocabulario general. Obra no shakespeariana.

APÉNDICE II

El argumento póstumo. La cimera de Oxford. El
grabado de Martin Droeshout. El retrato Grafton.

NOTA PRELIMINAR

Al tratar de la autoría de las obras teatrales y los poemas de Shakespeare hay que precaverse contra la ambigüedad unida al nombre «Shakespeare». Siguiendo el ejemplo de los baconianos* y de sir George Greenwood, he escrito la palabra con una «e» en la primera sílaba y una «a» en la sílaba final («Shakespeare»), cuando el texto se refiere al autor, quienquiera que haya sido, y sin estas dos letras («Shakspere»), cuando se refiere a la persona a la que hasta ahora se atribuye la autoría. Por la adición del nombre de pila en este último caso, y de otras maneras, he intentado acentuar la distinción. En conexiones irrelevantes se suele emplear el primer nombre, y en las citas se sigue generalmente la ortografía del texto original.

---

* Los partidarios de la tendencia iniciada por Delia Salter Bacon (Tallmadge, Ohio, 1811–Hartford, Connecticut., 1859). Según esta autora (*The Philosophy of the Plays of Shakespeare Unfolded,* 1857), fue el filósofo inglés Francis Bacon (Strand, 1561–Highgate, 1626) el autor, junto con otros, de las obras atribuidas a William Shakespeare. *(N. del T.)*

INTRODUCCIÓN

Como la publicación de las siguientes páginas comporta una responsabilidad mucho más grave de lo habitual en el caso de tratados acerca de temas literarios, es imposible abordar el asunto tan impersonalmente como uno podría desear. La transferencia de un hombre a otro del honor de haber escrito los dramas inmortales de Shakespeare, si ella se efectúa definitivamente, se convierte no solo en un suceso nacional o contemporáneo, sino en un acontecimiento mundial de importancia permanente, destinado a dejar una huella tan duradera como la humana literatura y la misma raza humana. Por lo tanto, no es probable que nadie que tenga el debido sentido de estas cosas se embarque en una empresa de tal calibre con un espíritu de frivolidad o aventura, ni se sentirá con derecho a abogar por convicciones que tienden a provocar un cambio tan trascendente, como si estuviese proponiendo tan solo algunas tesis interesantes. No obstante, por más que el escritor de una obra como la presente pudiese desear mantenerse en un segundo plano, se halla tan hondamente implicado como para arriesgar públicamente su reputación de un juicio sano y serio, poniendo así en peligro el crédito de su opinión sobre cualquier otro tema. En consecuencia, hubiera sido más discreto o diplomático haber defendido el presente argumento provisionalmente al principio, como posible o probable, antes que como la solución real del problema Shakespeare. La tentación de hacer esto era fuerte, pero el peso de las pruebas recogidas ha resultado demasiado grande y concluyente para permitir que ello se haga incluso con una medida razonable de justicia, ya sea para el caso o para mis honestas convicciones. Nada más que un camino se abría ante mí: había que asumir la mayor responsabilidad y, por ello, no solo es justificable sino imprescindible algún comentario sobre las circunstancias en que llegaron a emprenderse las investigaciones.

Durante varios años seguidos se me había llamado a repetidos cursos de lectura de una obra teatral de Shakespeare, concretamente *El mercader de Venecia*. Esta familiaridad muy continuada con el contenido de una obra teatral indujo en mí un sentido peculiar de intimidad con la mente y la disposición de su autor y su visión de la vida. Sentí que la personalidad que parecía recorrer las páginas del drama no tenía relación alguna con lo que se enseñaba del supuesto autor y los hechos constatados de su carrera. Por ejemplo, el Shakspere de Stratford no fue viajero, se había trasladado de su lugar natal a Londres cuando era joven, y después como un hombre de mediana edad exitoso en los negocios había regresado a Stratford para ocuparse de sus casas y tierras. Por el contrario, esta obra teatral en particular se ajustaba a un escritor que conoció Italia de primera mano y se sintió atraído por la vida y el espíritu de ese país. Una vez más la obra teatral evocaba a un autor sin gran respeto por el dinero y los métodos comerciales, sino a uno para quien las posesiones materiales serían una especie de estorbo del que deshacerse con facilidad y ligereza; de todos modos, alguien que no era en absoluto de una disposición codiciosa. A duras penas se trataba del tipo de persona que había pasado de la pobreza a la opulencia por sus propios esfuerzos poco después de los treinta años de edad, ni quizá de una persona tal que pudiera haber sido responsable de algunas pequeñas transacciones de dinero registradas del hombre de Stratford. Otras anomalías se habían impuesto a mi atención y habían hecho mucho para socavar mi fe en el punto de vista ortodoxo. No obstante, la llamada de intereses diferentes me impidió seguir seriamente con el asunto.

Una reaparición de las viejas dudas bajo nuevas circunstancias me llevó por fin a examinar más de cerca el problema y consultar a los escritores que se habían ocupado de él. Estos me convencieron de que los opositores de la visión ortodoxa habían expuesto bien su caso, en la medida en que no existían pruebas suficientes de que el hombre William Shakspere hubiese escrito las obras que se le atribuyeron, mientras que a primera vista existía una muy fuerte presunción de que él no las había escrito. Todo parecía apuntar a que no se trataba sino de una máscara, detrás de la que un gran genio, por razones inescrutables, había elegido resolver su propio destino. No afirmo que una sola objeción, a lo que por comodidad hemos de llamar el punto de vista stratfordiano*, otorgase por sí misma suficientes motivos para considerarlo insostenible; personas cuyas opiniones tienen derecho al respeto han combatido tenazmente y por separado la mayoría de estas objeciones. Fue más bien el efecto acumulativo de las muchas objeciones lo que, me pareció, hacía imposible que me adhiriese con cierta confianza a la vieja visión de las cosas, y también le dio a toda la situación un aspecto de misterio inexplicable.

Aquí estaban, pues, los más grandes tesoros literarios de Inglaterra, considerados por consenso universal entre los mayores logros literarios de la humanidad, prácticamente de origen desconocido. El efecto inmediato de tal convicción fue la sensación de una brecha dolorosa en la perspectiva ge-

---

* El punto de vista de la creencia ortodoxa, según la cual el negociante William Shakspere (Stratford-upon-Avon, 1564–1616) es el autor de las obras de «William Shakespeare». *(N. del T.)*

23

neral de las consecuciones supremas de la humanidad, una carencia mucho más preocupante que la que se siente respecto a la autoría de escritos como los poemas homéricos, debido a que el asunto nos toca más directa e íntimamente. Era imposible, sentía yo, dejar las cosas como estaban si de alguna manera el problema podía resolverse. Y la brecha se llenó. Decidí, por lo tanto, a pesar de la audacia extrema de la empresa, o más bien de la presunción, intentar resolver el problema.

Al principio fue sobre todo la fascinación de una indagación interesante lo que me sostuvo, y el asunto prosiguió con el espíritu de una simple investigación. Sin embargo, a medida que el caso se ha ido desarrollando, ha tendido cada vez más a adoptar la forma de un propósito serio, que aspira a un acto de justicia retrasado mucho tiempo y a la reparación a un genio poco apreciado que, creemos, debe ahora ser puesto en posesión de sus legítimos honores, y a cuya memoria se debe tributar una gratitud proporcional a los beneficios que en general ha reportado a la humanidad, y al brillo que en particular ha derramado sobre Inglaterra.

Que aquel que no es una autoridad reconocida o un experto en literatura debería intentar la solución de un problema que hasta ahora ha desconcertado a especialistas, sin duda tiene que parecer a muchos un acto flagrante de temeridad; mientras que pretender haber resuelto efectivamente el más trascendente de los enigmas literarios, a algunos parecerá una auténtica alucinación. No obstante, un poco de reflexión debería convencer a cualquiera de que el problema no es puramente literario en el fondo. Es decir, su solución no depende por entero de la medida del conocimiento del investigador de la literatura ni de la solidez de su juicio literario. Es por eso tal vez por lo que el problema no se ha resuelto antes de ahora. Se ha dejado sobre todo en manos de hombres de letras, mientras que su solución requiere aplicar métodos de búsqueda que no son literarios en sentido estricto. La imperfección de mi propio equipamiento literario, de la cual tenía yo demasiada consciencia, no fue por ello una razón por la que yo no debiera intentar la tarea, y si las pruebas recogidas en apoyo de alguna solución propuesta debieran demostrarse satisfactorias, su validez no habría de ser afectada en modo alguno por consideraciones meramente personales acerca del investigador.

Por consiguiente, pasé a formar planes para la búsqueda del verdadero autor de las obras teatrales de Shakespeare. Estos planes se perfilaron antes de dar ningún paso y se explicarán del todo a su debido tiempo. A mí no me cabe la menor duda en cuanto a que han tenido éxito. Si voy a ser capaz de presentar el caso como para establecer una convicción igualmente fuerte en las mentes de los demás, eso es, desde luego, una cuestión muy distinta. La fuerza de una convicción se debe a menudo tanto a la manera en que las pruebas se presentan en sí mismas, como al valor intrínseco de las pruebas. Por ejemplo, cuando una teoría que hemos formado a partir de una consideración de ciertos hechos nos lleva a suponer que existen otros tales, el hallazgo posterior de que los hechos están realmente de acuerdo con nuestras deducciones se convierte en una confirmación mucho más fuerte de nuestra teoría que si desde el comienzo hubiésemos conocido los hechos adicionales. En materia de ciencia establecemos este principio cuando afirmamos que la prueba suprema y la evidencia de la solidez de una teoría científica es su poder de permitirnos prever algunos sucesos como consecuencia de otros. Por lo tanto, la manera en que hechos e ideas han llegado se convierte ella misma en un elemento importante de la evidencia, y es esta consideración la que ha decidido para mí el método más adecuado a la presentación del caso.

Aunque es imposible llevar nunca la mente de los demás a través precisamente de los mismos procesos por los que se han alcanzado las creencias asentadas de uno, me ha parecido que en este caso debiera hacerse algún intento de tal clase, a fin de que el lector, al ver cuán fácilmente los datos recién descubiertos se han organizado ellos mismos en un orden claro en torno a una hipótesis original, pueda llegar a sentir algo de la misma certeza que estas cosas han producido en mi propia mente. A decir verdad, algunas de las pruebas más convincentes se presentaron después de que mi teoría de la autoría ya hubiese adoptado la forma de una convicción sólida, y de hecho después de este trabajo quedó virtualmente completada, haciendo así prácticamente imposible mi retirada de la teoría. Sin embargo, a otros que tal vez solo hallasen la evidencia en el cúmulo general de las pruebas, la teoría no podría apelar con nada como la misma fuerza persuasiva. Tales consideraciones me han decidido a presentar el caso lo más posible en la forma de una representación de las diversas etapas por las que se siguió la investigación, la manera en que las pruebas se recogieron y el proceso por el que su acúmulo transformó una teoría en una convicción irresistible.

Así pues, lo que a primera vista puede parecer una descripción pedante de un método, debe verse en sí mismo como una forma distintiva de las pruebas. Yo pediría, entonces, que como tal se la considere, y que de acuerdo con ello se excuse lo que de otro modo sería una intrusión impropia de personalidad.

También ha de solicitarse por otra razón la indulgencia del lector. Los primeros pasos en una investigación realizada según el método que yo tenía que adoptar eran inevitablemente lentos, y ello puede traer algo de pesadez a las etapas preliminares de una exposición que sigue las mismas líneas. No obstante, sin una atención paciente a las diversas etapas de la investigación, la unidad y la fuerza probatoria del argumento como un todo pueden perderse. Por más que estas páginas se dirijan al lector común antes que a los eruditos, estoy obligado a asumir un serio deseo de descubrir la verdad y la voluntad de tomarme algunas molestias para alcanzarlo. Sobre todo he de pedir aquella concentrada reflexión individual por la que solo las diversas partes de un argumento pueden ser vistas como un conjunto; una práctica que, nos tememos, es algo ajena a la mente puramente literaria.

En una o dos ocasiones he hecho uso, sin duda, de libros que son un tanto infrecuentes; en realidad el capítulo más crítico del libro depende por entero de un trabajo cuyas copias no son de fácil acceso para todos; ahora bien, se hallará que nada importante en el argumento se apoya en datos recién exhumados. Todo ha sido accesible durante años a cualquiera que pudiese haber estado en el puesto de observación de los hechos y dispuesto a tomarse la molestia de verificarlos. Incluso cuando los juicios personales constituyen elementos importantes en las pruebas, como es natural en investigaciones de esta clase, en casi toda etapa crítica se ha hecho descansar el caso no solo en mi propio juicio, sino en las declaraciones de escritores de prestigio y autoridad reconocidos cuyas obras han estado durante algún tiempo delante del público. En la mayoría de los casos se verá que las autoridades citadas corresponden a escritores de la escuela stratfordiana. Grandes como son mis obligaciones especialmente al trabajo de sir George Greenwood*, me he abstenido a propósito de citarlo cuando a menudo podría haberlo hecho con ventaja para mi

---

* George Greenwood (Kensington, 1850–Londres, 1928), abogado, político y activo escritor sobre la autoría shakespeariana. En 1922, junto con John T. Looney, fundó The Shakespeare Fellowship, organización que promovió la discusión pública de la autoría. *(N. del T.)*

propio argumento, y he preferido apoyarme en la autoridad de escritores de la escuela opuesta. Cuán plenamente estos escritores sostienen mi tesis, confío en que se hará evidente en seguida. Siendo ello así, cabe con razón preguntarse: ¿cómo es que el descubrimiento que se afirma no se ha hecho antes de ahora? La respuesta a esta pregunta se halla en la historia de casi todos los avances importantes que ha realizado la humanidad. Los hechos básicos de sus descubrimientos por lo general han sido bien conocidos con alguna antelación. Lo que ha tenido especial importancia ha sido la percepción, a veces puramente accidental, de una relación entre estos hechos no apreciada hasta el momento. Ahora bien, una vez advertida, otros hechos vienen a ser agrupados y coordinados por ella, y el descubrimiento resultante, para el que la humanidad acaso había esperado mucho tiempo, parece por fin tan natural y obvio que la gente se pregunta por qué no se había realizado antes. Puede tomarse esto como un compendio de los descubrimientos humanos en general.

En casi todos los casos ha habido un movimiento preparatorio hacia el descubrimiento, un movimiento en el que muchas mentes han participado, y aquel que ha tenido suficiente fortuna para hacer el descubrimiento, con frecuencia y en importantes aspectos ha sido inferior a aquellos a cuya labor se ha incorporado. Al presente, no tengo duda alguna de que el estudio shakespeariano de los últimos años se ha estado haciendo, desde luego, hacia el descubrimiento del verdadero autor de las obras. Puedo advertir dos corrientes distintas de interés literario, las cuales me parece a mí que estaban obligadas a converger en última instancia y, en su convergencia, a revelar la autoría. La primera de ellas ha sido la tendencia a dejar de lado la vieja concepción de un escritor que todo lo crea por el vigor de su imaginación, y a considerar los escritos como un reflejo de la personalidad y las experiencias de su autor. El resultado ha sido el surgimiento gradual de una concepción de la personalidad de «Shakespeare» que difiere muy ampliamente de la figura convencional; una expresión destacada de esta tendencia es el trabajo del Sr. Frank Harris en *The Man Shakespeare*. La segunda corriente, solo débilmente perceptible hasta ahora, ha estado extrayendo poco a poco de la oscuridad, dentro de nuestro conocimiento de la literatura y el drama isabelinos, el nombre y la figura de alguien todavía bastante desconocido para la inmensa mayoría de sus compatriotas. Estos dos movimientos, de ser proseguidos, llevaban en sí la posibilidad del descubrimiento; si bien cuánto tiempo tal descubrimiento podría haberse aplazado nadie lo puede decir.

Lo que tengo que proponer, sin embargo, no es un descubrimiento accidental sino el resultado de una búsqueda sistemática. Y es por la naturaleza del método, combinada con una feliz inspiración y una oportunidad afortunada, como se alcanzaron los resultados aquí descritos.

En la presentación de una tesis cuya fuerza tiene que depender en gran medida de la convergencia de varias líneas argumentales distintas, es inevitable cierta cantidad de repetición de hechos particulares, y en este asunto he preferido arriesgar una innecesaria reiteración en lugar de una declaración incompleta de algún argumento en particular. La razón de tal repetición es de esperar que no se pase por alto. Siendo mi objetivo el resolver un problema importante y no el de engrosar la oferta de literatura, toda mera consideración literaria se ha mantenido subordinada al propósito central.

Queda por mencionar otro asunto que afecta a la presentación general del argumento. En su redacción originaria la obra no contenía un examen especial de la tendencia stratfordiana sino meras observaciones incidentales dispersas a lo largo de los distintos capítulos. Mi sensación fue que otros habían escrito ya lo suficiente sobre el tema; que excepto la prueba absoluta del lado negativo, los antistratfordianos habían establecido su caso, y que lo que se quería no era más pruebas sino una atención seria a lo que ya se había escrito, y sobre todo una razonable hipótesis positiva que reemplazase la antigua. Miradas así las cosas parecía posible comenzar mi argumento en el punto donde otros habían acabado. Sin embargo amigos míos más capaces que yo de evaluar las necesidades de los lectores me aconsejaron exponer mi argumento completo en sí mismo, a base de presentar primero todo el caso para el punto de vista negativo, y de este modo despejar el camino para mis propias investigaciones particulares. Este cambio de plan está obligado a incluir lo que podría parecer una caprichosa e inútil repetición en varios casos, y tal vez interfiera en la unidad del esquema constructivo de exposición. No obstante, yo quisiera animar al lector a no demorarse en exceso con las cosas que están destinadas a perecer, sino a insistir en una reflexión sobre aquellos asuntos que, si hay verdad en mi tesis, durarán por lo menos tanto tiempo como el idioma inglés sea inteligible.

CAPÍTULO I

EL PUNTO DE VISTA STRATFORDIANO

*Ex nihilo nihil fit**

I

Pese a los esfuerzos de stratfordianos ortodoxos por menospreciar las investigaciones que se han hecho sobre la autoría de los dramas de Shakespeare y tal vez precisamente por la manera misma adoptada, está aumentando sin cesar el número de británicos y estadounidenses (por no hablar de las nacionalidades no angloparlantes) que no creen que el William Shakspere de Stratford produjese la literatura con que es reconocido. Fuera de las filas de quienes se han comprometido profundamente a sí mismos con publicaciones, en verdad es difícil hoy en día encontrar a alguien disfrutando de una fe plena y segura. Al mismo tiempo, el recurso de los pocos devotos a las expresiones despectivas al hablar de los oponentes es claramente indicativo de malestar incluso entre los hombres de letras más ortodoxos.

El desafortunado *Cryptogram*** de Ignatius Donnelly, mientras que tiende a desprestigiar las indagaciones hechas por mentes dispuestas a la investigación seria, ha sido por en-

---

* Nada se hace de la nada.

** El título completo de esta obra es *The Great Cryptogram: Francis Bacon's Cipher in Shakespeare's Plays* (1888). *(N. del T.)*

tero incapaz de anular los efectos de la crítica negativa con
que inicia su obra. El que esto se complemente con escritores
de la talla de lord Penzance, el juez Webb, sir George Greenwood y el profesor Lefranc ha planteado el problema a un
nivel que no permitirá que se descarte a la ligera sin dañar con
ello la imagen de la capacidad y el juicio de los polemistas, que
así persistirían en dar artificios en lugar de argumentos. Eso,
no obstante, les preocupa. El sentido común de la tropa de
estudiantes de Shakespeare, sin obstáculos de pasados com-
promisos, lleva irresistiblemente al rechazo de la vieja idea de
autoría, y solamente los doctores del antiguo culto literario
quedan luchando en retaguardia.

No obstante queda mucho por hacer antes de que la hipótesis stratfordiana esté lo bastante moribunda para ser aban-
donada. Y si bien este libro va dirigido sobre todo a quienes
andan buscando una hipótesis más razonable, o, habiéndose despertado a una sensación de la existencia del «problema
Shakespeare» se hallan dispuestos a tomarse la molestia de
examinar imparcialmente lo que ya han escrito otros sobre
el tema, el presente argumento sería tal vez incompleto sin
un tratamiento del punto de vista stratfordiano más explíci-
to que el que se dará en el cuerpo principal del tratado. Al
mismo tiempo, es imposible presentar completo el argumento
antistratfordiano sin incrementar enormemente el grueso de
la obra. Y ya que además tenemos para explicar un argumento
positivo muy definido, deseamos evitar los peligros de desviar
la atención de él al realzar sin necesidad el argumento negativo, tan hábilmente tratado por escritores anteriores. Este argumento negativo, como su actual equivalente constructivo,
es acumulativo, y como todo argumento acumulativo sólido,
cada uno de ellos está recibiendo una corroboración y confirmación adicionales con casi todo nuevo hecho surgido al res-

pecto. Cuánto de este material acumulado hace falta presentar antes de que el caso se pueda considerar expresado amplia y adecuadamente, ha de depender en gran medida de la preparación y las inclinaciones de los interesados.

Si bien los treinta años transcurridos desde que apareció la obra de Ignatius Donnelly parecían haber sido testigos de notables desarrollos de la discusión crítica, aún no se ha valorado plenamente toda la fuerza de las primeras cien páginas de su primer volumen. Permitir que una repugnancia justificable hacia su obra *Cryptogram* se interponga en el camino de un serio examen del material que ha reunido a partir de fuentes no contaminadas, como Halliwell-Phillipps y otros de reconocida capacidad e integridad, es quedarse atrasado en el espíritu de la investigación científica desapasionada. Unas pocas horas, pues, de pausada ponderación del material contenido en sus primeros capítulos, pese a su carácter incompleto, tal vez convencerán a la mayoría de la gente de que la hipótesis stratfordiana se apoya en las bases más inseguras, lo que la diferencia por entero de todos los otros casos pendientes de autoría inglesa en tiempos históricos, como por ejemplo Chaucer, Spenser y Milton. El carácter excepcional de muchos de los hechos que Ignatius Donnelly ha recogido, la multiplicidad de los motivos para rechazar la hipótesis, y la consistencia general de los diversos argumentos, se combinan para dar una sola justificación a una actitud negativa hacia el punto de vista convencional. Una mera repetición en estas páginas de lo que otros han escrito no agregará mucho a su fuerza; pasar el tiempo en exponer su unidad es tratar de hacer por los demás lo que una mente reflexiva que pretenda juzgar la cuestión debe hacer por sí misma.

Lo que es cierto para el caso presentado por Ignatius Donnelly tiene quizá mayor fuerza aún en su aplicación a la labor de los que han tratado este problema en años más recientes. Sería perfectamente gratuito insistir en la perspicacia analítica del Sr. Penzance y, por lo tanto, poco menos que una impertinencia pasar por alto y a la ligera sus opiniones en asuntos relacionados con la evaluación de las pruebas. Consecuentemente, cuando estos nuevos argumentos que él expone, y las nuevas relaciones que es capaz de señalar en los argumentos antiguos, se caracterizan por la misma unidad y llevan a las mismas conclusiones generales que las de otros escritores cualificados de antes y después de su tiempo, podemos afirmar que se ha logrado algo de lo que puede llamarse investigación acreditada, liberando a investigadores posteriores de repetir todos los datos por los que se han alcanzado estos resultados generales. En otras palabras, se ha establecido cierta base de autoridad; no, por supuesto, de una autoridad absoluta e infalible, sino de una relativa, práctica, una autoridad de funcionamiento como la que estamos obligados a aceptar en lo teórico no menos que en los asuntos prácticos de la vida.

Cuando, por ejemplo, tres eminentes abogados ingleses nos dicen que las obras teatrales de Shakespeare muestran un experto conocimiento del Derecho, tal como apenas se podría esperar que poseyese William Shakspere, sería extrema insensatez por parte de alguien que no es abogado fatigarse y consumir espacio en reunir pruebas para demostrar el mismo punto. Ninguna cantidad de pruebas que recogiese tendría el mismo valor que la declaración acreditada de estas personas. Él puede afirmar, si se cuida de ello, que los abogados no han hecho una buena observación, o convenir en la conclusión general y discutir la teoría de que el autor fuese un miembro activo de la profesión legal. Pero si coincide con ellos en el tema principal, no puede servir a su causa de ninguna forma volviendo a atravesar el terreno que ya han recorrido estos expertos.

De nuevo, cuando además de estos escritores tenemos autoridades de la escuela opuesta de acuerdo en que el autor de las obras teatrales poseía un conocimiento de primera mano de los clásicos, aun de pasajes que no entrarían en el currículo de un colegial, sería afectación por parte de un escritor que no reivindica un conocimiento experto de los clásicos reafirmar los detalles, o intentar añadir a lo que ya se ha dicho algún pequeño fragmento de sus recursos escasos. De la misma manera, ahora estamos autorizados a afirmar, sin aportar todas las pruebas sobre las que se ha definido, que el autor de las obras teatrales y los poemas de «Shakespeare» poseía un conocimiento del idioma francés, y muy probablemente una familiaridad con la lectura del italiano, tales como William Shakspere no podría haber aprendido en Stratford. Y, lo que es quizá de tan gran importancia como ninguna otra cosa, emplea como vehículo habitual de su mente un inglés del tipo más culto, completamente libre de provincialismos de ningún género.

El «problema Shakespeare», sostenemos, ha llegado ahora a una etapa en que tales resultados resumidos pueden ponerse ante los lectores con la certeza de que estas conclusiones tienen detrás la sanción de personas de probidad y capacidad indiscutidas; de este modo se exime al investigador moderno de la tarea de repetir toda la información de la que se han sacado las conclusiones. Y aunque no puede esperarse que estas concisas declaraciones dogmáticas convenzan a quien asegure haber estudiado a los escritores que hemos nombrado y que sin embargo preserva firme su ortodoxia, ellas tal vez sean suficientes para el promedio o la mayoría de la humanidad. De todas maneras, las creencias ortodoxas suelen ser intrínsecamente más febles cuando se afirman con más vehemencia, y la

35

persistencia de la creencia stratfordiana tal vez se haya debido mucho menos a su propia fuerza inherente que a la falta de una creencia mejor para reemplazarla.

Quienes hayan tenido ocasión de estudiar los problemas shakespearianos convendrán, creemos, en que la obra más confiable para los detalles sobre la vida del William Shakspere de Stratford es *Outlines,* de Halliwell-Phillipps.* Escrita en 1882, seis años antes de la aparición de la obra de Donnelly, el problema de la autoría shakespeariana parece que nunca afectó a su autor, y por eso, aun siendo un firme stratfordiano, escribe con perfecta libertad y apertura, sin paliar nada y no retrocediendo ante la admisión de hechos que más tarde algún baconiano o escéptico podría usar contra el tema de su biografía. Sin querer insinuar nada contra biografías posteriores, escritas en el ambiente alterado de una controversia, podemos calificar *Outlines,* de Halliwell-Phillipps, como la más honesta biografía de William Shakspere escrita hasta ahora.

II

Dado que la raíz principal del problema Shakespeare siempre ha sido la dificultad de conciliar los antecedentes de William Shakspere (en la medida en que son conocidos o pueden deducirse razonablemente) con las cualidades especiales de la obra literaria que se le atribuye, debería bastar con que la disensión de la que arranca la mayor parte del argumento antistratfordiano sea copiosamente apoyada por Halliwell-Phillipps. Según esta autoridad, la suciedad y la ignorancia

---

* James Orchard Halliwell–Phillipps (Londres, 1820–1889), erudito en Shakespeare y anticuario. *Outlines of the Life of Shakespeare* (1883) es el título de su obra más conocida. *(N. del T.)*

fueron características destacadas de la vida social de Stratford en aquellos días, y se habían impreso muy decisivamente en la vida familiar bajo cuya influencia se crio William Shakspere. Padre y madre por igual eran analfabetos y ponían sus marcas en lugar de firmas sobre importantes documentos legales. La primera aparición de su padre en los registros del pueblo surge con ocasión de ser multado por haber acumulado un montón de basura en frente de su casa, no habiendo «excusas para su negligencia». Esto en cuanto a las condiciones formativas de su vida en el hogar. Por otro lado, en cuanto a la educación pedagógica se refiere, no hay ningún vestigio de evidencia de que William Shakspere asistiese un solo día a una escuela, y considerando el analfabetismo de sus padres y el hecho de que se requiriese saber leer y escribir para ser admitido en la Escuela Libre de Stratford, es obvio que hubo serios obstáculos para su acceso a la educación de índole inferior que ofrecían las escuelas de los pequeños lugares de provincia en aquellos días. Respecto a esta dificultad de cumplir los requisitos mínimos de admisión en la escuela, Halliwell-Phillipps observa: «Había pocas personas viviendo en Stratford-on-Avon que fuesen capaces de iniciarlo en estos logros preparatorios. [...] Pero es poco probable que el poeta hubiese recibido sus primeros rudimentos de educación de chicos mayores». Posteriores generaciones de colegiales han preferido pasatiempos más emocionantes.

Es imposible negar que las ventajas de la enseñanza general de Robert Burns, incluyendo, como es debido, el nivel intelectual de la vida campesina en la Escocia de su tiempo, las circunstancias familiares y la idiosincrasia de sus padres, eran del todo superiores a las que existían en Stratford y en el hogar de William Shakspere dos siglos antes. El siguiente comentario de Ruskin, quien no es nada sospechoso de «heterodoxia», no estará por ello fuera de lugar en este momento:

«Hay cualidades atractivas en Burns, y también en Dickens, que ninguno de ambos escritores habría poseído si el uno se hubiese educado y el otro hubiese estado estudiando algo de naturaleza superior al Londres «cockney»; pero esas cualidades atractivas no son las que deberíamos buscar en una escuela de literatura. Si queremos enseñar a los jóvenes una buena manera de escribir, deberíamos enseñarla de Shakespeare, no de Burns; de Walter Scott, no de Dickens» (*The Two Paths*).

Esta afirmación de Ruskin, hecha sin referencia a nada polémico, ofrece un especial testimonio al hecho de que las peculiares cualidades literarias de Shakespeare son la antítesis directa de las que pertenecen a un gran genio poético tal como Burns, cuyo carácter le permite alcanzar la eminencia a pesar de sus comienzos caseros. Además apenas es posible hacer la más leve semblanza del poeta escocés sin atestiguar los mismos hechos. Lo siguiente, por ejemplo, lo tomamos de la primera semblanza que viene a la mano:

«Burns era esencialmente "uno del pueblo" en nacimiento, crianza e instintos. [...] Ha sido más acogido por la gente que ningún otro, si exceptuamos tal vez al bardo del Avon, *cuyos admiradores pertenecen más exclusivamente a las clases educadas.*»

Tal comparación entre los dos poetas surge de modo espontáneo en la mente de casi todo escritor que se ocupe en especial de alguno de los dos, y lleva siempre a un contraste sobre el punto particular que estamos tratando.

La obra de Shakespeare, vista sin referencia a una personalidad, nunca se tomaría por la obra de un genio que hubiese surgido de un medio inculto. Las únicas condiciones que podrían haber compensado en alguna medida unas desventajas iniciales como las que sufrió William Shakspere habrían sido una provisión abundante de libros e instalaciones idóneas para un estudio a fondo de los mismos. No obstante se reconoce en general que, aun si él asistió a la escuela, debió tener que abandonarla en una edad temprana para ayudar a su padre, cuyas circunstancias se habían vuelto apuradas, y que él tuvo que participar en las ocupaciones de un no intelectual y muy probablemente de una especie grosera. Y, tan lejos de poder compensar todo esto por medio de libros, se habla del lugar como de «un vecindario sin libros». «La copia de la Historia de Inglaterra en negrilla... en la sala de su padre, nunca existió fuera de la imaginación». Incluso después que su carrera en Londres hubo terminado, y cuando el supuesto escritor más grande de Inglaterra se retiró a Stratford, la situación tal vez no fue mejor. «Algo como una biblioteca privada, aun de las menores dimensiones, era entonces lo más infrecuente, y que Shakespeare (William Shakspere) siempre tuvo una, en cualquier momento de su vida, es extremadamente improbable». El Dr. Hall (yerno de Shakspere), sin embargo, poseía en 1635 lo que él llamó su «despacho de los libros», «que tal vez incluyese alguno que había pertenecido a Shakespeare. Si esto último fuese el caso, el culto doctor no consideró que valiese la pena mencionarlo» (Halliwell-Phillipps: *Outlines*).

En contraste con todo esto veamos los siguientes pasajes de la breve semblanza ya citada, referente al poeta que en cuestiones meramente educativas es puesto tan por debajo de «Shakespeare».

«Cuando tenía seis años de edad, el poeta [Burns] fue enviado a una escuela en Alloway Mill. [...] [Más tarde, su padre,] junto con varios vecinos, contrató a un hombre joven, John Murdock, acordando pagarle un pequeño salario trimestral y alojarlo sucesivamente en sus casas. A los niños los enseñó a leer, a escribir, aritmética y gramática. [...] El Sr. Murdock dejó el puesto de trabajo [y] el padre se comprometió a enseñar a sus hijos aritmética a la luz de las velas en las noches de invierno. [...] Burns acudió a las clases [de Murdock] una semana antes de la cosecha y dos después para repasar lo aprendido. [...] La primera semana fue dedicada a la gramática inglesa, y las otras dos a un acercamiento al francés. [...] Burns se entregó a este nuevo estudio con tanto ahínco y éxito que podía, según su hermano, traducir a cualquier autor de prosa corriente; y sabemos que hasta su muerte le gustaba intercalar en su correspondencia frases de ese idioma. Y cuando sopesó intentar, en la edad adulta, una composición dramática, entre los libros que pidió de Edimburgo había un ejemplar de Molière. [...] Además había leído y digerido a una edad temprana muchos libros valiosos y algunos agotadores. Su padre había tomado prestados algunos para su lectura, que agregó a su escasa reserva propia; y las familias ricas de Ayr, así como las familias humildes más cerca de la casa, le dieron libre acceso a cuantos libros suyos desease leer. [Entre los libros que leyó de esta manera estaban] *The Life of Hannibal*; *Geographical Grammar*, de Salmon; *Physico-Theology*, de Derham; *The Spectator*; *Homer*, de Pope; *Meditations*, de Hervey; *Essay of the Human Understanding*, de Locke, y varias obras teatrales de Shakespeare.

«En su decimonoveno verano fue enviado a la escuela parroquial de Kirkoswald a aprender medición, topografía, etc. [...] En estas materias hizo buenos progresos. [...] El maestro era muy famoso en la localidad como matemático. [...] En su estancia en Kirkoswald [el poeta] había adelantado mucho. Había ampliado considerablemente sus lecturas, se había ejercitado en el debate y sentó bases firmes para una expresión fluida y correcta. [...] Tres o cuatro años después de esto [...], en Lochlea, aún amplió sus lecturas y en ocasiones se permitió hacer versos» (William Gunnyon: *Biographical sketch of Robert Burns*).

No hace falta decir que los datos que figuran en este esbozo no son las deducciones generosas de admiradores modernos, sino las fehacientes declaraciones acreditadas por el propio Burns, su hermano, sus maestros y otros contemporáneos. Aun así, con tal preparación en una época en que los libros se habían vuelto tan accesibles, con su rapidez de comprensión, su genio, su respeto por las cosas buenas que solamente los libros podían darle, Robert Burns sigue siendo el tipo de genio inculto; mientras que Shakspere, cuya obra atribuida se ha convertido en la fuente principal del inglés culto, fijando y moldeando la lengua más que ninguna otra fuerza sola, surge de la miseria y la ignorancia sin dejar rastro del proceso o los medios por los que logró la extraordinaria proeza. Burns muere a la edad de treinta y siete años dejando pruebas notables de su genio, pero ninguna obra maestra de la especie proveniente de una amplia experiencia y poderes maduros. A Shakspere, antes de alcanzar la edad de treinta años, se le atribuye la autoría de dramas y grandes poemas clásicos que demuestran una amplia y prolongada experiencia de la vida. Incluso en un detalle como la mera caligrafía se mantiene el contraste. Burns nos deja muestras de caligrafía que debieran haber satisfecho las exigentes demandas de Hamlet, y ganó los elogios que los primeros editores de las obras de «Shakespeare» otorgaron al autor de las piezas teatrales. William Shakspere, por su parte, deja muestras de caligrafía tan deformes que sir E. Maunde Thompson está obligado a suponer que antes de la redacción de sus primeras grandes obras y durante toda su vida temprana en Stratford no había tenido muchas oportunidades para ejercitar su letra.

La clase excepcional de vida necesaria para haber desarrollado un «Shakespeare» en tales condiciones infelices lo habría separado sin duda de sus semejantes. No obstante ningún registro ni siquiera tradición de sus primeros años apunta acerca de él a un estudiante o una juventud intelectualmente distinguida de los otros. Sobreviven tradiciones de sus florituras oratorias según las cuales él mataría una oveja como un carnicero, y de sus proezas de caza furtiva y sus desventuras; registros definidos de matrimonio bajo coacción a la edad de dieciocho años con una mujer ocho años mayor que él, y graves insinuaciones de que él la abandonó en el nacimiento de gemelos, unos años más tarde: estas cosas componen el historial de los años formativos de su vida. Después de narrar las tradiciones muy comunes y registros de la vida temprana de William Shakspere, sir Walter Raleigh, el eminente profesor de literatura en Oxford, observa: «Es mucha la vanidad del escepticismo poner todo esto a un lado en favor de un tejido de fantasías aprendidas». («*Shakespeare*» *English Men of Letters*)

III

La oposición entre las circunstancias de tosquedad y analfabetismo de su vida temprana y el carácter altamente cultivado de la obra que se supone que ha producido, no constituyen, con todo, el aspecto más fuerte de este argumento en particular, si bien ya basta él solo para haber inspirado graves recelos. La fuerza persuasiva de este argumento de contraste solo se siente plenamente cuando uno se percata con claridad de que la carrera de William Shakspere se divide naturalmente en tres períodos, no en dos. Tenemos el período inicial en Stratford que se acaba de indicar; tenemos un período medio durante el cual se supone que él ha residido principalmente en Londres y producido la literatura extraordinaria a la que debe su fama; y tenemos un período final transcurrido, al igual que el primero, en la intelectualmente poco saludable atmósfera de Stratford.

Y es la existencia de esta serie de tres períodos lo que suministra los datos para un sólido examen científico del problema.

El hecho que una vez captado nos llevará a avanzar con más prontitud hacia una solución definitiva de esta cuestión, es que el período final de su vida en Stratford se encuentra en tan marcado contraste con el supuesto período medio en Londres como el primer período, y precisamente bajo el mismo aspecto pero mucho menos explicable. La intervención de fuerzas y diligencias ocultas podría contar en parte para el joven oscuro, que llega a florecer como el escritor más culto de su tiempo. Pero con la fama literaria que se supone que ha obtenido, ¿cómo podemos explicar su restitución a la crónica no intelectual de su período final en Stratford? Pues este período está tan desprovisto de secuelas de gloria literaria como el primero estuvo falto de promesas. Habiéndose forzado, se supone, en virtud de un genio inconmensurable a marcharse de un ambiente burdo y analfabeto hacia la vanguardia misma del mundo literario e intelectual, regresa, mientras aún está en su apogeo y acaso relativamente joven, a su entorno originario. Para los últimos dieciocho años de su vida él se ha descrito como «William Shakspere, de Stratford-upon-Avon»; sin embargo, con tan prolongada residencia allí, tales dotes intelectuales como se supone que ha poseído, tal fuerza de carácter como habrá sido necesaria para sacarlo a él a flote en primera instancia, pasa su vida entre un puñado de personas sin dejar la más mínima huella de sus facultades eminentes, o los más menudos frutos de sus logros y su emancipación educativa, sobre cualquier persona o cosa en Stratford. En la vida llena de gente ocupada de Londres es posible ocultar por igual los defectos y las cualidades de la personalidad, y las personas pueden fácilmente pasar allí por lo que no son; pero un hombre de excepcionales aptitudes intelectuales, mejorado por una extraordinaria proeza de autoeducación, difícilmente podría evitar dejar una impresión muy fuerte de sí mismo sobre una pequeña comunidad de gente en su mayoría sin educación, tal como entonces constituía la población de Stratford. Cuando se nos dice, pues, que al mismo tiempo ese hombre estaba viviendo a razón de 1.000 libras al año (8.000 de hoy, y sir Sidney Lee* no ve nada improbable en esa tradición oral), la idea de que tal hombre pudiera vivir en un lugar así, de tal estilo, y no dejar rastro de sus facultades e intereses distintivos en los registros de la comunidad, es el tipo de historia que, estamos convencidos, las personas prácticas se negarán a creer tan pronto son enfrentadas a ella.

Si en 1587 hubiese salido de Stratford un patán ignorante y regresado diez años después de haber aprendido durante su ausencia nada más que cómo obtener dinero y guardarlo, no hay absolutamente nada en los registros de todos sus asuntos en Stratford que necesite haber sido, en el más mínimo grado, diferente de lo que es. En Stratford vivía por lo menos un hombre que podía escribir con buena caligrafía, y una vez dirigió una carta a Shakspere mientras este se hallaba en Londres. Se trata de la sola carta que se ha conservado de cualquiera que se le haya podido enviar a Shakspere en todo el curso de su vida, y el lector puede ver un facsímil de la misma en el libro *Shakespeare's England*. Su único propósito, sin embargo, es negociar un préstamo de 30 libras y no contiene ningún indicio de comunidad intelectual entre ambos hombres. Esta carta vuelve a aparecer en circunstancias que justificarían bastante la sospecha de que el propio Shakspere habría sido in-

---

* Sidney Lee (Londres, 1859–1926), biógrafo. Editor del *Dictionary of National Biography*. Principal biógrafo de Shakespeare de la época, con su obra *A Life of William Shakespeare* (1898). *(N. del T.)*

capaz de leerla. No se ha descubierto ningún indicio de que haya sido respondida, ni queda el más leve rastro de una carta de su pluma a ninguna otra persona en Stratford. No queremos decir simplemente que no se haya conservado ninguna carta autógrafa suya, sino que no existe ninguna mención de una carta, ningún rastro de una sola frase o palabra transmitida como habiendo sido dirigida a alguien durante todos estos años, como un mensaje personal en el que se nos pide que creamos que era la pluma más fluida de Inglaterra. Según todas las autoridades stratfordianas, él vivió y trabajó durante muchos años en Londres mientras manejaba numerosos negocios importantes en Stratford. Luego vivió muchos años retirado en Stratford mientras fueron apareciendo en Londres obras teatrales de su pluma. En total, siguió este plan de vida escindido durante cerca de veinte años (1597-1616), un plan que, si alguna vez en este mundo los asuntos de una persona requirieron cartas, tienen que haber implicado una gran cantidad de correspondencia si hubiese sabido escribir; con todo y eso, no existe el más leve indicio de que haya escrito nunca una carta, ya sea en un registro auténtico o en la tradición más imaginativa. Y la gente que esto cree se destaca todavía por un monopolio del sano juicio.

Él, se supone que una de las personas más ilustradas de la cristiandad, regresa a este «vecindario sin libros» y ni siquiera el Rumor, cuya invención generosa ha creado para él tanta «biografía», ha asociado sus años de retiro con la sola mención de un libro o de ocupaciones librescas. Poseyendo, se presume, una mente bullente de ideas y unos cofres rebosantes, no hay ninguna insinuación de ninguna empresa en que estuviese interesado por disipar la oscuridad intelectual de la comunidad en que vivía. Habiendo realizado, se supone, un gran trabajo de refinamiento y elevación del drama en Londres, y teniendo listo en sus manos un poderoso instrumento para ilustrar y humanizar la vida social de las mil quinientas almas que en aquel tiempo formaban la población de Stratford, no hay noticia de que él hubiese llenado su propio ocio con una ocupación tan agradable como montar una obra teatral para la gente de Stratford o que se interesase de alguna manera en las inquietudes dramáticas de la pequeña comunidad. Ni siquiera que, cuando las obras teatrales se prohibieron, alzase la voz o tomase la pluma en son de protesta.

Por otro lado, hay registros de su compra de terrenos, casas y diezmos; de sus operaciones comerciales como maltero; de sus transacciones como prestamista; de sus querellas con personas por pequeñas deudas en un momento en que, de acuerdo con sir Sidney Lee, sus ingresos anuales serían de unas 600 libras (o 4.800 en dinero de hoy). Tenemos datos de su tienda de maíz; de su cultivo de un vergel; «una tradición bien acreditada de que plantó una morera con sus propias manos»; pero no tenemos la menor constancia de nada que evoque lo que se supone que habrían sido sus intereses dominantes. Al contrario, él se muestra, incluso en su elección de una casa, bastante desligado de las cosas que impulsan los sentidos y la sensibilidad de las naturalezas estéticas. Porque imaginando sus últimos momentos Halliwell-Phillipps se refiere a «las precarias condiciones sanitarias que rodean su residencia». Y añade: «Si debe invocarse la verdad y no la novela, en caso de hallarse las dulces madreselvas cerca del lecho de muerte del poeta, su fragancia habría sido neutralizada por la vecindad de muladares, desagües hediondos, tapias de adobe y porquerizas». A esto es a lo que su biógrafo atribuye la última enfermedad del gran dramaturgo y no a los convites.

IV

Ningún apoyo de parte de este tipo de registros se ha encontrado para todos los años de su residencia definitiva en Stratford. Por último, el final se acerca. El gran genio afronta la muerte y hace preparativos para la dirección de sus asuntos cuando su propia mano haya sido eliminada. Ciertamente está mirando con ansiedad el futuro, haciendo la provisión más cuidadosa para la transmisión de su propiedad a su hija «Susanna Hall... y después del fallecimiento de esta al primer hijo de ella... y a [sus] herederos varones... y en su defecto... al segundo hijo y [sus] herederos... y al tercer hijo... y al cuarto hijo... y al quinto hijo... y al sexto hijo... y al séptimo hijo... y en su defecto a [su] hija Judith y los herederos varones de ella... y en su defecto a los herederos legítimos del dicho *William Shackspeare, para siempre*». Luego dispone cuidadosamente de su «segunda mejor cama», su «ancho fuste de plata dorada», sus «bienes muebles, arrendamientos, vajilla, joyas y enseres».

Es así como se está sumergiendo «en el futuro tan lejano como el ojo humano puede ver» *para siempre* este presunto autor de los más valiosos tesoros espirituales de Inglaterra. Aún no había aparecido impresa la mayoría de las obras a cuya producción había dedicado su vida y su genio. Estas obras inestimables según la opinión, que debían asegurar la fama de «William Shackspeare, para siempre» quedaron por entero a la deriva, esparcidas entre actores y gerentes de teatro; en peligro, pues, de perderse definitivamente. Mientras se hallaba organizando el reparto de su riqueza, era lo más natural del mundo que su mente debiera haberse vuelto hacia esas importantes producciones y que una parte de su riqueza se debiera haber separado para asegurar la publicación de sus dramas.

Con su nombre y fama poco había que temer, pero lo que se podría hacer para que la empresa editorial tuviese éxito, al igual que los posibles nietos cuyos intereses estaba teniendo tan en cuenta, hubiera ganado más que perdido con sus disposiciones para la publicación. Sin embargo desde la primera palabra de este testamento a la última, no hay nada que apunte a que el testador haya tenido interés ni en las dieciséis obras teatrales que ya habían aparecido impresas, ni en las veinte que aún no se habían publicado, ni en cualquier otra cosa de carácter literario: un final perfectamente apropiado para toda la serie de registros de Stratford sobre él, desde el día de su bautismo hasta el día de su muerte, pero en total contradicción con el supuesto de que el mayor logro de su vida había sido la producción de esos dramas inmortales, junto a la cual sus casas y sus tierras se vuelven una fruslería.

Cualquier suposición de que ya habría tomado medidas para la publicación de los dramas se contradice con la manera en que estas obras se publicaron en la edición Primer Infolio de 1623. Casi ningún término de reproche podría ser demasiado severo si se hiciese a un escritor que, conociendo las piezas introductorias de la edición Primer Infolio, mantuviese que esa obra apareció como resultado de acuerdos anteriores suscritos por el William Shakspere de Stratford. Y este hecho, más la plena ausencia en su testamento de toda mención de documentos inéditos, debieran haber desechado hace muchos años la idea de que Shakspere era el autor. La desaparición de los propios manuscritos, combinada con la ausencia de mención de ellos en el testamento, ha dado lugar a una demanda casi apremiante de un manuscrito «Shakespeare», y el libro de sir Maunde Thompson sobre el tema no es sino el signo externo y visible de esa demanda. Para ningún escritor de tercera categoría el hecho de pasar los últimos años de su vida en la indigencia podría haber estado más completamente disociado de sus propios productos literarios como para este, el supuesto escritor más grande de Inglaterra, que pasó los últimos años de su vida en el ocio y la abundancia.

Solo una cláusula en el testamento vincula al testador con su carrera en Londres; aun así, como actor, no como dramaturgo. Dejó a cada uno de sus «colegas» Heminge, Burbage y Condell 26 chelines y 8 peniques para comprarse anillos. Halliwell-Phillipps, en la reproducción del testamento, da en cursiva las partes que no habían figurado al principio, pero que después fueron interlineadas, y este legado a sus «colegas» es una de ellas. Al igual que su esposa, a quien dejó su «segunda mejor cama», los actores con quienes había estado asociado entraron solo como una idea tardía, si no como resultado de una sugerencia directa de otros. Este es el vínculo puesto al servicio de la publicación de la edición Primer Infolio de las obras de «Shakespeare», dando lugar a lo que se ha reconocido como un llamamiento meramente ficticio a la responsabilidad de la publicación por parte de los dos sobrevivientes. No obstante nadie, ni siquiera Ben Jonson, sobre cuya participación en la empresa se ha opinado tanto, se atrevió a insinuar que el renombrado autor le había confiado la publicación de las obras. Si semejante tarea se les hubiese confiado a ellos, es inconcebible que hubiesen omitido mencionarlo. Afirman, eso sí, que por respeto a su memoria y por iniciativa propia han reunido los manuscritos de las obras teatrales y las han publicado. Por otra parte, tanto estropean su informe con inconsistencias, que sir Sidney Lee admite la inexactitud de su historia. «John Heminge y Henry Condell», dice, «eran *nominalmente* responsables de la empresa, pero parece que haya sido sugerida por [otros]. [...] Los dos actores hacen ostentación de una responsabilidad mayor de la que realmente contrajeron, pero sus motivos [...] eran sin duda irreprochables». Se ha observado que en esta falsa ostentación fue partícipe el «honesto Ben Jonson». Por supuesto, el camuflaje era tan legítimo como cualquier otro método para ocultar la autoría; pero cuando se insiste en que Ben era demasiado honesto para engañar al público a propósito, solo nos cabe responder que ahí está el hecho y no puede negarse. Nosotros también podemos añadir lo que no se puede decir de todos los que usarían el nombre de Ben para apuntalar la tendencia stratfordiana: que Ben era un humorista. También sus motivos, como los de Heminge y Condell, «eran sin duda irreprochables». El punto que importa aquí, no obstante, es que la forma de la publicación deja fuera de toda duda que el William Shakspere de Stratford no había tomado medida alguna para ella. La ausencia total de cualquier mención de sus ejecutores o de un solo miembro interesado de su familia, entre los diez nombres que aparecen vinculados con la publicación, revela la misma relación completamente negativa de todo lo stratfordiano hacia la literatura shakespeariana.

Ya que se ha mencionado a Ben Jonson, la vana esperanza de los stratfordianos, es notable, o más bien habría sido asombroso si hubiese algo de verdad en la tendencia stratfordiana, que el único hombre de letras contemporáneo de Shakspere con quien se supone que este tuvo intimidad, el espíritu afín que, acompañado por Drayton, se presume que le hizo una visita que alivió el aislamiento intelectual de su autoexilio (con resultados fatales, no obstante, pues la tradición dice que Shakspere bebió en exceso y murió a consecuencia de ello), este fiel camarada e ingenio afín no se menciona en un testamento que lega varios anillos conmemorativos y otros recuerdos a los amigos.

Además de los legados a su familia y lo que es quizá una remuneración a los dos albaceas, deja su espada al Sr. Thomas Combe, y el dinero para comprar los anillos conmemorativos lo deja a Hamlett Sadler, William Raynolds, John Heminge, Richard Burbage y Henry Condell. Cada uno de estos legados de anillos aparece en el testamento, no obstante, como una interpolación; a lo más, como una idea tardía. Pero incluso en sus ideas tardías no tiene cabida el viejo y querido Ben. Estamos seguros de que estos interlineados se harían durante su última enfermedad. De todos modos tienen que haberse hecho durante los tres últimos meses de su vida, pues el documento original lleva la fecha de 25 de enero de 1616. Más tarde «enero» ha sido tachado y sustituido por «marzo», así que las alteraciones se estaban realizando dentro del mes anterior a su muerte. En tal caso, seguramente, si hay alguna pizca de verdad en estas tradiciones, Ben Jonson estaría en su mente por aquellos días.

Una diferente tradición dice que Shakspere fue padrino de un hijo de Ben, e incluso se han conservado detalles de ingeniosas pláticas amistosas sobre el tema. Entre los legados, no obstante, figura uno de veinte chelines para un ahijado llamado William Walker, pero no se menciona lo que se hizo respecto al otro ahijado, el muchacho de Ben. Sin duda Ben Jonson y su hijo, el renombrado camarada literato y el ahijado, respectivamente, del gran dramaturgo poeta, no contaba para nada a los ojos de William Shakspere. Y la tendencia stratfordiana que se apoya en la creencia de la intimidad personal de los dos hombres es bastante ajena a la realidad: precisamente la misma ausencia de «realidad» que caracteriza el tributo jocoso de Jonson a «Shakespeare» en las ya famosas líneas enfrente del llamado retrato de «Shakespeare» en la edición Primer Infolio de las obras teatrales.

Y si hay algo de verdad en la tradición de la visita de Jonson a William Shakspere justo antes de la muerte de este, tiene bastante apariencia, en vista de las respectivas participaciones de Jonson, Heminge y Condell en la publicación de la edición Primer Infolio, de haber estado en cierto modo relacionada con la proyectada publicación: el interlineado de los nombres de los actores en un testamento ya redactado sería tal vez uno de los resultados de la visita. La ausencia del propio nombre de Jonson en el testamento fue, en este supuesto, un defecto grave de la disposición; a todas luces los protagonistas no eran expertos en subterfugios. Se perdió la última oportunidad de introducir en los registros de Stratford sobre William Shakspere nada ni nadie relacionado con la literatura contemporánea: una pérdida que todos los esfuerzos de Jonson, años después de la muerte de Shakspere, no pudieron reparar. Los papeles respectivos que Ben Jonson y William Shakspere tuvieron que representar en esta comedia final habían sido, ciertamente, mal ajustados.

El papel real representado por Jonson en este asunto apenas encaja en el ámbito de la fase actual de nuestro argumento. El hecho importante es que hubo subterfugio en la manera de publicarse la edición Primer Infolio y en este subterfugio Ben Jonson participó. Hay razones de peso para creer que la introducción firmada por los actores Heminge y Condell fue compuesta por el propio Jonson. Sir George Greenwood ha expuesto la inconsecuencia general de su actitud, y no está legitimado ningún argumento basado en una fingida exactitud histórica y literal y unas declaraciones equívocas de Jonson; el propio testamento de Shakspere refuta la aplicabilidad literal a William Shakspere de esas declaraciones.

La importancia de la omisión en el testamento de toda mención de libros, reforzada aún más por el silencio del Dr. Hall respecto a libros de Shakspere que hubiesen pasado a sus manos, confirma la impresión de que William Shakspere nunca había poseído uno; pese al hecho ya indicado de que solo mediante un extraordinario recurso a los libros pudiera haber compensado sus desventajas iniciales.

Pasando finalmente al texto real del testamento como un documento literario, cabe naturalmente preguntarse por las huellas de la destreza de «Shakespeare». El conocimiento de la ley y el interés en sus propias sutilezas y su técnica por parte de «Shakespeare» hacen imposible suponer que un documento semejante se podría haber formalizado en su nombre sin participar él en su composición. No obstante, todo el documento es justamente como el que un abogado, en la forma ordinaria de los negocios, habría redactado para cualquier otra persona. La única parte en que la personalidad del testador podría haberse revelado consiste en el párrafo inicial, que es como sigue:

«En el nombre de Dios, amén. Yo, William Shakspeare de Stratford-upon-Avon, condado de Warwick, en perfecto estado de salud y facultades mentales, a Dios gracias, hago y ordeno esta mi última voluntad y testamento de la manera y forma siguiente, es decir: primero encomiendo mi alma a las manos de Dios mi Creador, esperando y ciertamente creyendo, a través de los méritos de Jesucristo mi Salvador, ser partícipe de la vida eterna, y luego doy mi cuerpo a la tierra de que está hecho.» El resto es puramente mercantil.

Desde la primera palabra de este documento a la última no hay la más leve huella de la inteligencia o del estilo literario del hombre que escribió los grandes dramas.

Huelga decir que la caligrafía del testamento es la habitual de los abogados profesionales; pero al final nos topamos

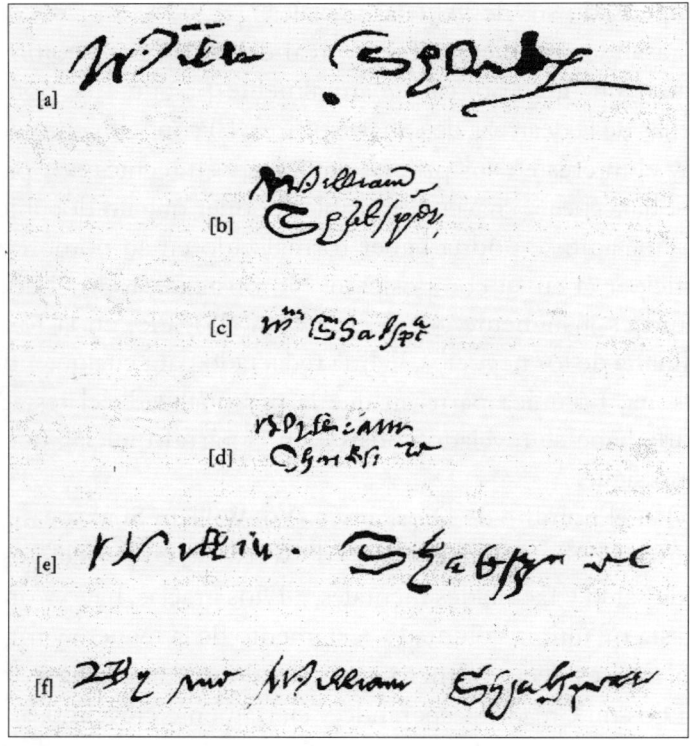

Firmas de William Shakspere en: a) Declaración jurada Belott-Mountjoy, 1612. Public Records Office. b) Traspaso de Blackfriars, 1613. Guildhall Library. c) Hipoteca, 1613. British Library. d), e), f) Testamento. Public Records Office

con el único caso registrado de haber él puesto alguna vez su pluma sobre papel en Stratford. Durante todos estos años había vivido en Stratford, comprando y vendiendo, prestando dinero, encausando a deudores, ocupándose de transacciones individuales que implicaban la facturación de sumas de dinero equivalentes a miles de libras en valores modernos, lo que daba lugar a la preservación de las firmas o «marcas» de las personas con que trataba; pero ni una sola firma de Shakspere relacionada con estos tratos en Stratford se ha descubierto jamás. Ni una hasta que llegamos a la de su testamento, en el último año de su vida, cuando nos encontramos con un ejemplo de su caligrafía en los registros de Stratford sobre él. Firmó su testamento. Hay tres firmas [d, e, f], cada una en una página del documento, y con la excepción de parte de una de las tres [f], acaso constituyan algo así como toparse uno con un monstruo manuscrito igual que se puede hallar en cualquier sitio. Sir E. Maunde Thompson, cuyo trabajo en *Shakespeare's Penmanship* hace profesión de fe en el hombre de Stratford, admite que si estas tres firmas hubiesen aparecido en documentos separados, tendríamos buenas razones para suponer que fueron puestas por tres manos distintas. Con la sola excepción de la que pronto vamos a tratar, toda la tarea se realiza tan penosamente, que bien podría tomarse por la tarea de un niño intentando copiar una escritura de la que solo tuviese una comprensión imperfecta. Es más como el esfuerzo de un hombre analfabeto que hubiese intentado aprender a escribir su propio nombre y no había tenido éxito en absoluto, pero que estuvo luchando en medio del proceso tal vez con una copia delante de él.

Tan indignante es suponer que se trata de la normal caligrafía del gran dramaturgo, que recientes apologistas han propuesto la explicación de que en sus últimos años sufrió de parálisis. Es ignorar que las palabras iniciales del testamento afirman su «perfecto estado de salud y facultades», y el hecho adicional de que, aunque logró producir algún tipo de firma estando aquejado de parálisis, parece no haber producido ninguna en absoluto sin la enfermedad. Su parálisis, desde luego, había sido generosa con él. Pero sir E. Maunde Thompson no propone la teoría de la parálisis. Y con muy buena razón: la parte excepcional de la firma [f] ya aludida, acaso no podría haberla hecho alguien tan enfermo. Consta de tres palabras, «Por mí, William», delante del apellido «Shakspeare» en la firma principal del testamento. Aquí tenemos un único ejemplo de caligrafía experta manteniendo tal abrumador contraste con toda otra escritura de Shakspere, como para ser de lo más perturbador a ojos del stratfordiano ortodoxo.

Admitir con franqueza que las palabras «Por mí, William» no las escribió la misma mano que puso el resto de esa firma y las otras, sería provocar que todo el edificio de la tendencia stratfordiana se derrumbase en el caos. La teoría de sir E. Maunde Thompson es que el testador estaba muy enfermo en aquellos días, que empezó a escribir en un momento de recuperación transitoria y decayó cuando llegó a escribir «Shakspeare». No se trata solo del contraste entre las dos partes de una firma, demasiado grande para tal explicación, sino de que el contraste es igual de grande entre este fragmento concreto de caligrafía de experto y el conjunto de lo demás. Aun así, se trata de un punto en que la mera discusión poco puede hacer. Reproducciones fotográficas de estas firmas pueden verse en *Life of William Shakespeare,* de sir Sidney Lee; en *Shakespeare Penmanship,* de sir E. Maunde Thompson; en *Bacon is Shakespeare,* de sir Edwin Durning-Lawrence; y en *Shakespeare's England.* El examen más superficial de ellas convencerá a cualquiera, creemos, de que el contraste concuerda más fácilmente con la teoría de que al menos intervinieron dos manos en estas firmas que con ninguna otra teoría. Ello no significa, por supuesto, demostrar que realmente intervinieron dos manos en la tarea, pues los escritores recién nombrados, con una excepción, rehusarían naturalmente asentir a tal deducción, pese a las apariencias sospechosas.

Debe mencionarse otro punto en relación con estas firmas testamentarias. Halliwell-Phillipps señala que en el primer borrador del testamento solo se hicieron arreglos para el «sello» de Shakspere, no en absoluto para su firma. La palabra «sello» se tachó después y fue sustituida por «mano». Esto, en sí mismo, podría no tener mucha importancia, pero tomado junto con el hecho de que en ningún documento anterior de Stratford había aparecido la firma, se presta no poco a la suposición de que los abogados que preparaban sus documentos no estaban acostumbrados a que él firmase. Teniendo en cuenta también la flexibilidad temporal con respecto a los testamentos (una flexibilidad de la que dan testimonio para este los diversos tachones e interlineados imprevistos), junto con el carácter peculiar de las firmas cuando por fin aparecieron, el conjunto de tal tarea «de firmar» podría fácilmente haberse hecho después que el documento hubiese pasado por las manos del abogado, no existiendo testigos de las firmas.

«Con respecto a los tachones e interlineados, unos pocos pueden haber sido obra del escribano [...] pero otros son obviamente el resultado de posteriores instrucciones personales del testador. [...] En aquellos días había tanta falta de rigor en todo lo relacionado con las formalidades testamentarias, que ningún inconveniente habría surgido de tales expedientes. Nadie, excepto en un litigio posterior, habría soñado alguna vez con hacer una pregunta. Los funcionarios no dudaban en admitir para su legalización una simple copia de un testamento desprovisto de las firmas tanto del testador como de los testigos» (Halliwell-Phillipps).

Aunque no realmente puestas en Stratford, hay otras tres firmas [a, b, c] de Shakspere que pertenecen a su período final allí. La primera de ellas fue puesta en Londres en 1612 y las otras dos se relacionan con su compra de la propiedad de Blackfriars en 1613; así pues, ningún trazo de su pluma se ha descubierto antes del final de su presunto período literario. De la primera [a] dice sir E. Maunde Thompson que es claramente la obra de un escritor capaz. De la segunda [b], que podría tomarse por la obra de un hombre inculto: lo que atribuye a nerviosismo. La tercera [c] está hecha en un estilo tan enteramente distinto al de las demás, que la considera inútil para el propósito de una peritación caligráfica: lo que parece dispuesto a atribuirlo a «perversidad intencionada». Aunque en realidad no afirme que podrían tomarse por la obra de tres escritores diferentes, sus comentarios equivalen a eso. Y así es como podríamos resumir el conjunto de la escritura que nos ha llegado de la mano de alguien que se supone que ha sido el más grande de nuestros escritores ingleses. Cuanto tenemos son seis firmas sin relación alguna con un asunto literario. Se ejecutaron todas ellas en los últimos años de su vida, después que sus grandes tareas literarias habían terminado; y son de tal suerte que cuando las examina nuestro principal experto en la materia, plenamente ortodoxo en sus puntos de vista de la autoría, parecen como si se debiesen a seis hombres diferentes. Al mismo tiempo hay entre ellas alguna que se manifiesta como el esfuerzo de una persona inculta, y solo una firma [a], la de 1612, tiene algún valor real para el estudio caligráfico. A esto añadiríamos, a modo de firme convencimiento personal, apoyado por las opiniones de muchos a cuyos juicios hemos recurrido, que las firmas atestiguan que a su autor lo asistieron otros en el acto de escribir su propio nombre. La conclusión general en lo que atañe a las firmas es que William Shakspere no estaba versado en el manejo de una pluma, y que se valía de otros para tratar de ocultarlo.

Como última observación sobre la cuestión caligráfica hemos de señalar la ausencia de una firma importante. El contrato de compra de la propiedad de Blackfriars, un documento que estuvo hace tiempo en posesión de Halliwell-Phillipps pero que ahora se encuentra en América, aun siendo el más importante de los tres documentos concernientes a la transacción, tiene solo el «sello» de Shakspere, no su «mano». En otras palabras, su parte fue tal como podría haber sido realizada por una persona completamente analfabeta acostumbrada a poner su «marca» en los documentos; al igual que su padre y su madre habían hecho, y como su hija Judith continuó haciendo. Sobre ello Halliwell-Phillipps pide un duplicado del documento, ahora en la Guildhall Library, donde aparece la firma de la que sir E. Maunde Thompson dice que podría haber sido obra de una persona iletrada: una firma que al lector común le parece como si la hubiese terminado otra mano. La firma de la «perversidad intencionada» está en el contrato hipotecario, ahora en el Museo Británico, y se trata, con bastante evidencia para cualquiera menos para un stratfordiano, de un fraude consentido.

Mirando, pues, los tres períodos de la carrera de William Shakspere en su relación entre sí, tenemos uno de apertura y otro de clausura que son perfectamente homogéneos en el aspecto enteramente negativo que presentan para toda consideración literaria. Entre ellos tenemos un período medio por el cual se le atribuyen las obras mayores de la literatura inglesa. Los dos extremos o períodos homogéneos pertenecen a su residencia en un lugar, en consonancia con sus propios registros no literarios mientras allí residió. El período medio, del que ahora trataremos especialmente, se halla en contraste marcado e inaudito con los períodos extremos, y transcurrió en otra parte bien distinta del país. Con nuestras comodidades de hoy en día, agencias de noticias y medios de comunicación, tal vez nos sea imposible percatarnos de cuán alejado estaba Stratford de Londres en la época de la reina Isabel. Sin embargo tenemos bastante derecho a afirmar que su separación, en la medida en que se refiere a la relación del matrimonio, estuvo en consonancia con el papel que William Shakspere fue llamado a representar.

En lo referente a la transición de una época a otra, pocos negarían que si el William Shakspere que se había criado en Stratford, que fue obligado a un matrimonio a la edad de dieciocho años con una mujer ocho años mayor que él, y que en el nacimiento de gemelos abandonó a su esposa, produjo a la edad de veintinueve años un poema muy extenso y elaborado en el inglés más pulido de la época, evidenciando un grande y riguroso conocimiento de las obras clásicas, y más tarde los magníficos dramas shakespearianos, ese William Shakspere realizó, si no ciertamente la mayor, una de las mayores obras de autodesarrollo y autorrealización que el genio permitió nunca a hombre alguno llevar a cabo. Por otro lado, si, después de haber llevado a cabo una obra tan milagrosa, este mismo genio se retiró a Stratford para dedicarse a sus casas, terrenos, huertos, al dinero y la malta, no dejando rastro de un solo interés intelectual o literario, consumó sin duda la mayor obra de autoembrutecimiento en los anales de la humanidad. *Es difícil* de creer que con tal comienzo pudiera haber llegado a tales alturas como se supone; es *más difícil* de creer que con tales consecuciones gloriosas en su período medio pudiera haber caído al nivel de su período final; y con el tiempo se reconocerá plenamente que es *imposible* de creer que el mismo hombre pudiera haber logrado tal pareja de proezas de formidables y mutuas anulaciones. En resumen, el primero y el último período en Stratford están demasiado en armonía el uno con el otro, y demasiado en contra del supuesto período medio para que los tres sean creíbles. La situación representada por el conjunto se encuentra por entero fuera de la experiencia humana general. La perfecta unión de los dos extremos justifica la conclusión de que el período medio es una ilusión: en otras palabras, William Shakspere no escribió las obras teatrales que se le atribuyen. Parodiando la máxima de Hume en diferente contexto, es contrario a la experiencia que tales cosas deberían ocurrir, pero no es contrario a la experiencia que el testimonio, aun el testimonio del honesto y raro Ben Jonson, debería ser falso. La cuestión de la culpabilidad nosotros se la dejamos a los absolutistas éticos.

Las circunstancias que rodearon la muerte de Shakspere están muy en consonancia con todo lo que se conoce y se ignora de su período final. El supuesto poeta-actor, el más grande de su estirpe, falleció *en la opulencia pero sin ningún tipo de reseña contemporánea*. Spenser, gran poeta contemporáneo suyo «un hombre arruinado y desconsolado», habiendo muerto, como dijo Jonson, «por falta de pan», fue, con todo y eso, «enterrado en la Abadía de Westminster, cerca de la tumba de Chaucer, y su funeral estuvo a cargo del conde de Essex», según consignó el deán. Burbage, el gran actor contemporáneo de Shakspere, murió por el mismo tiempo que la reina, esposa de Jacobo I, en marzo de 1618-1619, y «la aflicción por su pérdida parece haber hecho olvidar a la gente el mostrar la aflicción debida por la muerte de la reina. La ciudad y la escena se han vestido de tristeza. […] La gente ha vertido lágrimas de luto […y] un conmovedor homenaje a su encanto ha salido de la pluma del mismo gran lord Pembroke» (Stopes, Charlotte C.: *Burbage and Shakespeare's Stage*). La muerte de William Shakspere pasó totalmente desapercibida para la nación. Ningún poeta colega lamentó su pérdida. El conde de Southampton, a quien se supone que ha inmortalizado, no mostró interés alguno. Durante siete años, a excepción de su misterioso «monumento de Stratford», no fue «ni llorado, ni honrado, ni reconocido». Charlotte C. Stopes atribuye este abandono a su retiro, lo que abona la opinión que estamos propugnando: que su retiro implicó una quiebra de aquellos lazos literarios y dramáticos que pudo haber tenido. Por fin, se rompe el silencio. El primer homenaje a su memoria viene de la pluma de Ben Jonson, quien muchos años después escribe que ha «querido al hombre, de este lado de la idolatría, tanto como cualquiera». Durante siete años, hemos de suponer, el dolor por la pérdida de un amigo tan incomparable lo había ocultado en su alma. Entonces llega la gran ocasión. Las obras completas de su ídolo van a publicarse y se invita a Ben a entregar las palabras inaugurales del volumen histórico. Ahora su dolor, por largo tiempo acumulado, tiene que encontrar la adecuada expresión. No obstante, estas son sus palabras:

> La imagen que estás viendo aquí situada
> fue para el gentil Shakespeare burilada.
> Luchó el buril con la Naturaleza
> para exceder la vida en su entereza.
> ¡Oh si en latón su genio dibujara
> tan bien cual supo dibujar su cara!
> La imprenta hubiera entonces superado

cuanto en latón se vio jamás trazado.
Mas no pudiendo él, mira, Lector,
la imagen no, lo que escribió el autor.*

Estas palabras se dirigen «Al Lector», y el lector que pueda descubrir un rastro de afecto, dolor o «idolatría» genuinos en estas líneas posee una facultad que el autor de este libro no puede reclamar. De tal idolatría necrológica quién no desearía verse preservado. La opinión de sir George Greenwood de que Jonson tenía dos personas distintas en la mente cuando hablaba de «Shakespeare» parece la más plausible. Nosotros no nos meteremos en la discusión de lo que Ben pueda o no pueda haber querido decir con las líneas anteriores; pero tratándose de la primera referencia impresa a un genio difunto que era también objeto de un intenso afecto personal, las palabras son una burla palpable. Aun así, las tardías y muy retrasadas referencias de Jonson a «Shakespeare» constituyen la última trinchera de la tendencia stratfordiana.

V

Llegamos ahora al período medio de William Shakspere. Intercalado entre dos períodos sin gloria en Stratford, ¿cuáles son los hechos reales de su carrera en Londres con referencia a las obras que lo han hecho famoso? No es como actor, ni como director de escena o de teatro (siendo esto último

---

* This figure that them here seest put/It was for gentle Shakespeare cut;/Wherein the graver had a strife/With Nature, to out-do the life:/O could he but have drawn his wit/As well in brass, as he hath hit/His face; the print would then surpass/All, that was ever writ in brass./But, since he cannot, Reader look/Not on his picture, but his book.

una vocación meramente hipotética), ni aun como escritor de obras teatrales para la escena contemporánea, sino como autor de obras literarias, como él se ha granjeado renombre. En calidad de tal, sir Sidney Lee asegura que no tuvo nada que ver con la publicación de ninguna de las obras teatrales que se le atribuyen, sino que estuvo «sometido con resignación a la piratería al por mayor de sus obras teatrales y a la adscripción a él de libros por parte de otras manos». La ausencia de toda participación en la publicación de las obras teatrales que, como literatura, han inmortalizado su nombre, constituye claramente, para empezar, un enorme vacío en sus registros literarios.

Una vez más, pese a que se haya estimado necesario adscribir su primera composición de obras teatrales a los años 1590-1592 (si no, no se podría haber hallado tiempo para su producción), la primera de la serie no se publicó hasta 1597, y con el nombre «Shakespeare» adjunto no hasta 1598. Sin embargo antes de esa fecha se había convertido New Place, en Stratford, en la residencia fija de Shakspere.

«No hay duda de que New Place, en Stratford, es a partir de ahora (1597) la que debe considerarse su residencia fija. A principios del año siguiente, el 4 de febrero de 1598, él ha regresado como titular de diez cuartas partes de grano en el almacén de la calle Chapel, donde estaba situada la propiedad recién adquirida, y en contratos posteriores nunca es designado como londinense, sino siempre como William Shakespeare de Stratford-on-Avon» (Halliwell-Phillipps).

En adelante su tierra, sus propiedades y sus compras de diezmos, junto con el hecho de que en 1604 emprende una acción legal para exigir el pago de una deuda por la malta que había estado suministrando durante varios meses, son circunstancias mucho más sugerentes de residencia permanente en Stratford con una visita ocasional tal vez a Londres, que de residencia permanente en Londres con viajes ocasionales a Stratford. La duración de este período medio es, por lo tanto, más incierto. Aun en el supuesto de que él fuese el autor de las obras teatrales, las autoridades difieren en por lo menos ocho años respecto a la fecha en que este período terminó (1604-1612); y cuando se rechaza la fecha suministrada por tal supuesto, como tiene que hacerse en una investigación como la actual, el margen de incertidumbre se amplía considerablemente. La ausencia de información definida sobre los límites de este período londinense es sin duda otra grave omisión de los registros.

«De los incidentes de su vida en Londres», nos dice el profesor sir Walter Raleigh, «no se sabe nada». Se alojó por un tiempo en Bishopsgate y más tarde en Southwark. Sabemos esto no porque damas y caballeros en sus carruajes fuesen hasta la puerta del hombre famoso, ni por cualquier otra cosa que pudiera llamarse un «incidente» personal, sino porque él era un contribuyente moroso (por dos cantidades de 5 chelines, y 13 chelines y 4 peniques, respectivamente), por lo que las autoridades lo buscaron en 1598, ignorando que se había trasladado, algunos años antes, de Bishopsgate a Southwark. Es evidente, entonces, que en ese tiempo no estaba viviendo a la vista del público y alternando libremente en círculos literarios y dramáticos. Sir Sidney Lee nos dice que Shakspere «con gran magnanimidad acabó pagando» el dinero. Si el demandante hubiera sido un individuo particular, podría haber habido generosidad en pagar una cuenta que legalmente no podía ejecutarse; pero no es fácil asociar «magnanimidad» con el pago de impuestos. Debemos suponer que el dinero se quedó debiendo o se pagó para evitar problemas. Si se debiese el dinero, entonces William Shakspere había estado intentando defraudar; si no se debiese, uno está algo curioso por saber qué inconvenientes especiales podrían haber surgido de impugnarse la reclamación. Todos los registros que tenemos de él demuestran que no era de la clase de hombre que se somete a una exacción ilegal sin razones muy sustanciales. El caso es poco importante en sí mismo; sin embargo en relación con el misterio general de sus movimientos en Londres posee significado propio.

La ausencia de información precisa acerca de su paradero real, el período y la forma de su residencia fija en Londres es otro de los grandes vacíos en el expediente.

Desde el momento en que fue descrito como William Shakspere de Stratford-upon-Avon (1597), no hay prueba alguna de que estuviese domiciliado en ninguna parte de Londres, mientras que las pruebas de su domiciliación en Stratford desde esa fecha en adelante son irrefutables y continuas. Claramente nuestras concepciones de su residencia en Londres necesitan una total revisión. Parece que se ha intentado construir para él una carrera en Londres de los materiales suministrados por los escasos datos conocidos de su vida real combinados con las necesidades de la autoría supuesta, y a partir de este material no ha sido posible formar una imagen consistente. A fin de poner de manifiesto este hecho con mayor claridad vamos a colocar juntas dos frases de Halliwell-Phillipps en *Outlines*.

«No fue hasta el año 1597 cuando la reputación pública de Shakespeare como dramaturgo quedó suficientemente establecida a ojos de los libreros para que estos ansiasen asegurarse los derechos de autor de sus obras teatrales.»

«En la primavera de este año (1597) el poeta hizo su primera inversión real con la compra de New Place […] [que] a partir de entonces se aceptó como su residencia.»

Así pues, nos enfrentamos a esta situación peculiar: lo que se ha considerado como el período de su mayor notoriedad en Londres, comenzó al mismo tiempo que su retiro formal en Stratford; y mientras que hay un indudable misterio acerca de su lugar o sus lugares de residencia en Londres, no hay ninguno acerca de su residencia en Stratford. A este respecto, un hecho curioso es que la única carta que se sabe que se le envió en toda su vida fue una procedente de un natural de Stratford, dirigida a él en Londres, que aparece en los registros de la Stratford Corporation, y que «sin duda se remitió a mano (a Shakspere en Londres), de lo contrario *se habría añadido el domicilio*» (Halliwell-Phillipps). Desde luego, los paisanos suyos que deseaban comunicarse con él en Londres no conocían su residencia allí, y el que esta carta fuese descubierta en los archivos de la Stratford Corporation sugiere que nunca llegó al destinatario. Ello también permite la suposición alternativa, ya mencionada: que habiendo recibido lo que, no obstante, fue incapaz de leer (a pesar de la calidad superior de su caligrafía), se vio obligado a remitirlo a su abogado en Stratford, que residía en la casa de Shakspere allí. De cualquier manera, la única carta que se sabe que se le envió en toda su vida se suma al misterio de su alojamiento en Londres.

En resumen, nuestros esfuerzos para llegar a estrechar la mano al período de su mayor notoriedad, sobre la base sólida de un hecho acreditado, han cedido el paso a los resultados más insatisfactorios. No tenemos conocimiento positivo de su vida en Londres antes de 1592, el año del ataque de Greene, en el que es acusado de adornarse con las plumas de los demás, junto con una insinuación de que él era un hombre inculto, un «grosero mozo de cuadra» y un «usurero». Y no tenemos *ningún registro de residencia efectiva en Londres después de* 1596, cuando «de acuerdo con un memorándum de Alleyn se alojó cerca de Bear Garden en Southwark». Este es precisamente el momento en que su padre, que residía en Stratford actuando, como se acepta en general, a iniciativa de William Shakspere intentó por primera vez obtener un escudo de armas con pretextos falsos. El año siguiente fue el de su compra de New Place, en Stratford, y en los años siguientes se convirtió en uno de los mayores poseedores de maíz en Stratford. Todo apunta a que este es el momento cierto en que se estableció en su ciudad natal (si así podemos dignificar al Stratford de esos días). El período de Londres definitivamente seguro aparece a continuación, para encogerse de veinte años a no más de cuatro (1592-1596), durante el cual período no hay un solo registro de sus actividades *personales* más allá de la aparición de su nombre en una lista de actores; lo que hay sin duda es mucho misterio en cuanto a su paradero real. Las referencias *literarias* a los poemas vamos a tratarlas por separado. Fue en este período en que aparecieron *Venus y Adonis* y *La violación de Lucrecia* (1593 y 1594 respectivamente), y también cuando el gran hombre que se supone que ha producido estos poemas famosos eludió la vigilancia del recaudador de impuestos.

«El impuesto de Bishopsgate de octubre de 1596, así como el de 1598, ahora se muestra basado en una evaluación hecha ya en 1593 o 1594. El cobro, desde luego, se intentó en las fechas posteriores *ignorando que Shakespeare* (es decir Shakspere) *ya había dejado St. Helens* (Bishopsgate) hacía tiempo por el sur de Londres» (sir Sidney Lee). Según los stratfordianos modernos vivió en Londres como un hombre famoso durante dieciséis años después de entonces (de 1596 a 1612) sin revelar jamás su domicilio.

La publicación de las obras teatrales se inicia en 1597 con toda seriedad. En 1598 empiezan a aparecer bajo el nombre «Shakespeare». Desde entonces hasta 1604 fue el período de publicación desbordada durante la vida de William Shakspere, y este gran período de publicación «shakespeariana» (de 1597 a 1604) corresponde exactamente al período de mayor actividad de William Shakspere en Stratford. En 1597 comenzó el negocio relacionado con la compra de New Place. Surgieron complicaciones y la compra no se consumó hasta 1602. «En 1598 adquirió la piedra para restaurar la casa, y antes de 1602 había plantado un huerto de frutales» (sir Sidney Lee). En 1597 sus padres «sin duda guiados por su hijo» iniciaron un proceso «para la recuperación de la finca hipotecada de Asbies en Wilmcote [...] [que] se arrastraba desde hacía algunos años» (sir Sidney Lee). «Entre 1597 y 1599 [ocurrieron] la reconstrucción de la casa, el almacenamiento de grano en los graneros y diversos procedimientos legales» (sir Sidney Lee). En 1601 murió su padre y él se hizo cargo de los bienes paternos. El 1 de mayo de 1602 compró 107 hectáreas de tierra cultivable. En septiembre de 1602 «un tal Walter Getley traspasó al poeta una casa de campo y su jardín, situada en Chapel Lane frente a los terrenos bajos de New Place». «Ya en 1598 Abraham Sturley había sugerido que Shakespeare (William Shakspere) debería comprar los diezmos de Stratford». En 1605 completó la compra de «una parte no vencida de estos diezmos». «En julio de 1604, en el juzgado local de Stratford, demandó a Philip Rogers, al que había suministrado desde marzo pasado malta por valor de una libra, 19 chelines y 10 peniques, y el 25 de junio le había prestado dos chelines en efectivo.»

Por un historial del que tanto se ha perdido podemos suponer con justicia que lo que sabemos de sus tratos en Strat-

69

ford constituye una pequeña parte de su actividad allí. En consecuencia, para la disputa de que este hombre fue el autor y el genio dirigente de la magnífica oleada de literatura dramática que por aquellos años estaba irrumpiendo en Londres, el registro de negocios que acabamos de presentar se consideraría, en casi cualquier tribunal de la tierra, la demostración de una coartada. El carácter general de estas transacciones comerciales, incluso para detalles tales como prestar la insignificante suma de dos chelines a una persona a la que él estaba vendiendo malta, es plenamente evocador de su continua relación diaria con los pormenores de su actividad en Stratford, mientras que la única transacción de dinero que lo relaciona con Londres durante estos años, el cobro de una deuda de siete libras de John Clayton en 1600, fácilmente podría ser el resultado de una breve visita a la metrópoli o simplemente el trabajo de un agente. Las licencias otorgadas en 1603 a la compañía de actores en que aparece el nombre de «Shakespeare» no requeriría su presencia, y el que su nombre tal y como aparece en estos documentos se deletree «S-h-a-k-e-s-p-e-a-r-e» (es decir, lo mismo que en las ediciones impresas de las obras teatrales), mientras que esta ortografía no es la de su propia firma ni la de algunos de los importantes documentos de Stratford, apoya la sugestión de que estos asuntos fueron organizados por la misma persona responsable de la publicación de las obras teatrales; aunque, como ya hemos señalado, William Shakspere no tuvo que ver con esa publicación. Por otra parte, estas licencias no eran para su uso inmediato, sino para «cuando la plaga disminuya». Como, además, su nombre aparece de segundo, está claro que él no era el director de la compañía de actores.

Si bien, por consiguiente, todo acerca de los registros de William Shakspere sugiere que estuvo establecido permanentemente en Stratford durante los importantes años de la publicación de las obras teatrales, en cambio todo acerca de las propias obras señala a un autor que vive en ese momento en estrecha relación con la vida teatral y literaria de Londres. Tan fuerte es la presunción a favor de este último hecho, que ningún escritor de cualquier escuela se ha atrevido a insinuar lo contrario. Al atribuir la autoría a William Shakspere ha sido imperativo dar por sentada una residencia fija en Londres durante estos años trascendentes. Lo más que se podía permitir era un viaje ocasional a Stratford, y esto, pese al misterio de su paradero y actividades en Londres, el hecho de su continua reseña como «de Stratford», nunca «de Londres», y la gran cantidad y carácter especial de sus negocios en Stratford.

Si, pues, William Shakspere, el renombrado autor de las obras, no se trasladó a Stratford para apartarse del lugar y el momento en que el público literario estaba interesándose por las obras teatrales, tuvo sin duda cuestiones artificiosas para hacer que pareciese que tal fue el caso, y así justificar la más fuerte sospecha, por este motivo solo, de que los famosos dramas no fueron de su composición.

Es a partir de una consideración de la modalidad de publicación por lo que sir Sidney Lee concluye que William Shakspere no tuvo parte en el trabajo. Por otro lado, llegamos exactamente a la misma conclusión al considerar las circunstancias de su vida; en el caso presente, por las razones de lo que nos autoriza a sustentar como una coartada. En verdad es interesante que dos conjuntos totalmente diferentes de consideraciones deban llevar precisamente a la misma conclusión, bien que abordados desde dos puntos de vista diferentes y con diferentes intenciones; lo que deja muy poco lugar a dudas en cuanto a la solidez de la conclusión compartida. Mientras que convenimos, pues, en que William Shakspere no tuvo parte alguna en la publicación de esta literatura, mantener que su autor real, estando vivo, de ninguna manera participó en alguna fase del trabajo, es la clase de creencia que personas prácticas en contacto con la vida apenas admitirían sin serias dudas.

VI

Nosotros no afirmamos que la creencia alternativa, es decir, la creencia en un autor oculto, no tenga dificultades. Podemos justamente preguntarnos por qué el autor de tales obras debería preferir quedar anónimo, al igual que podemos preguntarnos por qué han elegido quedar anónimos «Ignoto», «Shepherd Tony» y «A. W.», los autores de alguna de la mejor poesía isabelina. Tales hechos, no obstante, son realidades indiscutibles de la historia literaria. Por otra parte, los motivos para los procederes misteriosos y secretos son ciertamente, a menudo, tan misteriosos y secretos como los procederes en sí mismos; de suerte que la incapacidad de sondear motivos no se puede aducir como argumento en contra de la evidencia de un hecho, aunque el conocimiento de un motivo pueda aceptarse como corroboración de otra evidencia. Por difícil que sea penetrar y apreciar los motivos privados, aun de personas concretas como nosotros mismos, la dificultad aumenta inmensamente cuando todas las circunstancias sociales son diferentes, como en el caso que nos ocupa. Quien piense que cualquiera que viviese en los reinados de la reina Isabel y Jacobo I estaría tan orgulloso de que se lo considerase el autor de las obras teatrales de «Shakespeare» como cualquiera que viviese en los siglos XIX y XX, no ha entendido el problema Shakespeare en su relación con la época a la que pertenece.

Además está juzgando la cuestión en gran medida desde el punto de vista del literato profesional como autor, e ignorando las numerosas consideraciones que pueden surgir cuando se presupone un autor de un tipo muy diferente.

«Es difícil percatarse», dice Halliwell-Phillipps, «de un período en que [...] el gran poeta, a pesar de la enorme popularidad de algunas de sus obras, no fue celebrado con una general reverencia. Hay que tener en cuenta que los actores ocupaban entonces una posición inferior en la sociedad, y que *incluso la vocación de un escritor dramático se consideraba apenas respetable*. La inteligente valoración de genio por parte de unos individuos no bastaba en estos asuntos para neutralizar el efecto de la opinión pública y la animosidad del mundo religioso; todas las circunstancias se unían así para alejar el interés general por la crónica de las personas relacionadas de algún modo con la escena.»

En consecuencia, haber reclamado la autoría incluso de las obras teatrales de «Shakespeare» no habría servido de ninguna ayuda a ninguna persona que buscase obtener, preservar o recobrar la dignidad social y la eminencia de sí misma y de su familia.

Nos puede extrañar que el secreto debiera haberse guardado tan bien, y que seamos totalmente incapaces de ofrecer una explicación satisfactoria del éxito completo de la «gallina ciega», así como podemos seguir perplejos ante el otro misterio de la historia. De nuevo esto es una dificultad que se magnifica enormemente al situárselo en un ambiente moderno. Sin embargo en la época de «Shakespeare», según Halliwell-Phillipps, «los sucesos de la vida de los autores no suscitaban interés [...] la correspondencia no política rara vez se conservaba y los diarios elaborados no estaban de moda».

La falta de interés por la personalidad de los autores se ve confirmada por algunos registros contemporáneos de la representación de obras de «Shakespeare», sin ninguna indicación de un nombre de autor. Los lectores cultos de las obras impresas, interesados principalmente en estas obras como literatura, bien podrían conformarse con conocer a un autor simplemente de nombre, sobre todo cuando se suponía que ese autor estaba viviendo en lo que entonces sería una aldea remota. Los registros contemporáneos de la literatura de «Shakespeare» son, por otra parte, como pertenecientes a un autor cuyo nombre se conoce, pero cuya personalidad, no; y Shakspere eludiría la atención personal adoptando una residencia permanente en Stratford justo en el momento en que esta literatura comenzó a aparecer.

Misterio y secreto concertado fueron además característica no solo de la vida literaria de la época, sino más aún de la vida social y política en general. Complots y conspiraciones, extrema precaución y reserva en cartas escritas, personas habitualmente escribiendo a sus amigos con la sospecha de que sus cartas se mostrarían a sus enemigos, a cada trecho algún comentario críptico que solo el destinatario sería capaz de entender: tales son las cosas que sobresalen de la masa de escritos contemporáneos conservada en los papeles del Estado y diversas colecciones privadas. Podemos estar muy seguros de que en aquellos tiempos ningún secreto importante sería impartido a alguien sin recibir desde el principio las garantías más solemnes de que no correría ningún riesgo de revelación. Ciertamente, el autor de *Hamlet* no era el hombre que descuidase precaución alguna. Los juramentos cuidadosamente formulados por los que Hamlet obliga a Horacio y Marcelo al secreto, y la última advertencia que les hace, son claramente la obra de un hombre que sabía como asegurar el secreto hasta donde era humanamente posible. Y sabemos que, como experiencia humana real, cuando una inteligencia superior se combina con lo que podría llamarse una facultad para el secreto y un sano instinto para juzgar y elegir agentes, los propósitos secretos se realizan exitosamente de una manera increíble y desconcertante para las mentes simples.

Estas son, pues, dificultades ciertas de la posición antistratfordiana que sería locura ignorar. No obstante, la mayoría de las verdades han tenido que abrirse camino pese a las dificultades. Mientras que las dificultades no matan la verdad, las cosas increíbles son fatales para el error; y es lo increíble lo que tiene que enfrentar la postura stratfordiana. La misma experiencia humana general que nos obliga a aceptar hechos que no podemos considerar adecuadamente, también nos obliga a rechazar, so pena de irracionalidad, lo que es intrínsecamente contradictorio o en completo desacuerdo con el, por lo demás, curso invariable de los acontecimientos. Es así como el sentido común de la humanidad repudia instintivamente una contradicción moral tan increíble. Sostenemos que tal es la creencia en el hombre de Stratford: la creencia de que el autor de la mejor literatura permita a otros hacer precisamente lo que les plazca durante su propia vida en cuanto a la publicación de sus obras, y que él no haga nada por sí mismo. «Es cuestionable», dice sir Sidney Lee, «si alguna obra se publicó bajo su supervisión». De este modo, es representado como creando y expulsando sus obras inmortales con toda la indiferencia de un mero proceso de desove, y volviendo su atención a las casas, la tierra, la malta y el dinero en el mismo momento en que empieza la edición impresa de estos grandes triunfos de su propio espíritu creativo. Esto es lo fundamentalmente increíble que, junto con la reversión increíble representada por el segundo período de Shakspere en Stratford, y una sucesión de otras cosas increíbles, debe disolver totalmente la hipótesis stratfordiana, una vez se ha hecho posible poner una hipótesis más razonable en su lugar.

VII

Lo único que se puede describir como una referencia personal fiable de William Shakspere en toda su vida se hizo en 1592, cuando Greene lo atacó como a un «cuervo advenedizo», adornado con las plumas de los demás. Chettle, el editor de la disculpa posterior, se expresa en términos que indican la intervención de patronos altamente situados y poderosos. Claramente Shakspere tenía detrás de sí algún amigo que escritores y editores no podían permitirse ignorar. Hasta ese momento no se había publicado nada bajo su nombre, su carrera en Londres acababa de empezar, y esto, repetimos, es lo único que se puede llamar un incidente personal en el conjunto de su historial de Londres, que según los stratfordianos modernos continuó veinte años después de este asunto. A decir verdad, su propia actitud en este supuesto incidente fue puramente pasiva, y la disculpa de Chettle no se refiere a una protesta o un resentimiento por parte de la persona atacada, sino únicamente a las «diversas alabanzas» de quien había hecho gestiones de su parte. Después de esto parece que nadie se aventuró a alusiones personales, buenas, malas o indiferentes. La experiencia de Chettle fue notoriamente una advertencia a los demás.

A continuación se publicaron *Venus y Adonis* y *La violación de Lucrecia* con el nombre de «Shakespeare» como autor, y entonces se nos ofrecen algunas referencias de los poemas como las podría haber escrito cualquier lector de las obras.

> Pero Tarquino arrancó su uva reluciente
> y Shake-speare pinta la violación de la infeliz Lucrecia.*
> *(1594, año de la publicación de* La violación de Lucrecia)

> Todo el elogio de la digna Lucrecia: dulce Shak-speare.** (1595).

> Y Shakespeare, tú, cuya miel fluyendo pródiga [...]
> cuya Venus y cuya Lucrecia dulce y casta
> en tu libro inmortal han dado fama a tu nombre.*** (1598).

Esto es todo lo que tenemos del período anterior a la publicación concreta de los dramas. Notoriamente está inspirado en los poemas, no hace referencia a las obras teatrales, y no tiene más que ver con el hombre de lo que podría aprenderse de las obras: un hecho del que la ortografía y la división del nombre «Shake-speare» dan testimonio. Ni tiene nada que ver con él como actor.

No hasta que llegamos al año 1598, cuando se publicó el primero de los dramas con el nombre de «Shakespeare» y nos topamos con alguna referencia contemporánea a «Shakespeare» como escritor de obras teatrales; para entonces tenemos derecho a suponer que William Shakspere estaba debidamente establecido en Stratford. De nuevo no hay ninguna referencia personal: el nombre aparece simplemente en unas largas listas de escritores antiguos y contemporáneos

---

* Yet Tarquyne pluckt his glistering grape,/And Shake-speare paints poore Lucrece rape.

** All praise worthy Lucrecia: Sweet Shak-speare.

*** And Shakespeare, thou whose hony flowing vaine [...]/Whose Venus, and whose Lucrece sweet and chaste/Thy name in fames immortall booke have plac't.

con una observación ocasional de la calidad o el contenido de la obra publicada bajo sus nombres. Esta obra de Francis Meres, su *Palladis Tamia,* al mismo tiempo da testimonio de lo que puede llamarse la alta calidad clásica del inglés de «Shakespeare» a los ojos de los estudiosos contemporáneos, y también a la familiaridad de «Shakespeare» con los clásicos antiguos.

En 1599 nos encontramos con otra referencia literaria en que, además de a *Venus y Adonis* y *La violación de Lucrecia,* se alude a las obras de *Romeo y Julieta* y *Ricardo (II o III).* Estas obras ya se habían publicado.

En 1600, el nombre vuelve a aparecer en una lista de más de veinte poetas del reinado de Isabel.

En 1604 su nombre aparece junto a los de Jonson y Green en dísticos que piden versos en honor de Isabel.

De nuevo en 1604, el año de la edición revisada de *Hamlet,* el nombre aparece en una referencia literaria a esta obra, y en 1603 o 1605 en otra lista de poetas contemporáneos. En el *Returne from Parnassus,* escrito en 1602 e impreso en 1606, es el primero y más mencionado en particular como el autor de *Venus y Adonis* y *La violación de Lucrecia* y después como uno de los dramaturgos.

He aquí todas las referencias contemporáneas que ha reunido la industria de Halliwell-Phillipps; es decir, referencias de gente que conocía a «Shakespeare» en forma impresa, pero que no tiene nada que decirnos acerca de William Shakspere en carne y hueso. El único ejemplo de un contemporáneo que se refiere al hombre, después del asunto de 1592 («La única anécdota de Shakespeare que se sabe positivamente que se ha registrado en el curso de su vida», S. L), es un mezquino cuento inmoral, desde luego la invención de algún aspirante a gracioso; un cuento que apropiadamente desechan como apócrifo la mayoría de las autoridades de ambos bandos. La magnitud de esta omisión de referencias contemporáneas concretas a la personalidad del hombre pueden solo apreciarla aquellos que, sin ningún propósito especial, han tenido que buscar en las colecciones de documentos isabelinos publicados, o que conocen algo de la inmensa cantidad de datos personales concernientes a lo más insignificante de la gente, y que se conserva en nuestras diversas historias locales. Tal silencio parece solo explicable en el supuesto de que se tuvo el máximo cuidado en mantener al hombre fuera de la vista.

Ya se ha señalado que ninguna de sus actividades en Stratford ha dejado el menor rastro de una carta de su pluma. La misma extraña característica señala su período medio en Londres. Una vez más no es meramente cartas autógrafas conservadas lo que está visiblemente ausente, sino que hay una total ausencia de pruebas y aun el rumor de que nunca tuvo correspondencia con una sola alma. Al mismo tiempo, los hombres de letras de inferioridad reconocida con respecto a «Shakespeare» fueron los corresponsales regulares de los patronos aristocráticos de la literatura, y aun cuando las cartas concretas estén perdidas, se pueden hallar los rastros de tal correspondencia en la historia literaria de la época. En el caso de William Shakspere no hay el menor rastro. Incluso Ben Jonson, separado por muchas millas y durante muchos años de su ídolo, no alude a carta alguna que ambos hayan intercambiado en cualquier momento. De estos años tampoco queda el menor registro de ninguna de esas cosas por las que un genio imprime su personalidad en sus contemporáneos. Fuera de las obras impresas, nada sino la pura negación nos sale al encuentro cada vez que tratamos de relacionar a este hombre con alguna de esas cosas por las que los hombres de letras eminentes han dejado impresiones incidentales de sí mismos sobre la vida de su tiempo. Como entonces estamos muy autorizados para decir que él no tuvo nada que ver con la publicación de los dramas (y hasta los poemas que llevaban la dedicatoria de «Shakespeare» al conde de Southampton no incluían el nombre del autor en sus portadas), si William Shakspere no fue una simple máscara para otro escritor, tal vez algún stratfordiano nos quiera decir qué más pudiera haber hecho él, o dejado de hacer, para que parezca que tal era el papel que estaba representando.

Además del propio silencio de William Shakspere no debemos pasar por alto el completo silencio del gran contemporáneo Edmund Spenser acerca de «Shakespeare» y todo lo shakespeariano. Su referencia a «Willie» en su poema *The teares of the Muses,* como hoy en día se está muy de acuerdo, no podía hacer, a causa de su fecha, ninguna referencia a William Shakspere. La única alusión posible a Shakespeare que él hace es en 1595, en su poema *Colin Clout's Come Home Again.* Que su «Aetion» tenga algo que ver con Shakespeare es pura conjetura, basada en el supuesto de que solo «Shakespeare» podría merecer el gran elogio que Spenser otorga al poeta así designado. Sin embargo, cuando en las siguientes líneas se coloca a sir Philip Sidney en primer lugar entre los poetas a quienes alude, no podemos aceptar a «Aetion» como Shakespeare (es decir, como un *poeta* inferior, en el juicio de Spenser, a Sidney) sin desacreditar el juicio de Spenser. En otras palabras, nos anula los motivos mismos por los que inicialmente suponemos que «Aetion» es Shakespeare. De todas maneras, la alusión es solo a «Shakespeare» el *poeta,* cuyos poemas podrían haber llegado a Spenser, «Colin Clout», en Irlanda antes de su regreso a casa. Si, no obstante, aceptamos la fecha que Spenser mismo adjunta a la dedicatoria del poema a sir Walter Raleigh, a saber, 1591, es evidente que «Aetion» no podría ser «William

Shakspere», ni podría tener relación con los grandes poemas de «Shakespeare», que no se publicaron hasta 1593 y 1594.

VIII

Esto en cuanto a William Shakspere como hombre de negocios y autor de renombre. Llegamos ahora a la cuestión de William Shakspere como actor famoso y accionista de teatro, cuya riqueza se ha calculado en parte por referencia a los ingresos de destacados actores contemporáneos y actores-accionistas. En este contexto vamos a poner juntos los pasajes de sus dos principales biógrafos.

Sir Sidney Lee:

«Fue en calidad de actor como en fecha temprana se granjeó una renta en verdad importante y segura.» Mientras tanto, «fue ganando gran estima personal fuera de los círculos de actores y hombres de letras. Su genio y "conducta civil", de los cuales escribió Chettle, atrajeron la atención no solo de Southampton sino de otros nobles patronos de la literatura y el drama. La invitación que se le hizo para el día de Navidad de 1594, para actuar en la corte con los más famosos actores, *quizá fuese debida en parte al interés personal por él mismo. Isabel en seguida le mostró un favor especial, etc.*»

Así pues, se trataba de la fama de un carácter muy excepcional, apenas superado por quienes soportan la «fiera luz que bate sobre un trono»*. Los recaudadores de impuestos que no podían fácilmente echar la mano a este hombre fueron responsables, al menos, de incapacidad culpable; y deberían haber sido despedidos sumariamente por connivencia deliberada. Pese a ello, veamos lo que dice Halliwell-Phillipps:

---

* De *In that fierce light which beats upon a throne*, notable verso de Alfred Tennyson. *(N. del T.)*

«No había una sola compañía de actores en la época de Shakespeare que no hiciese visitas profesionales a casi todos los condados ingleses, y esperando descubrir las huellas de sus pasos durante sus giras provinciales he examinado personalmente los registros de las siguientes ciudades y pueblos: Warwick, Bewdley, Dover, Shrewsbury, Oxford, Worcester, Hereford, Gloucester, etc.» Y así procede a enumerar no menos de cuarenta y seis pueblos y ciudades importantes de todas partes del país, tan al norte como Newcastle-upon-Tyne, e incluyendo, además de las grandes ciudades universitarias, el mismo Stratford-upon-Avon, cuya fama en el mundo entero se la debe al brillo que le ha dado el nombre de «Shakespeare». Y concluye:

«No hay un solo caso en que al presente yo haya encontrado en ningún registro municipal una noticia del poeta mismo; pero se ha descubierto un curioso material de una naturaleza insospechada respecto a su compañía y sus entornos teatrales.»

Así pues, las suposiciones generosas de un biógrafo sufren a manos de los hechos poco amables presentados por otro. En el intervalo entre la escritura de las dos biografías, el número de «archivos existentes» examinados aumenta a «unos setenta», y aunque sir Sidney Lee pasa sobre el hecho relevante de que las investigaciones posteriores tampoco arrojaron ningún resultado en lo referente al descubrimiento de rastros de las pisadas de Shakspere, su fe en el hombre de Stratford da lugar a la suposición poética de que «puede acreditarse a Shakespeare cumpliendo fielmente todas sus funciones profesionales, y algunas de las referencias a viajes en sus sonetos eran reminiscencias indudables de sus tempranas giras como actor». Los trabajadores que han continuado las averiguaciones comenzadas por Halliwell-Phillipps, en su afán de hallar esas huellas de Shakespeare que deben existir si fue-

se realidad lo que se pide para él, han impulsado sus investigaciones tan al norte como Edimburgo, donde los nombres
de Lawrence Fletcher y un tal Martin se encuentran en los
registros de 1599. El nombre de Fletcher aparece el primero,
obviamente, como gerente de una compañía de actores que
fueron «acogidos con entusiasmo por el rey», y este Fletcher
encabeza también la lista de la compañía de actores con licencia en Londres como actores del rey Jacobo en su ascenso al
trono de Inglaterra, lista en que el nombre de Shakespeare se
inserta de segundo. Pero no está Shakspere en los registros de
Edimburgo, ni en ninguno de los otros archivos municipales
que se han examinado. El nombre de Martin parece, por lo
demás, bastante desconocido.

El punto que al presente nos ocupa, sin embargo, es que,
si bien los nombres de otros actores sin gran reputación aparecen en estos registros municipales, el nombre de la persona
que se representa como gozando de una fama casi inigualable
en su vocación (poeta, dramaturgo, actor y actor-accionista)
no aparece nunca, a pesar de haberse hecho la búsqueda más
laboriosa y minuciosa. La inevitable conclusión a que estamos
obligados es que, o él no estaba allí, o bien no era un actor
famoso. En pocas palabras, no era un destacado miembro activo de la Compañía del Lord Chambelán sino más bien una
especie de «colaborador pasivo» cuyas funciones eran muy
coherentes con su residencia fija en Stratford: una situación
mucho más acorde con la idea de un hombre cuyo nombre se
estaba usando como tapadera pero cuya personalidad se estaba guardando cuidadosamente en el fondo, que con la idea de
alguien que goza en su propia persona de las atenciones y el
trato social debido a un hombre distinguido a quien incluso la
realeza estuvo encantada de honrar.

IX

Ahora solo queda por examinar los datos en que se apoya la teoría de que William Shakspere fue un actor eminente en Londres. Ni como escritor de obras para la escena ni como autor de obras para la imprenta es posible explicar su riqueza. Por la primera fuente de sus ingresos no sería un buen mozo; por la segunda, dado que él no tomó parte y no retuvo derechos, dependería de las propinas benevolentes de los editores. Como actor, ya lo hemos visto, no se ha descubierto un solo registro de su aparición en provincias. Por consiguiente, es como actor en Londres como él debe haberse enriquecido, si su riqueza no tiene nada de misterioso. He aquí, pues, los registros de su carrera.

Halliwell-Phillipps dice: «Tuve el placer de descubrir hace algunos años, en las cuentas del tesorero de la Cámara» la siguiente entrada: «Para William Kempe, *William Shakespeare* y Richard Burbage, servidores del lord chambelán, sobre la orden municipal fechada en Whitehall, 15 de marzo de 1594, por dos distintas comedias o interludios representadas por ellos ante Su Majestad después de la pasada Navidad, a saber, en el día de San Esteban y en el de los Santos Inocentes [...] en total 20 libras». Charlotte C. Stopes, sin embargo, en su obra *Burbage and Shakespeare' Stage*, suministra la interesante información de que este «informe [fue] *redactado después de la fecha* por la condesa Mary de Southampton, tras el fallecimiento de su segundo marido, sir Thomas Henneage, que había dejado sus cuentas bastante embrolladas». Y sir Sidney Lee señala que «ni se las llama obras ni papeles teatrales». También podemos señalar que, mientras que de acuerdo con la última autoridad nombrada Kemp era «el cómico principal del día y Richard Burbage el mejor actor trágico», no existe registro alguno que nos diga, y nadie se ha atrevido a adivinarlo aún, lo que William Shakspere fue como actor. Entonces, dado que no se le asigna parte alguna en este registro, es posible, aun aceptando que esté en el orden apropiado como documento oficial, que él recibió el dinero en calidad de supuesto autor de las «comedias e interludios». Y esto, pese a que ocurre tres años antes del inicio del período de su fama (1597), *es la sola cosa que puede llamarse un registro oficial de la participación activa en las actuaciones de la Compañía del Lord Chambelán*, llamada después de los Actores del Rey, y erróneamente mencionada como compañía de Shakespeare: la compañía de la que se supone que ha sido una de las figuras principales.

La «ortodoxia» de Charlotte C. Stopes, como la de Halliwell-Phillipps, está fuera de sospecha, y respecto a la carrera de William Shakspere en Londres ella ha realizado algo análogo a lo que Halliwell-Phillipps ha hecho respecto a su trabajo en provincias, y con un resultado en general no diferente. En la nota 28 del libro que se acaba de citar, registra «Las actuaciones de la Compañía Burbage en la corte durante 80 años», consistiendo el registro, principalmente, en un catálogo de breves asientos de los pagos efectuados por el tesorero de la Cámara para las representaciones concretas de obras teatrales, y llena diecisiete páginas de su obra. Más de cuatro páginas están ocupadas con las entradas que se refieren a actuaciones de la compañía desde 1597 hasta la muerte de William Shakspere en 1616. Se producen entradas separadas para los años 1597, 1598, 1599, 1600, 1601, 1603, 1604, 1605, 1606, 1607, 1608, 1609, 1610, 1611, 1612, 1613, 1614, 1615 y 1616. Se verá, pues, que solo el año 1602 no se encuentra en estos registros. Los nombres de los actores mencionados son Heminge, Burbage, Cowley, Bryan y Pope; en otros lugares estos informes oficiales mencionan al actor Augustine Phillipps, *pero el nombre de William Shakspere no aparece en todas estas cuentas ninguna vez.*

Existe el peligro de que, multiplicando pruebas y emprendiendo debates sobre asuntos secundarios, pueda perderse toda la fuerza de algunos hechos particulares. Animaríamos, entonces, al lector a que deje su mente fijarse en el detalle de un hecho, a saber, que todos los registros municipales de las compañías teatrales guardan silencio sobre William Shakspere, y que todos los registros del tesorero de la Cámara, con la excepción irregular de un informe arreglado por *una mano extraña después de la fecha*, también guardan silencio sobre él, incluso la entrada irregular que se refiere a una fecha (1594), varios años antes del período de su fama; así que ninguno dice absolutamente nada de él durante su gran época. Si el lector aún persiste en creer que William Shakspere era una figura bien conocida en el escenario, o un miembro destacado de la compañía de actores del lord chambelán, o en creer en cualquier manera mucho más evidente relacionada con los hechos de esa compañía, sugeriríamos respetuosamente que podría emplear su tiempo con más provecho que leyendo el resto de estas páginas.

Siguiendo las investigaciones realizadas mediante el mismo trabajo, nos encontramos con que los libros del lord chambelán «suministran mucha información sobre obras teatrales y actores. *Por desgracia se echa en falta para los años más importantes de la crónica shakespeariana*». Dos veces en el curso de su trabajo Charlotte C. Stopes alude a la lamentable desaparición de los libros del lord chambelán. A la luz de todos los demás silencios misteriosos respecto a William Shakspere, y la total desaparición de los manuscritos de «Shakespeare», tan cuidadosamente guardados durante los años anteriores a la publicación del Primer Infolio, la desaparición de los libros del lord chambelán, el registro de las operaciones de su departamento para el período más grande de su historia, difícilmente se ve como puro accidente. La mayoría de las autoridades admite más de una falsificación contemporánea respecto a los registros de Shakespeare, siendo una muy conocida la referencia de 1611 a *La tempestad*; así que la sospecha está bastante justificada. En el volumen que se ha conservado de estos registros no aparece asentado ningún contrato de actuación de William Shakspere, sino simplemente que recibió, con otros, una subvención de tela para preparar la procesión de coronación. Mientras que indica que «muchos creen […] que los actores no fueron en esa procesión», Charlotte C. Stopes argumenta a favor de su presencia, pero añade: «es cierto que la subvención de tela no era en sí misma una invitación a la coronación». Por lo tanto, no hay evidencia de que él estuviese presente. De igual manera, la aparición de su nombre en la lista de miembros de la compañía con licencia en 1603 para posibles actividades como actores del rey, no depara ninguna prueba de su reconocimiento como un actor destacado, y nos deja ignorantes de las obras teatrales en que pudiera haber participado, de los papeles que interpretó o de la manera de su actuación. Por consiguiente, todo lo que tenemos de carácter oficial durante este período son dos apariciones de su nombre en listas no informativas en general, bastante coherentes con la teoría de que durante los años más importantes de lo que se supone que ha sido su gran período londinense no estaba en constante relación personal con los negocios de la compañía.

De los registros de actuación no oficiales (de nuevo relatamos los hechos con las palabras de sir Sidney Lee) «el nombre de Shakespeare aparece el primero en la lista de quienes tomaron parte en la representación original de *Cada cual según su humor,* de Ben Jonson» (1598, el año en el que Jonson, después de haber sido encarcelado por matar a Gabriel Spenser, fue liberado, al parecer como resultado de una intervención influyente). «En la edición original de *Sejano* (1605), de Jonson, los nombres de los actores son dispuestos en dos columnas, y el de Shakespeare encabeza la segunda. [...] Pero una vez más no se indica la parte asignada a cada actor.» Tampoco se menciona que esta lista solo se publicó dos años después de la representación (1603).

Estas dos apariciones de su nombre son las únicas cosas que podrían llamarse registros de su actuación durante todo el período de su fama; la primera, en su principio, y la segunda, de acuerdo con varias autoridades, en su final. («No hay duda de que él nunca tuvo intención de regresar a Londres, excepto para visitas de negocios, después de 1604» *National Encyclopedia*). No sabemos ni qué partes interpretó ni cómo; pero *lo que sí sabemos es que no tenían nada que ver con las grandes obras teatrales de «Shakespeare».* No hay un solo registro en toda su vida de ninguna aparición en una obra de «Shakespeare»; en cambio, el escritor responsable de su aparición nominal en estos casos es el mismo que prestó la sanción de su nombre a las imprecisiones deliberadas del Primer Infolio. Vale la pena señalar que, por más que Jonson asigne un lugar principal al nombre de «Shakespeare» en estas listas, cuando la Compañía del Lord Chambelán representó *Cada cual fuera de su humor*», la totalidad de la compañía, con una notable excepción, tuvo partes asignadas a cada miembro. Esa excepción fue Shakspere, que no aparece en absoluto en el reparto. (Véanse las obras completas de Jonson).

Queda por prestar atención a otras ausencias llamativas del nombre de William Shakspere en relación con esta compañía en particular. La compañía se vio implicada en la Rebelión de

Essex, y Augustine Phillipps, uno de los miembros, tuvo que presentarse en una investigación sobre ello. Su declaración, hecha bajo juramento y formalmente acreditada con su firma, incluye una obra de «Shakespeare», *Ricardo II*. Sin embargo el propio William Shakspere estuvo totalmente fuera del asunto. No fue requerido, y su nombre ni siquiera se mencionó en relación con la obra, que se cita como «tan antigua y tanto tiempo fuera de uso».

De nuevo en agosto de 1604 se designó la compañía para asistir al embajador de España en Somerset House y se le pagó por sus servicios: «A Augustine Phillipps y John Hemynges por su prestación y la de diez de sus colegas [...] por espacio de 18 días, [recibiendo] 21 libras, 12 chelines». Volvemos a notar la ausencia del nombre de quien se nos ha enseñado a considerar la personalidad principal de la compañía.

El stratfordiano moderno aplaza el retiro de Shakspere a Stratford hasta el año 1612 o 1613. En 1612 la empresa entabló un litigio y los nombres de «John Hemings, Richard Burbage y Henry Condall» aparecen en conexión con él, pero no hay mención alguna de Shakspere.

Para la instalación del príncipe Enrique como príncipe de Gales se contrataron los servicios de la compañía y aparecen en los registros oficiales los nombres de Anthony Munday, Richard Burbage y John Rice, el primero como escritor y los dos últimos como actores; pero ninguna mención se hace del gran escritor-actor William Shakspere.

En 1613 el Teatro del Globo, el supuesto escenario de los grandes triunfos de William Shakspere, ardió hasta los cimientos, y un poeta contemporáneo cantó el suceso en los versos que conmemoran a Anthony Munday, Richard Burbage, Henry Condell y al padre de John Heminge; pero sin una mirada retrospectiva al William Shakspere que se estaba retirando o se había retirado y cuyo nombre ha inmortalizado el del edificio. Después de tal historial contemporáneo, la aparición de su nombre en la edición infolio de 1623, siete años después de su muerte, a la cabeza de la lista de «los *principales* actores en todas estas obras», confirma el carácter falso del conjunto de las pretensiones editoriales de esa obra. Con tal despedida, es increíble que la tradición posterior haya hecho tan poco por él. Más de ochenta años después, Rowe, en su *Life of Shakspere* (1709), le asigna un solo papel al «principal actor en todas estas obras», a saber, el de Fantasma en *Hamlet*. Esta tradición, aunque poco fiable (viendo que todo el cuerpo de la tradición shakespeariana se mezcla con mucho de lo que ahora se sabe falso) es, aun así, interesante, porque el papel del Fantasma en *Hamlet* es como uno de esos hombres de tercera para el teatro que podría haber sido entrenado para actuar en ocasiones. La discusión de las arenas movedizas de la tradición shakespeariana apenas cabe en el campo de este trabajo. Sin embargo es interesante notar que Charlotte C. Stopes se niega de plano a creer en el cuerpo de tradiciones shakespearianas, por la razón muy importante de que surgió en un período demasiado tarde después de los sucesos. El lector común, interesado simplemente en las obras teatrales, es rara vez consciente de cuán poco de sólida realidad biográfica permanece cuando se descuenta la mera tradición.

Es posible que hayamos omitido la discusión de alguna referencia contemporánea que otros podrían considerar importante. Aun así, bastante se ha dicho para mostrar que la conexión de William Shakspere con la Compañía del Lord Chambelán tuvo un carácter claramente anómalo. Por un lado hay rastros perceptibles de un esfuerzo para darle una marcada relevancia en cuanto a la constitución y actividades de la compañía, y por otro lado, una ausencia total de las concurrencias inevitables de una tal relevancia. Lo que otros, usándolo como un instrumento de sus fines, fueron capaces de hacer con su nombre, eso está hecho; lo que solo podría ser causado por la fuerza de su propio genio, eso falta. Fuera de las listas formales de nombres, ningún contemporáneo que conozcamos registra un suceso o impresión de él como actor durante todos los años de su fama literaria. Puede decirse con seguridad, por lo tanto, que ni en provincias ni en Londres el público que adquirió y leyó las obras teatrales de «Shakespeare» sabía mucho acerca del actor William Shakspere. Incluso la anécdota objetable que representa a Burbage en el papel dramático de Ricardo III no implica funciones dramáticas de ningún tipo para Shakespeare, sino que lo representa como a un oyente silencioso, no necesariamente uno que vive ante la mirada pública: una persona a quien alguien del público podría haber considerado como implicado en el funcionamiento interno de la compañía.* A la vista de tan notable silencio acerca de él, ¿cuál es la razón de esos dos esfuerzos de Jonson por llamar la atención sobre su nombre como actor de un modo que no justifican ni los registros de la Compañía del Lord Chambelán ni la estructura del reparto para su propia obra de teatro *Cada cual fuera de su humor*? Y ¿cómo es posi-

---

* La anécdota aparece en el diario del abogado John Manningham, que cubre las fechas de 1602–1603 y se publicó en 1868. Dice así: «En el tiempo en que Burbage interpretó a Ricardo III, una ciudadana se prendó tanto de él que lo citó una noche a su casa bajo el nombre de Ricardo III. Como William Shakespeare oyese por casualidad el final, fue antes a la casa, se entretuvo, y en medio de su escarceo llegó Burbage. Al recibirse el mensaje de que Ricardo III estaba a la puerta, Shakespeare lo despidió con la respuesta de que Guillermo [William] el Conquistador fue antes que Ricardo III». *(N. del T.)*

ble, teniendo en cuenta el silencio total de los registros de la Compañía del Lord Chambelán durante todos los años, antes y después, que su nombre se insertase dos veces en un año (1603) en los trámites empresariales de la compañía? En una palabra, ¿cómo es posible que tengamos el nombre ocupando una cima artificial en dos contextos y nada más que concuerde? La respuesta más natural es, desde luego, que se estaban haciendo para él falsos reclamos que encajasen exactamente con las pretensiones reconocidas falsas del Primer Infolio, en el que la misma parte, Ben Jonson, estuvo implicada. En la cuestión de los motivos, no obstante, volvemos a alegar en favor de Jonson que tiene derecho a la misma indulgencia que libremente se ha concedido a Heminge y Condell, aunque tal vez estuviese más en el secreto que ellos.

Ahora podemos resumir los resultados de nuestro examen del período medio o londinense de la carrera de William Shakspere.

1. Tuvo un papel meramente pasivo en toda publicación realizada bajo su nombre.

2. Existe la mayor incertidumbre sobre la duración de su estancia en Londres y la mayor probabilidad de que en realidad residiese en Stratford mientras las obras teatrales se estaban publicando.

3. Nada se sabe de su actividad en Londres, y hay mucho misterio en cuanto a su lugar de residencia allí.

4. Tras el ataque de Greene y la disculpa de Chettle, el «hombre» y el «actor» fue ignorado por los contemporáneos.

5. Antes de empezar la edición de los dramas en 1598, las referencias contemporáneas se hicieron siempre al poeta (al autor de *Venus y Adonis* y *La violación de Lucrecia*) nunca al dramaturgo.

6. Solo después de 1598, fecha en que se publicaron por primera vez las obras teatrales con el nombre de «Shake-speare, hay referencias contemporáneas a él como dramaturgo.

7. El público conocía a «Shakespeare» en forma impresa, pero no sabía nada de la personalidad de William Shakspere.

8. La única anécdota registrada acerca de él es rechazada por el consenso general de las autoridades, e incluso la aceptación contemporánea de esta anécdota es coherente con la idea de que su persona era desconocida.

9. No ha dejado ninguna carta ni rastro de relaciones personales con ningún contemporáneo u hombre público de Londres. No recibió ninguna carta de ningún patrono u hombre de letras. La única carta que se sabe que se le envió se interesaba exclusivamente por un préstamo de dinero.

10. Edmund Spenser lo ignora totalmente.

11. Si bien la compañía con la que se asocia su nombre recorrió a menudo y extensamente las provincias, y hay muchos registros de su actividad, ningún archivo municipal conocido hasta el momento contiene una sola referencia a él.

12. No hay ningún registro contemporáneo de que él apareciese alguna vez en una obra teatral de «Shakespeare».

13. Las únicas obras teatrales con las que se asoció su nombre durante su vida son dos de las obras de Ben Jonson.

14. Las cuentas del tesorero de la Cámara hacen solo una referencia irregular a él tres años antes del período

de su mayor fama, y ninguna en absoluto durante o después de ese período.

15. Los libros del lord chambelán, que habrían suministrado los más completos registros de su actividad durante estos años, han desaparecido al igual que los manuscritos de «Shakespeare».

16. Su nombre no aparece en los siguientes registros de la Compañía del Lord Chambelán en que sí aparecen nombres de otros actores:

   a. El reparto de *Cada cual fuera de su humor*, de Jonson, en el que aparecen todos los otros miembros de la compañía.

   b. Las actas del proceso judicial acerca de la Rebelión de Essex y la compañía.

   c. La asistencia de la compañía al embajador español, en 1604.

   d. El litigio de la compañía en 1612.

   e. La participación de la compañía en la instalación del príncipe de Gales.

   f. Referencias al incendio del Teatro del Globo.

17. Incluso los rumores le asignan solo un insignificante papel como actor.

Ahora debemos pedir al lector que se concentre cuidadosamente en todas estas diversas consideraciones y las vea en su recíproca relación natural. No debería tener ninguna dificultad en percatarse de que un historial completamente negativo es del todo incoherente con la carrera de la que se supone que disfrutó William Shakspere. Lo ponemos por encima de Edmund Spenser como poeta, pero la biografía de Spenser no es un mero tejido de fantasías aprendidas y conjeturas generosas. Lo ponemos por encima de Jonson como escritor de obras teatrales, pero la vida literaria y las relaciones sociales de Jonson constituyen una biografía muy real y tangible. Intentamos clasificarlo con Burbage como actor, pero Burbage es una figura muy viva y sustancial en la historia de la escena inglesa. Sin embargo él, el único hombre que se supone que ha combinado de manera notable las facultades y vocaciones de los tres, el contemporáneo de Spenser, el protegido de los Burbages (pues ahora se nos dice que fueron quienes descubrieron y llamaron la atención sobre Shakspere), el ídolo de Jonson y el mayor genio que ha aparecido en la literatura inglesa, no deja detrás sino un historial elusivo e impalpable en todas las cuestiones literarias y dramáticas que hemos estado considerando.

El espíritu cordial de Spenser siguió derramándose en la poesía hasta que un desastre aplastante se abatió sobre él y la muerte sobrevino: de hecho sus últimos versos parecen haber sido escritos con la muerte ante los ojos. Ben Jonson siguió escribiendo y publicando hasta el final: su último y póstumo trabajo es la expresión de sus pensamientos postreros. La figura central de la escena inglesa cuando Richard Burbage murió era el mismo Burbage. Pero William Shakspere, poseído de un genio tan persuasivo como para haberlo alzado a él desde un nivel muy por debajo de sus contemporáneos literarios a una altura muy por encima de ellos, abandona su vocación a la edad de cuarenta años, se retira al ambiente inculto de Stratford y dedica sus energías a la tierra, las casas, la malta y el dinero, dejando en manos de actores y gerentes teatrales obras maestras de la literatura inacabadas para que las acaben las plumas de extraños; en definitiva, muriendo en la opulencia pero en total disociación con cuanto ha dado fama a su nombre.

De haber sido la obra que se le atribuye un simple promedio de la literatura, su historial, una vez captado en su *conjunto,* habría justificado las más serias dudas sobre sus derechos. Siendo lo que es, en cambio, el carácter único de la obra y el historial igualmente único pero opuesto en carácter justifican el total rechazo de sus pretensiones. Para tomar prestada una metáfora de Emerson sobre el tema, «no podemos casar» el historial de su vida con su literatura. Estamos obligados, pues, a hacer una separación muy clara entre el escritor «Shakespeare» y el hombre William Shakspere. Tan pronto se hace esto, somos capaces de coordinar el período medio de la vida de William Shakspere con los dos extremos que hemos considerado previamente. Llegamos así a la concepción de un hombre de aptitudes muy corrientes y propósitos modestos, cuya carrera en tres partes se vuelve perfectamente homogénea. En lugar de la tremenda masa de incongruencias e imposibilidades stratfordianas, obtenemos una idea sensata y coherente de un hombre en una relación natural con la experiencia humana y las probabilidades normales. Un hombre que desempeñó un papel y tuvo su recompensa. Sus motivos eran sin duda, al igual que los del promedio de nosotros, una mezcla de altura y vulgaridad, y al ver que a nadie más se perjudicaba con el subterfugio, podría, si fuese capaz de valorar la obra justamente, sentirse honrado por que «Shakespeare» le confiase promover sus objetivos literarios. Pero que él mismo fuese el autor de los grandes poemas y dramas está totalmente fuera del campo de probabilidades naturales, y ahora él debe cederle a una frente más digna los laureles que ha llevado tanto tiempo.

CAPÍTULO II*

I

Carácter del problema

Los tres nombres principales de la literatura universal son los de Homero, Dante y Shakespeare. El primero pertenece al mundo antiguo y la personalidad detrás del nombre se ha perdido sin remedio en los registros malogrados de una antigüedad remota. Los dos últimos nombres pertenecen al mundo moderno. El primero de ellos, a Italia, e Italia está muy segura de su personalidad y cuida cada detalle que los registros confirman sobre su hijo más ilustre. El último de los tres nombres (¿y quién se atreverá a decir que no es el más importante?) pertenece a Inglaterra, y aunque está trescientos años más cerca de nosotros que Dante, la personalidad detrás del nombre es hoy por hoy tan problemática como la de Homero, constituyendo su identidad un tema de disputa entre personas cuya capacidad y aplomo de juicio no se discuten.

En consecuencia, la investigación sobre la autoría de las obras teatrales de Shakespeare se ha ganado, desde hace mucho, una clara credencial para que se la juzgue como algo más que un problema de chiflados y se la clasifique entre caprichos como la «teoría de la Tierra plana» o conjeturas acerca de

---

* Aquí comienza la obra como originalmente se escribió. Solo han sido posibles unas pocas y leves adaptaciones a las páginas precedentes.

97

los «habitantes de Marte». Es común en trabajos serios sobre literatura isabelina tomar conciencia del problema, haciendo así de la autoría una pregunta abierta aún a la espera de una respuesta definitiva, y cada teoría anticipada respecto a ella implica o confirma el carácter misterioso de todo el asunto. Quienes mantienen el punto de vista ortodoxo, que William Shakspere, el ciudadano de Stratford, escribió los poemas y las obras teatrales, están obligados a reconocer el hecho de que, con un escritor cuyo conjunto de circunstancias y antecedentes hizo de la producción de tal obra como el teatro de Shakespeare una de las más extraordinarias proezas que registra la historia, y con la inteligencia que a él se atribuye, tienen que haber visto que esto llevaría finalmente a plantear dudas acerca de la autenticidad de los derechos de Shakspere, y reducen adrede al mínimo todo tipo de pruebas que podrían haber puesto su credencial fuera de dudas. Pues, como hemos visto, ni la parte de su vida antes de su aparición en el teatro londinense, ni la que sigue a su retiro del escenario, ni una sola palabra en su testamento, muestran señal alguna de los intereses literarios dominantes que los escritos atestiguan. En una palabra, aunque dispuesto él a disfrutar del honor y, quizá, de las ventajas pecuniarias de la autoría, tiene realmente que haberse desviado de su camino para eliminar las huellas normales de sus ocupaciones literarias, arrojando así sobre la producción de sus obras teatrales ese tipo de oscuridad más propia de lo anónimo que de una autoría reconocida.

Tal vez uno de los hechos más significativos en relación con esta escasez de detalles literarios personales, en la que hemos insistido tanto, haya sido la publicación en tiempos modernos de series literarias sin volúmenes sobre Shakespeare. La publicación original de *English Men of Letters*, incluyendo a escritores isabelinos como Spenser y Sidney, aparecieron sin un volumen sobre el mayor de todos. La omisión continuó en ediciones posteriores y solo se reparó al final de la serie con el propósito evidente de solventar una anomalía; no obstante, al añadirse de este modo a la serie el trabajo más valioso sobre la literatura de Shakespeare, aún se admite francamente la pobreza del material disponible para una verdadera biografía literaria. Por si fuera poco, la larga lista de la serie *Great Writer* carece todavía de su volumen sobre el mayor escritor inglés. La explicación de todo esto parece estribar en la incertidumbre de cuanto relaciona la literatura de Shakespeare con la personalidad detrás del nombre, lo que expone obras tan eruditas como *Life of William Shakespeare,* de sir Sidney Lee, a las críticas sobre los fundamentos del carácter supositicio de gran parte de los detalles biográficos.

Mientras que la opinión corriente hasta ahora sobre la autoría literaria conlleva un arcano, quienes se oponen a esa opinión postulan una autoría literaria incierta. Así, todos han de convenir en que la cuestión entera es un profundo misterio. Solo el principiante acerca de Shakespeare supone hoy en día que las credenciales de William Shakspere se sitúan en el mismo plano que las de Dante y Milton, y solo el demasiado viejo o demasiado joven están dispuestos a tildar a los escépticos de chiflados o fanáticos. Nuestro último capítulo, no obstante, ha resumido los argumentos de quienes afirmamos que la incredibilidad de la vieja creencia está establecida; otros aspectos surgirán en el curso de nuestra discusión. Lo que hacemos ahora es asumir una autoría no resuelta y tratar de desvelarla: el misterio más tremendo de la historia de la literatura universal.

Aunque no con tanta frecuencia como antes, todavía surge a veces el reparo de que la investigación es innecesaria; que las grandes obras maestras del drama están ahí; que no se nos puede privar de ellas, y que, por ese motivo, todo lo que necesitamos es decir que el nombre «Shakespeare» significa el autor, sea cual fuere, y que ahí puede quedar la cosa. Sin embargo tal indiferencia respecto a la personalidad del autor es a menudo la contrapartida de una indiferencia respecto a los propios escritos. Quienes aprecian un gran bien recibido no pueden quedar indiferentes a la personalidad de aquel a cuyo trabajo lo deben. Además tal actitud sería injusta e ingrata con la memoria de nuestros benefactores. Y si se aboga por que «Shakespeare», al dejar las cosas como hizo, mostró que deseaba quedar desconocido, aún existe la posibilidad de que se tomasen disposiciones para en última instancia revelar su identidad a la posteridad, y que esas disposiciones hayan abortado. Nuevamente una cosa es que un benefactor de la humanidad desee quedar desconocido, y otra distinta que los demás asientan a esa modestia. Entonces existe la posibilidad de que el esfuerzo del escritor para borrar su propia memoria pueda no haber tenido éxito, y que tal vez sea corriente una concepción incompleta, distorsionada e injusta de él, que solo podrá rectificarse estableciendo su posición como el autor de los más importantes dramas del mundo.

El descubrimiento del autor y el establecimiento de sus justos derechos a la estima, es, por lo tanto, un deber que la humanidad debe a uno de los hombres más ilustres; un deber del que a los ingleses, en todo caso, nunca puede eximirse si de alguna manera la tarea puede realizarse. Él es un inglés de quien se dirá con toda verdad que pertenece al mundo; y en cualquier Panteón de la Humanidad que algún día se crease, él es *el único* de nuestros compatriotas que ya tiene asegurado un lugar eterno. Por consiguiente, la negligencia de Inglaterra en poner su identidad fuera de dudas incurriría en grave incumplimiento de un deber nacional si por algún medio su identidad pudiera establecerse plenamente.

Aceptando, pues, el deber que nos obliga, nuestra primera tarea debe ser definir con precisión el carácter del problema que abordamos. Brevemente es este: ante nosotros tenemos una espléndida obra humana de la clase más excepcional y el problema consiste en hallar a la persona que la hizo. Así definido, no es, estrictamente hablando, como ya hemos comentado, un problema literario. Quienes emprendan la búsqueda deben obtener la mayoría de sus datos de los hombres de letras; deben apoyar una parte sustancial de su caso en la autoridad de los hombres de letras; y a la larga, deben someter el resultado de sus trabajos en gran parte al juicio de los hombres de letras. Pero el más experto en literatura puede estar incapacitado para el proceso de tal investigación, mientras que una mente formada para esta clase de indagaciones puede haber tenido solo una preparación inferior en cuanto concierne a temas puramente literarios.

Es el tipo de indagación con el que abogados y jurados se enfrentan todos los días. Son llamados a examinar cuestiones que afectan a temas muy técnicos en los que no están versados. En esencia su método consiste en separar lo que pertenece al especialista de lo que es asunto de sentido común y juicio simple. Al confiar al experto los asuntos puramente técnicos y utilizar su propio discernimiento en el cribado de las pruebas, al mismo tiempo se presta todo el apoyo a cualquier conocimiento particular que ellos tal vez posean en aquellas cosas que pertenecen especialmente al dominio del experto. Este es el proceso adecuado a la investigación que nos ocupa. La pregunta, por ejemplo, de qué es o no es shakespeariano, cuáles son los rasgos peculiares de la obra de Shakespeare, cuáles fueron sus relaciones con la literatura contemporánea, entre qué fechas aparecieron las obras teatrales, cuándo se hicieron las diferentes ediciones, son asuntos que pueden dejarse, en términos generales, para los expertos. No obstante, como hay una suma considerable de desacuerdo entre los especialistas (e incluso un consenso de la opinión de los expertos puede a veces tener la culpa), donde hace falta diferir de los expertos (cosa más o menos inevitable al echar unas bases totalmente nuevas y sobre todo al presentar un factor nuevo y poderoso), tales diferencias deben ser claramente indicadas y adecuadamente discutidas. Aun así, el efecto acumulado de todas las pruebas reunidas debe tener tal peso persuasivo como para ser en alguna medida independiente de esas diferencias personales, y de hecho lo suficiente fuerte para soportar una mezcla inevitable de errores y deslices en cuestiones de detalle. Siendo nuestra tarea descubrir al autor de lo que se conoce comúnmente como la obra de Shakespeare, el carácter excepcional de esa obra debe en condiciones normales facilitar la indagación. Cuanto más corriente es una obra, mayor será la proporción de personas capaces de hacerla, y en circunstancias ordinarias, mayor la dificultad de poner la mano en quien la hizo. Cuanto más distintiva es una obra, más se reduce el número de personas capaces de realizarla, y por ello es más fácil descubrir a su autor. Pero en este caso la obra es de un carácter tan inusual, que todo juez competente diría que la persona que realmente la hizo fue la única persona que vivió en la época en que fue capaz de hacerla.

A pesar de este hecho, después de trescientos años la autoría parece hoy más incierta que en toda época anterior. La deducción lógica es que a propósito y con mucho cuidado se han puesto obstáculos especiales en el camino del descubrimiento. No hay un mero accidente en la oscuridad que se cierne sobre la autoría, y la misma grandeza de la obra en sí misma es un testimonio de la minuciosidad de las medidas tomadas para evitar la revelación. A lo largo de la investigación ha de tenerse en cuenta este hecho. No es simplemente una cuestión de descubrir a la persona que hizo una obra magnífica, sino de sortear un plan de autoocultamiento ideado por uno de los intelectos más capaces. Por lo tanto, no hemos de esperar encontrarnos con que una persona así, tomando tal camino, en una parte u otra se haya vuelto atrás puerilmente en sus intenciones y haya puesto expresamente en sus obras algunas indicaciones de su identidad, en forma de criptograma u otro dispositivo. De intentarse que el ocultamiento fuese temporal, difícilmente estaría dentro de las propias obras o en cualquier documento publicado al mismo tiempo en que se hiciese la revelación.

Ya que no es a partir de la autorrevelación como nosotros deberíamos esperar descubrir al autor, sino a partir de las indicaciones más o menos inconscientes de él mismo en sus escritos, es preciso protegerse desde el principio contra ciertas teorías sobre las posibilidades de la genialidad, que tienden a viciar todo el razonamiento sobre el tema. Sobre casi ningún otro tópico literario se ha escrito tanto que resulte engañoso. Se suele suponer que la posesión de lo que llamamos genio vuelve a su poseedor capaz de hacer casi cualquier cosa. Hoy William Shakespeare es la ilustración palmaria de este parecer. En todos los demás casos, cuando se conoce bien el conjunto de las circunstancias, podemos relacionar los logros de un genio con lo que pueden llamarse los accidentes externos de su vida. Aunque el entorno social no sea la fuente de la genialidad, sin duda ha determinado siempre las formas que han revestido sus facultades, e incluso la dirección particular que han tomado sus energías, y en ninguna otra clase de obra están las producciones de un genio tan moldeadas por la presión social, y hasta por las relaciones de clase, como las obras que requieren el uso artístico de la lengua materna. En qué medida la posesión de poderes anormales pueda permitir a una persona triunfar sobre las circunstancias nadie lo puede decir; y si se prueba que una mente dada, que trabaja en condiciones específicas, realmente ha producido algo totalmente inesperado y en desacuerdo con las condiciones, solo podemos aceptar el fenómeno, por inexplicable que pueda parecer. No es así, con todo, como el genio suele manifestarse, y a falta de pruebas concluyentes, una gran disparidad o incompatibilidad entre la persona y la obra han de dar pie a cierta duda sobre la autenticidad de sus pretensiones y hacernos buscar un agente más creíble.

Hoy no es probable que alguien cuestione la realidad o inmensidad del genio de «Shakespeare». Si él hubiese gozado de todas las ventajas de educación, viajes, ocio, posición social y riqueza, sus obras teatrales aún darían para siempre testimonio de sus facultades maravillosas; aunque, naturalmente, no tan formidables facultades como se habrían requerido para producir los mismos resultados sin esas ventajas. Por lo tanto, si consideramos la autoría como una pregunta abierta, estaremos mucho más dispuestos a buscar al autor entre quienes poseían algunas o todas las ventajas que entre quienes no poseían ninguna. Es decir, debemos abordar la tarea de buscar al autor exactamente como a una persona que hubiese hecho algún trabajo ordinario, y no complicar el problema introduciendo lo inconmensurable que implican las teorías corrientes sobre la genialidad.

Si nos encontramos con que una persona sabe una cosa, debemos suponer que tuvo que aprenderla. Si maneja su saber fácilmente y de manera apropiada, debemos suponer una intimidad nacida de un interés habitual, entretejido en la trama de su mente. Si se muestra diestra en algo, debemos suponer que adquirió su destreza por la práctica. Y en consecuencia, si por vez primera se presenta al mundo con una obra maestra en algún arte, exhibiendo una fácil familiaridad con la técnica del oficio y un gran fondo de información precisa en un sector, podemos concluir que antes de todo ello tienen que haber pasado años de secreta preparación, durante los cuales esa persona fue acumulando conocimiento y adquiriendo, por la práctica de su arte, destreza y fuerza para el gran paso decisivo; almacenando, elaborando y perfeccionando tanto sus producciones como para hacerlas en cierto grado dignas de ese ideal que siempre ronda la imaginación del artista supremo.

La mayoría de los otros poetas difieren de Shakespeare en que nos ofrecen colecciones de sus productos juveniles en las cuales, aunque suelen ser cosas bastante pobres, podemos rastrear la promesa de su genio más maduro. Aparte de este valor, mucho de ello apenas tiene derecho a la inmortalidad. Sin embargo entre las obras de Shakespeare las autoridades asignan prioridad en el tiempo a *Trabajos de amor perdidos*; ¿y qué inglés que conozca a su Shakespeare querría separarse de esta obra? Fácilmente podríamos mencionar un buen número de obras teatrales de Shakespeare, incluso de alto rango, de las que estaríamos más dispuestos a separarnos que de esta. Con todo, sería perfectamente gratuito argumentar que esta sea una obra maestra.

Las obras maestras son los frutos de facultades maduras. Dante contaba más de cincuenta años de edad antes de terminar su obra inmortal; Milton, cerca de cincuenta años cuando dio fin a *El Paraíso perdido*. Podría hacerse una lista bastante larga que ilustre este principio hasta en las obras de segundo

105

orden: Cervantes produciendo a los sesenta años *El Quijote**;
Scott entregándonos a los cuarenta y tres la primera de las
novelas de *Waverley*; Defoe publicando a los cincuenta y ocho
Robinson Crusoe; Fielding, a los cuarenta y dos, *Tom Jones*; y
Manzoni, a los cuarenta, *Los novios*. O, si pasamos al propio
dominio de Shakespeare, el drama, nos topamos con que Molière, después de una vida de entusiasmo teatral y creación, dio
en adelante obras maestras entre los cuarenta y los cincuenta,
la más importante de ellas, *Tartufo,* que justo apareció en la
mitad de ese período (cuarenta y cinco años de edad), mientras que el *Fausto* de Goethe fue el resultado de una larga vida
literaria, y recibió los toques finales solo unos meses antes de
la muerte del autor, a los ochenta y dos años.

El drama, en su manifestación suprema, es decir, como
una exposición eficiente y artística de nuestra multiforme naturaleza humana, y no como simple «incomprensible pantomima y alboroto», es un arte en el cual, más que en otros, la
mera precocidad del talento no basta para la creación de obras
maestras. En este caso el genio ha de ser complementado por
una amplia e intensa experiencia de la vida y mucha práctica
en el trabajo técnico de la puesta en escena. Genios poéticos que no han tenido esta experiencia y han dado a su obra
una forma dramática, pueden haber producido gran literatura,
pero no grandes dramas. Aun así, con una experiencia tan general como estos pocos hechos ilustran, se nos pide creer que
un joven (William Shakspere, de solo veintiséis años en 1590,
fecha que señala aproximadamente el principio del período
shakespeariano) comenzó su carrera con la composición de

---

* Sorprende que el autor, asiduamente ecuánime, para apoyar ahora un buen argumento clasifique *El Quijote* entre las «obras de segundo
orden». La secuencia de ejemplos parece implicar la vieja opinión de la
primacía genérica de la épica en verso. *(N. del T.)*

obras maestras sin una preparación evidente, y siguió derramando espontáneamente obras teatrales al ritmo más asombroso. Se nos presenta a la edad de veintinueve años como el autor de un magnífico poema de no menos de mil doscientos versos, y no deja rastro alguno de aquellas ligeras efusiones juveniles por medio de las cuales un poeta aprende su arte y desarrolla sus facultades. Con todo, si podemos desengañar nuestras mentes acerca de nociones fantásticas de lo genial; si podemos considerar los dramas de Shakespeare como anónimos y mirarlos con los ojos del sentido común, más bien nos inclinaremos a ver el derramamiento de dramas desde 1590 en adelante como el trabajo de un hombre más maduro, que había tenido la preparación intelectual y dramática requeridas, y que estaba elaborando, terminando y soltando una avalancha de dramas que había ido acumulando y trabajando durante muchos años precedentes.

Cuando en 1855 Walt Whitman dio al mundo sus *Hojas de hierba*, Emerson saludó a la obra y a su autor con estas palabras: «Me parece la más extraordinaria obra de ingenio y sabiduría que América haya aportado nunca. [...] Os saludo al comienzo de una gran carrera, *que aún debe haber tenido un largo antecedente en alguna parte*». Esta conjetura final fue simplemente sentido común, y como el mundo sabe ahora, perfectamente certero. Lo que se quiere es aplicar el mismo principio y el mismo sentido común a una obra de nivel superior, y reconocer que, si por el año 1592, tiempo del que se nos asegura que la avalancha de dramas shakespearianos se hallaba en su apogeo, Shakespeare estaba manifestando una facilidad excepcional en la producción de obras que a la vez eran gran literatura y grandes piezas teatrales, entonces había habido «un largo primer término en alguna parte».

Las consideraciones en que hemos estado insistiendo en este capítulo son necesarias para poner el problema en su perspectiva correcta y en el mismo plano de visión que los demás problemas e intereses vitales. Hemos de liberar el problema de enredos ilógicos y supuestos milagrosos, y buscar la relación científica entre causa y efecto. Este ha de ser el primer paso hacia su solución. Puede parecer, no obstante, que si se trata simplemente de la búsqueda de una persona en particular, de acuerdo con los mismos métodos que emplearíamos en cualquier otro caso, la persona debería haber sido descubierta mucho antes de ahora si el material para su descubrimiento estuviese realmente disponible, y que, como no ha sido descubierta después de trescientos años, los datos necesarios no existen y su identidad debe quedar para siempre en el misterio. Sin embargo no hay que olvidar que «Shakespeare» tuvo que aguardar hasta el siglo XIX para su plena apreciación literaria y esto fue esencial para el mero planteamiento del problema. «No fue sino hasta dos siglos después de su muerte», dice Emerson, «cuando empezó a aparecer alguna crítica que pensamos adecuada». Reconocimiento lo tenía, sin duda, en abundancia antes de ese tiempo. Pero esa apreciación exacta y crítica que hizo posible distinguir las características de su obra y comenzar a separar la verdadera obra shakespeariana de la espuria; que permitió a una autoridad shakespeariana condenar *Tito Andrónico* como «tontería repulsiva»; que nos ha permitido decir de *Timón de Atenas* que no contiene sino «un fragmento de la mano maestra»; que *Pericles, príncipe de Tiro* es «principalmente de otras manos» que no de Shakespeare; que *Enrique VIII* fue completado por Fletcher: todo esto pertenece a los últimos cien años, y solo ha estado preparando el camino para plantear la cuestión de la identidad de Shakespeare.

Incluso hasta el día de hoy el problema apenas ha rebasado definitivamente la etapa negativa o escéptica respecto al punto de vista stratfordiano, siendo el trabajo de sir George Greenwood el primer hito en el proceso de investigación científica. El punto de vista baconiano, aunque ha ayudado a popularizar el lado negativo y a poner de relieve ciertos contenidos de las obras de Shakespeare, ha hecho poco por el aspecto positivo a no ser para instituir un engañoso método de investigación: una especie de proceso de coger y probar, dando lugar a un buen número de candidatos rivales a los honores de Shakespeare, y a crear una forma inferior de investigación shakespeariana, el «criptograma». Entre toda la literatura sobre el tema, hasta ahora no hemos podido descubrir una tentativa para, empezando por asumir el anonimato de las obras teatrales, instaurar una búsqueda sistemática del autor. Pero seguramente este es el punto hacia el que ha estado tendiendo el movimiento moderno del estudio de Shakespeare, y una vez instaurado debe continuar hasta que el autor se descubra o se abandone esa esperanza.

II

MÉTODO DE SOLUCIÓN

A falta del descubrimiento de unas nuevas y sensacionales pruebas documentales, si ha de hacerse algún progreso hacia la solución del problema, debe resultar en gran parte de la apertura de nuevos métodos de investigación. Aun cuando estos lleven a conclusiones que finalmente hayan de ser abandonadas, dan cohesión y dirección definida a los esfuerzos que se hacen y ayudan así a esclarecer la situación, sugiriendo nuevos métodos y preparando el camino para conclusiones más fiables.

No habiéndose producido los escritos en cuestión en algún país lejano o en una época remota, sino aquí, en Inglaterra, en una época tan cercana como para habernos transmitido una profusión de detalles relativos a los individuos más insignificantes, y sin embargo, habiéndose avanzado tan poco, hasta ahora, en la dirección de una solución del problema Shakespeare o de darlo por insoluble, ello confirma la impresión de que, aparte del misterio voluntario arrojado sobre la autoría, aún no se ha llevado adelante la investigación en la dirección correcta. Predisposiciones de un tipo u otro se han interpuesto en el camino de métodos más válidos. De las personas que se dedican a glorificar cada nuevo detalle descubierto acerca del hombre de Stratford, o que se pierden en los laberintos de criptogramas baconianos, apenas puede esperarse que asuman la imparcialidad necesaria para la invención de nuevas y fiables herramientas de indagación. Deshacerse de toda esta impedimenta es, pues, la primera condición esencial de todo progreso verdadero.

Liberando la mente de todas esas predisposiciones personales, ahora hemos de ponernos en marcha desde un punto de vista no probado hasta la fecha, o sea, el punto de vista adoptado al inicio de estas investigaciones y que, como ya se ha indicado, iba a asumir el completo anonimato de los escritos y aplicar a la búsqueda de su autor precisamente los métodos ordinarios que deberíamos haber empleado en el caso de algún problema práctico que implicase cuestiones importantes de la vida y la conducta.

¿Cuál es entonces el método habitual de sentido común en la búsqueda de una persona desconocida que ha realizado algún trabajo en particular? Es simplemente examinar de cerca el trabajo en sí para sacar del examen una concepción lo más definida de la persona que lo hizo, a fin de formar una idea de dónde se la podría hallar y luego ponerse a buscar una persona que responda a la supuesta descripción. Cuando se ha hallado a tal persona, pasamos a reunir todos los elementos que podrían relacionarla de alguna manera con el trabajo en cuestión. En estos casos confiamos muy en gran medida en lo que se llama pruebas circunstanciales. Erróneamente suponen algunos esas pruebas de un orden inferior, pero en la práctica son la forma más confiable de las que tenemos. Al principio tales pruebas pueden ser de la descripción más vaga; pero a medida que avanzamos en el trabajo de reunir los hechos y reducirlos para ordenarlos, a medida que arriesgamos nuestras conjeturas y sopesamos probabilidades, a medida que sometemos nuestras teorías a todos los exámenes disponibles, acabamos encontrándonos con que el caso o bien se viene abajo o queda confirmado por tal cúmulo de apoyos que la duda ya no es posible. El elemento predominante en lo que llamamos pruebas circunstanciales son las coincidencias. Unas pocas coincidencias podemos tratarlas como simplemente interesantes; una serie de coincidencias la consideramos notable; un gran cúmulo de coincidencias extraordinarias lo aceptamos como prueba concluyente. Y cuando el caso ha llegado a esta fase damos la cuestión por zanjada, hasta que, como puede suceder, algo así como un personaje más inusitado aparece para tumbar todo nuestro razonamiento. Si nada de esta clase aparece, mientras que todos los hechos recién descubiertos ratifican la conclusión, esa conclusión se acepta como una verdad establecida para siempre.

Lo anterior es un compendio del método de investigación y la línea de argumentación que hemos seguido. Al revisar el trabajo hecho, el crítico puede disentir de uno u otro de los puntos en los que hemos insistido; puede considerar este o aquel argumento fútil o insuficiente en sí mismo, y es posible que coincidiésemos con muchas de las varias objeciones que podría plantear. Incluso puede suceder que, pese a todos nuestros esfuerzos para asegurarnos la precisión, hayamos caído en graves errores no solo en detalles menores sino incluso en puntos importantes: un peligro especialmente probable para el que viaja por campos inusuales. Sin embargo el caso no se basa en punto alguno por separado, sino en la manera en que todos encajan entre sí y forman un todo coherente; y esto es lo que deseamos que debe tenerse en cuenta. Procedemos, por lo tanto, a hacer una exposición breve de los detalles del método de investigación, esbozando sus diversas etapas como se indica, antes de entrar en la búsqueda.

1. Como un primer paso habría que examinar las obras de Shakespeare casi como si hubiesen aparecido por primera vez, no asociadas con el nombre o la personalidad de escritor alguno; y a partir de tal examen sacar las conclusiones que podamos en cuanto a su carácter y circunstancias. Las diversas cualidades de estas habrían de ser debidamente enumeradas, y su resumen llegaría a sentar las bases de toda la investigación posterior.

2. El segundo paso sería seleccionar de entre las diversas cualidades alguna excepcional que pudiera servir mejor como guía en el proceso de búsqueda del autor, al deparar alguna pauta primordial y al mismo tiempo indicar en alguna medida dónde debería buscarse.

3. Con esta herramienta en nuestras manos el tercer paso sería proceder a la gran tarea de buscar a la persona.

4. En caso de descubrir a alguna persona que debiera cumplir adecuadamente la primera condición, la cuarta etapa sería probar la selección por referencia a los diversos rasgos de la caracterización inicial, y en el caso de fallar mucho en el cumplimiento de las condiciones esenciales, habría que rechazar esta primera selección y continuar la búsqueda.

5. Supuesto el descubrimiento de una persona que en general haya superado con éxito esa prueba crucial, el siguiente paso sería invertir todo el proceso. Habiendo trabajado desde los escritos de Shakespeare hacia la persona, deberíamos entonces comenzar por la persona: tomando hechos nuevos y sobresalientes sobre su conducta y personalidad, habríamos de indagar en qué medida estas se reflejaron en las obras de Shakespeare.

6. Luego, en caso de que la indagación dé resultados satisfactorios hasta este punto, deberíamos reunir pruebas confirmadoras y aplicar comprobaciones procedentes del curso de la investigación.

7. El paso final sería desarrollar en la medida de lo posible cualquier rastro de un vínculo personal entre el recién acreditado autor de las obras y los autores supuestos primeramente.

Este, pues, fue el método esbozado al comienzo y, en lo principal, seguido a lo largo de las investigaciones que estamos a punto de describir: uno que podría llamarse con justicia un proceso fríamente analítico, muy en desacuerdo con las tradiciones literarias y el alma sintética, pero que, al parecer,

113

era el método adecuado para el caso. El peligro del plan consistía, no en que pudiéramos tener demasiados pretendientes al honor, sino que su gravedad pudiera hacernos pasar por alto a la persona que estábamos buscando, suponiendo que su nombre y personalidad fuesen realmente accesibles para nosotros. De todas formas, esto evitaba la elección arbitraria primero de una persona y luego de otra en la esperanza de dar finalmente con la verdadera: a la manera de algunas otras investigaciones.

Suponiendo, y es una posibilidad perfectamente razonable, que toda otra huella del escritor hubiera sido efectivamente destruida más allá de lo que tenemos en la obra de Shakespeare, entonces, por supuesto, la indagación acabaría resultando inútil, pues cualquier elección falsa se derrumbaría casi seguramente tras diversos exámenes, arrojando para nuestros esfuerzos un resultado totalmente negativo. Si se fundase algo como un buen caso a favor de una persona que allí pareciese una posibilidad para otros investigadores con más tiempo libre, mayores recursos y un acceso más fácil a los documentos necesarios que los que posee el autor de este libro, podría llevarse a descubrimientos más importantes.

Acaso difieran las opiniones sobre la solidez o idoneidad del plan esbozado, pero, como es el resultado de las investigaciones seguidas con arreglo a lo que vamos a describir, hacía falta esclarecer el método desde el principio, por ordinario o corriente que pueda parecer para un tema tan elevado.

CAPÍTULO III

El autor: características generales

Siguiendo el plan que acabamos de esbozar, la primera tarea ha de ser, a partir de una inspección general de las condiciones en su conjunto y de una revisión de los contenidos de los escritos, formarnos una idea de las cualidades sobresalientes del autor. Esto debería incluir algunas conjeturas legítimas sobre lo que podríamos esperar que fuesen las condiciones de su vida y la relación de sus contemporáneos con él.

Aunque por la naturaleza de nuestro problema estamos obligados a suponer que sus contemporáneos en general no advirtieron que él producía las grandes obras, es poco probable que alguien dotado de un genio tan imponente hubiera sido capaz de ocultar del todo la grandeza de sus facultades a aquellos con los que solía relacionarse; así pues, podemos esperar de manera razonable hallar en él a un genio reconocido y registrado. Al mismo tiempo, el misterio en que optó por envolver la producción de sus obras no debería haber escapado a la observación de los otros. Podemos suponer, por lo tanto, que en él muchas personas verían algo del enigma que ha resultado ser para la posteridad. Sin embargo no hemos de buscar una representación exacta de los hechos reales en las impresiones registradas de su personalidad y sus acciones. Entre lo que los registros contemporáneos lo representan como siendo, y lo que realmente era, de hecho debemos estar preparados para encontrar algunas discrepancias llamativas;

lo importante es que debe haber algún acuerdo notable en lo esencial. Con todo, ciertas discordancias pueden llegar a ser importantes pruebas a su favor. Por ejemplo, una persona que produjo tal cantidad de obras de la más alta calidad, y no se la vio haciéndolo, tiene que haber pasado una parte considerable de su vida en lo que a otros parecería que no hacía nada de importancia. Por consiguiente, el historial de un genio desperdiciado es lo que podríamos buscar, de manera razonable, en cualquier relato contemporáneo sobre él.

Una vez más, a no ser que algunas razones especiales expliquen su retraimiento voluntario, estamos obligados a reconocer que toda la manera de su anonimato señala al escritor como un ser, por así decirlo, algo excéntrico: su naturaleza, o sus circunstancias, o acaso ambas, no eran normales. Y cuando se consideran los indicios de su intensa impresionabilidad, junto con su poder peculiar de involucrarse y reflejar vívidamente los diversos estados de ánimo, las pasiones violentas y los sutiles movimientos de la mente y el corazón humanos; cuando se sopesa la magnitud de sus esfuerzos creadores, y teniendo en cuenta el agotamiento mental que a menudo se sigue de tales esfuerzos, incluso podemos suponer que no era del todo inmune a las penalidades que a veces han acompañado tales facultades y desempeños. En conjunto podemos decir que su temperamento poético y la exuberancia de su poética fantasía lo señalan como a un hombre mucho más similar, mentalmente, a Byron o Shelley que al plácido Shakespeare sugerido por la tradición de Stratford. Añádase a esto su maravillosa percepción de la naturaleza humana, revelándole, como debió ocurrir, esos resortes y motivos de las acciones humanas que sus próximos ocultarían, y podemos naturalmente esperar hallarlo desahogándose en actos y palabras que habrán parecido extraordinarios e inexplicables a otras personas: aquel que ve más profundamente en los entresijos de la mente humana tiene que actuar a menudo con un conocimiento del que no puede hablar. Por consiguiente, no debiera sorprendernos si sus contemporáneos lo encontraban no solo excéntrico en sus modales, cuando a menudo se topaban con el genio que no podían comprender, sino también en ocasiones culpable de lo que les parecían caprichos de una clase pronunciada.

La posesión de facultades anormales, y un temperamento altamente nervioso como el de Byron o Shelley, interponen una barrera entre una persona y su entorno social. La mediocridad, y lo que parece la insensibilidad de la gente corriente a su alrededor, lo colocan en un medio irritante, contra el que tiende a protegerse con una afectación unas veces simplemente distante y fría, otras veces incluso repelente o desafiante. Para ser un favorito de la sociedad en general, un hombre necesita combinar con gracias personales cierto promedio de intelecto y sensibilidad que lo asimila a la generalidad de las personas en torno a él. De ahí que el genio poético siempre haya sido, más o menos, un ser aparte, cuyo mismo apartamiento provoca la hostilidad de los seres más pequeños. Hacia estos él intenta adoptar una máscara, a menudo más difícil de penetrar, pero que, una vez traspasada, puede requerir una completa reversión de los antiguos juicios, cosa de las más difíciles de conseguir, después que tales juicios han sobrepasado una mera opinión personal y echado raíces firmes en la mente social.

Sea cual sea el curso que la discusión pueda tomar ahora o en un futuro lejano, nos atrevemos a decir que uno de los más serios obstáculos para adoptar puntos de vista correctos será la necesidad de revertir unos juicios que la sociedad tiene formados de antiguo. Primero hemos de disociar de los escritos la concepción de un autor como el estable, satisfecho

117

y eficiente hombre de mundo sugerida por el Shakspere de Stratford. Luego vendrá la más ardua tarea de poner en la situación más encumbrada el nombre y la personalidad de un hombre oscuro tal vez, considerado hasta hoy bastante inadecuado a la obra con la que al fin se lo ensalza. Esto nos obligará además a releer a nuestros grandes clásicos nacionales desde una perspectiva personal totalmente nueva. Al tratarse la obra en cuestión del más alto producto literario de la época, no puede ocurrir sino que, cuando se descubra al autor, quienquiera que haya sido, tiene que parecer inferior en cierta medida a los requisitos de la situación; es decir, inadecuado para producir semejante obra. Por consiguiente, seremos llamados a modificar y a corregir, esta vez a ultranza, un criterio de trescientos años de vigencia.

Aunque supuestamente inadecuado a la plena capacidad de Shakespeare, hay un límite lógico para esa admisible inferioridad aparente. En un caso dado podría ser tan grande como para hacer absurdo el albergar la idea de conectar a la persona con la obra. Siendo sus escritos obras maestras de la literatura inglesa, y habiendo sido producidas todas las obras maestras de la literatura universal por personas que escribieron en su lengua materna de los asuntos en los que estaban vivamente interesadas y para quienes la escritura, o más propiamente hablando, la ocupación mental de componer, ha sido una pasión dominante, tenemos derecho a requerir en la persona propuesta como autor un cuerpo de credenciales correspondiente al carácter de la obra. Es decir, estamos obligados a suponer que el escritor era un inglés con gustos literarios dominantes, a quien la literatura clásica del mundo, la historia de Inglaterra durante el período de los Lancaster y York, y la literatura italiana, que constituyen las materias primas de su obra, eran asuntos de interés absorbente que equipaban el medio en que su mente solía trabajar. Pensar en él como uno que hizo una incursión en la literatura para adquirir maestría y que se retiró de la actividad literaria cuando hubo cumplido su propósito, es contradecir todo lo que se sabe de la producción de tales obras maestras. Puede haber tenido otros intereses, al modo de quienes sobre todo se ocuparon de asuntos sociales y políticos y cortejaron también la poesía, la literatura o el drama; pero lo que para ellos fue una mera afición o pasatiempo sería para él un propósito absorbente y central. Entonces, a menos que rehagamos todas nuestras ideas de cómo se han logrado las grandes cosas de la literatura, no podemos pensar en él de otra manera que como alguien que había sido arrastrado por el poder irresistible de su propio genio en la fuerte corriente literaria de su tiempo. El que estuviese ocupado produciendo dichas obras puede él haberlo escondido a sus contemporáneos, pero es inconcebible que se hubiese escondido de ellos donde residía su interés principal.

De nuevo, por ser en forma de dramas el gran volumen de literatura que él ha dado al mundo, nosotros podemos repetir en relación con esta particular clase de obra lo que ya se ha dicho de la literatura en general; a saber, que la característica invariable de un genio es una devoción intensa y aun apasionada a la forma especial de arte en que se producen sus obras maestras. Y aunque, de nuevo, la absorción de este escritor pueda haber sido parcialmente ocultada, casi no es posible que haya podido serlo totalmente. Así pues, tenemos derecho a esperar que «Shakespeare» apareciese ante sus contemporáneos como un hombre sobre quien el teatro y todo lo relacionado con la representación ejerciesen una fascinación irresistible.

Carlyle trata de este asunto como si la dramaturgia no fuese sino un elemento incidental en la obra de «Shakespeare»:

casi un accidente circunstancial, que surge de las necesidades materiales de la vida. Él «tuvo que escribir para el Teatro del Globo: su gran alma tuvo que comprimirse, como pudo, en ese y no en otro molde», al no tener palmariamente, el molde particular en que trabajó, una conexión necesaria con su genio peculiar. ¡De qué perversiones de verdades fundamentales no ha sido responsable el punto de vista ortodoxo sobre la autoría! ¡Las mayores producciones del mundo en un arte dado, procedentes de un hombre a quien el arte y sus accesorios esenciales no proveían sino de un medio insatisfactorio de expresión! ¡Su dominio especial, escogido por él no por la fuerza de su genio peculiar sino por la necesidad de dinero! Si esto resultó ser cierto, las obras teatrales de Shakespeare, solo desde ese punto de vista, tal vez seguirían siendo para siempre únicas entre las obras maestras del arte. Es mucho más razonable, no obstante, suponer que el dramaturgo fue alguien que estuvo dispuesto a darse a sí mismo y su sustancia al drama, en lugar de alguien que se empeñó en arrancar del drama la subsistencia.*

Que él fue uno sobre quien el teatro ejerció una fuerte atracción lo confirman, además, los contenidos de las propias obras teatrales. No hay mejor clave para los intereses que provocan el entusiasmo de los poetas que, por un lado, las imágenes que emplean, y por el otro, los pasajes de sus obras que detienen la atención de sus lectores y se fijan en la memoria popular. No hace falta señalar con qué frecuencia en las obras de Shakespeare se repite el símil de la «escena» y cuán común-

---

* Esta extraña creencia en una supuesta *facultad sobrehumana de creación displicente*, que además entrañó un *autosacrificio*, tal vez sea uno de los motivos que más ha contribuido, aparte de su real excelencia, a la *bardolatría* y deificación de Shakespeare. *(N. del T.)*

mente se citan esos pasajes. Por ello hemos de esperar encontrarnos con un autor de los escritos bien conocido como un entusiasta del teatro y la literatura.

Representárnoslo como un hombre que habiendo adquirido una cómoda maestría dejó tras de sí los propósitos dramáticos de forma voluntaria, mientras que aún en el pleno disfrute de sus facultades maravillosas abandonó algunos de sus manuscritos inacabados para que los acabasen extraños y los diesen al mundo como de él, a fin de que él pudiese en libertad dedicarse más exclusivamente a casas, terrenos y negocios en general, es sugerir en él un milagro de autoembrutecimiento y en nosotros un milagro igual de credulidad. Pero esta es la postura exacta a la que el punto de vista ortodoxo obliga a tan eminente erudito y autoridad literaria como sir Sidney Lee. «Shakespeare», dice, «en la mitad de la vida trasladó a asuntos prácticos un temperamento singularmente sobrio y sensato» actuando según el siguiente consejo: *Cuando sientas tu bolsa bien forrada, compra algún señorío en el campo, que cada vez más cansado de jugar, tu dinero puede granjearte dignidad y reputación.* Fue esta trayectoria prosaica la que Shakespeare siguió. [...] Si en 1611 Shakespeare acabó abandonando la composición dramática, parece haber pocas dudas de que le dejó al director de la compañía más de una obra que otros fueron llamados a completar posteriormente». Así tienen que apilarse cada vez más las incongruencias, una sobre otra, si vamos a hacer que el hombre que se ha atribuido la autoría se ajuste al papel al que el destino lo llamó a representar. No obstante, una vez que se desecha la vieja teoría, estamos obligados a buscar a un autor que creyó con toda su alma en la grandeza del drama y en las altas posibilidades de humanización de la vocación del actor.

Ya se dirija la atención a los contenidos de las obras dramáticas o a los de sus otros escritos, nadie cuestionará sus

121

credenciales a un lugar principal entre los poetas líricos de su tiempo. Es dudoso que cualquier otro dramaturgo haya enriquecido sus obras con una cantidad igual (por no hablar de la calidad superior) de versos líricos; mientras que sus *Sonetos*, *Venus y Adonis* y otros poemas líricos lo colocan fácilmente entre los mejores artífices de ese arte. Ahora bien, a pesar de que sus contemporáneos no pueden haber sabido que él estaba produciendo obras maestras del drama, es muy improbable que su producción de poesía lírica fuese tan ocultada por entero. Él puede haber escondido poemas extensos como *Venus y Adonis* o *La violación de Lucrecia*, o haberlos publicado bajo un seudónimo. Pero que piezas fugaces de versos líricos no se hubiesen difundido nunca bajo su nombre es casi imposible. Un escritor con una pluma fácil para la lírica es demasiado propenso a derramar pródigamente sus productos espontáneos, a veces más en crudo de lo que su mejor juicio aprobaría. Así pues, mientras que él puede haber ocultado la autoría verdadera en el caso de las obras que implican una dedicación ardua y prolongada, podemos estar seguros de que algunas de esas poesías breves, que son la expresión espontánea de estados de ánimo pasajeros, serían conocidas y apreciadas. Por ello es de esperar que fuese realmente conocido como escritor de poesía lírica.

Al mismo tiempo, no sería razonable buscar algo parecido a un gran volumen de tales versos, además de los escritos de Shakespeare. Su vida habría necesitado otra vida entera. Unos pocos fragmentos dispersos de poesía lírica, bajo su propio nombre, es todo lo que deberíamos esperar hallar. No obstante, la poesía isabelina se caracteriza por un cuerpo de piezas líricas de autoría desconocida o dudosa. El mero hecho de que el nombre o las iniciales de una persona se adjunten a un fragmento no es una garantía suficiente de que ella en realidad lo escribiese. La tradición solo, o el mero hecho de haberse encontrado entre sus papeles, puede ser la única base sobre la cual se le atribuye la autoría. Aun así, después de tener en cuenta todas las condiciones particulares bajo las cuales la escritura y la publicación de poesía se realizaban en esa época, sigue siendo altamente probable que el autor de las obras de Shakespeare haya dejado algo auténtico publicado bajo su propio nombre entre la poesía lírica de los días de la reina Isabel.

En ningún asunto hasta hoy la opinión aceptada sobre la autoría de los escritos de Shakespeare ha generado tan lamentable confusión con el sentido común como en el de la relación del genio y el aprendizaje. Colóquense los escritos de Shakespeare ante cualquier jurado mixto de personas cultas, semicultas e ignorantes, personas de sentido común práctico, y personas estúpidas, y de no mediar algún prejuicio, unánimemente declararán sin vacilar que el escritor fue alguien cuya educación había sido de las mejores que los tiempos podrían ofrecer. E incluso un grupo medianamente culto de personas nos aseguraría que no fue el mero aprendizaje libresco del pobre estudiante aplicado que en soledad le había arrancado a un destino adverso una educación más allá de la disfrutada por su clase. No hay nada en Shakespeare que sugiera un estudio cercano y detenido de los libros por el cual una persona de escasas ventajas educativas pueda haber adornado sus páginas con alusiones cultas. Todo señala a una persona en contacto a cada paso con la vida misma, y a quien los libros eran solo el anexo a un trato habitual con otras personas de intereses intelectuales similares a los suyos. Se trata de un aprendizaje que pertenecía a alguien que añade, a las ventajas iniciales de una educación de primera clase, una continua asociación con las personas mejor educadas de su época. Ninguna teoría ordinaria del genio explicaría de otra manera la producción de las obras; se requeriría la intervención de algún agente preternatural.

Con respecto a la característica principal de su aprendizaje, se diría que permaneció en la dirección clásica. Aparece «ley» en sus obras, pero es discutible si se trata de la ley de un abogado profesional, o bien de la de un hombre inteligente que había tenido una buena cantidad de asuntos importantes que tramitar con los abogados y se interesó en el estudio del Derecho como han hecho muchos legos. Puede aducirse que aparece «medicina» en sus escritos, pero ello sugiere más a la persona acostumbrada a tratar sus propias dolencias comunes, que a un médico acostumbrado a atender pacientes. Hay indicios del movimiento naciente de la ciencia moderna en sus escritos, pero ello sugiere más a un hombre consciente de las corrientes intelectuales de su tiempo que a ningún entusiasta de una ciencia meramente materialista. Sin embargo sobre todo esto se destaca siempre un interés dominante por la poesía clásica.

Resumiendo las deducciones generales tratadas en este capítulo y complementadas con las extraídas del precedente, podemos decir de Shakespeare que era:

1. Un hombre madurado de genio reconocido.
2. Aparentemente excéntrico y misterioso.
3. De intensa sensibilidad, un hombre aparte.
4. No convencional.
5. No adecuadamente apreciado.
6. De gustos literarios acentuados y conocidos.
7. Un entusiasta del mundo del teatro.
8. Un poeta lírico de talento reconocido.
9. De educación superior, clásica, y de trato habitual con gente culta.

CAPÍTULO IV

EL AUTOR: CARACTERÍSTICAS ESPECIALES

Habiendo sido nuestro objetivo en el capítulo anterior formarnos una concepción de algunos de los rasgos más generales de la vida y el carácter de Shakespeare, nuestro objetivo presente ha de ser considerar sus escritos más de cerca y con mayor atención a los detalles, con el fin de deducir, si es posible, algunas de sus cualidades más distintivas.

Apenas hace falta insistir hoy en que Shakespeare ha conservado para siempre, en personajes vivientes, gran parte de lo que valía la pena recordar y retener de las relaciones sociales del orden feudal de la Edad Media. Cualquier conclusión a la que acaso debamos llegar acerca de su religión, es innegable que desde el punto de vista político y social Shakespeare es esencialmente un medievalista. La siguiente frase de Carlyle puede tomarse como representativa de mucho de lo que podría citarse de varios escritores y va en la misma dirección: «Igual que Dante, el italiano, fue enviado a nuestro mundo para encarnar musicalmente la religión de la Edad Media, la religión de nuestra Europa moderna, su vida interior, así podemos decir que Shakespeare encarna para nosotros la vida externa de nuestra Europa como se desarrolló entonces: sus caballerías, gentilezas, humores, ambiciones, la manera práctica de pensar, de actuar, de mirar el mundo, que los hombres tenían entonces».

Por todo ello, cuando nos encontramos con que las grandes obras teatrales shakespearianas fueron escritas en un momento en que los hombres estaban deleitándose con lo que consideraban una recién hallada liberación de la Edad Media, es evidente que Shakespeare era alguien cuyas simpatías, y probablemente sus antecedentes, lo vinculaban más de cerca con el viejo orden que con el nuevo: no es el tipo de hombre que esperaríamos que surgiese de la clase media baja de las ciudades. Ya fuese como un señor o un subordinado, deberíamos esperar encontrar en él a alguien que habitualmente vio la vida desde la perspectiva de las relaciones feudales en que había nacido y crecido; y por lo que se ha dicho de su educación, sería, desde luego, como señor y no como subordinado el modo en que deberíamos encontrarlo.

Podría ser, sin embargo, que él solo estuviese vinculado al feudalismo por tradiciones familiares afectivas; quizá fuese un sobreviviente representativo de alguna familia en decadencia. Pero una inspección minuciosa de su obra revela una conexión personal más íntima con la aristocracia de lo que sería deparado por mera tradición familiar. Reyes y reinas, condes y condesas, caballeros y damas se mueven dentro y fuera de su escena «como si lo hubiesen hecho toda la vida». No son meros modelos de oropel que representen mecánicamente la clase a la que pertenecen, sino hombres y mujeres vivientes. Más bien son sus «ciudadanos» ordinarios los autómatas que caminan inexpresivos por la escena para hablar de su clase. Sus miembros de las «clases inferiores» nunca muestran esa dignidad viril y grandeza de carácter que poetas como Burns, que conocen tales clases desde dentro, retratan en sus escritos. Incluso Scott se acerca más a la verdad, en este asunto, de lo que lo hace Shakespeare. Así pues, no es simplemente su poder de representación de la realeza y la nobleza en personajes vitales y apasionados, sino su fracaso en hacer lo mismo con respecto a otras clases lo que señala a Shakespeare como un miembro de la más alta aristocracia. En este caso, los defectos del dramaturgo se hacen más esclarecedores e instructivos que sus cualidades. La genialidad puede, sin duda, permitir a una persona representar con alguna fidelidad unas clases a las que no pertenece; al mismo tiempo, ello apenas va a debilitar su poder de representar de verdad su propia clase. En un gran artista dramático demandamos universalidad de facultades dentro de su campo; pero él muestra esa totalidad no representando la sociedad humana en todas sus formas y fases, sino retratando nuestra naturaleza humana común en toda la gama de fuerzas complejas y múltiples; y hace esto mejor cuando nos muestra esa naturaleza humana en acción dentro de las clases con las que está más familiarizado. Por todo ello, la atribución de un autor aristocrático a las obras teatrales es el simple sentido común de la situación, y no está más en oposición con las tendencias democráticas modernas, como un escritor insinúa vagamente, que la creencia de que William Shakspere estuvo en deuda con clientes aristocráticos y participó en el cercado de tierras comunales.

Una perspectiva aristocrática de la vida revelan también las obras de otros dramaturgos de la época, además de Shakespeare. No obstante en la mayoría de los casos eran conocidos por haber sido universitarios, con un desprecio pronunciado hacia la clase en particular a la que William Shakspere de Stratford pertenecía. Pero es un hecho curioso que un escritor como Creizenach, que nunca parece dudar del punto de vista stratfordiano, reconozca que «Shakespeare» era más pura y verdaderamente aristocrático en su perspectiva que los otros. En una palabra, las obras teatrales que se destacan sobre las otras por presentar las señales más peculiares de la aristocracia, se supone que las ha producido el dramaturgo más alejado de la aristocracia en su origen y antecedentes.

Por consiguiente, nos sentimos con derecho a atribuir a Shakespeare un alto rango social, e incluso una gran proximidad con la realeza misma.

Suponiendo que él haya sido un inglés de la más alta aristocracia, centrémonos ahora en esas partes de sus escritos que, por así decir, tratan de su propio estado de vida, a saber, sus obras teatrales de historia inglesa, y busquemos las huellas distintivas de su posición y personalidad. Dejando a un lado la mayor parte de las piezas primera y segunda de *Enrique VI*, por no ser de la pluma de Shakespeare, y también los primeros actos de la tercera pieza de la misma obra, por igual razón, podemos decir que él se ocupa principalmente del período turbulento entre la agitación en el reinado de Ricardo II y el final de la Guerra de las Rosas por la caída de Ricardo III en la batalla de Bosworth. La característica sobresaliente de esta obra es su acentuada simpatía por la causa de Lancaster. Incluso la obra *Ricardo II*, que muestra cierta simpatía por el rey que los lancasterianos derrocaron, está llena de partidismo hacia ellos. «Shakespeare» no tenía ninguna simpatía por los movimientos revolucionarios y el derribo de los gobiernos establecidos. Por lo tanto, la usurpación de soberanía sería repugnante para él, y su aversión se expresa enérgicamente en la obra; en cambio, a Enrique de Lancaster se lo representa como meramente preocupado por afirmar sus derechos, deseando mantener la autoridad de la corona, pero impulsado por la injusticia y la perversidad de Ricardo a una rivalidad que procuró evitar. Finalmente, es la obstinación errática del rey, unida a la creencia de Enrique de que el rey había abdicado voluntariamente, lo que induce a Bolingbroke a aceptar el trono. En una palabra, la obra *Ricardo II* es una especie de apología dramática de los Lancaster. Luego viene la glorificación del príncipe Hal, héroe histórico de «Shakespeare». Enrique VI es la víctima de desgracias y maquinaciones, y se lo trata con gran ternura y respeto. La obra *Ricardo III* pone al descubierto la discordia interna de la facción de York, la caída y la destrucción del archivillano de York y el triunfo de Enrique de Richmond, el representante de la Casa de Lancaster, que había recibido el nombramiento y la bendición de Enrique VI. Por todo ello, podríamos naturalmente esperar encontrarnos en Shakespeare con un miembro de alguna familia con inclinaciones perceptibles hacia los Lancaster.

Habiendo dirigido nuestra atención a las distintas clases de obras teatrales históricas, de nuevo abordamos la cuestión del italianismo del autor. No solo nos impresiona el gran número de obras teatrales ambientadas en Italia o derivadas de fuentes italianas, sino que sentimos que estas obras nos transportan a Italia de un modo en que *Hamlet* nunca logra transportarnos a Dinamarca ni sus obras francesas a Francia. Aun en *Hamlet* parece casi desviarse de su camino para forzar una referencia a Italia. Quienes conocen Italia y están familiarizados con *El mercader de Venecia* nos dicen que existen indicios claros de que Shakespeare conocía Venecia y Milán personalmente. Como quiera que fuese, es imposible para aquellos que hayan tenido en cualquier momento un interés en nada más que el idioma y la literatura de Italia, resistirse a la sensación de que hay por doquier en estas obras un ambiente italiano que sugiere a alguien que conocía Italia y se sentía atraído por el país. Todo nos habla de un entusiasta de Italia.

Entrando aún más en detalles, se ha observado a menudo que el interés de Shakespeare por los animales es pocas veces el del naturalista, sino casi invariablemente del deportista; y algunos de los partidarios de la tradición stratfordiana han tratado de establecer una conexión entre este hecho y la caza furtiva de William Shakspere. No obstante, cuando miramos de cerca las referencias, nos sorprende por su fácil familiaridad con todos los términos relativos a la caza. Tómese todo el vocabulario de deportista de Shakespeare, averígüese el significado preciso de

129

cada término inusual, y el lector quizá obtendrá una visión más clara de los pasatiempos deportivos de la aristocracia de esa época que la que obtendría de cualquier otra manera. Añádase a ello todo el variado vocabulario relacionado con halcones y cetrería, obsérvese la insistencia con la que símiles, metáforas e ilustraciones procedentes de la caza y la cetrería aparecen por toda su obra, y se hace imposible resistirse a la creencia de que él era alguien que encontraba su recreo y deleite en estos pasatiempos aristocráticos.

Su aguda sensibilidad a la influencia de la música es otra de las características que a menudo nos sale al paso, y la mayoría de las personas coincidirán en que en toda la variedad de la literatura inglesa se buscarán en vano pasajes que con más precisión o más adecuadamente describan el encanto y el poder de la música como lo hacen ciertos versos en las páginas de Shakespeare. Todo el pasaje de la música en el acto final de *El mercader de Venecia*, a partir de «Mira cómo la bóveda del cielo», justo hasta las palabras finales «No os fieis jamás de un hombre así», es música en sí misma, y acaso un peán tan grande en honor de la música como pueda hallarse en ningún idioma.

Nada podría estar más claro en sí mismo, ni más en desacuerdo con lo que se conoce del hombre William Shakspere, que la actitud del dramaturgo hacia el dinero. El hombre que presta dinero gratis, y así «baja el tipo de interés» en Venecia, ese es el héroe de la obra recién mencionada. Su amigo es el derrochador incorregible y prestatario Bassanio, que ha «destruido su fortuna por mantener un lujo superior al que sus tenues medios permitían», y que al final repara su fortuna en quiebra mediante matrimonio. Casi toda referencia a dinero y bolsas es de la más vaga descripción y, por lo tanto, muestra una imprevisión que pronto envolvería los asuntos financieros de toda persona en un caos completo. Es el archivillano, Yago, quien insta a «poner dinero en tu bolsa», y el político despreciable, Polonio, quien da el prudente consejo «no seas prestatario ni prestamista», mientras que el avaro Shylock, caído en su propia trampa, es el villano cuya elusión parece llenar al escritor de una alegría absoluta.

No debería sorprendernos si el autor mismo resultara ser alguien que había sentido la sujeción del prestamista, en lugar de un hombre como el Shakspere de Stratford, quien, después que él mismo se había vuelto próspero, procesó a otros para recobrar sumas insignificantes.

Del hombre de Stratford, Pope afirma que «Para no obtener gloria, alzó su vuelo errante». Y sir Sidney Lee amplifica esto diciendo que «sus logros y éxitos literarios fueron principalmente apreciados como servicio al prosaico fin de abastecerse de forma permanente a sí mismo y a sus hijas». Sin embargo en una de sus primeras obras teatrales (*Enrique IV, Segunda parte*) «Shakespeare» se expresa de este modo:

> ¡Qué pronto la Natura se trastorna
> cuando se vuelve el oro su objetivo!
> Así los necios padres preocupados
> rompen su sueño con sus inquietudes,
> sus frentes con cuidados,
> sus huesos con labores;
> así ellos engrosan y acumulan
> montones corruptores de oro extraño.*

Dado su contexto, el pasaje es desde luego la expresión del propio pensamiento del escritor más que un elemento de la dramatización.

---

* How quickly Nature falls into revolt/When gold becomes her object./For this the foolish over-careful fathers/Have broke their sleep with thoughts,/their brains with care,/Their bones with industry;/For this they have engrossed and piled up/The canker'd heaps of strange achieved gold.

Finalmente encontramos, de nuevo en una obra temprana, a su gran héroe del amor trágico, Romeo, exclamando:

> He aquí tu oro, que emponzoña el alma
> y hace más muertes en el mundo odioso
> que estas pobres mixturas.*

En una palabra, el punto de vista stratfordiano nos obliga a apostillar a nuestro gran dramaturgo como un hipócrita. La actitud de William Shakspere en asuntos de dinero puede haber sido «da moderación de objetivos personales y el buen juicio» requeridos. En ese caso, cuanto más claramente hubiese representado su propia actitud en sus obras, mayor habría sido su fidelidad al hecho objetivo. El dinero es una institución social creada por el genio de la raza humana para facilitar la gestión de la vida, y en condiciones normales tiene derecho a una atención adecuada y al respeto. No obstante, bajo condiciones dadas tanto puede hacer peligrar los más altos intereses humanos, como para justificar una intensa reacción contra ella y para exigir, incluso, el repudio y el desprecio por parte de aquellos guías morales entre los que incluimos a los grandes poetas, que se ocupan de las creaciones más altas de nuestra naturaleza intelectual y moral. Así juzgamos que fue la actitud del dramaturgo hacia el dinero.

Los puntos tratados hasta ahora han estado de algún modo en la superficie, y la mayoría, si no todos, podrían ser apoyados por otros escritores. Sin embargo hay otros dos asuntos sobre los cuales convendría definir la actitud de Shakespeare, si ello fuera posible, antes de proceder a la siguiente etapa de la investigación. Estos son su actitud mental hacia la mujer y su relación con el catolicismo.

---

* There is thy gold, worse poison to men's souls,/Doing more murders in this loathsome world/Than these poor compounds.

El tratamiento de Ruskin acerca del primer punto en *Sesame and Lilies* es bien conocido, pero no del todo persuasivo. Con otros que adoptan la misma línea de pensamiento, él no parece deslindar bastante lo que se presenta como una especie de aura de la Edad Media caballeresca y lo que es netamente personal. Además, siendo la tarea de un dramaturgo representar cada variedad del carácter humano, cabe dudar de si alguna caracterización representa sus puntos de vista en conjunto, o si de hecho puede solo representar una especie de idealismo utópico. También alguna deferencia ha de tener un dramaturgo con la mentalidad y las exigencias de su público coetáneo, y la literatura de los días de la reina Isabel ciertamente atestigua un trato respetuoso a la mujer en ese período. Aun así, en citas de Shakespeare sobre el tema, uno suele toparse más a menudo con sugerencias sobre la flaqueza y la mutabilidad femeninas. En su obra principal, *Hamlet*, solo hay dos mujeres: una es débil de carácter, la otra lo es de intelecto, y Hamlet no confía en ninguna.

Pero Shakespeare es un escritor de otras cosas además de dramas. Nos ha dejado un buen número de sonetos, y el soneto ha sido, quizá más que toda otra forma de composición, el vehículo para la expresión de los pensamientos y sentimientos más íntimos de los poetas. Casi infaliblemente, podría decirse, los sonetos de una persona revelan directamente su alma. Los sonetos de «Shakespeare», en especial, poseen un ámbito de realidad bastante incompatible con la fantástica interpretación no biográfica que les adscribiría el punto de vista stratfordiano. Así pues, al examinar estos sonetos hallaremos que hay de hecho dos conjuntos de ellos. Con mucho el conjunto mayor y más importante abarca no menos de 126 de un total de 154, se dirige a un hombre joven y expresa una ternura que acaso no tenga paralelo en las expresiones registradas de apego emocional de un hombre hacia otro. Al mismo tiempo surge en este mismo conjunto la siguiente referencia a la mujer:

> Un rostro de mujer pintó Natura,
> tu rostro, dueño y dueña de mi amor;
> un corazón sensible de mujer,
> mas no mudable como el femenino.
> Tus ojos brillan más, son más leales.*

El segundo conjunto de sonetos, que comprende solamente 28, frente a los 126 del primero, es quizá para los admiradores de Shakespeare el más penoso de leer entre todo lo que «Shakespeare» ha escrito. Es la expresión de un amor intensamente apasionado a una mujer, pero amor de un tipo que no puede ser descrito exactamente de otro modo que como emoción morbosa; una combinación de afecto y amargura; ternura sin un toque de fe o de verdadera admiración.

> Amores tengo dos, consuelo y pena,
> que como dos espíritus me rondan.
> El ángel bueno es un hombre hermoso;
> el malo, una mujer mal repintada.**

> Sabes que soy perjuro por amarte.***

> Toda mi fe sincera en ti se pierde.****

> Juraba que eras blanca y que brillabas,
> tú, negra como infierno y como noche.*****

---

* A woman's face with Nature's own hand painted,/Hast thou, the master mistress of my passion;/A woman's gentle heart, but not acquainted./With shifting change, as is false woman's fashion;/An eye more bright than theirs, less false in rolling.

** Two loves I have of comfort and despair,/Which, like two spirits, do suggest me still./The better angel is a man right fair./The worser spirit, a woman, coloured ill.

*** In loving thee thou knowest I am forsworn.

**** And all my honest faith in thee is lost."

***** I have sworn thee fair and thought thee bright,/Who art as black as hell and dark as night.

Que esta desconfianza fuese constitucional o el resultado de experiencias desafortunadas es irrelevante para nuestro objetivo presente. Lo que importa es el hecho de su existencia. Así pues, si bien sobre el tema tenemos tan poco relativamente y siendo ese poco de tal naturaleza, no pecaremos de exageración si decimos que, aunque él fuese capaz de un gran afecto y tuviese un alto sentido del ideal de feminidad, su fe en las mujeres con las que se relacionó directamente y su relación con ellas distaron de ser perfectas.

Deducir de sus obras el punto de vista religioso del dramaturgo es quizá la tarea más difícil de todas. Tomando en consideración las condiciones religiosas de su tiempo, solo hay dos grandes corrientes a tener en cuenta. El puritanismo ya había adquirido sin duda dimensiones apreciables como un mayor desarrollo de la idea protestante, pero para nuestro objetivo presente son las corrientes más amplias del catolicismo y el protestantismo cuanto necesita ser considerado. En vista de que el protestantismo en ese momento estaba en auge, mientras que el catolicismo estaba bajo sospecha, un escritor de obras teatrales destinadas a la inmediata representación, cuyas inclinaciones fuesen protestantes, tendría bastante libertad para exponerlas, mientras que a un declarado católico romano le haría falta ejercer una mayor restricción personal. Ahora bien, es imposible detectar en «Shakespeare» cualquier sesgo protestante u apoyo a los principios del individualismo en el que el protestantismo hunde sus raíces. Por otro lado, como católico aparece del modo que le permitirían las circunstancias de su época y las condiciones bajo las cuales trabajó. Macaulay ofrece el siguiente pasaje interesante sobre este punto:

«La inclinación de Shakespeare hacia los frailes es bien conocida. En *Hamlet* el fantasma se queja de que ha muerto sin la extremaunción, y en contra del artículo que condena la doctrina del purgatorio, declara que él está

> Penado a hacer ayuno en las hogueras
> de aquí a que se extingan y se purguen
> los crímenes que en vida cometí.*

Sospechamos que estos versos habrían levantado una tremenda tormenta en el teatro en todo momento durante el reinado de Carlos II. Claramente no fueron escritos por un protestante celoso para celosos protestantes.»

Podemos dejar en este punto su actitud hacia el catolicismo con solo añadir que, si él era realmente católico, las más altas llamadas de su religión a la devoción y la disciplina quizá solo encontraron en él una respuesta indiferente. Por otra parte, cabe señalar que Auguste Comte en su *Positive Polity* se refiere a «Shakespeare» como a un escéptico.

Así pues, a los nueve puntos enumerados al final del capítulo anterior podemos añadir lo siguiente:

1. Un hombre con vínculos feudales.
2. Un miembro de la más alta aristocracia.
3. Relacionado con partidarios de Lancaster.
4. Un entusiasta de Italia.
5. Un aficionado al deporte, incluida la cetrería.
6. Un amante de la música.
7. Relajado e imprevisor en asuntos de dinero.
8. Vacilante y en cierto conflicto en su actitud hacia la mujer.
9. De probables inclinaciones católicas, pero tocado de escepticismo.

Tal caracterización de Shakespeare como la que hemos presentado aquí, fue, por supuesto, imposible mientras la tra-

---

* Confines to fast in fires/Till the foul crimes, done in his days of nature/Are burnt and purgued away.

dición de Stratford dominó la cuestión, pues apenas hay un solo punto que no contradiga más o menos esa tradición. Sin embargo, dado que la gente ha empezado a sacudirse el dominio de la vieja teoría acerca de la autoría de las obras teatrales, casi todos, si no todos los puntos que hemos estado propugnando, los han señalado en un momento u otro diferentes escritores; tanto, sin duda, como otros importantes puntos de divergencia que hemos omitido. Por lo tanto, si se arguye que no hay una sola observación original en el conjunto de estos dos capítulos, tanto mejor entonces para el argumento; porque una crítica de ese tipo añadiría autoridad a nuestra delineación y nosotros deberíamos, además, considerar que la declaración había sido más libremente preservada de la influencia de descubrimientos posteriores, como podemos esperar que sea el caso.

Aunque estos descubrimientos posteriores sin duda han afectado en cierto grado a la manera en que se hace la presente declaración, los varios puntos, junto con otros asuntos menores y más hipotéticos, se esbozaron más o menos antes de iniciarse la búsqueda; en cambio, la declaración, tal y como se presenta aquí, se escribió sustancialmente, como ahora se halla, en los primeros días de las investigaciones; es decir, tan pronto como pareció que las investigaciones iban a resultar fructíferas. Hay algunos puntos entre los citados que ahora deberíamos estar dispuestos a modificar y otros que nos gustaría desarrollar. La aparición de otros puntos en el capítulo antistratfordiano interpolado habría requerido, en condiciones ordinarias, que se omitiesen aquí. Con todo y eso, como uno de nuestros objetivos es representar algo de la forma en que el argumento se ha desarrollado casi espontáneamente (en algunos aspectos, una de las evidencias más fuertes de su

137

verdad) dejamos que la declaración, con lo que contiene de puntos vulnerables, siga siendo como es.

De hecho los diferentes puntos son el resultado de los trabajos y las críticas de muchas mentes a lo largo de los años, y tal vez la única cosa original acerca de la declaración haya sido recoger e inventariar los diversos puntos antiguos. Así recogidos, parecen demandar tal suma e inusual combinación de condiciones, que es poco probable que cualquier hombre distinto del autor real de las obras teatrales pudiera cumplir con todas. Cuando a esto añadimos la condición de que el hombre que responda a la descripción también haya de estar ubicado tanto en el tiempo como en las circunstancias externas, y ser compatible con la producción de la obra, tenemos la impresión de que, si puede descubrirse a tal hombre, él no ha de ser otro que el autor mismo.

Con ello completamos la primera etapa de nuestra tarea, que iba a caracterizar al autor a partir una consideración de la obra.

CAPÍTULO V

LA BÚSQUEDA Y EL DESCUBRIMIENTO

Gloria del Tiempo es pacificar a reyes,
*desenmascarar fraudes, dar a luz la verdad.**
«La violación de Lucrecia»

A estas alturas he de pedir la indulgencia del lector para un cambio en el método de exposición. Lo que ahora ha de enunciarse es una experiencia tan exclusivamente personal, que van a facilitarse las cosas si, aun a riesgo de aparente egotismo, adopto francamente la primera persona. Quizá, en vista de ciertas admisiones que será preciso hacer, resulte evidente que podría haber poco motivo para cualquier egotismo. En todo caso, el modo de presentación parece esencial para el argumento, y creo que es toda la justificación que ello requiere.

De acuerdo con el plan sobre el que se había establecido la investigación, el autor había sido caracterizado a partir de un examen de sus obras. El siguiente paso fue proceder a buscarlo. El método de búsqueda consistió en seleccionar entre los diferentes rasgos alguno que, proporcionando una prueba crucial y un patrón de medida, permitiese la orientación más segura. Ahora bien, de haber alguna probabilidad de que él hubiese dejado otros dramas bajo su propio nombre, esta habría sido la mejor línea a seguir. Un poco de reflexión, no obstante, pronto me convenció de que no debía esperarse mucho

---

* Time's glory is to calm contending Kings,/To unmask falsehood and bring truth to light.

139

en tal dirección, porque ya los expertos han sido capaces de discriminar, en muy gran medida, entre lo que es realmente suyo y lo que no lo es, en los escritos que durante siglos se han considerado como pura obra shakespeariana, y este proceso va avanzando a medida que las cualidades distintivas de su obra se perciben más claramente. En consecuencia, de haber existido obras enteras suyas en otra parte, es lógico suponer que habrían sido reconocidas antes de ahora.

El punto que prometía ser más fructífero en resultados, suponiendo que él hubiese dejado otras huellas de sí mismo, era su poesía lírica. Las razones de esta elección ya se han indicado en el capítulo en que se habla de las facultades líricas de Shakespeare. Era, por lo tanto, a los poetas líricos isabelinos a los que yo debía ir.

Esta decisión marcó la segunda etapa de la indagación. Tengo que pasar ahora a la tercera y más importante, a saber, el trabajo efectivo de la búsqueda del autor.

En este momento es imposible decir con seguridad si la escasez de mi propio conocimiento de esta sección de la literatura en aquel entonces fue un obstáculo o una ayuda. Ciertamente, fue la misma imperfección de mi conocimiento lo que decidió el método de búsqueda, y esto, junto con una feliz oportunidad, la causa inmediata de cualquier éxito que se haya logrado. Además de las obras de «Shakespeare», partes de los poemas de Edmund Spenser y de Philip Sidney era todo lo que yo podía pretender conocer de poesía isabelina en ese momento. Más allá de ello, solo tenía un débil sentido de una rica y vasta región literaria que no había explorado y en la que una serie de nombres estaban confusamente dispersos.

Zambullirse en este dominio inexplorado para buscar un hombre a quien, por solo razones poéticas (pues esto lo juzgué esencial), pudiera escogerse como el posible autor de los mejores dramas del mundo, me pareció al principio una tarea casi desesperada. El único camino era compensar, de ser posible, mi falta de conocimiento con la adopción de algún sistema definido. Lo que era tal vez una pieza defectuosa de razonamiento resultó a esas alturas de gran utilidad. Razoné que, cuando él emprendió la senda del anonimato, en la que hizo la obra de su vida verdadera, quizá dejase totalmente de publicar en su propio nombre; y que, dividiendo su obra en dos partes, debiéramos encontrar el punto natural de contacto entre las dos, el punto, pues, en que el descubrimiento era más probable que tuviese lugar, justo donde comienza su obra anónima. Ahora bien, en esta coyuntura viene a ayudarnos el propio poeta. Llamó su poema *Venus y Adonis*, publicado en 1593 bajo el nombre de William Shakespeare, «el primer heredero de mi invención» (véase la dedicatoria al conde de Southampton). En consecuencia, yo debía intentar trabajar, partiendo de este poema, hacia la obra de algún poeta lírico del mismo período.

Centrándome en este «primer heredero» leí una serie de estrofas con una vaga idea de que la lectura podría sugerir alguna línea de acción. A medida que leía, con el pensamiento principal en mi mente de que era una primera obra, guardada como manuscrito durante algunos años y publicada entonces por primera vez, pronto llegué a sentir que la expresión «primer heredero» debía interpretarse como algo relativo, como siendo acaso la primera obra de considerable extensión, toda vez que el escritor en realidad ya había ejercitado su mano en la forma particular de estrofa que empleaba. De no concurrir el hecho de que «Shakespeare» ha resultado ser una luz demasiado cegadora para los ojos de la mayoría de la gente, hace mucho que debiéramos haber rechazado la idea de que él realmente «comenzó» su carrera literaria con una obra tan larga y perfecta como *Venus y Adonis*. En todo caso, la facilidad con que usa la forma particular de estrofa de este poema señalaba

141

que tal vez la hubiese usado libremente en otros más cortos. Así pues, decidí trabajar antes de nada en la simple forma estrófica. Ello puede parecer una manera tosca y mecánica de arreglo en una investigación de este tipo. De todos modos se trataba de un simple instrumento y en su manejo requería poca habilidad. Cuanto se precisaba era observar el número y longitud de los versos (seis versos, cada uno de diez sílabas) y el orden de las rimas: alternas para los cuatro primeros versos, terminados en un pareado.

Con esto presente recurrí a una antología de poesía del siglo XVI, y a través de ella fui marcando cada pieza escrita en la misma forma estrófica empleada por Shakespeare en su *Venus y Adonis*. Resultaron ser muchas menos de las que yo había previsto. Las leí varias veces familiarizándome con su estilo y asunto, rechazando primero una y luego otra por ser inapropiadas, hasta que al final quedaron solo dos. Una de ellas era anónima, así que me quedé en última instancia con una sola: el siguiente poema *Women,* de Edward de Vere, conde de Oxford, el único poema de este autor que la antología incluye y también el único poema suyo, como me percaté después, que Palgrave incluye en *Golden Treasury.*

Si fuesen ellas leales, no amorosas,
o fuese su amor firme, no ligero,
no me maravillaran ciertas cosas:
ellos ligados a ellas por entero.
Mas cuando veo cómo ellas son,
pienso que ellos pierden la razón.

¡Ay!, cómo eligen ellas, inconstantes,
y cómo huyen desde Febo a Pan,
halcones caprichosos que en instantes
de un hombre a otro aleteando van.
¿Quién de su puño no las sacudiera
para que vuelen, necias, dondequiera?

Pero se nos va el tiempo en halagarnos
cuando no hay más que pueda complacer,
sin adiestrarlas en mejor buscarnos,
hasta que más fingir no puede ser.
Luego llamamos, a enredar así,
jugar con necios. ¡Oh, qué necio fui!*

Doy este poema en su totalidad a causa de su importancia para la historia de la literatura inglesa si la afirmación principal de este tratado puede quedar establecida. De haberlo yo leído por separado o sin mi objetivo especial de entonces, sus cualidades distintivas no podrían haberme impresionado como lo hicieron. Pero leyéndolo junto con una gran cantidad de versos contemporáneos mientras las cadencias de las estrofas de *Venus y Adonis* aún recorrían mi mente, sus cualidades distintivas fueron, por una parte, realzadas por la fuerza del contraste con otra obra del mismo período y, por otra parte, acentuadas por una sensación de su consonancia con la obra de Shakespeare. Así pues, habiéndome centrado provisionalmente en este poema, hube de continuar la indagación a lo largo de la línea que indicaba hasta que esa línea resultase insostenible.

Aunque la selección había sido en cierta medida un ejercicio personal de juicio literario, una parte del plan original

---

* If women could be fair and yet not fond, /Or that their love were firm not fickle, still,/I would not marvel that they make men bond./By service long to purchase their good will,/But when I see how frail those creatures are,/I muse that men forget themselves so far.//To mark the choice they make, and how they change,/How oft from Phoebus do they flee to Pan,/Unsettled still like haggards wild they range,/These gentle birds that fly from man to man,/Who would not scorn and shake them from the fist/And let them fly, fair fools, which way they list?//Yet for disport we fawn and flatter both,/To pass the time when nothing else can please,/And train them to our lure with subtle oath,/Till, weary of their wiles, ourselves we ease;/And then we say, when we their fancy try,/To play with fools. Oh what a fool was I.

consistió en que yo no debería, en ninguna parte crítica de la investigación, apoyarme en mi propio juicio privado donde la cuestión fuese puramente literaria; y como esto era materia para el experto, ante todo yo debía buscar para mi selección una especie de apoyo de las autoridades literarias. Mientras tanto, la elección debía considerarse provisional. A los especialistas en la literatura de esa época puede parecerles la confesión de una ignorancia colosal el que yo diga que, lejos de tener prejuicios a favor de Edward de Vere aunque a través de su nombre he de haber llegado antes, él nunca había llamado mi atención, y en lo que respecta a un conocimiento de su historia y personalidad, o yo nunca lo había tenido o, de haberlo tenido alguna vez, lo había olvidado. Tampoco estaba deseoso de saber más hasta que la elección hubiera sido comprobada como es debido sobre bases puramente poéticas. Sabía que el nombre De Vere era el de una casa antigua; me acordé de que los condes de Oxford habían aparecido en la historia inglesa en ciertas conexiones secundarias; y las fechas del nacimiento y la muerte del poeta (1550 y 1604), la única información ofrecida en la antología, concordaban bastante bien, de momento, con la teoría general que yo me había formado sobre la producción y edición de las obras teatrales. Él tendría unos cuarenta años de edad en el tiempo en que empezaron a aparecer las obras, y de acuerdo con la datación generalmente aceptada de ellas, la mayor parte y lo mejor de la obra completa se habría dado al mundo antes de su muerte. Aun así, estas consideraciones podrían aplicarse con igual fuerza a otros autores cuyos poemas aparecían en la colección, y por lo tanto no debería dársele una importancia excesiva en esta etapa.

Recurriendo a la sección literaria de varios libros de texto, y a obras comunes de historia inglesa con un número variable de referencias a la literatura, me pareció todo tan mudo como una tumba en lo que respecta al conde de Oxford. *Age of Elizabeth,* de Creighton, incluye un capítulo especial de literatura isabelina, pero ni una sola palabra sobre este poeta en particular. *Queen Elizabeth,* de Beesly, apenas menciona su nombre en una nota al pie, bastante insignificante, que no tiene nada que ver con poesía o literatura. En total, al principio me dio la impresión de que él era casi desconocido. Hasta aquí el resultado fue desalentador y me centré de nuevo en la antología para examinar algunos de los otros poemas. Ninguno de ellos parecía tener como este el mismo gancho de Shakespeare. Además de la idéntica forma estrófica con respecto a la de *Venus y Adonis,* había la misma brevedad de expresión, la misma compacidad y cohesión de ideas, la misma suavidad de dicción, la misma formulación idiomática que asociamos con «Shakespeare»; allí estaba el símil característico de los halcones, y por último el toque peculiar en relación con las mujeres que yo había observado en los sonetos.

De nuevo consulté mis libros. Aunque Green, en la parte de la *Short History* que trata de la literatura isabelina, no hace mención del poeta, encontré en otra parte de su obra la siguiente frase. Hablando de la misión jesuita de Inglaterra bajo Campion y Parsons, dice: «La lista de los nobles reconciliados con la antigua fe por estos apóstoles errantes fue encabezada por lord Oxford, el propio yerno de Cecil y el más orgulloso entre sus pares ingleses». Fue imposible evitar cierto entusiasmo al leer estas palabras, pues los primeros indicios de la persona justificaban la selección en dos de los puntos de mi caracterización. Todavía no era lo que yo buscaba de inmediato, y hasta que quedase zanjada la cuestión vital de su eminencia lírica reconocida, importaba no ser extraviado por lo que podría resultar solo una coincidencia engañosa. Todos los otros puntos debían constituir otras tantas comprobaciones mantenidas en reserva como ya estaban, para ser aplicadas solo cuando sus credenciales líricas hubiesen sido presentadas debidamente. Por el momento, todos los recursos disponibles se habían agotado. El siguiente paso debía ser consultar unas obras tan grandes como podrían hallarse en una biblioteca de referencia.

Consultando el *Dictionary of National Biography* y centrándome en al apellido Veres, o más propiamente De Veres, me encontré enfrentado a un número bastante abrumador de personas con él. Por medio del nombre de pila y de las fechas, la única persona que yo estaba buscando fue reconocida rápidamente: Edward de Vere, 17.º conde de Oxford. El artículo era aportado por el editor de la obra, sir Sidney Lee. Tal vez sea justo comentar que, tanto por su biografía de Edward de Vere en el artículo que estoy citando, así como por su obra inestimable *A Life of William Shakespeare,* sir Sidney Lee, si bien stratfordiano convencido, ha suministrado más material en apoyo de mi argumento constructivo que cualquier otro escritor moderno. Aun difiriendo ampliamente de sus conclusiones generales, en manera alguna deseo escatimar el reconocimiento de mi deuda con sus investigaciones y opiniones sobre aspectos importantes de la literatura shakespeariana.

Echando primero una ojeada sobre el artículo, con la atención dirigida hacia la única cosa que yo estaba buscando, no obstante me emocioné al tropezarme con nuevos hechos que tenían que ver con otros aspectos de la investigación. Entonces llegaron las siguientes frases, cada una de cuyas palabras, en vista del concepto que yo me había formado de «Shakespeare», leí como una justificación completa de la selección que había hecho.

«Oxford, a pesar de su temperamento violento y perverso, su gusto excéntrico en el vestir, y su imprudente despilfarro, *mostró un gusto genuino por la música y escribió versos de gran belleza lírica*...

«Puttenham y Meres lo consideran entre los mejores para la comedia en su tiempo, pero, aunque fue patrono de actores, no *quedan ejemplos* de sus producciones dramáticas.

«Un número suficiente de sus poemas subsiste para *confirmar el comentario de Webbe*, de que él era el mejor de los poetas cortesanos de los primeros tiempos de la reina Isabel, y que en los artificios insólitos de la poesía *puede disputarse a sí mismo el título del más excelente entre los otros*.»

Me atrevo a decir que, si solo esos términos que aquí se usan para describir el carácter y la calidad de su obra se presentasen sin nombre o epíteto destacado a la gente, quien solo entendiese que se aplicaban a algún poeta isabelino supondría de inmediato que se referían a Shakespeare. En tales palabras tenemos una opinión contemporánea de que él fue el *mejor* de estos poetas, y tenemos una autoridad moderna de no menos peso como sir Sidney Lee corroborando este juicio a partir de una consideración de los poemas mismos.

Por el momento, cuanto yo deseaba en la primera cuestión, lo había encontrado, y así me hallaba en libertad de ir a la totalidad del artículo para ver en qué medida el conde de Oxford cumplía las demás condiciones de propiedad, como yo había estimado, de la autoría de las obras de Shakespeare. Al hacer la selección, la investigación había pasado su tercera etapa. La cuarta era la comprobación de la selección por referencia a la caracterización esbozada en la primera.

Por más que en el curso de las indagaciones posteriores hayan surgido dificultades, como era inevitable, ninguna de ellas ha planteado ninguna objeción insuperable a la teoría de que es Edward de Vere el autor de las obras de Shakespeare; en cambio, como veremos, la evidencia a favor de la teoría no ha dejado de aumentar. Otros escritores también han presentado o sugerido otros nombres como posibles alternativas, y yo no he dudado en considerar tales casos con mucho cuidado. Sin embargo, según mi opinión, estos han fracasado lisa y llanamente, y su fracaso ha servido solo para añadir peso a los derechos de De Vere. Tales casos, por regla general, no los discuto en su conjunto, así que un importante elemento de pruebas negativas se perderá en lo que concierne al lector. Es de suma importancia, con todo, que él deba percatarse de la magnitud precisa de las pruebas sobre las que se hizo la elección. Ahora habremos de presentar el gran volumen de las pruebas. Habiendo él llegado, como lo ha hecho, después de la selección, forma tal secuencia y acúmulo de coincidencias, que, si el modo de su descubrimiento es comprendido con claridad, solo una conclusión parece posible.

CAPÍTULO VI

Las condiciones cumplidas

Como será preciso analizar la vida y el carácter de Edward de Vere desde un punto de vista enteramente distinto al del artículo de sir Sidney Lee en el *Dictionary of National Biography*, y también añadir detalles derivados de otras fuentes, debemos ahora, a fin de evitar lo más posible repeticiones innecesarias, señalar simplemente los numerosos casos en que el retrato responde a la descripción de la persona que hemos estado buscando.

Aunque no se nos da mucha información sobre aquello en que consistió su «excentricidad», más allá del despilfarro de su patrimonio, la peculiaridad de su vestir, y su preferencia por sus socios de la bohemia literaria y teatral, mayor que por el ambiente artificial e hipócrita de una corte frecuentada por oportunistas ambiciosos, está claro que en estos últimos círculos él se había granjeado una reputación de excéntrico, de hombre aparte. Por consiguiente, cuando se nos dice que sus excentricidades crecieron con sus años, podemos entender que esta preferencia se fue acentuando a medida que envejecía y que se fue apartando de las convenciones sociales, cada vez más inmerso en sus intereses particulares y en el compañerismo de aquellos con similar ocupación.

De su impresionabilidad da fe su rapidez para percibir un desaire y su tendencia a resentirse, mientras que su evidente sensibilidad a perfumes y a la elegancia en el vestir, implicando sin duda la sensibilidad al color, denotan esa agudeza de los sentidos que tanto contribuye a una sensibilidad extrema en general. Vinculada a estos rasgos está su afición indudable y su gusto superior por la música. La cuestión implica dos referencias. La primera se relaciona con su educación, y a partir de esta referencia parece como si la música no hubiese formado parte del esquema de educación que otros habían trazado para él, y que por lo tanto su formación musical fuese el resultado de su propia inclinación natural y elección. La segunda referencia es el pasaje citado en el capítulo anterior, por el que parece que su gusto musical era tan pronunciado como para asegurar una mención especial en los registros que hemos heredado, a pesar de su parquedad extrema.

Su relajación en asuntos de dinero, y lo que parece una total indiferencia hacia las posesiones materiales, es sin duda uno de los rasgos más marcados de su carácter. Mientras tuvo dinero para gastar u obsequiar, o tierras que vender para obtener dinero, parece haber derrochado espléndidamente; gran parte de ello, desde luego, en hombres de letras y empresas teatrales. Así pues, de ser uno de los más destacados y más rico de los nobles ingleses, se encontró finalmente en circunstancias apuradas.

Su relación con los actores y el teatro no fue el interés superficial y evanescente de un rico patrono. Fue una actividad a la que se dedicó por muchos años. Tenía su propia compañía, con la que anduvo de gira por provincias y se estableció él mismo algunos años en Londres. Se sobreentendía que su compañía estaba representando obras que él mismo estaba produciendo. También es evidente que se hizo un nombre en la producción de comedias y que la celebridad de que gozó a este respecto provenía no solo de la gente, sino de los hombres de letras de la época. Por otro lado, en el artículo se nos informa de que «no quedan ejemplos de sus producciones dramáticas», una circunstancia bien misteriosa en vista del gran número de obras dramáticas de todos los tipos y calidades que nos ha transmitido la época isabelina.

De su familia llegamos a saber, por la primera serie de artículos sobre los De Vere, que descendía en línea directa de la conquista normanda y que durante cinco siglos y medio la línea directa de descendencia masculina no se rompió ninguna vez. Cuando él era un muchacho, no solo tuvo que haber sido una figura destacada en la corte de Isabel, sino que desde la edad de doce años fue pupilo real, y puede decirse que de hecho se crio en la corte cerca de la persona de la propia reina. El fastidio de la vida cortesana parece haberse manifestado en él muy al principio de la edad adulta, y él hizo varios esfuerzos por escapar de esa vida.

Dirigieron su educación, en primer lugar, tutores privados entre los cuales hubo celebrados humanistas. Fue residente en la Universidad de Cambridge, y acabó graduándose en las dos universidades. Podemos añadir aquí lo que no se menciona en el artículo: que sus poemas están llenos de alusiones clásicas, que vienen a él tan espontáneamente como la figura de un ratón campestre, una margarita o una asadura de cordero vienen a Burns.

Tan acuciante era su deseo de viajar que, cuando se le negó el permiso, desafió a las autoridades y huyó, solo para ser interceptado y traído de vuelta. Cuando por fin obtuvo permiso para ir al extranjero, de inmediato viajó a Italia, y tanto duró en él el efecto de su estancia allí, que se lo motejó como un «inglés a la italiana».

El artículo del *Dictionary of National Biography* atestigua, pues, los siguientes puntos:

1. Su gran prestigio como poeta lírico.
2. Su reputación de excentricidad.
3. Su sensibilidad muy nerviosa.
4. Su escasa simpatía por la vida convencional.
5. Su madurez (1590) y genio.
6. Sus gustos literarios.
7. Su entusiasmo práctico por el drama.
8. Su educación clásica y su asociación con los hombres más cultos de su tiempo.
9. Su pertenencia a la más alta aristocracia.
10. Su ascendencia feudal.
11. Su interés y personal conocimiento directo de Italia.
12. Sus gustos musicales.
13. Su relajación en cuestiones de dinero.

Cuatro son los puntos insuficientemente apoyados en el artículo:

1. Su interés por el deporte.
2. Sus simpatías por los Lancaster.
3. Su disposición peculiar hacia la mujer.
4. Su actitud hacia el catolicismo.

Antes de proceder al siguiente paso en la investigación, vamos a terminar esta sección citando otras pruebas y autoridades para los cuatro puntos mencionados anteriormente.

1. En relación con el deporte percibimos (y este es realmente el aspecto que nos importa) que sus poemas, siendo pocos, dan un decidido testimonio del mismo interés. El halcón montano, el ciervo herido, la liebre, el galgo, el mastín, la caza de aves con red y la batida, son figuras todas que aparecen en sus versos líricos. Además de esto observamos que su padre, John de Vere, 16.º conde de Oxford, que murió cuando Edward tenía doce años, gozaba de gran reputación como

deportista, y hasta su muerte Edward estuvo, por supuesto, viviendo con él. El artículo que primero citamos menciona su interés en aprender a disparar y a montar, así que hay pruebas abundantes de su familiaridad con aquellos pasatiempos deportivos que la obra de Shakespeare ilustra tan ampliamente.

2. Si bien no se ha encontrado ninguna declaración de sus verdaderas simpatías hacia la causa de Lancaster, varios escritores nos aseguran que estaba orgulloso de su antiguo linaje, lo cual, tomado junto con el siguiente pasaje sobre la relación de los De Veres con la causa de Lancaster, se puede aceptar como concluyente sobre el tema:

«John, el 12.º conde (de Oxford), fue privado de los derechos civiles y decapitado en 1461, por su lealtad a la rama de Lancaster. Su hijo John fue restaurado en la dignidad en 1464, pero fue privado de los derechos civiles en 1474, a consecuencia de haber militado en el bando de los Lancaster durante la restauración temporal de Enrique VI en 1470. [...] Se distinguió como el último de los partidarios de la causa de la rosa roja, que mantuvo en el castillo del monte San Michael en Cornualles, durante muchos meses después que el resto del reino se hubiese rendido a Eduardo IV. [...] Después de contribuir decisivamente a llevar a Enrique [VII] al trono, fue restablecido de inmediato en el condado de Oxford y también en la oficina del lord chambelán, lo cual disfrutó hasta su muerte en 1513» (*Archaeological Journal*, vol. 9, 1852, pág. 24).

3. En lo referente a su actitud hacia la mujer, el poema ya citado en su totalidad es prueba suficiente de esa falta de fe que hemos señalado como un signo de los sonetos de Shakespeare; los mismos términos empleados son casi idénticos a los que Shakespeare se permitió en dos afirmaciones separadas sobre el tema. Así, esa capacidad de intenso afecto combinada con la debilidad de la fe, que es una de las peculiaridades

153

de la mente de Shakespeare, no tiene, que nosotros sepamos, más cercano paralelo en ninguna parte de la literatura como en los poemas de Edward de Vere. No se trata solo de un verso ocasional, sino de la clave de gran parte de su poesía. De hecho podemos decir que quizá se halla en la raíz de gran parte de la desgracia y el misterio en que se vio envuelta su vida, y acaso permita una explicación para la propia existencia del misterio de Shakespeare.

Solo cuando estos poemas se hayan tornado tan accesibles como los sonetos shakespearianos, esta correlación mental será plenamente apreciada. Mientras tanto, damos unos cuantos versos, cada uno de un poema distinto:

Pues tú la amas a ella, es tu rival a muerte.*

¡Oh suerte cruel y dura circunstancia
la que me fuerza a amar a mi enemigo!**

Más yo busqué y menos encontré,
y aún decía ella que era mía.***

Es el amor que en otros desperdicio
lo que me tiene odiando.****

Amar es peor que odiar y daña más.*****

Con estas líneas en mente, cuanto se necesita es leer la última docena de sonetos de Shakespeare, a fin de apreciar la identidad espiritual del autor o autores en este contexto en particular.

---

* For she thou lovest is sure thy mortal foe.
** O cruel hap and hard estate/that forceth me to love my foe.
*** The more I sought the less I found/Yet mine she meant to be.
**** That I do waste, with others, love/That hath myself in hate.
***** Love is worse than hate and eke more harm hath done.

4. Por lo que respecta al último punto, su actitud hacia el catolicismo, la cita que ya hemos dado de la *Short History*, de Green, es todo lo que en verdad se necesita. El que su nombre aparezca a la cabeza de una lista de nobles que declararon reconciliarse con la antigua fe, muestra sobradamente sus inclinaciones para que nosotros digamos de él, como dice Macaulay de Shakespeare, que él no era un protestante celoso escribiendo para celosos protestantes. Cuando además nos encontramos con que su padre había profesado el catolicismo, no es improbable que por ciertos motivos sentimentales su inclinación fuese esa. Además el catolicismo romano sería la religión profesada abiertamente en su hogar durante sus primeros ocho años. Hay también evidencia, en los papeles del Estado, del momento en que los católicos ingleses en el extranjero estuvieron en crisis mirando hacia él y al conde de Southampton en busca de apoyo. Al mismo tiempo no es improbable que intelectualmente fuese tocado del escepticismo que parece haber sido corriente en los círculos teatrales en ese tiempo, pues entre los cargos hechos contra él por un adversario figuraba el de irreligión; el nombre de «ateo» le fue dado por otro (papeles del Estado). Paganismo clásico, medievalismo y escepticismo, pese a la contradicción que esta combinación parece implicar, pueden ciertamente rastrearse en él más que protestantismo, y en esto hay una correlación general entre su mente y la de «Shakespeare».*

Así pues, en todas las cuestiones en que nos propusimos buscar, nos encontramos con que Edward de Vere cumple

---

* En los documentos contemporáneos del Estado de Roma hay una lista de la nobleza inglesa clasificada como: (a) los católicos, (b) de inclinaciones católicas, (c) los protestantes. El nombre de Oxford aparece en el segundo grupo.

las condiciones, y el sentimiento general con que terminamos esta etapa de nuestra investigación es que, si no hemos descubierto realmente al autor de las obras de Shakespeare, en todo caso nos hemos fijado en un conjunto muy excepcional de semejanzas.

Es así como de una manera general hemos llevado con éxito la investigación a traves de cuatro de sus etapas y hemos completado la sección a posteriori de nuestro argumento.

CAPÍTULO VII

EDWARD DE VERE COMO POETA LÍRICO

Al proceder a un examen de la obra de Shakespeare para buscar al hombre mismo, hicimos de la poesía lírica el punto de partida y la consideración primordial para intentar establecer su identidad. De manera similar, al invertir el proceso, es decir, al partir de Edward de Vere hacia la obra de Shakespeare, que debe ser la más larga y más decisiva sección del argumento, volvemos a comenzar por la poesía lírica. Tomamos la de Edward de Vere para ver hasta qué punto se justifica la teoría de que él es el verdadero «Shakespeare».

Hasta el presente hemos tenido ante nosotros un único poema y algunos versos desparejados de Oxford, apoyados por el *Dictionary of National Biography*. Hace falta, antes de nada, obtener más testimonios en cuanto a sus facultades y cualidades poéticas y ver luego en qué medida otros poemas suyos justifican su elección como el escritor de la obra de Shakespeare.

En *Cambridge History of English Literature* (vol. IV, pág. 116; la sección está escrita por Harold H. Child, un erudito de Brasenose, Oxford) aparece la siguiente referencia a una colección de poemas llamada *The Fhoenix' Nest*: «El conde de Oxford es autor de una canción *encantadora*». La mayoría de los demás colaboradores están simplemente enumerados. En cambio, Oxford, como se ve, es destacado por un elogio especial.

De nuevo queremos llamar especialmente la atención sobre los siguientes extractos de la *History of English Poetry* (vol. II, págs. 312-313) de W. J. Courthope (profesor de Poesía en la Universidad de Oxford):

«Edward de Vere, 17.º conde de Oxford, [...] un gran patrono de la literatura. [...] Sus propios versos se distinguen por su ingenio [...] e inventiva concisa. [...] Su estudiada elegancia de estilo es notable. [...] No era solo ingenioso en sí mismo sino la causa del ingenio en otros. [...] Sin duda estaba orgulloso de su ilustre ascendencia. [...] Cuidó su verso al menos para conformarse a las exigencias externas de la caballería, pero en años posteriores su giro hacia el epigrama parece haber prevalecido sobre sus sentimientos corteses». Es interesante notar de paso que se lo describe con palabras que Shakespeare pone en boca de Falstaff: «Yo no solo soy ingenioso en mí mismo, sino la causa de que otros lo sean» (*Enrique IV, Segunda parte*, Acto I. 2).

En otro pasaje de la misma obra se nos dice que los hombres de letras de la corte se dividieron en dos bandos, uno encabezado por Philip Sidney y el otro por el conde de Oxford, «un gran favorecedor del eufuismo y él mismo un poeta de mérito cierto en la manera cortesana italiana». Esta rivalidad entre Philip Sidney y el conde de Oxford toca a nuestro problema un tanto de cerca y habrá de tratarse más adelante. Al presente es importante por dar testimonio de la reconocida eminencia poética de Oxford y sus afinidades italianas. También viene a recordarnos que fue Oxford a quien Lyly dedicó su *Euphues and his England*, y ofrece una explicación suficiente de la familiaridad con el eufuismo que se observa en Shakespeare (si damos crédito a que Oxford es Shakespeare), pero es muy difícil de explicar en el William Shakspere de Stratford.

Queda otro hecho llamativo relacionado con estas referencias al conde de Oxford en la obra del profesor Courthope. Se recordará que tomamos la forma de la estrofa de *Venus y Adonis* como nuestra primera guía en la búsqueda. Ahora el profesor Courthope cita tres estrofas separadas de la obra de Oxford y todas ellas son idénticas a la de *Venus y Adonis,* de Shakespeare, y de *Women,* de Oxford, que nos dio nuestro primer punto de contacto. El poema en que nos habíamos fijado no fue, por ello, un esfuerzo aislado en esa forma particular de versificación; fue una forma familiar y ejercitada en la que él sin duda se destacó, al igual que se ha hecho notar en el caso de Shakespeare.

Al recoger confirmación de la eminencia poética de De Vere es especialmente oportuno añadir el testimonio de un poeta tan eminente como Edmund Spenser, solo superado por Shakespeare en esa época. En la serie de sonetos con que prologa *Fairie Queen* hay uno dirigido al conde de Oxford, en el que aparece el siguiente pasaje:

> La antigua gloria de tus ascendientes [...]
> y tu memoria con su larga vida
> en pos de su nobleza verdadera,
> uniéndose a tu amor correspondido
> hacia los geniecillos heliconios*,
> os hace entre vosotros más queridos.**

Valioso como es el testimonio que hemos citado, no nos puede eximir de la necesidad de conocer los poemas en sí mis-

---

* Las musas.

** The antique glory of thine ancestry [...]/And eke thine own long living memory/Succeeding them in true nobility,/And also for the love which thou dost bear,/To the Heliconian imps, and they to thee./They unto thee, and thou to them most dear.

mos y someterlos a un examen muy cuidadoso, lo que debe constituir el meollo de gran parte de la investigación futura. Así pues, es muy de lamentar que estos poemas no hayan estado fácilmente accesibles a todos. La mayoría de ellos anda dispersa por varias antologías, un modo de editar poesía característico de la época isabelina. No obstante, el Dr. Grosart reunió en 1872 todos los poemas conservados del conde de Oxford y los publicó en el libro *Fuller Worthies' Library*. Algunos de estos poemas habían aparecido en viejas antologías, otros solo habían existido en manuscrito y el Dr. Grosart los publicó por primera vez. Es deseable, por lo tanto, que todos los que están interesados en la literatura inglesa puedan poseer dentro de poco la colección entera.

Solo quedan en total veintidós poemas cortos (según el Dr. Grosart ascienden a veintitrés, pero el número ocho se omite), y la introducción biográfica es quizá la más breve con que se haya presentado al mundo una colección similar. Aun así, en ella se explica su brevedad y es de gran importancia desde el punto de vista de esta investigación. «Una sombra no disipada», señala, «se extiende de alguna manera sobre su memoria». «En su edición *Royal and Noble Authors*, Park ha hecho el máximo esfuerzo, pero no basta». «Es de creer que nuestra colección de sus poemas deparará una sorpresa agradable a la mayoría de los lectores. No carecen de los signos del verdadero cantor y poseen una atmósfera de gentileza y cultura que se agradece».

En el capítulo en que describimos la búsqueda, ya hemos mencionado los testimonios contemporáneos de Meres, Puttenham y Webbe y también de una autoridad moderna, sir Sidney Lee. Meres y Puttenham tratan sobre todo de su preeminencia dramática, citándolo como «entre los mejores para la comedia». Por consiguiente, dejando esto en un lado y limitándonos a sus credenciales líricas, podemos resumir la cuestión del modo siguiente:

Según sus contemporáneos.
1. Edmund Spenser.
Uno de los más caros a las Musas.
2. Webbe.
El mejor de los poetas cortesanos. En los artificios insólitos de la poesía, el más excelente de todos.
Según los modernos.
1. Sir Sidney Lee.
Confirma la declaración de Webbe: gran belleza lírica.
2. El profesor W. J. Courthope.
Elegante, conciso, ingenioso, epigramático: adalid de un bando de poetas.
3. *Cambridge History of English Literature* (Harold H. Child).
Encanto.
4. Dr. Grosart.
Verdadero cantor, cultivado, gentil.

Revisando las notas adjuntas a los poemas independientes incluidos en la colección del Dr. Grosart, encontramos que estos poemas cumplen una condición muy importante que, desde el principio, nos imaginamos que pertenecerían a la obra lírica que Shakespeare podría haber publicado bajo su propio nombre. A pesar de la rara habilidad que muestran, y varias características propias de Shakespeare, son en su mayor parte poemas tempranos. Se demuestra que muchos de ellos existían cuando el escritor tenía unos veintiséis años. De cuánto antes databan o cuántos otros sin atestiguar habrán existido, no lo podemos decir. La mayoría de estos otros, y solo es una pequeña colección para empezar, ofrece la inconfundible evidencia interna de pertenecer al mismo primer período. Por otra parte, de De Vere se habla como «el mejor de los poetas cortesanos de la primera parte del reinado de la reina Isabel». Ya que, sin embargo, él vivió hasta el final de este reinado y en el de Jacobo I, es evidente que la poesía por la que es celebrado se considera como perteneciendo a su vida temprana. Una confirmación directa de esta teoría se halla en el siguiente pasaje del libro *Historical Collections of Noble Families*, de Arthur Collins, publicado en 1752. «Él (Edward de Vere) fue *en su juventud* un excelente poeta y comediante, como mostraron varias de sus composiciones publicadas, que yo supongo que se han perdido o malogrado».

Ahora bien, el supuesto del que hemos partido es que, si encontrásemos escritos bajo el nombre verdadero del autor de las obras de Shakespeare, serían principalmente sus obras tempranas, publicadas antes de que adoptase un disfraz. Cuando examinamos esta primera poesía de De Vere, se hace imposible creer que un escritor en posesión del genio que estos versos manifiestan pudiera haber dejado de producir a principios de su madurez, a menos que, desde luego, hubiese abandonado de pronto sus intereses literarios y dirigido sus energías por otra vía. Con De Vere, sin embargo, la continuidad, o más bien la intensificación de sus intereses literarios en años posteriores, está ampliamente demostrada. Él anduvo compartiendo la vida bohemia de los hombres de letras, anduvo operando con su propia compañía de actores;

algunas obras que ellos representaban se entendía que salían de su misma pluma, y aunque se habla de él como «el mejor en la comedia», también se nos dice que «ninguna de sus obras ha sobrevivido»; que se han «perdido o malogrado». La cantidad existente de poesía reconocida como suya responde a la que alguien con tal facultad pueda haber escrito en un solo año, aunque su contemporáneo dice que «en los artificios insólitos de la poesía puede considerarse como el más excelente». Por ello está claro que en Edward de Vere tenemos a un escritor de teatro y poesía lírica que publicó bajo su propio nombre solo una pequeña parte de lo que produjo, aunque puede haberse deshecho del resto. Esta cuestión recibirá una confirmación posterior, cuando lleguemos a tratar de la relación del poeta Spenser con nuestro problema. Todo apunta a que tras el primer período de surgimiento poético lanzó adrede un velo sobre su obra ulterior, mientras que en «Shakespeare» tenemos a un escritor del que hay razones para suponer que adoptó el anonimato en su madurez, empezando con un poema muy elaborado y perfecto de unas doscientas estrofas. Solo estos dos hechos, en una obra de un carácter tan excepcional, si no son simplemente la contrapartida uno del otro, constituyen en sí una de las coincidencias más notables en la historia de la literatura. Cuando a esto añadimos que las fechas en los casos respectivos son tales que se ajustan exactamente a la teoría de no ser una obra sino la continuación de la otra, teniendo Oxford, como se ha señalado, unos cuarenta años cuando empezaron a aparecer los dramas de Shakespeare, y habiendo vivido entretanto la propia clase de experiencias necesarias para permitirle producir los dramas, es difícil resistirse a la convicción, por solo este motivo, de que es en efecto un solo escritor de quien estamos tratando.

Y, en lo que respecta a ese misterio que atribuimos a Shakespeare, hemos de admitir que la no aparición repentina de la obra de una pluma como la de De Vere es tan misteriosa como la posterior aparición de los poemas y dramas de «Shakespeare».

Ahora bien, aunque la autoridad que hemos citado para la eminencia poética de Edward de Vere pueda parecer suficiente, no obstante hace falta tomar una precaución especial en lo que se refiere a tal eminencia. Asumiendo que él sea el autor de las obras teatrales de Shakespeare, aún hará falta distinguir entre su obra como Edward de Vere y su obra como «Shakespeare». Perteneciendo la primera sobre todo a su primera edad adulta, y la última a su madurez, debemos esperar encontrar una diferencia correspondiente en toda la obra. Cuán grande puede ser la diferencia entre el estilo literario temprano y el posterior de una persona, puede verse al contrastar los primeros ensayos literarios de Carlyle con *Sartor Resartus* o su *French Revolution*. No debemos, pues, esperar encontrar a Oxford clasificado espontáneamente con Shakespeare; sobre todo porque la obra de Shakespeare es principalmente dramática, mientras que no tenemos un fragmento de obra dramática publicada bajo el nombre de Oxford. Todo lo que cabe esperar es una marcada correlación en el dominio de la poesía lírica y una promesa razonable de la obra de Shakespeare en general. De ello tenemos al menos algunas pruebas en los versos ya citados y en el testimonio que los expertos han ofrecido respecto a las cualidades distintivas de su poesía.

Sin embargo hay otro hecho muy importante que debe tenerse en cuenta. Entre el momento en que Edward de Vere produjo sus primeros poemas y el período de la producción de los dramas de Shakespeare (más o menos el intervalo entre 1580 y 1590), sobrevino un cambio muy marcado al carácter de la literatura inglesa en su conjunto. La naturaleza de este cambio puede verse recogida mejor en el siguiente pasaje de *Life of Spenser,* de Dean Church: «Los diez años de 1580 a 1590 presentan [...] una imagen de la poesía inglesa en la cual, aunque hay destellos de una mejor esperanza, [...] el carácter general es de debilidad, absurdo fantástico, afectación y mal gusto. ¿Quién podía suponer lo que se estaba preparando bajo todo ello? Pero se acercaba el amanecer». Durante los próximos diez años, 1590-1600, «allí eclosionó de repente una nueva poesía, que con su realidad, profundidad, dulzura y nobleza cautivó al mundo. Las aspiraciones poéticas de los ingleses de la época habían hallado por fin intérpretes adecuados, así como su propia e incomparable expresión nacional».

Este cambio vital, entonces, se estaba preparando en Inglaterra entre el momento en que Edward de Vere produjo su poesía temprana y aquel en que aparecieron los dramas de Shakespeare. Tal cambio en la literatura nacional debemos, naturalmente, esperar encontrarlo reflejado en cierto grado en sus escritos. No obstante, las raíces de la cuestión pueden ser incluso más profundas. Al contrastar los dos períodos, Dean Church cita *Defense of Poesie,* de Philip Sidney, como representación del período más temprano y más feble, y los «groseros teatros con sus compañías de actores, la mayoría de ellos libertinos y de mala fama» como la fuente del movimiento posterior y más viril.

Ahora bien, los diez años mencionados por Dean Church corresponden en general a la época de la que vamos a hablar como del período medio de la vida del Edward de Vere escritor. Es el período inmediatamente posterior a su primera producción poética, y durante estos años estuvo en asociación activa y habitual con estas mismas compañías de actores, mientras que el tercer período de su vida coincide exactamente con la explosión de los grandes dramas de Shakespeare. En su primer período literario él es el jefe reconocido de un bando de poetas de la corte y el rival de Philip Sidney. En cuanto a quiénes eran sus compañeros, hay muy poca información. No obstante, si comparamos su poesía con la obra de Sidney, solo podemos explicar la de Sidney como considerándola en algún sentido un rival por el hecho de que el estilo afectado y feble de Sidney estaba entonces de moda. Lo que distingue la obra de Oxford de la poesía contemporánea es su fuerza, su verdad y su refinamiento genuino. Cuando Philip Sidney aprendió a «mirar en su corazón y escribir», solo mostró que por fin había aprendido una lección que su rival le había estado enseñando. El lector puede ser capaz o no de estar de acuerdo con las ideas y los sentimientos expresados por Oxford, pero será incapaz de negar que cada línea escrita por el poeta es una expresión real y directa de sí mismo en términos a la vez convincentes y selectos, y no un mero reflejo de alguna pose de moda. Incluso en estos primeros años fue el pionero del realismo en la poesía inglesa. En su período medio encarnó la fuerza directriz de aquellos círculos dramáticos de los que iba a surgir la literatura realista tan bien caracterizada por Dean Church; de modo que, quienquiera que haya podido ser el autor de la obra de Shakespeare, ella representa el triunfo en poesía del espíritu de De Vere sobre el movimiento del que Sidney se afirmó a la cabeza. También será el triunfo de sus concepciones maduras sobre su cumplimiento de las normas convencionales en su juventud, en la medida en que pueda haberlas cumplido; en la juventud es casi inevitable tal cumplimiento en alguna medida.

Ya hemos señalado su inquietud bajo toda clase de restricciones impuestas por la artificialidad de la vida cortesana, y su fuerte inclinación hacia esa sociedad bohemia en que estaban agitándose las fuerzas vivas que se harían realidad, mezcladas con mucho mal en la vida y la literatura. Después de predominar entre los poetas líricos en sus primeros años, y de destacar en el movimiento teatral de su período medio, él es el representante natural y aun quizá la encarnación personal y la fuerza originaria de la transición por la que la poesía lírica de los primeros días de la reina Isabel se fundió con el drama de la época y de sus años posteriores, y antes de morir fue testigo del comienzo de la decadencia de esa gran floración dramática y literaria. Creemos que estas cuestiones tienen un profundo significado en relación con el problema que nos ocupa.

Cuando sean accesibles al público los recursos necesarios, estos versos de De Vere deberían poder leerse junto a esos poemas contemporáneos tal como aparecen en los volúmenes del Dr. Grosart. Entonces sus cualidades distintivas serán más que nunca evidentes. Poemas de sir Edward Dyer, Lord Vox, el conde de Essex y otros, que pueden encontrarse en *Fuller Worthies Library*, aunque en modo alguno mediocres o desdeñables, carecen de la peculiaridad de De Vere y no captan y retienen la mente como lo hacen estas primeras producciones del conde de Oxford. Ese estilo conciso y epigramático, sobre el que todos los lectores hacen comentarios, es el índice de una mente que ve las cosas con trazos definidos y precisos y se agarra firmemente a la realidad, con el apoyo adicional de un dominio completo de los recursos de la lengua empleada, por lo que las ideas no tienen que forzarse a sí mismas a través de nubes de palabras.

Si a estas cualidades añadimos una intensa sensibilidad a todo tipo de impresiones externas, y una facultad de respuesta apasionada al servicio de claras percepciones intelectuales, habremos captado los rasgos excepcionales de la mentalidad de De Vere. El resultado es la producción de poemas que impresionan la mente con el sentido de su unidad. Las ideas se adhieren entre sí en una secuencia natural y dejan en la mente del lector un sentido de integridad y acabado artístico.

Actualmente no hace falta insistir en que esta concisión es característica de la mente y la obra de Shakespeare. Es una de las marcas peculiares de sus sonetos individuales y nos tememos que en poemas reflexivos una característica mucho más rara de lo que debiera ser; la falta de ella es responsable de ese penoso sentimiento de ansiedad que tan a menudo se experimenta en la lectura de obras de esta clase. En tal aspecto de cohesión y unidad no hemos encontrado, ciertamente, una similar correlación entre Shakespeare y cualquier otro de los muchos poetas isabelinos cuyas obras hemos estado obligados a leer en el curso de esta investigación, ni ningún otro poeta con la misma amplia gama de sentimientos desde la encantadora lírica amorosa hasta los versos intensamente apasionados.

Una vez más, ya que no hay atmósferas brumosas en las imágenes que esa mente usa, ni palabras gastadas en la lucha por definir, tenemos una gran riqueza de imágenes presentadas a la mente en rápida sucesión. Al leer los poemas de De Vere, como al leer a Shakespeare, uno vive en un mundo de símiles y metáforas. En ambos casos hay una gran cantidad de alusiones clásicas apropiadas; pero ello está mezclado armoniosamente con una riqueza igual de ilustración extraída de las experiencias comunes y que aparecen como las actividades personales de la vida.

Tal vez en relación con estas cualidades mentales esté el sentido del color que se observa en ambos grupos de escrituras. Lo acompaña la sensibilidad a las flores, cuyas favoritas son en ambos casos el lirio, la rosa y la violeta.

Pasando de estos rasgos mentales al tema de las disposiciones morales, en los poemas nos topamos con la impresión de un carácter bastante por encima de lo que cabría recoger ya sea de la biografía en el *Dictionary of National Biography*, ya de las alusiones al autor dispersas en otras obras. Hay, por otra parte, además de los poemas de la colección del Dr. Grosart, una carta escrita por el conde de Oxford y adjunta a uno de los poemas, lo que nos da una visión de la naturaleza del hombre en sí mismo durante estos primeros años. Cualquiera que haya sido la pose que él creyese conveniente adoptar en el trato con algunas de las personas de la corte de Isabel, esta carta da amplio testimonio de la generosidad y grandeza de su disposición, de la claridad y sobriedad de su juicio, y de la hombría esencial de sus acciones y su conducta para con los hombres de letras que juzgaba dignos de aliento. Sus poemas pueden en alguna medida reflejar las maneras de su época, pero en la carta obtenemos una visión del hombre mismo, y si él llega a ser aclamado como Shakespeare, esta carta será un tesoro inapreciable como la primera, y acaso la única, carta shakespeariana referida a asuntos literarios y emitida en forma literaria, si exceptuamos las dedicatorias a Southampton de sus poemas. Los fragmentos que quedan de las cartas de Oxford, en los papeles calandrados del Estado y otros manuscritos contemporáneos, suelen presentar un tono formal de negocios con solo esporádicos destellos poéticos o literarios.

La carta está como tal, desde luego, en prosa. Pero es la prosa de un poeta genuino: su «inventiva concisa», su riqueza de expresión figurativa y aun su cualidad musical, son casi tan marcadas como las de sus versos. Trasladamos algunos pasajes pidiendo al lector que tenga presente que su autor no contaba más de veintiséis años cuando la carta se escribió. Esta se refiere a una traducción que se le había enviado, aunque al parecer no destinada a publicarse, pero que luego se publicó por orden suya y, en consecuencia, presuntamente a su costa.

> Después de leer atentamente sus letras, buen maestro Bedingfield, y en ellas encontrando su solicitud bien opuesta al mérito de su labor, yo no podía elegir, sino dudar enormemente, entre si era mejor para mí acceder a su deseo o ejecutar mi propia intención de publicar su libro. [...]
>
> Por fin decidí que negarme a su solicitud arbitraria era mejor que condescender a la ocultación de un trabajo tan meritorio. Por ello, así como Vd. ha obtenido provecho de la traducción, también pueden muchos obtener conocimiento con la lectura de la misma. [...] ¿De qué sirve que una gran cantidad de oro esté siempre encerrada en sus bolsas y nunca se haga uso de ella? Yo no dudo siquiera que Vd. piense así de sus estudios y Musas encantadoras. ¿De qué sirven si Vd. no los participa a los demás? [...] ¿De qué sirve la vid a menos que otro se deleite con el vino? ¿De qué sirve la rosa a menos que otro sienta placer con su olor? [...]
>
> ¿Por qué debería estimarse más a este hombre que a otro sino por su virtud, por la que todo hombre desea ser considerado? [...]
>
> Y en mi opinión, así como embellece a una mujer honesta adornarse con perlas y piedras preciosas, tanto más exorna a un caballero el proveer su mente de virtudes brillantes.
>
> Por consiguiente, considerando el escaso daño que hago a Vd. y el gran bien que hago a otros, prefiero mi propia intención de revelar su volumen antes que su petición de mantenerlo en secreto. En ello puedo parecerle representar la parte del médico

experto y astuto. [...] Así, estando Vd. aquejado de tanta duda sobre su propia actuación, por la cual dolencia desea enterrar su trabajo en la tumba del olvido, yo no soy nada delicado al rechazar su petición. [...] A Vd. voy a erigirle tal monumento que verá, mientras viva, cuán noble sombra de su vida virtuosa ha de quedar cuando haya muerto y partido. [...] Así que deseo sinceramente que Vd. no rehúse exponer sus propios estudios. De su afectuoso y seguro amigo,

E. OXENFORDE

Rogamos a nuestros lectores que se familiaricen a fondo con la dicción de esta carta y que lean después la dedicatoria de *Venus y Adonis*. Tan similar es el estilo que casi no hace falta tener en cuenta los diecisiete años intermedios.

Mientras que nos lo encontramos tributando un alto elogio a un hombre de letras, de lo cual no podía esperar nada a cambio, en los días en que otros estaban redactando alabanzas extravagantes a la reina, no tenemos una sola línea de poesía debida a la pluma de Oxford sirviendo a la real vanidad, y ello pese al alto lugar que él sin duda ocupaba en el respeto y la comprensión de la reina, lo que a los otros parecería en él una voluntaria provocación. Esta ausencia de elogios a la realeza es también característica de la obra de Shakespeare, y ha dado ocasión a muchos comentarios sorprendidos.

Al revisar el presente capítulo en conjunto se reconocerá que, a la serie notable de semejanzas de que tratamos en el capítulo anterior, ahora ha de añadirse una serie igualmente notable de correlaciones en la situación literaria en general y en las cualidades principales de los escritos de Shakespeare y De Vere. Y cuando se sopesa como es debido el valor de las autoridades citadas, fácilmente se admitirá que, cualquier cosa que se diga para el resto del argumento, no puede propugnarse que al tratar de la cuestión de los honores de Shakespeare

171

estemos invitando al público a considerar las credenciales de alguien que a la ligera pueda descartarse como en absoluto «fuera de la carrera».

CAPÍTULO VIII

LA POESÍA LÍRICA DE EDWARD DE VERE

Hasta aquí hemos intentado apoyar nuestro caso en el juicio de personas de alguna autoridad en la literatura isabelina. No obstante se requiere dar otro paso con el que claramente ha de abrirse un nuevo camino, y donde, por lo tanto, apenas se puede buscar ese apoyo externo. Tal paso decisivo consiste en poner los escritos de Edward de Vere al lado de los de Shakespeare, a fin de juzgar si el primero contiene o no las semillas naturales y la promesa evidente del último. Como esto nunca se ha hecho antes, al ser en efecto el resultado especial de las investigaciones particulares en que hoy estamos inmersos, no hay disponible ninguna autoridad aparte, y por ello, cuanto podemos esperar hacer es someter tales cuestiones a un examen que dé un impulso en esta nueva línea de búsqueda, por la cual tarde o temprano, creemos, nuestro caso se mantendrá a flote o se hundirá.

En lo que respecta a las formas de versificación, De Vere ofrece la misma rica variedad que es tan notable en Shakespeare, y casi todas las formas que emplea las encontramos reproducidas en la obra de este. Cuando su contemporáneo habló de su excelencia en «los artificios insólitos de la poesía», reconocemos a la vez su afinidad con el gran poeta y la distinción entre él y su rival Sidney, quien encabezó un bando que se puso en ridículo por su intento de implantar unas reglas artificiales que habrían trabado el desarrollo de nuestra poesía nacional. A ese atascamiento del arte por la autoridad, Oxford fue instintivamente hostil, y la rica variedad de formas poéticas, aun en esta pequeña colección, es el resultado natural del libre juego que él permitió a su genio. Al mismo tiempo Oxford tenía sus preferencias, y la sextina de versos pentámetros, con rimas como en *Venus y Adonis*, fue sin duda una de sus favoritas, ya que aparece en siete de las veintidós piezas que se han conservado. Cuán gran favorita fue de «Shakespeare», quizá no se haya señalado antes. Además de su uso en el primero de los dos poemas largos, lo encontramos a menudo en sus obras teatrales. *Romeo y Julieta* tiene dos de tales estrofas; la obra de hecho termina con una de ellas. La encontramos también en *Trabajos de amor perdidos, Sueño de una noche de verano, La fierecilla domada* y *La comedia de los errores*. En *Ricardo II* aparece introducida en el texto de tal modo que escapa fácilmente a su detección; está en las seis líneas que empiezan por

Mas ya la sangre de veinte mil hombres...* (Acto III. 2).

Como no es el único caso de este tipo, tal vez se puedan hallar en otras obras teatrales aún no mencionadas. Estas obras, se observará, pertenecen sobre todo a lo que se considera la producción temprana de Shakespeare.

En algún momento nos vimos tentados a llamar esta forma particular de estrofa la estrofa De Vere, pues, aunque Chaucer tiene una sextina, es bastante diferente de esta. Spenser la usa en la primera parte de *Shepherd's Calendar,* pero el trabajo de De Vere en esta forma fue público algunos años antes de que apareciese *Shepherd's Calendar.* No obstante hay un posible competidor por el mérito, y la mención de su nombre intro-

---

* But now the blood of twenty thousand men...

ducirá un pequeño punto interesante que puede tener interés para nuestro argumento. En la colección del Dr. Grosart el poeta cuya obra precede inmediatamente a la de De Vere es Thomas Lord Vaux, el representante de otra vieja familia cuyo antepasado, al igual que el de De Vere, había «llegado con el Conquistador»; una familia interesante para la gente del norte de Inglaterra, pues habían sido señores de Gilsland. Alguna duda parece existir en cuanto a si el poeta fue realmente Thomas Lord Vaux, de una generación mayor que la de Edward de Vere y que murió en 1562, o su hijo William, contemporáneo de De Vere. Es posible que las obras del hijo y del padre aparezcan mezcladas en la colección del Dr. Grosart, pero el colector se pronuncia rotunda y exclusivamente a favor del hombre mayor. En este caso el honor de inventar esta estrofa en particular debe pertenecer a Thomas Lord Vaux, a menos que después se encuentre un poeta anterior que la hubiese usado. De especial interés es que esta forma particular de estrofa no se trata de lo único que De Vere se apropia de Lord Vaux. Bien que su poesía propia sea de un orden bastante superior a la de su precursor aristocrático en el arte, una estrecha comparación de los dos grupos de poemas, tal y como están juntos en esta importante colección, deja poco espacio para dudar que, cuando De Vere comenzó a escribir poesía en su juventud, estuvo fuertemente influido por la obra de Lord Vaux, si en realidad no tomó, como es natural en la juventud, a Lord Vaux como su modelo. Ahora bien, por una curiosa casualidad, el último poema en la colección Vaux, el que precede inmediatamente a la colección De Vere, es la misma canción de Lord Vaux que «Shakespeare» adapta para el uso del sepulturero en *Hamlet*. Esto puede no tener mucho peso como prueba; sin embargo, si puede mantenerse, como razonablemente se puede, que Edward de Vere en sus primeros esfuerzos poéticos construyó sobre cimientos que había puesto Lord Vaux, entonces la reaparición de una vieja canción de Lord Vaux en la suprema obra maestra de Shakespeare, cuarenta años después de la muerte del escritor de la canción, no carece de importancia como parte de nuestro argumento general.

Antes de dejar este asunto de la sextina, cabe señalar que una característica común a la obra de De Vere y la de Shakespeare es la aparición de estrofas individuales aisladas. Por ejemplo, la única estrofa en *La fierecilla domada* tiene esta forma; y nada menos que tres de los poemas en la pequeña colección De Vere son estrofas individuales de este tipo. La afición por otras sextinas que difieren de esta en pequeños detalles es también característica de ambos conjuntos. Igualmente es curioso cuán a menudo «Shakespeare», aun en su verso blanco, pone un discurso o un pensamiento en una serie de seis versos.

Volviendo ahora a la cuestión del tema o asunto central de la poesía de De Vere, nos encontramos con que cualquiera que sea su aspecto de superficie, su interés subyacente es siempre, como en Shakespeare, la naturaleza humana. En el manejo de este tema son tan copiosas las figuras retóricas tomadas prestadas de los clásicos y en su mayor parte de Ovidio, y están introducidas tan naturalmente como las palabras ordinarias de su lengua materna, que iluminan su pensamiento con tanto acierto como cualquier símil hogareño. Al mismo tiempo nos encontramos con idéntica riqueza shakespeariana de ilustración sacada de los objetos comunes de su entorno: flores habituales, materiales frecuentes como el vidrio, el cristal, el ámbar, la cera, el azúcar, la hiel, el vino y una multitud de otras cosas; los ciervos, los halcones, los sabuesos, el mastín, los pájaros, los gusanos, las abejas, el zumbido, la miel, las estrellas, los arroyos, la colina, la torre, el cañón, y así sucesivamente. Todas estas imágenes colman sus versos no como temas en sí mismos sino como símiles y metáforas para tratar su tema central de la vida y la naturaleza humanas.

Por lo que respecta a la disposición natural del escritor, es una suerte para el nombre de Edward de Vere que tengamos estos poemas recogidos por el Dr. Grosart y la carta incluida en la colección. La personalidad que reflejan está en perfecta consonancia con la que parece que mira a través de los escritos de Shakespeare, si bien, en muchas maneras, de acuerdo con la representación que se hace de Oxford en varias de las referencias a él con que nos hemos topado. Hay huellas indudables de los defectos que los sonetos revelan en «Shakespeare», pero a pesar de todo brilla el espíritu de una naturaleza sumamente afectuosa, altamente sensible, y ansiosa de ternura y compasión. Es un hombre con faltas, pero sellado con la realidad y la verdad; honesto incluso en sus errores, sin fingir ser mejor de lo que era, y evocando a menudo en nuestras mentes los versos de uno de los sonetos de Shakespeare:

> Soy lo que soy, y quienes me censuran
> hacen la cuenta de sus propias faltas.*

Cuando uno lee los poemas y luego evoca referencias particulares a él, siente que de algún modo se ha cometido una injusticia y que hace falta con urgencia una gran obra de rectificación, aparte de la cuestión de la autoría de Shakespeare.

---

* I am that I am, and they that level/At my abuses reckon up their own.

Ahora procederemos a cotejar algunos pasajes de la poesía de Edward de Vere con otros de los escritos de «Shakespeare» que ilustran su correlación en la mentalidad o el estilo literario.

Comenzando por el poema sobre las mujeres, *Women,* ya citado en su totalidad, observamos en primer lugar su semejanza con la obra de Shakespeare en las características generales de dicción, concisión, cohesión y unidad, y también en los símiles empleados. La palabra «haggard», un halcón montano o imperfectamente adiestrado, es la que naturalmente retiene la atención del lector moderno. Ahora bien, «Shakespeare» la usa cinco veces, y de estas no menos de cuatro como una metáfora referida a la inconstancia o indisciplina en las mujeres. En *Otelo* se usa de manera igual a como en el poema de De Vere, es decir, una mujer que «vuela de hombre a hombre».

> Si encuentro que ella es un halcón montano,
> aunque mi corazón la encordonase,
> la soltaría con un silbo al viento
> para que aletease a la ventura.* (Acto III. 3)

Incluso el sentimiento y la idea son exactamente los mismos que en el poema de De Vere:

> Halcones caprichosos que en instantes
> de un hombre a otro aleteando van.
> ¿Quién de su puño no las sacudiera
> para que vuelen, necias, dondequiera?**

---

* If I do find her haggard,/Though that her jesses were my dear heart strings,/I'd whistle her off, and let her down the wind/to play at fortune.

** Like haggards wild they range,/These gentle birds that fly from man to man./Who would not scorn and shake them from the fist/And let them fly, fair fools, which way they list?

En el mismo poema él habla de «entretenerse» en «adiestrarlas para nuestro señuelo», de lo que es bastante evocadora *La fierecilla domada*:

> Pues ella nunca mira a su señuelo.
> De otra manera adiestraré a mi halcón,
> para que venga al silbo de su dueño.* (Acto IV, 1)

De nuevo De Vere habla de los hábiles juramentos, las adulaciones y halagos por los que los hombres «las adiestran para su señuelo» exactamente en el mismo sentido en que Hero, en *Mucho ruido y pocas nueces,* dice:

> Hablémosle a ella, pues. Que sus oídos
> reciban nuestro dulce y falso cebo.
> Conozco su talante, esquivo y fiero
> como el halcón montano de la roca.** (Acto III. 1)

Al hacer estas comparaciones no hemos tenido ante nosotros un gran número de casos de los que fuese posible seleccionar unos cuantos que resultasen similares. Lo que descubrimos en este caso es, por cierto, una completa conformidad en todo momento en el uso de una palabra infrecuente y una figura retórica. En efecto, si hacemos una pieza de retales con todos los pasajes de Shakespeare en que aparece la expresión «halcón montano», podríamos casi reconstruir el poema independiente *Women,* de De Vere. Tal concordancia no solo nos apoya en la búsqueda de establecer la armonía general de la obra de De Vere con la de Shakespeare, sino que nos lleva más allá de las necesidades inmediatas de nuestro argumento; pues

---

* For then she never looks upon her lure./Another way I have to man my haggard,/To make her come and know her keeper's call.

** Then go we near her, that her ear lose nothing/Of the false sweet bait that we lay for it./I know her spirits are as coy and wild/As haggards of the rock.

179

ello nos obliga a declarar que ambos conjuntos de expresiones son en realidad de la misma pluma, o que «Shakespeare» se ha visto empujado a la licencia de tomar prestado (lo cual era frecuente en su época) más allá de sus límites legítimos. En nuestros días no dudaríamos en calificar tales pasajes como plagio flagrante, a menos que procediesen de la misma pluma.

Vamos a tomar unos versos de un poema mencionado ya en un pasaje citado de la *Cambridge History of Literature*. Esta es la «canción encantadora» allí mencionada, que se titula *What Cunning can express?* y que apareció en *England's Helicon* en el año 1600 como *What Shepherd can express?* Cómo estos y otros versos de Oxford han escapado durante tanto tiempo a la atención de los compiladores de las antologías es uno de los misterios de la literatura.

> La azucena en la pradera
> su blancura ha de ofrecer
> a la pureza señera
> como debida a su ser.
> Cielo en su bello semblante
> promete gracia radiante.
>
> Cintia, de luz argentina
> y a nado por la corriente,
> no es más blanca y divina
> con su cabello luciente.
> Mi ninfa brilla a porfía
> como en mis ojos el día.
>
> Un rojo como un deseo,
> al que la rosa se humilla,
> en su mejilla yo veo,
> su deseada mejilla.
> No hay en el cielo estrella
> que no la supere ella.

Y cuando Febo del lecho
de Tetis se alza en el aire,
al día sonroja el pecho
con un clavel de donaire
y hace a mi ninfa el semblante
rey de la gracia radiante.

La nieve de la azucena,
el tinte de roja rosa,
la plata de Cintia amena,
mi diosa dulce y hermosa
y Febo me hacen sufrir
bellezas hasta morir.*

Este es el único poema de la colección de De Vere en que el escritor se detiene con ternura y verdad en la belleza del rostro de una mujer, y se observará que todo su tratamiento gira sobre el contraste del blanco y el rojo, del lirio** y la rosa.

Es un hecho llamativo, entonces, que el único poema de «Shakespeare» en que se demora en detalles con el mismo espíritu sobre el mismo tema esté dominado por un contraste idéntico. Ello ocurre en el conjunto de estrofas en que se

---

* The Lily in the field/That glories in his white,/For pureness now must yield/And render up his right./Heaven pictured in her face/Doth promise joy and grace.//Fair Cynthia's silver light,/That beats on running streams,/Compares not with her white,/Whose hairs are all sun beams./So bright my Nymph doth shine,/As day unto my eyne.//With this there is a red/Exceeds the Damaske-Rose,/Which in her cheeks is spread;/Whence every favour grows./In sky there is no star/But she surmounts it far.//When Phoebus from his bed/Of Thetis doth arise,/The morning blushing red/In fair Carnation wise,/He shows in my Nymph's face/As Queen of every grace.//This pleasant Lily white,/This taint of roseate red,/This Cynthia's silver light,/This sweet fair Dea spred,/These sunbeams in mine eye,/These beauties make me die.

** O *azucena*, en nuestra versión, por exigencia métrica. *(N. del T.)*

181

ocupa de la belleza de Lucrecia (estrofas 2, 4, 8, 9, 10, 11). De hecho casi no hay un término usado por De Vere, en el poema citado arriba, que no sea reproducido en estas estrofas. Mientras prestamos una atención especial al contraste del rojo y el blanco, y a la semejanza general en el tono y la delicadeza del toque, también ponemos en cursiva unas cuantas palabras excepcionales y secundarias que aparecen en ambos poemas.

Estrofa 2:
>Para alabar el rojo impar y el blanco,
>triunfantes en el *cielo* de su gozo,
>donde mortales astros, primor del *firmamento,*
>su aspecto *puro* a él solo le ofrecían.*

Estrofa 4:
>Fundente escarcha en la *mañana argéntea*
>bajo el *dorado resplandor del sol.***

Estrofa 6:
>Tan apreciada prenda *incomparable.****

Estrofa 8:
>Cuando el *rubor* enalteció lo bello,
>de *plata* lo teñía la virtud.****

Estrofa 10:
>Este blasón fue visto en su semblante,
>con bello rojo y con virtuoso blanco
>y de los dos fue ella la otra *reina.*****

---

* To *praise the clear unmatched red and white*/Which triumph'd in the *sky* of his delight,/Where mortal stars as bright as *heaven's beauties,*/ With *pure* aspects did him peculiar duties.

** The *morning's silver* melting dew/Against the *golden splendour of the sun.*

*** So rich a thing *braving compare.*

**** When beauty boasted *blushes,* in despite/Virtue would stain that o'er with *silver white.*

***** This heraldry in Lucrece's face was seen,/Argued by beauty's red and virtue's white/Of either colour was the other *queen.*

Estrofa 11:
>Callada guerra, lirios contra rosas,
>Tarquino vio en el campo de su rostro.*

La estrofa 11 pone fin a este poema sobre la belleza de Lucrecia, pero el concepto dominante se mantiene por toda la obra a la que pertenece. Ocurre en la estrofa 37:

>Primero el rojo: rosas en linón.
>Después el blanco, cual linón sin rosas.**

Estrofa 56.

>Su blanca mano y su mejilla rosa.***

Estrofa 69.

>El tono de su rostro,
>que hace de ira emblanquecer el lirio
>y enrojecer la rosa en su desgracia.****

Que todo esto pertenece a la personalidad del mismo «Shakespeare» se verá en las siguientes citas de los sonetos:

>Ni yo admiraba el blanco de los lirios,
>ni el bermellón profundo de las rosas.***** (Soneto 98)

>El lirio condené yo por tu mano,
>y el brote del orégano que te robó el cabello.
>Las rosas que temblaban en su espiga,

---

* This silent war of lilies and of roses,/Which Tarquin view'd in her fair face's field.

** First red as roses that on lawn we lay,/Then white as lawn the roses took away.

*** Her lily hand her rosy cheek lies under.

**** The colour of thy face,/That even for anger makes the lily pale,/And the red rose blush at her own disgrace.

***** Nor did I wonder at the lily's white,/Nor praise the deep vermilion of the rose.

la una ruborosa, la otra demacrada,
y una tercera, ambigua, con algo de las dos.* (Soneto 99)

He visto rosas rojas, rosas blancas.** (Soneto 130)

También aparece en la obra de *Coriolano* (II.1):

Nuestras veladas damas
dan guerra de blancura y de rosa damascena.***

Y en *Trabajos de amor perdidos* (I. 2):

Si ella está hecha de blancura y rojo
sus faltas nunca van a conocerse.****

Una rima peligrosa, maestro, contra la razón de blanco
y rojo.*****

En *Venus y Adonis* este contraste de rojo y blanco se menciona no menos de tres veces en las primeras trece estrofas.

Por último tenemos esto de *El peregrino apasionado*, que lleva más de una señal de la influencia de Shakespeare o de De Vere, si no del origen real:

Bella es mi amor, y más aún voluble;
suave como paloma, no sincera ni fiel;
brillante como vaso, y como vaso, frágil;
más suave que la cera, y no obstante herrumbrosa;

---

* The lily I condemned for thy hand,/And buds of marjoram had stol'n thy hair./The roses fearfully on thorns did stand,/One blushing shame, another white despair,/A third, nor red nor white had stol'n of both.

** I have seen roses damask'd red and white.

*** Our veil'd dames/Commit the war of white and damask.

**** If she be made of white and red/Her faults will ne'er be known, etc.

***** A dangerous rhyme, master, against the reason of white and red.

pálido lirio y tinte damasceno la agracian;
nada más bello y nada más falso en su disfraz.*

Este no es el lugar para discutir el misterio de la publicación pirática de Jaggard**. Insertamos esta estrofa particular porque, si no fuese de «Shakespeare», en todo caso muestra lo que en ese momento se consideró característico de su obra. Se advertirá que está en la forma de la estrofa conocida de *Venus y Adonis*; que gira en torno a la idea de la inconstancia femenina; que aporta el contraste entre lirio y rosa damascena, y al mismo tiempo los símiles de vidrio y cera son peculiares de la obra de De Vere. Aunque la estrofa contiene figuras y frases que evocan a De Vere o a Shakespeare, como pieza de versificación es bastante inferior en varios aspectos. Parece más bien una tela de retales hecha con poemas de De Vere; y si realmente lo es, presentar esto como obra de Shakespeare sugiere que Jaggard sabía o sospechaba que De Vere era «Shakespeare». En tal sentido es interesante observar que la edición infolio de Shakespeare que se publicó apenas una generación más tarde, fue impresa por alguien con un nombre de pila diferente pero con el mismo apellido inusual de Jaggard. Sir Sidney Lee atribuye la impresión al mismo hombre, que había asociado a su hijo con la edición de la obra posterior.

* Fair is my love but not so fair as fickle,/Mild as a dove, but neither true nor trusty,/Bright as a glass and yet as glass is, brittle./Softer than wax, and yet as iron rusty;/A lily pale with damask dye to grace her,/None fairer nor none falser to deface her.

** William Jaggard (c. 1568–1623). Impresor y editor. Su relación con la obra de Shakespeare empezó con la edición discutible de *El peregrino apasionado* (1599). Desde 1621 se ocupó de la preparación y publicación del Primer Infolio (1623). *(N. del T.)*

Volviendo a los versos de De Vere, la palabra destacada es *damask*, relacionada con la «rosa damascena». En la pequeña colección de sus poemas esta palabra aparece dos veces, y en Shakespeare seis veces, una de las cuales es de dudoso origen shakespeariano. En ambas ocasiones en que De Vere usa la palabra, ella se refiere al cutis de una mujer, y en cuatro de las cinco veces que «Shakespeare» la usa, lo hace exactamente con el mismo significado.

Antes de dejar la cuestión, será bueno a estas alturas destacar un principio que es vital para el argumento contenido en este capítulo; a saber, que no se ha tratado aquí, principalmente, de un mero apilamiento de pasajes paralelos. Lo que importa sobre todo es la correlación mental y la unidad general de tratamiento que dimana de ella. El poema de De Vere y el conjunto de estrofas de *La violación de Lucrecia* constituyen un ejemplo excelente de esto para empezar. Aquí tenemos los que son prácticamente dos poemas completos sobre un tema, dominados por una concepción idéntica, impregnados precisamente por el mismo espíritu, ilustrados por las mismas imágenes y vestidos con un vocabulario notablemente similar. Tal comparación, apenas hace falta señalarlo, se halla en un plano totalmente distinto de las colaciones baconianas de palabras y frases. El tipo de crítica muy justamente hecha a estos meros trabajos de recopilación de textos no es aplicable, creemos, al cuerpo principal de las comparaciones tratadas en este capítulo.

Volviendo ahora de esos detalles de ejecución que han regido la comparación aludida, podemos examinar una cuestión más general: su tratamiento del tema del amor. Antes de nada nos encontramos en estos primeros poemas de De Vere con algo muy alejado de las expresiones convencionales o débilmente sentimentales de afecto entonces en boga. En alguna poesía temprana de Philip Sidney este tipo de cosas se convierte en algo muy tonto. Por el contrario, en la obra

de De Vere tenemos un tratamiento personificado del Amor
tejido firmemente en abstracto, cuyas notas dominantes son
tan sinceras como las shakespearianas. Existe en particular un
conjunto de canciones muy elogiadas por más de un escritor,
que están en la forma de un diálogo con «Deseo». La importancia de esta palabra e idea en la obra de «Shakespeare» y de
De Vere recibirán especial atención más tarde; por ahora simplemente tomaremos algunas líneas de este último en relación
con el tema del amor:

> ¿Es dios de paz o de guerra?
> ¿Con qué armas y poder?
> Su guerra es paz, su paz guerra,
> cada dolor un deleite;
> su baile amargo es dicha azucarada.
> ¿Cuál es su don y cuál su recompensa?
> Sueños dulces en el sueño, nuevas ideas de día.
> Mirado con los ojos, captado con la mente.*
>
> ¿Por qué lo pintan desvestido, ciego?**
>
> ¿Cuáles trabajos nos concede el dios?
> Se sienta, reflexiona y hace un voto.
> Sus damas, si son fieles, permanecen.***
>
> Aunque viviendo mucho, aún es niño,
> un dios lo procreó para engañarse.****

---

 * Is he god of peace or war?/What be his arms? What is his might?/
His war is peace, his peace is war,/Each grief of his is but delight;/His
bitter ball is sugared bliss./What be his gifts? How doth he pay?/Sweet
dreams in sleep, new thoughts in day./Beholding eyes, in mind received.
 ** Why is he naked painted? Blind?
 *** What labours doth this god allow?/Sit still and muse to make
a vow./Their ladies if they true remain.
 **** Though living long he is yet a child,/A god begot beguiled.

> ¿Cuándo naciste, Deseo?
> En gala y pompa de mayo.*
>
> ¿Qué has comido cada día?
> Tristes suspiros y enojos.**
>
> ¿Qué has bebido después de eso?
> Sincero llanto de amantes.***

Como una parte de nuestro trabajo consiste en representar el proceso de investigación, puede valer la pena indicar cómo se realizó en este caso. Cuando el contenido del poema de De Vere se nos había vuelto muy familiar por efecto de una lectura reiterada, el siguiente paso fue seleccionar las obras teatrales de «Shakespeare» en que íbamos a encontrar con más probabilidad la sustancia de este poema asentado. Entre tales obras *Sueño de una noche de verano* ocupó naturalmente un lugar primordial. Después que el lector, a su vez, se haya familiarizado a conciencia con estos versos, dejémoslo consultar *Sueño de una noche de verano* (Acto I. 1), comenzando desde «Siempre el amor cabal halló obstáculos» y siguiendo hasta el final de la escena, mientras presta especial atención a expresiones como las siguientes:

> Siempre se contrarió a los amantes.****
>
> Es cruz acostumbrada del Amor
> como los pensamientos, los suspiros,
> los sueños, los deseos y las lágrimas.*****

---

* When wert thou born, Desire?/In pride and pomp of May.
** What was thy meat and daily food?/Sad sighs and great annoy.
*** What hadst thou then to drink?/Unfeigned lovers' tears.
**** True lovers have been ever cross'd.
***** It is a customary cross/As due to love as thoughts and dreams and sighs,/Wishes and tears.

Por todos cuantos votos quebrantaron
los hombres, más que hicieron las mujeres.*

Tenemos que privar a nuestros ojos
de aquello que alimenta a los amantes.**

Con lo que ve el amor es con el alma.***

Así a Cupido alado pintan ciego.
Así se dice que el Amor es niño;
en su elección se engaña con frecuencia.****

Como en los versos de De Vere en la canción sobre el deseo, es interesante notar que la palabra «deseo» aparece no menos de tres veces en la parte de la escena que precede los versos citados de «Shakespeare», mientras que la idea del deseo preside toda la escena. En ambos casos tenemos alusiones que van de la alondra al mes de mayo, revelando no solo una similar concatenación de ideas, sino también de su asociación de palabras y figuras retóricas. Si los versos se hubiesen sacado de distintas partes de la obra de De Vere por un lado, o de distintas partes de la obra de Shakespeare por el otro, su fuerza no habría sido la misma. Es la unidad de tratamiento en cada caso y una semejanza que se extiende a las palabras idénticas e incluso a la rima (*child* con *beguiled*)*****, lo que

* By all the vows that ever men have broke/In number more than women ever spoke.
** We must starve our sight from lover's food.
*** Love looks not with the eyes but with the mind.
**** Therefore is winged Cupid painted blind./Therefore is Love said to be a child./Because in choice he is so oft beguilded.
***** Nuestra versión no ha recreado esta rima. *(N. del T.)*

tanto sugiere una sola mente en ambas obras: una teoría reforzada por la ausencia de algo análogo en la obra de los poetas contemporáneos.

Esto se ve apoyado por la aparición de formas retóricas similares al tratar el mismo tema. En *Sueño de una noche de verano* tenemos lo siguiente:

> HERMIA: Más lo odio yo y más me sigue a mí.
> ELENA: Más lo amo yo y más me odia él.*

En otro poema de De Vere nos encontramos con los siguientes versos:

> Más yo seguí a una,
> más ella huyó de mí,
> igual que Dafne siempre
> que Apolo la apresó.
> Más dejo oír mis quejas,
> menos la apiado yo.**

Esta idea de la contrariedad del amor atraviesa todo el poema de De Vere desde los últimos versos citados, y casi podríamos definir *Sueño de una noche de verano* como una parodia de la misma idea. Reteniendo los dos pasajes que acabamos de citar, pasemos al Acto II, escena 1 de la obra, y leamos el encuentro de Demetrio con Helena, donde el uno entra con la otra, que lo sigue:

> DEMETRIO: Márchate, y no me sigas más.
> ¿No te digo a las claras

---

* HERMIA. The more I hate the more he follows me./HELENA. The more I love the more he hateth me.

** The more I follow'd one,/The more she fled away,/As Daphne did full long agone/Apollo's wishful prey./The more my plaints I do resound/The less she pities me.

que no te amo y que no puedo amarte?
ELENA: Y hasta por eso yo te amo más.
Más me golpees, más te halagaré.
Por más que sea indigna,
permite por lo menos que te siga.
Huye si quieres, cambiará la historia:
Apolo huye y Dafne le da caza.*

Aquí de nuevo se notará que tenemos un correlato exacto en la concepción, realzado por la introducción de Apolo y Dafne en ambos casos; y el trato que da Demetrio a las quejas de Helena se describe exactamente en los versos de De Vere:

Más dejo oír mis quejas,
menos la apiado yo.

Un caso más notable de la unidad esencial de los dos fragmentos que ahora estamos comparando se presenta en relación con esta idea del deseo. El más largo, con mucho, de todos los poemas de De Vere, que contiene no menos de diecinueve estrofas y que viene a representar casi un cuarto de la colección entera de su poesía, versa sobre este tema: un tema que con frecuencia reaparece en los tres cuartos que restan.

En cuanto a su posición en las obras de Shakespeare bastará citar el siguiente pasaje de la obra *The Man Shakespeare,* de Frank Harris:

---

* DEMETRIUS: Get thee gone and follow me no more./Do I not in plainest truth/tell you I do not nor I cannot love you./*Helena.* And even for that do I love you the more./The more you beat me, I will fawn on you:/ only give me leave,/unworthy as I am to follow you./[…] Run when you will, the story shall be changed:/Apollo runs and Daphne holds the chase.

«Shakespeare dio expresión inmortal al deseo y sus vástagos, el amor, los celos, etc. [...] El deseo, en especial, lo ha inspirado con frases aún más expresivas en su magia que aquellas otras entrecortadas por los jadeos de Safo.»

De nuevo en la obra de De Vere el deseo es personificado tal como lo encontramos en las estrofas 101 y 102 de *La violación de Lucrecia* de Shakespeare; y en el vocabulario de los grandes dramas la palabra «deseo» se clasifica por importancia junto a la palabra «voluntad», a la cual, como señala sir Sidney Lee, estaba estrechamente ligada en tiempos de Shakespeare. Esa sola palabra, pues, constituye un puente importante entre los dos conjuntos de escritos, y por sí misma representa un aporte muy significativo a las pruebas en apoyo de una autoría común.

A una preocupación un tanto diferente responde el tratamiento que hace «Shakespeare» del amor en el diálogo entre Valentín y Proteo en *Los dos caballeros de Verona*. Se halla en el Acto I, escena 1:

> Amar, comprar desprecios con gemidos,
> miradas desdeñosas con ayes, alegrías
> tenues con tanto insomnio agotador.
> Si ganas, cara cuesta tu ganancia;
> si pierdes, has ganado un gran trajín:
> una locura al precio del ingenio
> o ingenio sucumbido a la locura. [...]
> Como en muy dulce brote
> el cancro roe, el amor devora
> dentro de los ingenios superiores.[...]
> Por el amor la mente tierna y joven
> gira hacia la locura
> y pierde el beneficio de esperanzas futuras. [...]
> Mas ¿a qué gasto el tiempo aconsejando

a aquel que se consagra a su pasión? [...]
Descuido mis estudios, pierdo el tiempo,
combato un buen consejo, arrojo el mundo al viento;
me abrumo y las entrañas me enferma el pensamiento.*

Otra vez tenemos que pedir al lector que se familiarice a fondo con estos versos, notando las paradojas del ingenio y la locura, el tiempo perdido, las esperanzas derrotadas, y por último, aunque no menos importante, la rima final. Ahora compare esto con lo siguiente de dos de los poemas de De Vere:

Es paz y luego repentina guerra,
muerta esperanza apenas concebida.
Cercano teme, mas lejano aterra,
y su ganancia es pronto confundida.
Si bien Amor anima, tanto daña
que hace senil al sabio con su maña.

Amor es un deseo y una espera
que hace perder los años, y se va
como una sombra de su edad primera,
y si pareció ser, nunca fue ya.

---

* To be in love where scorn is bought with groans,/Coy looks with heart-sore sighs, one fading moment's mirth/With twenty watchful weary tedious nights./If haply won perhaps a hapless gain;/If lost why then a grievous labour won:/However, but a folly bought with wit/Of else a wit by folly vanquished./[...] As in the sweetest bud/The eating canker dwells, so eating love/Inhabits in the finest wits of all./[...] By love the young and tender wit/Is turn'd to folly/Losing all the fair effects of future hopes./[...] But wherefore waste I time to counsel thee/That art a votary to Fond Desire?/[...] Made me neglect my studies, lose my time,/War with good counsel, set the world at nought;/Made wit with musing weak, heart sick with thought.

> Deja un arrepentido pensamiento
> de días que se fueron con el viento.*

De nuevo tenemos una correlación exacta además de una mera transcripción, incluso hasta el punto de compartir una rima idéntica, *pensamiento* con *viento*; mientras que la burla de Valentín a su amigo, que se había convertido en «aquel que se consagra a su pasión», evoca los versos de De Vere sobre este tema, que terminan con la palabras

> Luego adiós, Deseo Ardiente,
> tú no eres buen compañero;
> no debiera yo vivir
> con alguien tal como tú.**

Como observación final acerca de la cuestión del amor, solo señalaremos que, si el lector desea tener un resumen del tratamiento de Edward de Vere sobre el tema, pase a *Venus y Adonis* de Shakespeare y lea las primeras cinco estrofas de las diez últimas del poema, en las que Venus predice el destino del amor.

Cuando los pasajes que hemos citado se sopesan cuidadosamente, uno junto a otro, frase por frase y palabra por palabra, apenas nadie cuestionará la semejanza de la mente detrás

---

* It's now a peace and then a sudden war,/A hope consumed before it is conceived./At hand it fears; it menaceth afar;/And he that gains is most of all deceived./Love whets the dullest wits, his plagues be such,/But makes the wise by pleasing dote as much.//Love's a desire, which, for to wait a time,/Doth lose an age of years, and so doth pass/As doth a shadow sever'd from his prime,/Seeming as though it were, yet never was./Leaving behind nought but repentent thought/Of days ill spent on that which profits nought.

** Then Fond Desire farewell,/Thou art no mate for me,/I should be loath, methinks, to dwell,/With such a one as thee.

de ellos, y creemos que la mayoría de las personas estará de acuerdo en que hay notables semejanzas de expresión. Por supuesto, no hace falta buscar una repetición exacta, pues una de las cualidades pasmosas de la obra de «Shakespeare» es la frescura y variedad constante mantenida a lo largo de tan gran cantidad de escritura. Pocos lectores, sin embargo, tendrán dificultad en adherirse a la modesta opinión de que un autor contiene los gérmenes posibles del otro. Sin duda un interés intensificado en la obra de De Vere provocará que todo lo que ha escrito se someta a un escrutinio más cuidadoso; y su comparación en particular con la obra lírica de Shakespeare, con márgenes apropiados para las diferencias entre la obra temprana y la madura, seguramente asentará de forma concluyente la demanda que estamos haciendo a su nombre.

Como reflejo de la correlación en otro sentido, igual en constitución mental y estilo literario en general, tomemos en primer lugar las tres estrofas siguientes, de las que cada una constituye la primera de un poema separado de De Vere:

> Bien cantaría, de no ser la furia
> que me enloquece y jura su venganza.
> Mi mente se ha inclinado tanto al mal
> como mi pena asustará a la muerte.
> Paciencia es tal pellizco de aflicción
> que moriré o sufriré otra vez.

> Si la razón triunfase del deseo
> o fuese quién de sujetar mi afecto,
> dejaran a mi pecho mis suspiros
> y mi mirada no vendiera mi alma.
> Un mal amor oculto en mí debiera
> cesar, y mi cordura atar mi pena.

> Amor es cisma y es divorcio extraño
> entre sentido y calma; cual dementes

con juicio permitimos que su fuerza,
que ingenio o que razón no pueden [...].* *Palabra que se
ha perdido, por una errata obvia, en la colección del Dr. Grosart.*

Quisiéramos llamar la atención sobre las aliteraciones compuestas que se hallan sobre todo en la primera de estas estrofas**, un artificio de Shakespeare al que se han referido los escritores.

Hemos citado estrofas de tres poesías independientes para demostrar que el estado de ánimo que expresan (una inquietud de naturaleza emocional) era característico del poeta. Ahora tomemos el sentimiento y la forma de expresión representados por las tres estrofas en su conjunto y comparémoslos con los siguientes pasajes de dos de los sonetos de Shakespeare, el 140 y el 147:

> Sin esperanza yo me enloqueciera
> y acaso te infamara mi locura.
> El mundo desquiciado es tan perverso
> que al más calumniador lo creerían.

> Me ha abandonado la razón, mi médico,
> y yo, desesperado, se lo apruebo;

---

* Fain would I sing but fury makes me mad,/And rage hath sworn to seek revenge on wrong./My mazed mind in malice is so set/As death shall daunt my deadly dolours long./Patience perforce is such a pinching pain,/As die I will or suffer wrong again.//If care or skill could conquer vain desire,/Or reason's reins my strong affections stay,/There should my sighs to quiet breast retire,/And shun such sights as secret thoughts betray;/Uncomely love, which now lurks in my breast/Should cease, my grief by wisdom's power oppress'd.// Love is a discord and a strange divorce/Betwixt our sense and rest; by whose power,/As mad with reason we admit that force/Which wit or reason never may [...].

** Nuestra versión no recrea tales aliteraciones. *(N. del T.)*

Deseo es muerte, que evitaba el médico;
sin cura, estoy privado de razón,
loco frenético sin más descanso.
Mis pensamientos son los de los locos
y vagan lejos ya de la verdad.
Juraba que eras blanca y que brillabas,
tú, negra como infierno y como noche.*

Sin riesgo podríamos desafiar a cualquiera a que encontra-se en el conjunto de la literatura isabelina otro ejemplo de un poeta que exprese el mismo tipo de pensamiento y sentimiento en versos de la misma cualidad distintiva como representan los dos conjuntos que aquí se ofrecen para su comparación. A falta de cualquier otra prueba, constituirían un sólido motivo de sospecha de que Edward de Vere y «Shakespeare» eran uno y el mismo hombre. De la mayor importancia es tener en cuenta que los versos aquí citados de «Shakespeare» no se extraen de un drama, sino que son de lo más realista de su poesía personal. Aun aquellos que negarían importancia autobiográfica a muchos de los sonetos, admiten el carácter intensamente realista del grupo particular del que se ha tomado el de arriba. Por lo tanto, en cada caso tenemos la expresión simple y directa de la mente privada del poeta en un tono tan

---

* For if I should despair I should grow mad,/And in my madness might speak ill of thee,/Now this ill-wresting world is grown so bad/Mad slanderers by mad ears believed be.//My reason, the physician to my love,/Hath left me, and I desperate now approve;/Desire is death, which, physic did except./Past cure I am now reason is past care,/And frantic mad with evermore unrest./My thoughts and my discourse as madmen's are/At random from the truth, vainly expressed;/For I have sworn thee fair and thought thee bright/Who art as black as hell and dark as night.

peculiar como para no dejar casi lugar a dudas de que ambos son de una misma pluma.

En cuanto a formas retóricas comunes a los dos conjuntos de escritos, una cuestión menor es la afición a estrofas formadas por una sucesión de interrogaciones para la expresión de una fuerte emoción. De hecho en la obra de De Vere tenemos un soneto entero formado por una serie de preguntas. Es el único soneto de la colección, y lo más importante es que está en la forma que ahora llamamos el soneto shakespeariano. Este es un asunto significativo y ha de recibir atención en otro lugar. Daremos, pues, una estrofa de otro poema, en la forma interrogativa.

> ¿Y viviré en la tierra para esclavo?
> ¿Y viviré y la serviré en vano?
> ¿Y besaré las huellas que ella deje?
> ¿Y rogaré a los dioses que me duela
> el que ella siga siendo así de cruel?
> No, no, a sus acciones, tu firmeza.*

Una serie parecida de interrogaciones aparecen aquí y allá en los fragmentos más apasionados de *La violación de Lucrecia*. Y en la porción shakespeariana de *Enrique VI, Tercera Parte*, (III. 3), tenemos lo siguiente:

> ¿Habré olvidado que por los de York
> halló mi padre una temprana muerte?
> ¿Ignoraré el ultraje a mi sobrina?
> ¿Le habré ceñido la real corona?

---

* And shall I live on earth to be her thrall?/And shall I live and serve her all in vain?/And shall I kiss the steps that she lets fall?/And shall I pray the gods to keep the pain/From her that is so cruel still?/ No, no, on her work all your will.

¿Le habré quitado a Enrique su derecho
para premiárseme con esta afrenta?*

Es difícil leer estos dos conjuntos de versos, uno al lado de otro, sin la sensación de que ambos son de la misma pluma, y cuando, en la misma obra, nos encontramos con la reina Margarita respondiendo a su propia pregunta con una negación repetida, similar al último verso de la estrofa de Oxford, la semejanza es más llamativa (*Enrique VI, Tercera parte,* V. 5):

¿Qué nombraré peor que un asesino?
No, no, mi corazón estalla si hablo.**

Siguiendo con estas comparaciones de estilo rogamos al lector que pase a *La violación de Lucrecia* y comience a leer desde la estrofa 122, que empieza así:

¿Por qué el gusano en virginal capullo?***

Y siga leyendo la estrofa 141, que empieza así:

Tú deja que él se arranque los cabellos.****

Además de las dos estrofas que ilustran la sucesión de interrogaciones de que acabamos de tratar, el lector se percatará de un buen número de estrofas en que cada verso, en su frase

---

* Did I forget that by the house of York/My father came untimely to his death?/Did I let pass the abuse done to my niece?/Did I impale him with the regal crown?/Did I put Henry from his native right?/ And am I guerdon'd at the last with shame?

** What's worse than murderer, that I may name it?/No, no, my heart will burst, and if I speak.

*** Why should the worm intrude the maiden bud?

**** Let him have time to tear his curled hair.

inicial, no es sino la repetición de una sola forma. Así, por ejemplo, la estrofa 127 tiene versos que empiezan por:

> Tú haces. Tú atizas. Tú ahogas. Tú, indigna instigadora. Tú siembras. Tú, corruptora.*

Estrofa 128:

> Tu placer secreto. Tu festín privado.** Etc.

Estrofa 135:

> Para desenmascarar la falsedad. Para estampar el sello.*** Etc.

Estrofas similares también se encuentran en otras partes del poema. Estrofa 82:

> Por la caballería. Por su llanto inoportuno.**** Etc.

Estrofa 95:

> Tú, noble cimiento. Tú, su vida honesta.***** Etc.

O en las estrofas 106 y 107, donde toma la forma de versos alternos:

> Él, como un perro ladrón. Ella, como una oveja cansada.****** Etc.

Ahora bien, el poema de De Vere que citamos la última vez está compuesto por seis sextinas construidas casi enteramente de esta manera, la estrofa ya mostrada y también:

---

* Thou makest. Thou blow'st. Thou smother'st. Thou foul abettor. Thou plantest. Thou ravisher.
** Thy secret pleasure. Thy private feasting.
*** To umask falsehood. To stamp the seal.
**** By nighthood. By her untimely tears.
***** Thou nobly base. Thou their fair life.
****** He like a thievish dog. She like a wearied lamb.

Estrofa 1:

Las lágrimas fluyendo. Los suspiros secretos.* Etc.

Estrofa 3:

El ciervo herido. El halcón montano.** Etc.

Estrofa 4:

Ella es mi alegría. Ella es mi dolor.*** Etc.

Entonces, como una comparación final de los versos así construidos, vamos a colocar, una junto a la otra, la última estrofa de la serie en *La violación de Lucrecia* y la última estrofa en este poema de De Vere, aquellas en que el poeta, o los respectivos poetas, terminan con una maldición conclusiva:

La violación de Lucrecia, de Shakespeare. Estrofa 141

Tú deja que él se arranque los cabellos,
tú deja que delire de furor,
tú deja que del Tiempo desespere,
tú deja que se vuelva odiado esclavo,
tú deja que ande mendigando sobras,
y ha de llegar el tiempo en que un mendigo
le niegue con desdén lo que desdeña.****

El amante rechazado, de De Vere

Tú deja que ella sienta su poder,
tú deja que desee con más ansia,
tú deja que se abata noche y día,
tú déjala que gima y no se apiaden,

---

* The trickling tears. The secret sighs.
** The stricken deer. The haggard hawk.
*** She is my joy. She is my pain.
**** Let him have time to tear his curled hair,/Let him have time against himself to rave,/Let him have time of Time's help to despair,/Let him have time to live a loathed slave,/Let him have time a beggar's orts to crave,/And time to see one that by alms doth live,/Disdain to him, disdained scraps to give.

> tú deja que cualquiera que la vea
> la menosprecie y que de mí se duela.*

Una vez más, repetimos, si estas dos estrofas no son de la misma pluma, no hubo nunca dos poetas viviendo en el mismo tiempo cuya mentalidad y trabajo comportasen tan llamativa semejanza. Huellas de este tipo de trabajo pueden encontrarse, sin duda, en Chaucer, y con toda certeza De Vere estuvo bajo la influencia de la poesía de Chaucer; también es una de las formas literarias que él parece haber aprendido de Lord Vaux, a lo que ya nos hemos referido; pero en De Vere y en *La violación de Lucrecia* de Shakespeare adquiere un marcado desarrollo, y en los versos que acabamos de citar produce una correlación sorprendente, sin parangón, que sepamos, en la poesía de la época.

Tan llamativa es la semejanza de las dos estrofas citadas que apenas parece posible fortalecer más el argumento que ellas representan; y sin embargo en la estrofa anterior a la que citamos de *La violación de Lucrecia* aparece el verso siguiente:

> Que hagan por que él gima y no dé lástima.**

Esto es casi idéntico al verso ya visto de De Vere:

> Tú déjala que gima y no se apiaden.

El primero tiene prácticamente derecho a llamarse paráfrasis del último, tanto es casi una copia de él. Nuevamente señalamos que no hemos tenido que buscar en las páginas de «Shakespeare» para dar con el verso seleccionado, sino que so-

---

* And let her feel the power of all your might,/And let her have her most desire with speed,/And let her pine away both day and night,/And let her moan and none lament her need,/And let all those that shall her see/Despise her state and pity me.

** To make him moan, but pity not his moans.

bresale al yuxtaponerlo a la particular estrofa en cuestión. Una comparación de esas dos estrofas, tomadas junto con el verso en particular, nos da derecho a decir que «Shakespeare» era o bien una especie de suplente literario de De Vere, culpable del plagio más indecoroso de su jefe, o él no era otro que el conde de Oxford mismo.

Como ejemplo de una forma literaria de De Vere, muy inusual, reproducida en Shakespeare, damos lo siguiente:

De Vere

¿Qué mayor plaga que el dolor del alma?
Dolor del alma hincado en cada vena,
en cada vena que ha dejado coágulos,
coágulos hijos de una amarga pena,
amarga pena que no encuentra nadie.
¿Qué mayor plaga que el dolor del alma?*

Esta misma concatenación aparece en *La comedia de las equivocaciones* (I. 2):

Shakespeare

Se ha acalorado pues se enfrió la carne;
se enfrió la carne pues no has vuelto a casa;
no has vuelto a casa pues no tienes hambre;
no tienes hambre por romper tu ayuno;
pero los que ayunamos y rezamos
hacemos penitencia por tu culpa.**

---

* What plague is greater than the grief of mind?/The grief of mind that eats in every vein,/In every vein that leaves such clots behind,/Such clots behind as breed such bitter pain./So bitter pain that none shall ever find/What plague is greater than the grief of mind?

** She is so hot because the meat is cold;/The meat is cold because you come not home;/You come not home because you have no stomach;/You have no stomach having broke your fast;/But we that know what'tis to watch and pray/Are penitent for your default to-day.

Se percatará el lector de que esto es de nuevo uno de los pasajes de seis versos a los que Shakespeare se entrega a menudo, incluso aunque él no los trabaje en estrofas con rima.

Nadie negará que cada verso en la estrofa anterior de De Vere posee una dicción eminentemente shakespeariana, mientras que la idea y el sentimiento son bastante familiares para los lectores de Shakespeare. El dolor del alma, o como nosotros diríamos, la angustia que hunde sus raíces en la constitución mental, el temperamento o el estado de ánimo, y no en una desgracia externa, es una idea plenamente shakespeariana. La tenemos en las palabras iniciales de *El mercader de Venecia*:

> No sé, en verdad, por qué estaré tan triste.
> Me cansa, y decís que así a vosotros;
> mas cómo, dónde y cuándo ello empezó,
> qué es en sí, de qué procederá,
> he de aprenderlo aún.
> Y tanto me aminora esta tristeza
> que me es difícil ya reconocerme.*

La volvemos a tener en *Ricardo II,* en el diálogo entre la reina y Bushy (Acto II. 2):

> Ignoro por qué causa
> habría de hospedar yo a mi pena.
> Mi alma tiembla para mis adentros.
> La pena lleva dentro muchas sombras
> que pareciendo pena no lo son.
> De todos modos,
> he de estar triste, a tal punto triste,
> que aunque no piense en nada cuando pienso,
> sucumbo en esta nada dolorosa.

---

* In sooth I know not why I am so sad,/It wearies me, you say it wearies you,/But how I caught it, found it, or came by it,/What stuff 'tis made of, whereof it is born/I am to learn./And such a want-wit sadness makes of me/That I have much ado to know myself.

> Porque la nada me engendró la pena,
> o algo hay en la nada que me duele.*

Todo esto es eminentemente evocador de ese trasfondo de melancolía constitucional que se ha señalado en «Shakespeare» y que es una característica muy notable de la poesía del conde de Oxford.

En los sonetos de Shakespeare se producen varias referencias al descrédito en que el escritor había caído, junto con un deseo expreso de que su nombre debería ser enterrado con su cuerpo: un hecho bastante incoherente con las teorías stratfordiana o baconiana de autoría literaria, pero una fuerte confirmación de la teoría de que William Shakspere fue solo una máscara para alguien que deseó la supresión personal. De esas expresiones solo necesitamos citar una:

> Cuando en el infortunio y desprestigio
> deploro a solas mi marginación
> y con mis quejas turbo a un cielo sordo,
> me enfrento a mí y maldigo mi destino.** (Soneto 29)

Cuando el lector se haya familiarizado con los numerosos pasajes de los sonetos que tratan acerca del mismo tema (sonetos 71, 72, 81, 110, 111, 112, 121), permítase compararlos

---

* I know no cause/Why I should welcome such a guest as grief./ My inward soul with nothing trembles./Each substance of a grief hath twenty shadows/Which shows like grief itself but is not so./Howe'er it be/I cannot be but sad; so heavy sad/As, though on thinking on no thought I think,/Makes me with heavy nothing faint and shrink./ For nothing hath begot my something grief,/Or something hath the nothing that I grieve.

** When in disgrace with Fortune and men's eyes,/I, all alone, beweep my outcast state,/And trouble deaf heaven with my bootless cries,/And look upon myself and curse my fate.

con los siguientes fragmentos del poema de De Vere sobre la pérdida de su buen nombre, publicado entre 1576 y 1578:

> En medio de mi vana esperanza sin remedio,
> soporto sin cesar la vergüenza y la infamia.
>
> Mi ingenio y corazón se ahogan en la angustia
> y mi descrédito es la causa de mi pena.
>
> Ansío más y más ayuda con mis lágrimas
> de cuanto pueda hallarse en cielo, infierno o tierra
> para llorar conmigo por mí y por mis penas.*

A mí me resulta totalmente imposible leer este poema de Edward de Vere y los sonetos en que «Shakespeare» insiste en el mismo tema, sin una sensación abrumadora de haber una mente única detrás de ambos enunciados. Ciertamente este hecho de ser «Shakespeare» un hombre que había perdido su buen nombre debería haber aparecido en nuestra caracterización inicial. El descuido, y algunos restos de la influencia de la tradición stratfordiana, que ha tratado esta idea insistente como una mera pose poética, acaso expliquen que no aparezca allí.

El poema de Edward de Vere sobre la pérdida de su buen nombre, y los sonetos de Shakespeare sobre el mismo tema, son los únicos poemas de su clase con que nos hemos topado en nuestra lectura de la poesía isabelina; los únicos poemas de su clase, a nuestro juicio, que se encuentran en la literatura

---

* Fram'd in the front of forlorn hope past all recovery,/stayless stand to abide the shock of shame and infamy.//My spirtes, my heart, my wit and force in deep distress are drown'd,/The only loss of my good name is of those griefs the ground.//Help crave I must, and crave I will, with tears upon my face,/Of all that may in heaven or hell, in earth or air be found,/To wail with me this loss of mine, as of those griefs the ground.

inglesa. El primero, escrito a la edad de veintiséis años, y aún resintiéndose bajo la impresión de una pérdida reciente, es más intenso y apasionado en su expresión, y está lleno de la impetuosidad desatada del principio de la edad adulta. El último es más la expresión dominada de un hombre maduro que en alguna medida se había acostumbrado a la pérdida; y de hecho se habría escrito, fuese cual fuese el autor, cuando Oxford tenía cuarenta años o más. Incluso entonces la expresión de Oxford, «soporto sin cesar» está casi repetida en «deploro a solas» de Shakespeare; «las lágrimas» de Oxford parecen referirse a «mi marginación»' de Shakespeare, y «con mis quejas turbo a un cielo sordo» de Shakespeare describe exactamente lo que Oxford expresó en su poema temprano. ¿Es todo esto mera coincidencia?

Un detalle significativo en los dos poemas que examinamos es la propensión a un copioso llanto que muestran ambos. Esta manifestación involuntaria de una naturaleza extremadamente sensible y un temperamento muy nervioso es una característica bien marcada de la poesía de De Vere y se repite más de una vez en los sonetos de «Shakespeare». También es curioso que dos héroes del amor trágico de «Shakespeare», Romeo y Otelo, aun difiriendo en muchos aspectos, padezcan la misma debilidad. Como vamos a mostrar más tarde, la obra teatral *Otelo* se ocupa de sucesos que, según creemos, ocurrieron por el tiempo en que se escribió el poema de Oxford; y es una circunstancia notable que sea esta obra teatral la que contiene los versos muy usados por Shakespeare sobre la pérdida del buen nombre:

> En hombre y en mujer, caro señor,
> es el buen nombre joya de sus almas.
> Roba basura quien mi bolsa roba;

en cambio, quien me birla mi buen nombre,
me hurta lo que a él no lo enriquece,
y a mí me deja pobre de verdad.*

Y así es como encaja en su lugar una cosa tras otra con toda
la unidad de un mosaico elaborado, desde el momento en que
introducimos a Edward de Vere como el autor de los escritos
de Shakespeare. ¿Es esto también la más pura coincidencia?

De obras en un tono totalmente diferente veamos ahora
esto de un poema de De Vere:

> Facción que siempre habita
> la corte, donde ingenio
>   brilla y compite.
> Fortuna y Amor juran
> que ellos nunca nacen
>   de alianza alguna.
>
> Creyó Naturaleza,
> que ha de habitar Fortuna
> la corte, donde brillan los ingenios.
> Amor cuida del bosque.
>
> Y yo me fui al bosque
> a fin de con Amor vivir, morir,
> dejado de Fortuna.**

---

* Good name in man or woman, dear my lord,/Is the immediate
jewel of their souls./Who steals my purse steals trash,/But he who
niches from me my good name,/Robs me of that which not enriches
him,/And makes me poor indeed.

** Faction that ever dwells/In court where wit excels/Hath set de-
fiance./Fortune and love have sworn/That they were never born/Of
one alliance.//Nature thought good,/Fortune should ever dwell/In
court where wits excel,/Love keep the wood.//So to the wood went
I,/With Love to live and die,/Fortune's forlorn.

Se convendrá en que la obra teatral de Shakespeare *A vuestro gusto* no es sino una expansión dramática de esta idea, y contiene detalles tan significativos como los siguientes, tomados del diálogo entre Rosalinda y Celia (Acto I. 2):

> Sentémonos y riámonos de la buena ama de casa, Fortuna.
>
> No, ahora pasas de las funciones de la Fortuna a las de la Naturaleza. La Fortuna reina en los dones del mundo, no en los rasgos de la Naturaleza.
>
> La Naturaleza nos ha dado ingenio para burlarnos de la Fortuna.
>
> Tal vez esto no sea obra de la Fortuna, sino de la Naturaleza, que encontró nuestros ingenios naturales demasiado aburridos.*

Luego tenemos la observación del duque y la respuesta de Amiens (Acto II. 1):

> ¿No están estos bosques
> más libres de peligro que la envidiosa corte? [...]
> Dichosa vuestra gracia:
> traduce la Fortuna pertinaz
> en un tan dulce y apacible estilo.**

---

* Let us mock the good housewife Fortune.//Nay now thou goest from Fortune's office to Nature's: Fortune reigns in gifts of the world, not in the lineaments of Nature.//Nature hath given us wit to flout at Fortune.//Peradventure this is not Fortune's work but Nature's, who perceiveth our natural wits too dull.

** Are not these woods/more free from peril than the envious court?//Happy is your grace/That can translate the stubborness of Fortune/Into so quiet and so sweet a style.

No es solo que ahí, en ambos conjuntos de escrituras, aparezcan juntas en examen las ideas de Naturaleza, Fortuna, Amor, vida en la corte y vida en los bosques, ideas que tal vez puedan ser tan recurrentes en otros escritos de la época igual que lo son en Shakespeare; es más bien la semejanza en la conjunción peculiar de las ideas, y también la correlación de tales expresiones casuales como «dejado de Fortuna» de De Vere y «a salvo de los cambios de Fortuna» de Shakespeare, lo que da un sello de la unidad fundamental de las dos obras.

Hay puntos secundarios de semejanza que, si bien insignificantes en sí mismos, ayudan a conformar esa impresión general de autoría común que proviene solo de una estrecha familiaridad con los poemas en conjunto. En estos puntos especificamos la recurrencia de lo que nos parece una curiosa llamada a la compasión. En dos poemas independientes de De Vere tenemos lo siguiente:

> Tú deja que cualquiera que la vea
> la menosprecie y que de mí se duela.*

> Más dejo oír mis quejas,
> menos la apiado yo.**

Y de los sonetos de Shakespeare tomamos esto:

> Compadecedme y pueda renovarme.*** (111)
> Mi pena, que desea compasión.**** (140)
> Amo tus ojos, que me compadecen.***** (132)

---

* And let all those that shall her see/Despise her state and pity me.
** The more my plaints I do resound/The less she pities me.
*** Pity me and wish I were renewed.
**** The manner of my pity wanting pain.
***** Thine eyes I love and they as pitying me.

Pero si tomas mi esperanza, mírame
como una madre y bésame, sé buena.* (143)

Evidenciando esta semejanza entre la obra de Edward de Vere y la de Shakespeare, ahora vamos a ocuparnos de un ejemplo que nos devuelve al principio de nuestra investigación. Al partir de la poesía lírica de Shakespeare, antes nos ceñimos a *Venus y Adonis* suministrando el nexo de enlace entre las dos secciones de obra. Al retomar ahora este poema encontramos, primero, que contiene toda la imaginería de estas primeras obras de De Vere, y luego, uno de los más llamativos paralelismos en que hayamos reparado hasta el momento.

En *Venus y Adonis* tenemos los siguientes versos acerca de Eco. Venus se está lamentando de sus problemas y el eco le responde (estrofas 139-142):

Y ella golpea el corazón y gime
y las vecinas grutas, perturbadas,
repiten oralmente sus lamentos,
gemidos con gemidos se renuevan:
«¡Aymé!», solloza, y veinte veces «¡ay!»,
y veinte ecos veinte veces lloran.

Ella comienza una afligida nota,
improvisando un canto melancólico;
cómo el amor subyuga a mozos, viejos,
él, sabio en la locura, agudo necio.
Su grave himno siempre acaba en «¡ay!»
y así responde siempre el coro de ecos. [...]

Pues ¿quién la asistirá toda la noche
sino sonidos vanos cual parásitos,
como chillonas lenguas respondiendo,
calmando a los fantásticos espíritus?

---

* But if thou catch my hope, turn back to me, / And play the mother's part, kiss me, be kind.

> Dice ella «Así es», y ellos igual,
> e igual dirían si dijese «¡No!».*

(Hacemos notar de pasada una repetición, en la segunda estrofa, de la paradoja del ingenio y la locura.)

Ahora citaremos completo el poema *Eco,* de De Vere. Es uno de los más pintorescamente concebidos y de versificación realizada con más habilidad, y apenas admite reducción.

> A solas yo sentado, pensando melancólico,
> frente a la mar, delante de un bosque muy antiguo,
> vi a una bella joven llorando sus temores
> con hábito de monja y cubierta con un velo;
> mas en el claro día pude apreciar su rostro
> cual rosa damascena en un cáliz de cristal.

> Tres veces golpeó su mano el corazón
> y al suspirar pudieran dolerse hasta las rocas.
> Lágrimas de ámbar y ayes dan paso a un dulce canto
> y el eco le responde palabra por palabra.

> ¡Oh cielos!, ¿quién primero produjo en mí esta fiebre?–Vere.
> ¿Quién me infirió la herida que temo para siempre?–Vere.
> ¿Quién cruel robó, Cupido, tu aljaba que me hiere?–Vere.
> ¿Qué ojos me cautivan que rescatar no quieren?–Vere.

---

* And now she beats her heart, whereat it groans,/That all the neighbour caves, as seeming troubled,/Make verbal repetition of her moans;/Passion on passion deeply is redoubled:/«Ay me!» she cries, and twenty times «Woe, woe!»/And twenty echoes twenty times cry so.//She marking them begins a wailing note/And sings extemporally a woeful ditty;/How love makes young men thrall and old men dote;/How love is wise in folly, foolish-witty:/Her heavy anthem still concludes in woe,/And still the choir of echoes answer so.//[...] For who hath she to spend the night withal/But idle sounds resembling parasites,/Like shrill-tongued tapsters answering every call,/Soothing the humour of fantastic wits?/She says «Tis so:» they answer all «Tis so»;/And would say after her, if she said «No».

Con todo, ¿a quién adoran mis ojos sin mentir?–A ti.
¿De quién la ninfa es digna, no obstante su sufrir?–De ti.
¿Qué hace que él se abstenga de pago y de piedad?–Mocedad.
¿Qué lo hace, cuna aparte, tan dado a vanidad?–Mocedad.
¿Podré yo enamorarlo? ¿Mi amor aceptará?–¡Ah!
¿He de pagar su cuna con mi fe y moriré?–¡Eh!...
　　Y yo, que a esta señora conocía
　　dije: «Señor, ¡cuán gran milagro es
　　que no haya hablado Eco del revés
　　y vaya a ser verdad su profecía!».*

Después de estudiar estos dos poemas cuidadosamente y de recordar el poema *Women* de De Vere, volviendo al símil del halcón montano y teniendo en cuenta que en el poema *Echo* de De Vere tenemos a una mujer joven haciendo resonar

---

* Sitting alone upon my thought in melancholy mood,/In sight of sea, and at my back an ancient hoary wood,/I saw a fair young lady come, her secret fears to wail,/Clad all in colour of a nun, and covered with a veil;/Yet (for the day was calm and clear) I might discern her face,/As one might see a damask rose hid under crystal glass.//Three times, with her soft hand, full hard on her left side she knocks,/And sigh'd so sore as might have mov'd some pity in the rocks;/From sighs and shedding amber tears into sweet song she brake,/When thus the echo answered her to every word she spake://Oh heavens! who was the first that bred in me this fever? Vere (Ver.)/Who was the first that gave the wound whose fear I wear for ever? Vere./What tyrant, Cupid, to my harm usurps thy golden quiver? Vere./What sight first caught this heart and can from bondage it deliver? Vere.//Yet who doth most adore this sight, oh hollow caves tell true? You./What nymph deserves his liking best, yet doth in sorrow rue? You./What makes him not reward good will with some reward or ruth? Youth./What makes him show besides his birth, such pride and such untruth? Youth.//May I his favour match with love, if he my love will try? Ay./May I requite his birth with faith? Then faithful will I die? Ay./And I, that knew this lady well,/Said, Lord how great a miracle,/To her how Echo told the truth,/As true as Phoebus' oracle.

las grutas con el nombre de su amante, consideremos ahora el discurso que «Shakespeare» pone en boca de Julieta, un fragmento de seis versos blancos:

> ¡Romeo, chsss! ¡Oh, quién fuese halconero
> para atraer a este gentil azor!
> La ronca esclavitud ya no habla alto
> o haría retemblar *la gruta de Eco*
> enronqueciendo más aún su lengua
> *al repetir el nombre a mi Romeo.** (II. 2)

En presencia de tal correlación en la obra como muestran estos versos, casi parece que es disipar esfuerzos agregar más comparaciones; y sin embargo tan evocadora de la obra de De Vere es esta obra en particular de Shakespeare, que nos sentimos obligados a llamar la atención sobre pasajes paralelos como los siguientes:

> *De Vere*
> Con la tórtola cauta sube al árbol ya viejo,
> lleva mis pensamientos y deplora mi suerte.
> *Que estoy menos ocioso si me encuentro yo solo.***

> *Shakespeare* («Romeo y Julieta», I. 1)
> El me eludió entrando en la espesura
> y su afección la equiparé a la mía,
> *que estoy más ocupado si estoy solo.****

---

* Hist! Romeo hist! Oh for a falconer's voice/To lure this tassel-gentle back again./Bondage is hoarse and may not speak aloud,/Else would I tear *the cave where Echo lies*/And make her airy tongue more hoarse than mine/*With repetition of my Romeo's name.*

** That with the careful culver, climbs the worn and withered tree,/To entertain my thoughts, and there my hap to moan,/*That never am less idle, lo! than when I am alone.*

*** He stole into the covert of the wood./I, measuring his affections by my own,/*That most are busied when they're most alone.*

De Vere
Paciencia es tal pellizco de aflicción.*

Shakespeare («Romeo y Julieta», I. 5)
Paciencia hace que mi carne tiemble.**

De Vere
Su baile amargo es dicha azucarada.***

Shakespeare («Romeo y Julieta», I. 1)
Es hiel que ahoga y dulce confitura. [...]
Parece dulce, y luego hiel amarga.****

De Vere
Oh suerte cruel y dura circunstancia,
la que me fuerza a amar a mi enemigo.*****

Shakespeare («Romeo y Julieta», I. 2)
Comienzo prodigioso de mi amor,
deber yo amar a un enemigo odiado.******

Volviendo ahora a los versos eco de *Venus y Adonis*, nos encontramos con que son seguidos inmediatamente por esto (estrofa 143):

Cansada de su nido ved la alondra,
que de su albergue húmedo a lo alto
despierta a la mañana plateada
de la que el Sol se alza en majestad,

---

* Patience perforce is such a pinching pain.
** Patience perforce [...] makes my flesh tremble.
*** His bitter ball is sugared bliss.
**** A choking gall and a preserving sweet/Now seeming sweet convert to bitter gall.
***** O cruel hap and hard estate,/That forceth me to love my foe.
****** Prodigious birth of love it is to me/That I must love a loathed enemy.

quien tan magnificente mira el mundo
que bruñe de oro cedros y colinas.*

A esto añadamos el siguiente verso de *Romeo y Julieta* (III. 5):

Nuncio de la mañana era la alondra.**

Ahora comparemos este verso shakespeariano con lo siguiente de De Vere:

Tendió sus alas la animada alondra,
heraldo del claror de la mañana,
y con su *alegre voz* echó a cantar
la transición al Día de la Noche,
cuando la *Aurora,* que se ruboriza,
divisó el *lecho* a la culpable *Tetis.****

Esto vuelve a evocar lo siguiente de *Romeo y Julieta* (III. 5):

Allí lo han visto más de una mañana. [...]
Pero de pronto el sol, *que todo alegra,*
en el oriente empieza a descorrer
el velo umbroso al *lecho* de la *Aurora,* etc.**** (I. 1)

Romeo y Julieta contiene también dos sextinas separadas (al modo de Lord Vaux), y los que tal vez sean los primeros sonetos

---

* Lo! here the lark, weary of nest,/From his moist cabinet mounts up on high,/And wakes the morning from whose silver breast/The Sun ariseth in his majesty;/Who doth the world so gloriously behold,/That cedar tops and hills seem burnished gold.

** It was the lark *the herald of de morn.*

*** The lively lark stretched forth her wing/*The messenger of Morning bright;*/And with her *cheerful voice* did sing/The Day's approach, discharging Night;/When that *Aurora* blushing red,/Descried the guilt of *Thetis' bed.*

**** Many a morning hath he there been seen./[...] But all so soon as the *all-cheering* sun/Should in the furthest east begin to draw/The shady curtains from *Aurora's bed.*

shakespearianos, idénticos en su forma, como ya se ha dicho, al único soneto que aparece en los poemas tempranos de De Vere. Otra cuestión, que no es poética, merece ser mencionada aquí. Muchas personas deben haberse extrañado de que Julieta, en el momento de su matrimonio, debiera ser representada como una chiquilla de catorce años. No hay ningún motivo especial en la obra para necesitar a alguien tan joven en el papel trágico que hubo de representar. No obstante, extraordinariamente joven como era, tenía la edad real de la esposa de De Vere en el momento de su matrimonio: la ceremonia fue simplemente pospuesta hasta que cumplió los quince años.

Ahora debemos recordar que cuando escogimos a De Vere como el posible autor de las obras teatrales y los poemas de Shakespeare, y hallamos que satisfacía las condiciones básicas de nuestra caracterización original, no teníamos conocimiento alguno de estos poemas suyos, de los que casi en cada verso descubrimos ahora un paralelo en Shakespeare. Descubrir así tal correlación en los poemas proporciona al descubridor, en todo caso, un peso mucho mayor de evidencia que si hubiese estado familiarizado con los escritos desde el principio. Se observará que, al hacer estas comparaciones, los pasajes citados de Shakespeare que evocan la poesía temprana de Oxford pertenecen en su mayoría a lo aceptado como obras tempranas de Shakespeare, cuales son *Venus y Adonis, La violación de Lucrecia, Los dos caballeros de Verona* y *Romeo y Julieta.* Por lo demás, las huellas de la poesía de De Vere en la obra más tardía de Shakespeare son muy leves. Esto, también se recordará, está en exacta concordancia con el principio que nos guio en los primeros estadios de nuestra búsqueda; es decir, que sería la obra temprana del poeta la que aparecería bajo su propio nombre y que se encontraría para unirse ella misma con la obra temprana de Shakespeare. Como la colección de De Vere es pequeña, de nuevo se verá, por el número de poemas citados, que casi la totalidad de la obra de De Vere se deposita, por así decirlo, en Shakespeare. Pero no solo deben verse las pruebas aportadas por este paralelismo; han de vincularse sobre todo al testimonio que las autoridades literarias nos han dado sobre las cualidades específicas de la poesía de De Vere, aducidas en el capítulo anterior. También a estas han de vincularse importantes consideraciones de cronología que permiten encajar con exactitud la carrera temprana de Oxford en la producción posterior de los dramas de «Shakespeare», y a todo esto hace falta añadir también el hecho de que su persona comporta muchas de las condiciones y atributos que los recientes estudios shakespearianos han asignado al gran dramaturgo. El lector debería, pues, preguntarse si sería de sentido común seguir creyendo que todo esto es mero accidente.

Si tras leer el poema eco de De Vere, con su humor pintoresco y delicado, el lector se volviese hacia versos tales como los que empiezan por «Bien cantaría, de no ser la furia» o «En medio de mi vana esperanza sin remedio», y luego recordase que Edward de Vere en su obra de esa época es declarado «el mejor en la comedia» de su tiempo, tendrá una idea de la llamativa combinación de humor y tragedia en la naturaleza y la obra de este hombre extraordinario. Todo el sorprendente contraste de alta comedia y honda tragedia que se destaca en las páginas de Shakespeare, encuentra su equivalente en la obra de De Vere, y como también veremos, en su vida real. Con esto presente, recuérdese que en el momento mismo en que Shakespeare escribía los sonetos, con toda su trágica hondura y apenas un rastro de desenfado, revelando un alma oscurecida por la decepción, la desilusión y la autocondena, también estaba preparando para la escena unas obras que, por su diversión exquisita, durante trescientos años han provisto al mundo de risa inagotable. Leemos algunos de los sonetos y creemos que el escritor debe haber sido el más desesperado pesimista:

> Avisa al mundo vil que yo me he ido
> a residir con las más viles larvas.*

Pasamos a las comedias que escribió para la escena, y pensamos en él como el más feliz de los hombres. ¿Cuál era el verdadero Shakespeare? ¿El que se muestra en los sonetos o en las comedias? Acaso ninguno por sí solo. Sin embargo los sonetos son poesía personal y directa; las comedias, literatura y obras escénicas. Por lo tanto, la conjetura natural es que en su vida más íntima era más el Shakespeare de los sonetos que el de las comedias. Si suponemos, pues, que «Shakespeare» es Edward de Vere, nos lo encontramos expresándose a si mismo, directamente sobre esto, en los siguientes versos:

> No soy como pareciera,
> pues no sonrío contento;
> soy siervo en libre manera
> y a más gozar, menos siento.
> Sonrío por mi pesar,
> lo mismo que al divisar
> Aníbal a su Cartago,
> del que hizo Roma un estrago.**

Damos toda la estrofa para que de paso pueda observarse su estructura. Se verá que en el metro y en la rima es idéntica a la canción de Shakespeare «Cuando las margaritas multicolores y las violetas azules», con la que termina *Trabajos de amor perdidos* (dejando de lado, por supuesto, la palabra intercalada

---

* Give notice to the world that I am gone/From this vile world with vilest worms to dwell.

** I am not as I seem to be,/For when I smile I am not glad,/A thrall, although you count me free,/I, most in mirth, most pensive sad./I smile to hide my bitter spite,/As Hannibal that saw in sight,/His country's soil with Carthage town,/By Roman force defaced down.

«cuco»). El lector observador puede notar también que esta última poesía está precedida por las palabras «Comienza, Ver»; y al recordar que el nombre de Oxford, Vere, se escribía con mucha frecuencia «Ver», el mismo lector será capaz de imaginar el regocijo que se habría manifestado en algunos sectores si, en esta primera obra teatral shakespeariana, como se la considera, hubiesen aparecido las palabras, «Comienza, Bacon». Otra estrofa en el mismo poema de De Vere discurre así:

> Yo, Aníbal, sonrío triste;
> tú deja a César llorar.
> El uno a su pena asiste;
> el otro llora al gozar.
> Sonrío pues no me quieres,
> y tú de risa te mueres.*

Esto a la vez evoca los versos de *Rey Lear* (I. 4):

> Lloraron de una súbita alegría
> y yo canté de pena.**

Volviendo a nuestro tema, uno de los observadores más penetrantes entre los escritores sobre Shakespeare, Richard Bagehot, si bien creyendo en la alegría esencial de la naturaleza del poeta, comenta que «impregna toda su obra un cierto dejo de tristeza meditativa como si atenuase su alegría», exactamente igual que Edward de Vere se describió a sí mismo en la primera de las estrofas anteriores. Esto es justo lo que podríamos esperar hallar en un escritor cuya vida se había entristecido, pero que mediante un esfuerzo deliberado preservó

---

* I Hannibal that smile for grief/And let you Ceasar's tears suffice,/ The one that laughs at his mischief/The other all for joy that cries./I smile to see me scorned so,/You weep for joy to see me woe.

** Then they for sudden joy did weep/And I for sorrow sung.

su agradecimiento a la diversión; alguien a quien el dominio de sí mismo le permitió dejar a un lado la carga de melancolía y gozar por unos años con el ejercicio de sus propias facultades más ligeras, pero que en todo ese tiempo nunca se olvidó lo bastante de la tristeza posada en el fondo de su alma, y que, cuando el esfuerzo especial hubo terminado, regresaría a sí mismo con un sentido intensificado de sus íntimos sufrimientos. Estas son justo las condiciones para producir esa notable combinación de tragedia y comedia que distingue a Shakespeare, y son también las más probables que la naturaleza y las circunstancias habrían aportado a Edward de Vere.

Al considerar la obra lírica de Edward de Vere en su conjunto nos sentimos justificados para afirmar que contiene mucho más que una posible promesa de la obra de Shakespeare. Lo que le falta es el vasto y variado conocimiento de la naturaleza humana representada en los dramas shakespearianos. Esto requiere una experiencia amplia e intensa de la vida, una vida que implica tanto pérdida como ganancia, y los años intermedios entre los dos conjuntos de obras, años en que él estuvo ocupado con sus compañías de actores, los «Muchachos de Oxford», ciertamente lo colmarían de tal experiencia. Y si asumimos la identidad de Oxford como «Shakespeare», hay que reconocer que se echa de menos en los poemas personales de Shakespeare, los sonetos, ciertos tonos dulces y amables contenidos en los poemas tempranos personales de De Vere, y en cambio uno se encuentra con notas algo más severas y desafiantes. Es evidente que el hierro había entrado más profundamente en su alma; su naturaleza se había vuelto, en cierto grado, «dócil a su trabajo, como la mano del tintorero»; pero fuera de la tragedia de su propia vida nacieron las imperecederas obras maestras del drama trágico que tal vez hayan de perdurar como la gloria suprema de la literatura inglesa.

Al realizar nuestras investigaciones hallamos, en primer lugar, un conjunto notable de coincidencias entre las circunstancias de Edward de Vere y las condiciones que suponemos pertenecientes al escritor de los dramas de Shakespeare. Nuestro último capítulo nos mostró un conjunto igualmente notable de coincidencias relacionadas con la posición literaria general y las cualidades dominantes de la poesía de Oxford. El capítulo que estamos concluyendo, el más crítico en la reunión de las piezas del caso, revela lo que afirmamos que es la más extraordinaria correlación en los detalles de la obra.

Por ello, cuando los poemas de De Vere se hayan vuelto familiares para los lectores ingleses, no sorprenderá que, quienes hayan intimado a fondo con la obra de Shakespeare, sean capaces de detectar muchos más puntos notables de semejanza que todos los que se indican aquí. No obstante hay que tener en cuenta que el valor de estas correlaciones depende no tanto del carácter llamativo de algunas de ellas, que podría ser igualado en otras partes, sino en el efecto acumulativo de todas. Tomadas, pues, en su volumen, creemos que ya se ha hecho lo suficiente y que, apoyado como está por las otras líneas de nuestro argumento, deja poco espacio para la duda de que el problema de la autoría de las obras de Shakespeare por fin ha sido resuelto. Valiosas como son las otras pruebas que hemos logrado recoger, podríamos haber dudado mucho tiempo antes de aventurarnos, por la fuerza de esa sola, a asumir la responsabilidad de afirmar públicamente que habíamos conseguido identificar a Shakespeare. Con todo, ahora que hemos sido capaces de examinar la poesía temprana de De Vere y de someterla a una cuidadosa comparación con la obra temprana de Shakespeare, se ha vuelto imposible dudar por más tiempo en proclamar a Edward de Vere, decimoséptimo conde de Oxford, como el verdadero autor de las obras de «Shakespeare».

CAPÍTULO IX

LOS REGISTROS DE LOS PRIMEROS AÑOS DE EDWARD DE VERE

Horacio, yo me muero;
tú vives; da cumplida información
de mí y de mi causa al que aún ignore.
[...]
Si un día me acogió tu corazón,
abstente de la dicha por un tiempo
y en este áspero mundo alienta en pena
*para contar mi historia.**
«Hamlet» (V. 2)

Una sombra no disipada se extiende de alguna manera
sobre su memoria.
DR. GROSART

Los registros biográficos de los siguientes capítulos se han tomado principalmente de *Dictionary of National Biography*; *Historical Recollections of Noble Families,* de Arthur Collins; *The Great Lord Burleigh*, de Martin Hume; *The Hause of Cecil*, de G. Ravenscroft Dennis; *Histories of Essex*, de Morant y Wright; los manuscritos *Hatfield*, y *Calendars of State Papers*.

---

* Horatio, I am dead;/Thou livest; report me and my cause aright/ To the unsatisfied./[...] If ever thou didst hold me in thy heart/Absent thee from felicity awhile,/And in this harsh world draw thy breath in pain/To tell my story.

223

I

LA REPUTACIÓN DE EDWARD DE VERE

Siguiendo el esquema general de la investigación como se ha descrito al comienzo de la obra, será bueno recordar ahora la naturaleza de la fase que nos está ocupando y la etapa exacta a la que hemos llegado. Por consistir el quinto paso en ir desde el hombre elegido a las obras de Shakespeare para ver hasta qué punto el hombre se refleja en las obras, la comparación de los dos conjuntos de escritos que acabamos de hacer constituye la introducción lógica a esta fase de la investigación. Continuando este paso, nuestra próxima ocupación ha de ser examinar en todo detalle posible la vida y las circunstancias del hombre, a fin de comprobar hasta qué punto se relacionan también con los contenidos y la tarea de producir las obras teatrales y los poemas shakespearianos.

Al ingresar en esta serie de capítulos biográficos debemos recordar al lector que el objetivo de esta obra es doble: probar nuestro caso y ayudar a una visión más completa y precisa de la vida y la personalidad del conde de Oxford. Aquí nuestra tarea es de una especial dificultad, pues nuestra teoría presupone a un hombre que había planeado adrede su propio ocultamiento. Así, nuestro material está obligado a ser tan escaso como él pudo, y al principio, seguramente engañoso. Por lo tanto, nos veremos forzados a reconstruir una personalidad a partir de la mayor escasez de datos, con la desventaja añadida de una gran cantidad de tergiversaciones contemporáneas que será necesario corregir.

Uno se pregunta, naturalmente, por qué el autor de los grandes dramas debería haber querido echar un velo sobre su identidad como lo hizo; y lo extraño del asunto es que, con los sonetos de Shakespeare delante de nosotros, deberíamos haber ido con tiento en la formulación de esta pregunta para contestarla cumplidamente. Pues no solo con una frase rara, sino con el peso de algunos de sus sonetos más poderosos, nos dice en los términos más sencillos que él era alguien cuyo nombre había caído en descrédito y que deseaba que pereciese con él.

> No llores más por mí, cuando me muera,
> que el toque de la lúgubre campana;
> avisa al mundo vil que yo me he ido
> a residir con las más viles larvas.
> Es más, si lees este verso, olvida
> la mano que lo ha escrito.*
>
> Mi nombre que se entierre con mi cuerpo
> y no avergüence más a ti y a mí.**
>
> O vivo para hacerte el epitafio,
> o tú subsistirás, yo ya pudriéndome;
> la muerte no podrá con tu memoria,
> por más que a mí me olviden por entero.
> Tu nombre aquí tendrá vida inmortal,
> mas yo he de morirme para todos.***

---

* No longer mourn for me when I am dead,/Than you shall hear the surly sullen bell;/Give warning to the world that I am fled/From this vile world, with vilest worms to dwell;/Nay, if you read this line, remember not/The hand that writ it.

** My name be buried where my body is,/And live no more to shame nor me nor you.

*** Or I shall live your epitaph to make,/Or you survive when I in earth am rotten,/From hence your memory death cannot take,/Although in me each part will be forgotten./Your name from hence immortal life shall have,/Though I, once gone, to all the world must die.

> ¡Ay!, en verdad he vagabundeado
> haciendo de bufón ante los otros.*
>
> De ahí el que a mi nombre se lo agravie.**
>
> Tu amor y tu piedad borran la marca
> con que me señaló un vulgar escándalo.***

Cuando a todo esto lo encontramos añadiendo el miedo

de a cada frase pregonar mi nombre,****

queda tan claro como cualquier otra cosa que él fue alguien que había elegido su propio retraimiento, y que el descrédito fue uno de los motivos, si no el principal. Podemos, si queremos, cuestionar la suficiencia o razonabilidad del motivo. Eso, sin embargo, es asunto suyo, no nuestro. Lo importante para nosotros es que el poeta ha revelado en sus sonetos que él, «Shakespeare», fue alguien que estuvo ocultando su nombre real, y que el motivo que da, adecuado o no, inequívocamente se aplicaría al conde de Oxford y no de igual modo literal a ninguna otra persona a la que se haya intentado atribuir los dramas shakespearianos. Si el conde de Oxford hubiese ocupado un alto lugar en la estimación general, ello debería haber operado en contra de la teoría que estamos promoviendo. Que él fue alguien «en desgracia con la Fortuna y a los ojos de los hombres» es lo que deberíamos haber esperado, y por lo tanto, es un elemento de prueba en la confirmación de nuestra teoría.

---

* Alas,'tis true, I have gone here and there,/And made myself a motley to the view."

** Thence conies it that my name receives a brand.

*** Your love and pity doth the impression fill,/Which vulgar scandal stamp'd upon my brow."

**** That every word doth almost tell my name.

Bajo los puntos de vista stratfordiano y baconiano ha habido que leer interpretaciones desconcertantes acerca de las expresiones que acabamos de citar. A pesar de su intensa realidad y genuino acento autobiográfico, han sido tratadas como poesía críptica o mera pose dramática, y una de nuestras mayores dificultades será combatir las explanaciones no literales y forzadas sobre estos poemas. En el lugar adecuado habremos de demostrar que sus contenidos son tan reales y literales como el espíritu y el temperamento que las obras evocan. Enigmático, sin duda, pudo ser Shakespeare, como en los sonetos de «Will» (135 y 136), donde palmariamente está ocupándose de enigmas. Lo curioso es que, cuando su estado de ánimo es juguetón, ha sido leído en serio y literalmente por las mismas personas que han tratado expresiones apasionadas, angustiadas, como a meros caprichos de la fantasía. Cuando se mueven en el plano de la experiencia, sus ideas alcanzan una definición inigualable en poesía, mientras que ahí tal vez no haya habido jamás un escritor capaz de lograr una correspondencia más precisa entre un pensamiento y su expresión. Por consiguiente, cuando nos dice en pocas palabras que un «vulgar escándalo» lo había despojado de su buen nombre, y que, si bien él creía que su obra sería inmortal, deseaba que su nombre fuese olvidado, tenemos bastante derecho a fiarnos de su palabra y a no exigir otro motivo para la adopción de un disfraz. Ningún simple seudónimo podría haber sido tan exitoso como su adopción de una máscara: su éxito de más de trescientos años tal vez será objeto de asombro para muchas generaciones futuras.

Si estos sonetos los hubiese publicado su autor en vida suya, habrían sido absurdos en cuanto a los contenidos particulares que acabamos de considerar. ¡Imaginemos a cualquier persona publicando, o permitiendo que se publicasen bajo su nombre, documentos en los que especificaba que deseaba que su nombre fuese enterrado con su cuerpo! Es igualmente absurdo suponer que su autor permitiese la impresión de documentos que insinuasen que William Shakespeare no era más que una máscara. Los sonetos se publicaron, no obstante, en vida de todos los hombres a los que se ha intentado atribuir su autoría: William Shakspere, Francis Bacon, William Stanley y Roger Manners; pero *después* de la muerte de Edward de Vere. Ellos en particular parecen pertenecer a unas fechas en que la fortuna de Oxford estaba en sus horas más bajas y cuando el motivo aducido para ocultar su nombre lo haría más aplicable; las obras, entonces, que estaban siendo publicadas tras la máscara serían los dos poemas largos aparecidos en 1593 y 1594.

No afirmamos que el motivo aducido en los sonetos fuese el único operante. Por el tiempo en que la máscara se empleó de nuevo, después de un intervalo de cuatro años durante los que habían aparecido impresas algunas obras teatrales de forma anónima, existen pruebas de que Oxford estaba procurando recobrar su posición tanto social como económica. Cuando las obras teatrales se estaban publicando bajo el nombre de Shakespeare, Oxford estaba buscando recobrar el favor de la reina y valiéndose de influencias familiares a fin de obtener para sí el cargo de gobernador de Gales. Huelga decir que haber aparecido en ese momento desempeñando el papel de autor dramático habría sido por entero fatal para cualquier posibilidad que pudiese haber tenido, porque en esa época «la autoría dramática se consideraba apenas respetable». Y Oxford sobre todo, habiendo causado su desgracia, en primer lugar, al abandonar la corte por una asociación bohemia con actores y dramaturgos, solo podía esperar recobrar su posición social y asegurarse un adecuado nombramiento oficial si era visto lo menos posibe en tales compañías.

Tras la muerte de Oxford, su viuda, con medios privados y asistida por el hermano de ella, continuó luchando por recobrar para su hijo Henry, el 18.º conde de Oxford, el prestigio que había hecho perder a la familia la carrera extraordinaria de su padre. El proceso legal que emanó de esto marca un hito reconocido en la historia del Derecho, y muestra claramente que la recuperación de lo perdido se había vuelto un objetivo fijo de la política familiar. Aun suponiendo, entonces, que ellos pudiesen no haberse considerado bajo una obligación moral o contraída de continuar el secreto, difícilmente podría haber estado en armonía con su política general haberlo interrumpido.

Bien que hayamos presentado estas consideraciones en lo que respecta a los motivos, debemos aclarar que un investigador no está obligado a proporcionar motivos en un caso como este. Los motivos son a veces totalmente impenetrables. Los hechos objetivos y la evidencia de la verdad de tales hechos componen el material apropiado para investigaciones como la presente. No obstante, desde el punto de vista del biógrafo todas estas consideraciones constituyen una doble dificultad. Primero tenemos que superar los obstáculos que un intelecto capaz, empeñado en el secreto, interpondría entre él y el público; y luego hemos de penetrar las brumas del descrédito que él nos asegura que se habían reunido en torno a su nombre. Antes de que esto pueda hacerse adecuadamente deben transcurrir muchos años, y muchas mentes han de interesarse en ello, al ser uno de los más lentos procesos humanos la corrección de una estimación errónea acerca de una personalidad histórica. Nosotros solo hacemos aquí un primer esfuerzo simple en esa dirección.

Nadie que sea capaz de apreciar la deuda de la humanidad con «Shakespeare» puede, bajo ninguna circunstancia, juzgarlo como a un hombre que haya merecido una deshonra perdurable. El mundo ha tomado muy en serio a hombres como Robert Burns y Molière, cuyas vidas distan mucho de las pautas que podríamos haber deseado para ellas. Y si Edward de Vere es, como tenemos buenas razones para creer, el «Shakespeare» real, el mundo no tardará en permitir que los grandes beneficios que ha conferido a la humanidad reparen los defectos que puedan encontrarse en él. Ahora nuestra tarea, sin embargo, es verlo como fue, en la medida en que su carácter y los sucesos de su vida incidan en nuestro problema. Cuanto se nos presente en forma de mera opinión tradicional, deducción o impresión, ha de separarse estrictamente de los hechos comprobados, y aun estos habrán de ser aceptados con cautela y reinterpretados desde el punto de vista de una gran posibilidad dominante: que él fue dotado con el corazón y el genio de Shakespeare y que ha producido su literatura.

Si, por ejemplo, el conde de Oxford fue solo un yerno de lord Burleigh, que había logrado nada más digno de mención que la escritura de unas pocas y breves poesías líricas y había pasado los mejores años de su vida en una diversión infructuosa con una compañía de actores, entonces debemos juzgarlo sobre todo por el papel que desempeñó en la vida de Burleigh. Si, no obstante, el conde de Oxford era Shakespeare, entonces él se eleva por encima de lord Burleigh y debemos juzgar a este en gran parte por el papel que desempeñó en la vida de Oxford. O si, en el dominio de la poesía, ha de ser principalmente recordado como aquel que llamó «cachorro» a su rival, Philip Sidney, debemos juzgarlo por su comportamiento con Sidney. En fin, si, pese a eso, era Oxford «Shakespeare», dotado con toda la penetración de Shakespeare sobre la naturaleza humana, nuestro interés consistirá en descubrir hasta qué punto Sidney pudo haber merecido tal epíteto.

Nuevamente si, como veremos que fue el caso, nos topamos con que de joven solicitó su incorporación al ejército; cuando eso se le negó, solicitó su incorporación a la marina; cuando eso a su vez se le negó, solicitó viajar al extranjero; y cuando, aunque esta vez contaba veinticuatro años y ya estaba casado, eso también se le negó, por lo que parecía condenado a pasar su vida rondando la corte, y encontrando fastidiosa la vida cortesana huyó al continente solo para ser traído de vuelta antes de que hubiese tenido la oportunidad de ver algo de la vida, podemos estar de acuerdo con aquellos que hablaban de él como de un caprichoso si suponemos que había sido un incapaz y una mediocridad intelectual. Pero si suponemos que poseía el genio de Shakespeare, con la capacidad de Shakespeare para sentir la vida y toda esa capacidad como gran fuerza impulsora dentro de él, instándolo a buscar la experiencia de la vida; y de hecho si tenemos en cuenta nada más que lo que es positivamente conocido de sus facultades como se revela en sus poemas y su historial dramático, estaremos mucho más inclinados a considerarlo un hombre mal empleado, la víctima de la circunstancia más desfavorable y la injusticia más manifiesta, con una queja muy legítima contra el tutor y suegro, Burleigh, que lo había frustrado con tanta persistencia.

Por último si, recordando el carácter mostrado por los actores de la época, como se describe en el pasaje citado de

Dean Church, creemos que ha malgastado los mejores años de su vida en una cercana e inútil asociación con ellos, estaremos dispuestos a ver en su conducta una manifestación de libertinaje y a aceptar la declaración de Burleigh de que había sido «atraído por personas indecentes». Si, por otro lado, creemos que Oxford era Shakespeare y que durante estos años había estado trabajando duro, seriamente, pero en cierta medida en secreto, comprometido en las actividades que a la vez produjeron los mayores dramas y la mejor literatura de que se jacta Inglaterra, entonces una luz totalmente nueva ilumina los hechos y admiten una interpretación muy diferente. Pues el secreto que implicaba el conjunto de su trabajo se mantendría seguramente respecto a aquellos que no simpatizaban con él, entre los cuales podemos ciertamente colocar a su suegro y tal vez a su esposa; todo lo cual parece claramente aludido en el soneto 48:

> ¡Cuán cuidadosamente emprendí viaje,
> echando un fiel cerrojo a bagatelas,
> que las guardase, para mi uso propio,
> de falsedad, a buen recaudo fiel!*

Detalles tales como se relatan en el *Dictionary of National Biography*, que cierta persona «cuenta que el conde hizo tal y tal», pero que ello «no está confirmado, y que lo negó calurosamente» la persona misma a quien él, como hemos narrado, perjudicó, no son biografía. Con todo, esto sirve para mostrar que él fue víctima de falsas y taimadas calumnias. Por lo tanto, cuando nos encontramos con grandes admiradores de

---

* How careful was I, when I took my way,/Each trifle under truest bars to thrust,/That to my use it might unused stay,/From hands of falsehood, in sure wards of trust.

Philip Sidney, como Fulke Greville, biógrafo de Sidney, proclamando historias imposibles sobre asesinatos planeados, y otro rival haciendo, casi con esas palabras, las mismas acusaciones falsas que Oliverio hace contra Orlando en *A vuestro gusto*, empezamos a percatarnos del tipo de personas con que estamos tratando; de qué libertades se habían tomado con su nombre y reputación aventureros cortesanos a quien Oxford fue claramente hostil, y cuán poca confianza hay que depositar generalmente en los registros, ya sean de sus amigos o de sus enemigos.

Es, pues, una lástima que los nombres que predominan en el artículo del que dependemos para muchos de los hechos de la vida de Oxford provengan de personas contrarias a él, y la mayoría de los hechos dan pruebas de haber llegado a nosotros a través de estos canales enemigos. Toda cosa que lleve la marca de Burleigh, Fulke Greville, o Raleigh, el verdadero tipo del pintoresco aventurero sin escrúpulos de esos días, ha de ser sospechoso en la medida en que trata de Edward de Vere; y toda cosa que la investigación sea capaz de recuperar, deberá suministrarnos los nombres y las opiniones de sus amigos sobre la corte; y lo que aún más importa, su trato con hombres de letras, con dramaturgos y actores, será de gran valor al tender a proporcionarnos una visión más verdadera de la persona. Sin embargo, por lo que podemos distinguir hasta hoy en día, sus amigos parecen haber respetado fielmente su deseo de olvido personal y se han mantenido en silencio sobre él, permitiendo así, por supuesto, el libre curso a todo lo que sus enemigos han sido capaces de hacer circular para su descrédito.

Como esto no pretende ser una biografía completa, los hechos que no parecen relevantes para el argumento, ya sean a favor o en contra, y que por alguna otra consideración pudieran requerir un largo debate, serán en su mayor parte omitidos.*

II

Los antepasados de Edward de Vere

Rastrear los vínculos hereditarios de los hombres de letras suele ser un trabajo perdido. Lo que realmente importa son ellos mismos y sus logros, y las biografías literarias que van más allá consiguen generalmente hacerse tediosas. En cambio, en el caso que nos ocupa, estos vínculos hereditarios y la actitud del escritor hacia ellos son de vital importancia; así que resulta esencial para el argumento una breve noticia de la familia de De Vere. El fundador fue un Aubrey de Vere

---

* Para ilustrar de nuevo la curiosa forma en que la evidencia ha venido a nuestras manos, quisiéramos llamar la atención sobre la referencia anterior a Oliverio en *A vuestro gusto*. Cuando nos topamos con los cargos criminales realizados contra Oxford por Charles Arundel, lo primero que parecía destacarse era el nombre de «Charles» y una evidente vulgaridad en el hombre, que nos recordó a Carlos el luchador, de *A vuestro gusto*. Faltándonos en aquel momento algo de práctica acerca de los detalles secundarios de la obra, lo siguiente fue buscar las partes que tratan de Carlos el luchador, solo para encontrar, desde luego, los mismos cargos que Charles Arundel hace contra Oxford, insinuados por Oliverio en la mente de Carlos el luchador. Y así las piezas del mosaico siguen encajando. Las amenazas burlonas de Touchstone en la misma obra pueden, por ello, facilitar la explicación de los cargos hechos contra Oxford. Pues las bromas prácticas apenas podrían estar por encima de la dignidad del autor de algunas comedias de «Shakespeare», que, según propia confesión, habían hecho de sí mismo «un payaso frente a los demás».

(procedente, se supone, del lugar de Ver, cerca de Bayeux) que llegó a Inglaterra con el Conquistador y por su apoyo fue recompensado con extensas propiedades en Essex, Suffolk, Cambridge, Huntingdonshire y Middlesex; y «la continuidad de su familia por línea masculina y su posesión de un condado por más de cinco siglos y medio han hecho de su nombre una palabra familiar». Durante estos siglos, las grandes propiedades de la familia, así como sus títulos y dignidades, aumentaron aún más por matrimonio o por el favor real.

En el período de anarquía marcado por el reinado de Esteban, nieto del Conquistador, el título de conde de Oxford fue otorgado por Matilda al representante de la familia, otro Aubrey (1142), mientras que nueve años antes a un hijo o nieto del fundador, también del mismo nombre, lo habían nombrado gran chambelán. Con la subida al trono de Enrique II el nuevo monarca confirmó el título otorgado por Matilda. Entre las dignidades hereditarias obtenidas por matrimonio estaba el de chambelán de la reina y los títulos de vizconde Bolebec, lord Sandford y lord Badlemere. Lyly, al dedicar su *Euphues and his England* a Oxford, a quien se dirige como a su maestro, tiene ocasión de enfilar estos títulos diversos.

Durante todo el largo período de los reyes Plantagenet, las tierras, los títulos y las dignidades de la familia fueron transmitidos por medio de una sucesión de Aubreys, Johns y Roberts como tantos representantes de la dinastía real, y en el reinado del último de los Plantagenet, Ricardo II, el conde de Oxford, que fue el favorito real, recibió el título de marqués, por lo que fue elevado sobre la restante nobleza y puesto junto al propio rey. Este es el Robert, conde de Oxford, que se menciona en los libros de texto de historia ordinarios como el favorito responsable, parcialmente, de las dificultades que se abatieron sobre el rey y quien se ganó una reputación de extremo libertinaje.

La relación personal de Ricardo II con el conde de Oxford de su tiempo, y el honor que confirió a la familia, podría explicar la ligera parcialidad de «Shakespeare» hacia Ricardo, si suponemos que el primero ha sido un conde posterior de la misma familia, mientras que el carácter lamentable mostrado por el favorito de Ricardo explicaría el hecho curioso de su no aparición en una obra escrita por un miembro de la misma casa, alguien en quien el orgullo de familia fue un rasgo acentuado. Pues el carácter de este Robert, conde de Oxford, del reinado de Ricardo II, hizo imposible que fuese presentado ni inmortalizando su infamia ni alterando tanto los hechos como para haber revelado la autoría. Por consiguiente, el silencio del autor en este punto es aún más significativo que sus afirmaciones en el caso del que pronto nos ocuparemos. Pues obsérvese que Shakespeare trata esta misma cuestión de la influencia perniciosa de las malas compañías sobre Ricardo, y a este respecto omite toda mención de un mal consejero particular que la historia ha registrado para nosotros con claridad. Shakespeare, quienquiera que fuese, tenía claramente alguna razón especial para cribar al conde de Oxford. No lo había pasado por alto, pues al final de la obra se menciona al conde como habiendo sido ejecutado por apoyar al rey*; quizá lo único a su favor que pudo consignarse.

El orgullo de Edward de Vere por su antigua ascendencia lo comenta más de un escritor, y este sentido de un alto y distinguido linaje es un rasgo tan marcado de la obra de Shakespeare, que un autor, creyendo que quien escribe es el hombre

---

* En la edición Primer Infolio se sustituye a «Spencer» por «Oxford». Tal substitución, no advertida hasta que el primero estuvo en forma impresa, es bien llamativa.

de Stratford, no duda en hablar de ello como «esnobismo». Cualquiera que sea la palabra que escojamos para llamarlo, es de todas formas un rasgo mental destacado que Edward de Vere y «Shakespeare» tienen en común. Haberlo encontrado, no obstante, en alguien con la situación del hombre de Stratford habría denotado cierta medida de «esnobismo» incompatible con la grandeza intelectual de «Shakespeare». En el caso de Edward de Vere es tan solo el fruto espontáneo de siglos de tradición familiar y del ambiente social en que nació, y nos muestra que aun las mentes más amplias siguen estando más o menos a merced de su entorno social.

Ya hemos tenido ocasión de señalar que Shakespeare no entendió las «clases bajas». Lo que aún sorprende más es que no entendió las clases medias. Frank Harris, que, de aceptarse nuestra hipótesis de la autoría, ha mostrado en muchos detalles gran seguridad de análisis psicológico, pero que nunca expresa una sola duda sobre la verdad de la posición stratfordiana, en su obra *The Man Shakespeare* afirma que Shakespeare ni siquiera conoció esas clases. «Se perdió completamente», dice, «lo que le habría dado el conocimiento de las clases medias», mientras que «en todos sus escritos alaba a señores y caballeros». Y de nuevo, «Shakespeare, uno se imagina, era un caballero por naturaleza, y bastante más». Que alguien como Shakespeare, cuyos estudios de la naturaleza humana se apoyan tan obviamente en la observación, pudiese permanecer en la ignorancia de su propia clase y a la vez asimilar prontamente las características y cortesía de otra clase no es, ni más ni menos, que una contradicción en términos. La conclusión lógica es que «Shakespeare» fue él mismo un aristócrata: un punto en el que los antistratfordianos de todas las escuelas están de acuerdo, y con el que algunos stratfordianos, en cambio, tratan muy débilmente de divertirse.

No haría falta sobrecargar estas páginas con citas para ilustrar todo lo que Shakespeare dice sobre la cuestión del alto linaje, mientras que unos pocos pasajes seleccionados no representarían su postura con precisión. Con todo, alguna medida de su importancia para él puede recogerse del hecho de que hace honor a la idea en más de una veintena de obras de teatro independientes. Ahora bien, puede ocurrir que una persona provenga de alto linaje y aún ser capaz de medir su valor verdadero. En el caso de Edward de Vere, sin embargo, parece que tenía la misma idea exagerada de su importancia que encontramos en Shakespeare. Y como hemos elegido la obra *A buen fin no hay mal principio* para que en buena medida presida la primera parte de nuestro argumento biográfico, rogamos al lector que advierta, a modo de ilustración de la actitud de Shakespeare, cómo la idea de alto linaje domina el conjunto de la obra.

III

LOS CONDES DE OXFORD EN LA GUERRA DE LAS ROSAS

Cuando estalló la Guerra de las Rosas, John de Vere, 12.º conde de Oxford, se convirtió, como hemos visto, en un acérrimo partidario de la causa de los Lancaster. En la primera parte del reinado de Eduardo IV, pese a que los asuntos seguían sin resolverse entre las dos partes, Aubrey de Vere fue ejecutado junto con su hijo mayor en correspondencia con la derrota de la reina Margarita. El título pasó luego a su segundo hijo, John, el 13.º conde, quien participó en el restauración temporal de Enrique VI. Por este motivo fue acusado en 1474, pero vio restaurado su honor de familia tras la derrota de los de York y la ascensión de Enrique Tudor.

Al relacionar estos datos con las obras teatrales de Shakespeare no es posible establecer un paralelo estrictamente cronológico entre los sucesos históricos y las obras. No obstante, si tomamos las cuatro que tratan especialmente de esta guerra, las tres partes de *Enrique VI* y *Ricardo III*, podemos decir que *Enrique VI, Primera parte* trata principalmente de los años anteriores al estallido de la guerra civil, durante los cuales Inglaterra fue perdiendo poder en Francia por causa del heroísmo de Juana de Arco, mientras que se oían claramente los primeros rumores de la tormenta que se avecinaba en Inglaterra. En *Enrique VI, Segunda parte,* la tensión se agudiza, y la fase inicial del conflicto, en que se destacó el 12.º conde de Oxford, constituye el asunto de parte de la obra. *Enrique VI, Tercera parte* corresponde sobre todo al breve plazo de restauración temporal de Enrique durante el reinado de Eduardo IV, que termina en el derrocamiento de los Lancaster y el asesinato de Enrique VI. La obra *Ricardo III* se presenta como el triunfo final de la rosa roja sobre la blanca.

Ahora bien, de estas obras hemos dicho que *Enrique VI, Primera parte,* tal vez no sea en absoluto de la mano de Shakespeare. La misma observación es aplicable a *Enrique VI, Segunda parte*, e incluso a una porción considerable de *Enrique VI, Tercera parte*. El trabajo más shakespeariano de esta trilogía puede hallarse, en cambio, en la segunda mitad de *Enrique VI, Tercera parte*. *Ricardo III* es obra totalmente shakespeariana. Volviendo, pues, a *Enrique VI, partes Primera y Segunda,* las obras no shakespearianas, nos encontramos con que no se hace mención alguna del 12.º conde de Oxford; mientras que, avanzando hasta *Enrique VI, Tercera parte*, nos encontramos con que se reserva un lugar muy destacado y honorable a John, el 13.º conde de Oxford, junto con el hecho llamativo de que no hace su aparición en escena hasta el Acto III, escena 3. Es decir, que en absoluto es incorporado a estas obras hasta que lo incorpora «Shakespeare», y entonces, lo que aún es más llamativo, tenemos una mención muy particular del padre y del hermano, que habían dado su vida a la causa de Lancaster, pero que son totalmente ignorados en las otras dos obras. En una palabra, la parte de obra que no es de Shakespeare ignora a los condes de Oxford, mientras que la parte shakespeariana les otorga una posición importante y distinguida.

Habla Oxford:

> ¿Llamarlo a él mi rey, por cuya atroz sentencia
> mi hermano mayor, el señor Aubrey de Vere,
> debió ir a la muerte?, ¿y más aún mi padre,
> incluso en el declive de sus maduros años,
> que ya lo aproximaban al atrio de la muerte?
> No, Warwick, no, en tanto la vida alce mi brazo,
> mi brazo sostendrá la casa de los Lancaster.*

Después de ser introducido así en la obra, apenas se lo menciona excepto para alabarlo:

> Y tú, valiente Oxford, admirable y querido…
> Dulce Oxford…

---

* Call him my King, by whose injurious doom/My elder brother, the Lord Aubrey de Vere,/Was done to death? And more than so, my father,/Even in the downfall of his mellow'd years,/When nature brought him to the door of death?/No, Warwick, no, while life upholds this arm,/This arm upholds the house of Lancaster.

¿Dónde el correo del valiente Oxford?...
¡Caros colores! Ved que viene Oxford...
Oxford, Oxford, por Lancaster...
¡Sé bienvenido, Oxford, con tu ayuda!...
¿Por qué, no es Oxford aquí otra ancla?...*

Luego, hacia el final de la obra, cuando el rey Enrique VI bendice a Enrique de Richmond y lo nombra sucesor al trono, es Oxford quien junto con Somerset dispone enviarlo a Bretaña por seguridad, hasta «que pasen las tormentas de la enemistad civil». Y en el último acto incluso se recuerda y se nombra un pormenor como fue su lugar de encarcelamiento:

¡Fuera con Oxford al castillo Hames!**

Por último tenemos la concentración de las facultades maduras de Shakespeare en la gran obra trágica *Ricardo III,* que escenifica el derrocamiento de la casa de York y el triunfo de Enrique de Richmond como representante de la casa de Lancaster. En esta obra el rey Eduardo, en su angustia por la muerte de Clarence, recuerda que fue este quien lo salvó «en el campo de Tewkesbury, cuando Oxford me tenía vencido». En el último acto, cuando son derrotados los partidarios de York y aparece Enrique Tudor, lo hace con Oxford a su lado; y es Oxford quien, como noble principal, responde primero al discurso del rey a sus seguidores. Así que, fuese Shakespeare un actual representante de la familia de los De Veres o no, tenemos bastante derecho a afirmar que muestra una marcada

---

* And thou, brave Oxford, wondrous well beloved... Sweet Oxford... Where is the post that came from valiant Oxford?... O cheerful colours! see where Oxford comes... Oxford, Oxford, for Lancaster... O! welcome Oxford, for we want thy help... Why, is not Oxford here another anchor?

** Away with Oxford to Hames Castle straight.

parcialidad hacia la familia, un respeto cuidadoso por su honor y un conocimiento preciso con detalles concernientes a sus distintos miembros.

Tal hecho no habría justificado la selección de Edward de Vere en primera instancia; la familia podría haber tenido grandes admiradores fuera del círculo de sus propios miembros. No obstante, cuando la selección se ha hecho por motivos muy diferentes, y con el apoyo de otras líneas de argumentación, descubrir que «Shakespeare» muestra esta parcialidad especial tiene un valor inmenso y apenas deja lugar a dudas en cuanto a la solidez de la elección. El poeta y dramaturgo que escribió los pasajes que hemos citado de *Enrique VI, Tercera parte,* apenas podía dejar de interesarse también por el representante particular de la familia que en aquel tiempo llevaba el título, y resultó ser además un poeta y dramaturgo muy en la línea de «Shakespeare». A pesar de ello, el nombre del aristócrata no se relacionó ni una sola vez con los dramas de «Shakespeare», por más que en esos días estuviese viviendo en Hackney y luego en un suburbio de Londres adyacente a Shoreditch, donde Burbage tenía su teatro y se estaban representando las obras de Shakespeare. Todo esto es más que sugestivo de un deseo de no ser visto en esa actividad.

Vale la pena señalar también que la expresión de parcialidad de Shakespeare es más reservada en *Ricardo III* que en *Enrique VI, Tercera parte.* La primera obra es posterior y más madura, perteneciente al momento en que se había adoptado la máscara de Shakespeare. Conoció gran difusión y fue objeto de varias ediciones en vida de Edward de Vere. *Enrique VI, Tercera parte,* a todas luces una obra anterior, en la que De Vere delata sus preferencias más libremente, no se imprimió en su forma actual hasta que apareció en la edición infolio de 1623. Es decir, en realidad se trata de una publicación póstuma de una producción juvenil, que no se publicó con el imprimátur de Shakespeare y puede que de hecho nunca se hubiese puesto en escena durante los últimos años de la fama de «Shakespeare».

De los condes que accedieron a los dominios y títulos entre John, el 13.º conde, que se mantuvo al lado de Enrique VII, y Edward, el 17.º conde, poco hay que decir. Después de la muerte del 14.º conde, la directa línea masculina llegó a su fin, y el 15.º conde, el abuelo del poeta, sucedió por derecho de descenso de Richard de Vere, el 11.º conde de Oxford.

Antes de dejar el asunto de los antepasados de Edward de Vere, hay que hacer algunas observaciones sobre el puesto de lord gran chambelán, que había sido hereditario en su familia desde siglos y al que él accedió, junto con las otras dignidades, a la muerte de su padre. Este puesto no debe confundirse con el del lord chambelán, que se ha vuelto familiar a los estudiosos de Shakespeare por su asociación con la representación y la publicación de muchas obras teatrales del autor. *El mercader de Venecia,* por ejemplo, se publicó «ya que la han representado varias veces los servidores del lord chambelán». Entre la funciones del lord chambelán estaban las disposiciones relacionadas con el patrocinio real del teatro y la concesión de licencias de obras y locales teatrales. Fue la compañía de actores bajo el patrocinio especial del lord chambelán la que en la época de la reina Isabel representó muchas obras teatrales de «Shakespeare», y por ello se la ha designado erróneamente como «Compañía Shakespeare». La desaparición de los libros del lord chambelán para el período «Shakespeare» se trata en otro capítulo.

El puesto de lord *gran* chambelán, aunque de mayor dignidad social, parece haber sido menos oneroso y sus funciones más intermitentes. Tenían más que ver con las funciones del Estado y la real persona, cerca de la cual este funcionario se colocaba en las grandes ocasiones como coronaciones y funerales reales.

Hay que señalar la distinción, pues de lo contrario los incautos podrían caer en la suposición de que Edward de Vere, en virtud de su cargo, tenía algo que ver con la gestión directa de la compañía relacionada con William Shakspere. Durante una parte del período «Shakespeare» el lord chambelán fue lord Hunsdon, y aunque Edward de Vere, por medio de su colega oficial, quizá pudiera tener algo que ver indirectamente con el asunto, como lord gran chambelán no estaría directamente dentro de sus competencias.

Como lord gran chambelán ofició junto a la persona de Jacobo I en su coronación, igual que sin duda, cuando era niño, había sido testigo de los oficios de su padre en la coronación de la reina Isabel. Aunque su intervención en el funeral de Isabel no se menciona de forma tan explícita como su participación en la coronación de Jacobo, es natural suponer que él estaría allí.

Es muy posible que a esta ceremonia se refiriese directamente en el soneto 125:

> ¿Qué importará si yo llevé el palio,
> honrando con mi aspecto lo de fuera,
> o puse el túmulo a la eternidad,
> que durará bien menos que su ruina? [...]
> No, déjame servir tu corazón
> y acepta mi don, pobre pero libre.*

---

* Were't ought to me I bore the canopy,/With my extern the outward honouring,/Or laid great bases for eternity,/Which prove more short than waste or ruining?/[...] No, let me be obsequious in thy heart,/And take thou my oblation, poor but free.

Si puede demostrarse que esto tiene una relación directa con las funciones del lord gran chambelán, será una prueba directa muy valiosa para nuestra tesis. El soneto particular que hemos citado se halla al final de la serie a la que pertenece, y como estamos seguros de que toda la serie se concluyó poco después de la muerte de la reina Isabel, el soneto 125 hubo de escribirse por los días de ese acontecimiento. Es difícil imaginar en qué ceremonia impresionante de Stratford podría haber participado William Shakspere en los mismos días, haciendo falta que llevase el palio y pusiese el túmulo para la eternidad. Por otro lado, la referencia a «moradores de la apariencia y el favor que pierden todo por pagar demasiado alquiler» es muy sugestivo de una alusión a la realeza, y describe con exactitud lo que Oxford se representa que ha sido el trato de Isabel para con él mismo: lo había animado a su gasto pródigo con promesas de favor que no se habían cumplido. Su solicitud de la Presidencia de Gales, en los últimos años de la reina, se había encontrado con buenas palabras y decepción. En conjunto, la sugerencia de que el soneto alude al puesto hereditario de lord gran chambelán parece muy convincente.

IV

El padre de Edward de Vere

Edward de Vere, 17.º conde de Oxford, nació en Earls Colne, Essex, en el año 1550, siendo el único hijo de John de Vere, 16.º conde de Oxford. Su madre fue Margaret, hija de John Golding y hermana de Arthur Golding, el traductor de Ovidio. Su padre murió en Earls Colne en el año 1562, fue enterrado en el castillo de Hedingham, en Essex, y el futuro poeta se convirtió en pupilo real a la edad de doce años. Como este hecho de ser pupilo real deparaba el punto de partida de un argumento con notable culminación, pedimos ahora para él una atención especial por parte del lector. Y podemos suponer que Earls Colne y el castillo de Hedingam en Essex tal vez estén destinados a alcanzar una notoriedad inesperada cuando se haya cumplido el objetivo de esta obra.

Como tenemos buenos motivos para creer que la influencia y la memoria del padre de De Vere fueron factores importantes en la vida del poeta y añaden un elemento a nuestras pruebas de identificación, es necesario señalar ciertos hechos que le conciernen. El artículo en el *Dictionary of National Biography* que trata de John de Vere, 16.º conde de Oxford, lo reseña como un hombre sumamente honrado en su señorío y muy respetado, sobre todo por sus arrendatarios; de lo cual podemos deducir un hábito de relación personal directa con ellos y una amable atención a sus intereses. También era un deportista entusiasta, y como tal, por supuesto, se lo conocía. Para una muchacho de doce años un padre así es un ideal. Sus cualidades atraen mucho más poderosamente la admiración del muchacho de lo que lo harían facultades más distinguidas o excepcionales; y sobre todo en el caso de una naturaleza intensamente afectuosa como la de Edward de Vere, de la que su poesía da un testimonio incuestionable, uno puede fácilmente concebir esas cualidades formando la base de una genuina camaradería entre los dos. Por lo tanto, cuando nos encontramos con que el padre, que dejó grandes fincas, nombró al muchacho en su testamento como uno de sus albaceas, es imposible dudar que la relación entre ellos era cálida e íntima. La pérdida de tal padre, con la completa alteración de su vida joven que ello implicó de inmediato, debe haber producido un gran dolor a alguien con tanta sensibilidad. Naturalmente podemos suponer, entonces, que la figura de un padre-héroe viviría en su imaginación, y el lector de «Shakespeare» que se haya perdido esta nota de culto al padre en los grandes dramas no ha prestado la debida atención a sus más finos contenidos.

La mayor obra de Shakespeare, *Hamlet*, tiene el culto al padre como su motivo principal:

> El era un hombre enteramente en todo.
> Jamás volveré a ver ninguno igual.*

Y qué podría ser más llamativo que los pasajes iniciales de *A buen fin no hay mal principio*:

> CONDESA: Al separarme de mi hijo, entierro a mi segundo marido.
> BELTRÁN: Y yo, señora, al partir vuelvo a llorar la muerte de mi padre; pero he de atenerme a la orden de Su Majestad, *de quien ahora soy pupilo* y para siempre quedo servidor. […]
> CONDESA: ¡Beltrán, bendito seas! ¡Sucedas a tu padre
> en modos y apariencia! Tu sangre y tu virtud
> compitan por regirte, y tu bondad
> se asocie con tu primogenitura.**

Luego, en la segunda escena, cuando Beltrán es llevado ante el rey, este le habla así:

---

* He was a man, take him for all in all,/I shall not look upon his like again.

** COUNTESS: In delivering my son from me I bury a second/husband./BERTRAM: And I in going, madam, weep o'er my father's/death anew; but I must attend his majesty's command,/ *to whom I am now in ward* evermore in subjection./[…] COUNTESS: Be thou blest, Bertram, and succeed thy father/In manners as in shape! Thy blood and virtue/Contend for empire in thee; and thy goodness/Share with thy birthright.

> EL REY: Tu padre [...] asaz brilló
> en la milicia de su tiempo y fue
> discípulo de los más bravos. [...]
> Mucho rejuvenezco
> cuando hablo de tu buen padre. [...]
> Cual cortesano, ni desdén ni encono
> había en su amor propio, o, [...] de haberlos,
> los provocó un igual [...]; al inferior
> tratábalo como de un alto rango
> haciéndolo alegrarse en la humildad.
> Al pobre elogio se allanaba. Ese hombre
> debiera ser ejemplo en estos tiempos.*

Además del apartado especial en que estamos haciendo hincapié y la correlación sorprendente en tantos detalles con las circunstancias efectivas de Edward de Vere, sobre todo el de la tutela real, ¿es posible concebir que estos versos los haya escrito alguien que no fuese aristócrata, en estrecha relación con la realeza y dominado por los ideales feudales de *noblesse oblige*? La última parte de la cita, tan evocadora de la reputación transmitida por el padre de Edward de Vere, después de un pasaje descriptivo de la posición efectiva del hijo, ofrece una fuerte presunción de que, si el escritor no fue Edward de Vere, en todo caso tenía a ese noble en su mente como el prototipo de Beltrán. En la última frase nos habla no solo el aristócrata, sino también un hombre que se sentía alejado del

---

* KING: Thy father [...] did look far/Into the service of the time and was/Discipled of the bravest [...]./It much repairs me/To talk of your good father. [...]/So like a courtier, contempt nor bitterness/ Were in his pride, or [...] they were,/His equal had awaked them [...]: who were below him/He used as creatures of another place,/And bowed his eminent top to their low ranks,/Making them proud of his humility./In their poor praise he humbled. Such a man/Might be a copy to these younger times.

nuevo orden menos caballeresco, del que emergían las clases medias protestantes, donde el individualismo y la ambición personal se hallaban menos bajo la disciplina de principios sociales que en las mejores manifestaciones de los ideales feudales de partida.

Como al tratar de la vida temprana de Oxford tendremos que prestar atención en todo al notable paralelismo entre él y Beltrán en *A buen fin no hay mal principio,* es importante tener en cuenta que muchos de los datos personales son originales de la obra teatral de «Shakespeare», y no forman parte del cuento de Boccaccio en que está basado el episodio central. De hecho *A buen fin no hay mal principio* podría describirse concisamente como un cuento de Boccaccio más la vida temprana de Edward de Vere.

V

Un pupilo real

Debido a que era menor de edad cuando murió su padre, el haberlo nombrado este como uno de los albaceas de su testamento resultó inoperante, y el muchacho se convirtió, como hemos visto, en pupilo real. Justo en este punto los registros no son tan precisos como podríamos desear. Nos enteramos de que en calidad de pupilo real fue trasladado de su hogar a la corte, y como Cecil (aún no lord Burleigh) era en la corte maestro de pupilos reales, se convirtió en un interno en la casa de Cecil en Strand.

Su madre, también lo sabemos, se volvió a casar. Hemos tratado en vano de descubrir las fechas exactas en que él fue trasladado a la corte y cuándo su madre se volvió a casar, no por simple curiosidad sino porque creemos que estos puntos pueden tener relación con nuestro problema y a un tiempo con cuestiones de interpretación shakespeariana. La fecha del segundo matrimonio de su madre podría resultar de especial interés. Por ello es de lamentar que, si bien aparecen referencias al suceso en las historias de Essex, no se consigna una fecha, lo que fortalece nuestra sospecha de que al matrimonio no se le dio mucha relevancia en ese momento; la fecha, especialmente, se mantiene en el fondo. También es un hecho curioso que, exceptuando una vez en que ella se interesó por los asuntos financieros del hijo, lo que se menciona en los papeles del Estado, no hemos sido capaces de descubrir una sola referencia a su madre en relación con cualquier acto de su vida.

En este sentido sus circunstancias contrastan de forma notable con las de Henry Wriothesley, 3.er conde de Southampton, a quien «Shakespeare» dedicó sus grandes poemas y quizá dirigió muchos de sus sonetos. También él, solo una generación después, se convirtió en pupilo real a una edad temprana y fue puesto bajo la tutela de Burleigh. En su caso, en cambio, su madre se mantuvo cerca de él, mirando por sus intereses y no volviendo a casarse hasta que él hubo alcanzado la mayoría de edad. Lo hizo con sir Thomas Henneage, tesorero de la Cámara, y fue ella misma responsable, como hemos visto, de la única mención «oficial» de «Shakespeare» en los registros del departamento de su marido. De este modo, sea directa o indirectamente, tenemos atisbos de ella en todo lo relativo a su hijo en aquellos primeros años. Aquí podemos comentar que, como la propia madre de Oxford estaba muerta en el momento de los posteriores problemas domésticos del hijo, en relación con los problemas domésticos de Beltrán en *A buen fin no hay mal principio* él puede haber tomado a la condesa viuda de Southampton como el prototipo de la madre de Beltrán, y ciertamente el modelo parece encajar.

El caso propio de Oxford es totalmente distinto al de Southampton. Su madre no aparece, y uno tiene la sensación de haber ahí una ruptura total entre su primera niñez, con sus relaciones domésticas y la influencia de su padre, y el resto de su niñez y juventud. De ahora en adelante fue «por medios públicos que engendran maneras públicas», como se proveyó a su crianza. A partir de los doce años se perdieron para él las verdaderas influencias domésticas; se convierte en una figura destacada en la corte de Isabel, sometido a influencias venales, entre las cuales ha de admitirse que la reina misma era un factor poderoso. Al mismo tiempo es bastante evidente que no estuvo domiciliado a gusto en casa de Cecil. Por lo tanto, entre el conde de Oxford y el conde de Southampton hubo un paralelismo llamativo con una diferencia importante.

La única relación familiar de la que hay alguna huella es la de su tío, Arthur Golding, el traductor de Ovidio, que entró en la casa de Cecil como tutor de Oxford y depositario de sus bienes. La importancia vital de la relación de Arthur Golding para el hombre que estamos proponiendo como el autor de las obras teatrales de Shakespeare será plenamente apreciada por los estudiosos de Shakespeare que también lo son de los clásicos latinos, y que pueden rastrear en Shakespeare pasajes tomados de Ovidio que siguen el original más de cerca de lo que lo hacen las traducciones corrientes.

De nuevo haremos una cita de *Life of Shakespeare,* de sir Didney Lee, sobre este punto: «Pese a que el texto latino de Ovidio fue sin duda familiar para él (Shakespeare), sus más cercanas adaptaciones de las *Metamorfosis* de Ovidio a menudo *reflejan la fraseología de la popular versión inglesa de Arthur Golding,* de la que aparecieron unas siete ediciones entre 1565 y 1597».

Es decir, Arthur Golding estaba haciendo estas ediciones de Ovidio por los mismos años en que fue tutor de Latín del conde de Oxford, de modo que la teoría que estamos presentando da un sentido especial a la observación posterior del biógrafo: que «la versión de Golding de Ovidio había sido uno de los libros favoritos de Shakespeare en la juventud».

A esto podemos añadir el testimonio del profesor sir Walter Raleigh: «Desde luego conocía a Ovidio, pues lo cita en el original más de una vez, y para *Venus y Adonis* elige un tema de las *Elegías*. Pero sus préstamos más elaborados de Ovidio vinieron en su mayor parte por vía de las traducciones de Arthur Golding».

Encontrar en algunos casos a «Shakespeare» más exacto que al traductor plantea una dificultad reconocida en relación con el punto de vista stratfordiano. Por mucho tiempo ha sido una de las cuestiones polémicas de la autoría shakespeariana y se analiza con cierto detalle en la obra de sir George Greenwood *The Shakespeare Problem Restated*. Lo que es una dificultad para la autoría aceptada se transforma en una confirmación sustancial de la teoría de la autoría que estamos promoviendo, y todo el misterio se esfuma en seguida cuando asumimos que Arthur Golding, el traductor y entusiasta de Ovidio, fue él mismo un pariente y también un tutor privado y profesor de Latín de «Shakespeare», y que se dedicó a lo último en el mismo año en que estaba traduciendo y publicando las obras de ese poeta en particular.

Apenas puede sobreestimarse la importancia de este pequeño elemento de prueba. Por sí mismo no prueba nada, pero en vista de la posición destacada que la controversia de Ovidio ha tomado en la cuestión de la autoría shakespeariana, y junto con las otras líneas de prueba que estamos ofreciendo, su valor es incuestionable. Ovidio es el poeta latino que especialmente se ha señalado por haber dejado profundas huellas directas en la obra de Shakespeare, al mismo tiempo que el dramaturgo muestra una intimidad igual con la traducción. Este es precisamente el resultado que debemos esperar de la relación del conde de Oxford con Arthur Golding. Un conocimiento íntimo de una traducción particular de un clásico, y también semejante manejo del original como para hacer su propia interpretación más completa y exacta en algunos aspectos, no es una combinación habitual en un estudioso de los clásicos, y para explicarla hace falta algún tipo de relación como la que existió entre Edward de Vere y Arthur Golding. La relación de Edward de Vere, Arthur Golding y «Shakespeare» con Ovidio constituye así un importante vínculo en nuestra cadena de pruebas.

En este sentido nos gustaría, para concluir, hacer una sugerencia. Arthur Golding fue el autor de otras obras además de la traducción de Ovidio. De las referencias a esas obras deducimos que todas son bastante inferiores a la de Ovidio, y ella misma es solo de segunda clase. Si entonces la traducción de Ovidio formó parte de los estudios de Latín de Oxford (ya que con toda seguridad ocurriría en esas circunstancias), tal vez lo que se toma como la influencia del trabajo de Golding en «Shakespeare» se deba en realidad a la influencia del joven conde de Oxford en el trabajo de Arthur Golding.

Considerando el lugar ocupado por el traductor de Ovidio en la vida temprana y la educación del conde de Oxford, quisiéramos llamar especialmente la atención sobre el hecho de que en los registros del Colegio de Abogados aparezca una entrada indicando que, terminada su tarea como tutor de su sobrino, Arthur Golding fue admitido en el Colegio. Salta a la vista, pues, que *pari passu* con el trabajo de traducir clásicos e instruir al conde de Oxford, hubo de proceder al estudio del Derecho. El curso de lectura de Oxford se lo había trazado Cecil, y no hace falta decir que un plan de estudios elaborado por Cecil abarcaría sin duda el procedimiento legal. Las cartas de Oxford de una fecha muy posterior, conservadas en los manuscritos Hatfield, seguramente atraerán a un profano como la obra de un hombre versado en formas y términos legales, y vamos a ofrecer un pasaje de especial interés. La cuestión de si su conocimiento legal estaba en el mismo plano con el de «Shakespeare» han de resolverla los expertos. Mientras tanto, vamos a dar uno o dos ejemplos:

El conde de Oxford a sir Robert Cecil:
«Hace ahora un año que Su Majestad se dignó interesarse por la reversión de Danver. Me parece que las tierras se transmitirán sin escritura. Dos veces he propuesto a Su Majestad que me conceda ese asunto ordinario, del cual hay más de un centenar de ejemplos. Mi trato fue que yo debería recibir el beneplácito de ella por medio de vos. Pero tengo entendido por Cauley que ella nunca ha hablado de eso. El asunto se ha oído dos veces ante los magistrados, pero no se ha hecho el informe. Apelo a que se haga algo por lo que se me permita sobre el terreno procurar y tratar el derecho de Su Majestad, lo que no se puede hacer sin la antedicha escritura. Deseo conocer la voluntad de Su Majestad respecto a su derecho legal (de bene esse) si va a ejercerlo o no.»

Hackney, 22 de marzo, 1601.
(*Manuscritos Hatfield*, vol. XII)

«En caso de que los afectos de Su Majestad sean pérdidas de propiedades de los hombres, debemos soportarlo.»

(*Manuscritos Hatfield*, vol. V)

Lo que los abogados nos dicen sobre el uso de Shakespeare de la palabra «pérdida» [forfeit], junto con la referencia a soportarlo, hace esta frase eminentemente shakespeariana.

Tenemos más de una prueba de sus fricciones «por las dilaciones de la ley», y de promesas reales no respaldadas por actuaciones.

«Me prometieron el favor de que me asistiría la asesoría jurídica de Su Majestad, de que yo tendría una expedición. El Consejo de Su Majestad ha estado contra mí. Su Majestad me usó muy gentilmente. [...] He escrito a Su Majestad y he recibido la respuesta más amable de hacerme bien en todo lo que pueda.»

Diciembre de 1601.

(*Manuscritos Hatfield*, vol. XL)

Las promesas y respuestas amables de Su Majestad, sin embargo, no llegaron a nada en estos casos.

Declaramos no entender el significado del siguiente pasaje (en una de las cartas de Oxford), ya sea desde el punto de vista legal o del de Shakespeare. Su principal interés estriba en los dos nombres que introduce juntos. Por consiguiente, los prologaremos con dos pasajes de Charlotte Stopes en *Burbage and Shakespeare's Stage*:

«El 13 noviembre de 1590, el sargento Harrys solicitó para Burbage que se examinase una antigua petición hecha a su nombre en la querella de Burbage contra Braynes (pág. 50). El sargento Harris estaba claramente implicado en un asunto jurídico relacionado con el teatro de Burbage. El 17 de junio de 1602 la Corte se refirió (otro caso legal que implica conexiones teatrales) a la retribución del muy respetable Francis Bacon. Por fin he encontrado aquí una verdadera conexión de Francis Bacon con el teatro [...] en su capacidad jurídica, no en absoluto poética. [...] Este caso discurría simultáneamente (con otro caso legal de teatro llevado en 1601).»

El conde de Oxford a sir Robert Cecil (1601):

«Me han informado de que puedo pasar mi libro de Su Majestad a mi primo Bacon y al sargento Harris para perfeccionarlo.» En Hackney.

Bacon fue primo de Robert Cecil, y en consecuencia, primo de Oxford por matrimonio. La prueba que aquí se da de la cooperación de los dos hombres en asuntos legales puede ir muy lejos en la explicación de las muchas e interesantes semejanzas de expresión reunidas por los baconianos. Estas cuestiones nos llevan mucho más allá del período de su historia en que estamos inmediatamente interesados; el objeto de introducirlas ahora es mostrar que tanto en la educación de Oxford como en su carrera posterior, hay mucho para explicar la importancia de términos legales en cualquier escrito que pudiera atribuírsele.

Retomando ahora el relato de su educación en general, se nos dice que Cecil había trazado un plan de enseñanza; que estaba «cuidadosamente basado en el Francés y el Latín»; que él «aprendió a bailar, montar y disparar» y que manifestaba un gusto natural por la música y un marcado interés por la literatura.* Por otra parte, cada palabra de los registros que tenemos de él, junto con lo que él mismo ha escrito, nos lo representa como alguien que combinaba con su interés por los libros un más intenso interés por la vida misma. O mejor debiéramos decir que fue alguien en quien la vida y la litera-

---

* Este plan de enseñanza aparece en el documento *Orders for the Earl of Oxford's Exercises* (Instrucciones para los ejercicios del conde de Oxford), donde se lee lo siguiente: De 7 a 7:30, Danza. De 7:30 a 8, Desayuno. De 8 a 9, Francés. De 9 a 10, Latín. De 10 a 10:30, Caligrafía y Dibujo. De 1 a 2, Cosmografía. De 2 a 3, Latín. De 3 a 4, Francés. De 4 a 4:30, Ejercicios con su pluma. Los rezos comunes y la cena. *(N. del T.)*

tura, sobre todo la poesía clásica, parece que han obrado en una especie de unidad: alguien que ha interpretado la vida en términos de la poesía clásica, llevando las condiciones de la poesía clásica a la vida y leyendo la poesía clásica como el reflejo de la vida práctica ordinaria. Decir que todo esto es característico de Shakespeare es una observación tan banal como podría hacerse, y las palabras que el dramaturgo pone en boca de Berowne en *Trabajos de amor perdidos* podrían muy fácilmente tomarse como expresión de las opiniones personales de Edward de Vere:

> El aprender es nuestro complemento.*

Y esto:

> BEROWNE: ¡Qué! Todo goce es vano, y el más vano
> el que con pena se adquirió y apena,
> como escrutar penosamente en libros
> la luz de la verdad, y esa verdad
> ciega, traidora, la visión del libro.
> La luz que busca luz miente a la luz;
> así, antes de hallarla en las tinieblas,
> se os perderá la luz con vuestros ojos.
> Buscad más bien el complacer los ojos
> fijándolos en ojos más hermosos,
> que aun deslumbrándoos os orientarán
> dándoos la luz con la que se os cegara.
> Es el estudio como el Sol glorioso,
> que evita las miradas insolentes.
> Muy poco logra quien estudia asiduo
> sino vulgar autoridad por otros.
> Padrinos terrenales de los cielos,
> que dan un nombre a cada estrella fija,
> no ganan más con sus brillantes noches

---

* Learning is but an adjunct to ourself.

que los que se pasean ignorándola.
Saber de más os da no más que un nombre,
que os lo podría dar cualquier padrino.
EL REY: ¡Bien ha leído contra la lectura!*

El Shakespeare que se revela en los dramas nunca fue un ratón de biblioteca «que ciega, traidor, la visión» de su mente, estrechamente sujeto a estudios académicos. Por otro lado, es casi imposible concebir un hombre de la posición del Shakspere de Stratford llegando a tal nivel literario de otra manera que por la aplicación muy asidua y constante de su mente a los libros. Semejante «autodidacta» invariablemente ha de pagar una sanción en aquellos aspectos de su naturaleza que lo relacionan con la vida práctica, sanción que «Shakespeare» no había pagado, y no necesitó pagarla un hombre que vivía en relación con gente educada para quienes «el aprendizaje por los libros» era un «complemento» para la vida, más que su principal preocupación.

---

* BEROWNE: Why, all delights are vain; but that most vain,/Which with pain purchased doth inherit pain:/As, painfully to pore upon a book/To seek the light of truth; while truth the while/Doth falsely blind the eyesight of his look:/Light seeking light doth light of light beguile:/So, ere you find where light in darkness lies,/Your light grows dark by losing of your eyes./Study me how to please the eye indeed/By fixing it upon a fairer eye,/Who dazzling so, that eye shall be his heed/And give him light that it was blinded by./Study is like the heaven's glorious sun/That will not be deep-search'd with saucy looks:/Small have continual plodders ever won/Save base authority from others' books/These earthly godfathers of heaven's lights/That give a name to every fixed star/Have no more profit of their shining nights/Than those that walk and wot not what they are./Too much to know is to know nought but fame;/And every godfather can give a name./ KING: How well he's read to reason against reading.

Es interesante notar, sin embargo, que las materias destacadas del aprendizaje libresco de De Vere son el Francés y el Latín, y en este sentido podemos citar de nuevo el testimonio del importante biógrafo moderno de Shakespeare acerca de los logros lingüísticos del dramaturgo:

«Con los idiomas francés y latín, en efecto, y con muchos poetas latinos del programa escolar, Shakespeare en sus escritos reconoció abiertamente sus relaciones. En *Enrique V* el diálogo en muchas escenas se realiza en francés, preciso gramaticalmente si no idiomáticamente.» (SIR SIDNEY LEE: *Life of Shakespeare*)

En otras palabras, el francés de Shakespeare no era solo un francés escolar, sino la palabra viva de un hombre familiarizado con el idioma en relación directa con los procesos mentales, y esto casi trescientos años antes de que el método oral de la enseñanza de idiomas se introdujese en los programas escolares. De igual modo, la facilidad de Edward de Vere en el uso del francés era tal que una de las pocas misiones oficiales que se le encomendaron fue recibir y conducir a un emisario importante de Francia. De nuevo, por sí misma, la cuestión podría parecer bastante nimia. No obstante, la razón por la que nos extendemos en ella, y citamos autoridades shakespearianas en la materia, es mostrar que quizá de Edward de Vere no exista registrado ningún hecho relevante, pero tenemos a un erudito shakespeariano que ha afirmado lo que es también verdad del escritor de las obras teatrales.

Además de las ventajas de la mejor instrucción privada tuvo también una educación universitaria; primero en el Queens' College, de Cambridge, y luego en el St. John's College. Posteriormente se graduó en ambas universidades. Con todo, las referencias a este asunto son curiosamente escasas y dejan la impresión de que simplemente jugueteó por corto tiempo con la vida universitaria, que no contaba mucho para él. Tampoco

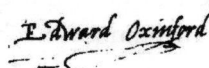

Carta escrita en francés, a los 13 años de edad, por Edward de Vere a sir William Cecil, maestro de los pupilos reales, en agosto de 1563

se dan las fechas de su residencia, y juzgamos que los grados fueron doctorados honoris causa en ambos casos, concedidos en años posteriores. Algunos escritores afirman que Shakespeare muestra un conocimiento de las universidades. Esa clase de relación que Edward de Vere tuvo con ellas sería suficiente para explicar tal conocimiento, mientras que la parte aparentemente pequeña que desempeñaron en su vida estaría muy de acuerdo con la casi desdeñable porción que los asuntos universitarios ocupan en las obras teatrales. Solo hay dos ocasiones en que Shakespeare menciona la palabra «universidad». Hamlet, burlándose de Polonio, lo sonsaca, excitando su vanidad, sobre lo que había hecho «en la universidad». La otra ocasión es cuando otro anciano, Vincencio, evocando ligeramente a Polonio, se lamenta en *La fierecilla domada*: «¡Oh, estoy acabado! ¡Estoy acabado! Mientras hago de buen marido en casa, mi hijo y mi criado gastan todo en la universidad».* Puede que el dramaturgo tuviese en su imaginación la misma personalidad en ambos casos.

La vida de Oxford en casa de Cecil parece haber distado de ser feliz, porque durante estos años, entre la muerte de su padre y su mayoría de edad, buscó en primer lugar librarse de ella solicitando algún empleo militar. Quizá tenía la idea, también, de adquirir gloria militar, bastante en consonancia con las tradiciones familiares y los logros posteriores de sus primos, los «Veres guerreros». Está claro, no obstante, que su relación con la familia Cecil no fue armoniosa. De todas maneras, su historial, que tiene su origen evidente en fuentes de Cecil, apunta a que se peleó con otros miembros de la familia. En vista de que, cuando Oxford entró en la casa, Anne Cecil era una niña de cinco años, Robert Cecil estaba todavía por

---

* O, I am undone! I am undone! while I play the good husband at home, my son and my servant spend all at the university.

nacer y Thomas Cecil ya se había ido de casa, no es fácil ver quién habría para discutir con excepción de la irascible señora Burleigh. Se mencionan las peleas con el propósito evidente de probar que era pendenciero. Lo que no se menciona, quizá debido a que el registrador de entonces no lo había observado, es que tres de los nobles más hostiles a los Cecil y a la facción Cecil en la corte de Isabel, habían sido todos pupilos reales, habiendo tenido al gran lord Burleigh como su tutor (Edward de Vere, conde de Oxford; Henry Wriothesley, conde de Southampton, y Robert Devereux, conde de Essex). Estos nobles, al parecer, no consideraron una gran bendición el haber recibido las atenciones paternas del gran ministro y no guardaron ningún afecto particular a la familia. Por lo que al conde de Oxford se refiere, cualquier desastre que pueda haber ocurrido en su vida, estamos seguros, tuvo su inicio en la muerte de su padre, la ruptura de sus lazos familiares y las influencias combinadas de la corte de Isabel y de la casa de Burleigh, de las cuales estaba ansioso por escapar. La expresión de todo esto se oye en el soneto 111:

> ¡Oh!, por mi bien, reñid a la Fortuna,
> diosa culpable de mis actos malos,
> que nada dio mejor a mi existencia
> que medios públicos y formas públicas.
> De ahí el que mi nombre esté marcado
> y mi naturaleza sometida
> a su trabajo, como el tintorero.* (*)

---

* O! for my sake do you with Fortune chide/The guilty goddess of my harmful deeds;/That did not better for my life provide/Than public means that public manners breeds./Thence comes it that my name receives a brand,/And almost thence my nature is subdued/To what it works in, like the dyer's hand.

(*) Sería difícil expresar con más claridad una conciencia de clase aristocrática. *(N. del T.)*

El intento de explicar este pasaje como el lamento de William Shakspere por una carrera pública, en la edad adulta temprana, que lo estaba elevando de la pobreza y la oscuridad a la riqueza y la fama, después de haber dejado (en la teoría stratfordiana) una vida de hogar sana e ilustrada por una educación superior, es un espécimen de comentario explicativo igual de grotesco que esa teoría que ha sido responsable de él. La participación activa de Burleigh en los problemas de Oxford pertenece a una etapa posterior de nuestra historia. Nuestro asunto presente son los nueve años en que Oxford fue pupilo real (de los 12 a los 21 años), propiamente el período de su educación. En estos años nos lo encontramos teniendo aquellas mismas experiencias que, con sus propios antecedentes familiares y la evidente inclinación de su genio, proveen del tipo exacto de formación necesaria para la producción de las obras de Shakespeare en varios de sus elementos esenciales. Sin ser en realidad un príncipe de sangre real, estaba tan cerca de serlo en todas las cuestiones materiales de nuestro argumento, que puede mirarse de ese modo. Disfrutó de una fácil familiaridad con la reina; la acompañó en sus viajes; parece que en su vida temprana se tuvieron verdadero afecto; y más tarde, a medida que se hizo adulto, recibió tales atenciones de la reina, ahora de mediana edad, como para provocar que a causa de ello su airada suegra la tomase por su amante real. Aparece una entrada en los papeles calandrados del Estado que indica que una de las partes aseveró que «la reina pretendió al conde de Oxford, pero él no aceptaría». (Papeles nacionales para 1601-3, pág. 56). De hecho Isabel mostró una marcada indulgencia con lo que parecía rebeldía en él; y cuando, de nuevo en un momento posterior, surgió la disputa entre él y Sidney, ella se puso de su parte y exigió una disculpa de Sidney (basando su exigencia, se dice, en el rango

263

superior de Oxford). Ya hemos llamado la atención sobre el carácter sorprendente de la analogía entre Oxford y el personaje central de *A buen fin no hay mal principio*, Beltrán, conde del Rosellón, a la que ahora hemos de añadir esta proximidad en el rango social y las relaciones íntimas con la realeza, a la que Elena se refiere en su conversación con el rey. Será interesante observar también el énfasis dado, tanto en esta obra como en *Hamlet*, a la idea de que en virtud de su nacimiento los personajes principales no tenían libertad personal de elección en materia de matrimonio.

Antes de dejar la reflexión sobre estas influencias formativas en la vida temprana de Oxford, volvemos a lo que se ha registrado especialmente de él: que aprendió a «bailar, montar y disparar». La habilidad de Oxford en el baile y su influencia sobre la reina la destaca un escritor inglés de la época, mientras que una ilustración interesante de ello aparece en los papeles españoles calandrados del Estado: cuando el duque de Anjou visitó Inglaterra, Isabel hizo llamar a Oxford para que viniese y danzase ante el duque, pero este se negó a hacerlo, aunque fue llamado varias veces. Por lo que atañe al baile, es evidente que «Shakespeare» estuvo bien familiarizado con él, como se muestra por el número de referencias al baile y su conocimiento de los nombres de los diferentes tipos de danzas y pasos. Estas referencias, en cambio, no parecen expresar entusiasmo alguno con el baile, ni sugerir que ocupase en absoluto una posición destacada entre los intereses de Shakespeare. De hecho Beltrán, en *A buen fin no hay mal principio*, parece más bien estar expresando la actitud propia del autor cuando se queja de tener que

> ¡Aquí me quedaré, […]
> chirriando mi calzado en la tarima,

ganando otros honor y yo ni espada
tengo si no es para bailar con ella!*

Es la actitud de un hombre que bailaba porque se le negaba una salida más viril de sus energías, tal vez avergonzado en secreto de su propio logro y reticente a ponerse en exhibición. De nuevo, en cuanto al tiro, si se entiende que se trata de tiro con armas de fuego, hay menos que nada en los versos de Shakespeare; pero si se alude a tiro con arco, entonces es típico de él en todos los sentidos. En Shakespeare hay, desde luego, referencias a las armas de fuego; en uno o dos casos él usa incluso términos inusuales; pero respecto al tiro con arco su vocabulario es casi tan rico y sus ilustraciones sobre él casi tan abundantes como en el caso de la cetrería; así que, al examinar la cuestión, uno ahora se pregunta cómo pudo pasarse esto por alto al principio de nuestra investigación, cuando se especificaron las características principales.

Lo más importante de todo, no obstante, es la cuestión de la equitación de De Vere. No solo Oxford aprendió a montar, sino que en aquellos días en que la equitación estaba tan en boga como acaso no vuelva a estarlo, y cuando se adquiría tanta destreza en el manejo del caballo, él fue uno de los que destacó sobre todo en justas y torneos, y recibió muestras especiales del aprecio real por su destreza. La equitación era, por consiguiente, una inclinación suya muy acentuada. También su padre había poseído caballos valiosos, de los que hizo mención especial en su testamento, según dice Arthur Collins en su *Historical Recollections of Noble Families*.

Volviendo ahora a las obras de Shakespeare, sentimos de

---

* I shall stay here […]/Creaking my shoes on the plain masonry,/ Till honour be bought up and no sword worn/But one to dance with!

nuevo que fue otra omisión grave no haber mencionado a los caballos en nuestra declaración original de intereses de Shakespeare. Nos topamos con que en Shakespeare hay más acerca de los caballos que en casi cualquier tema de la naturaleza humana externa. Hasta nos sentimos tentados a decir que Shakespeare los introduce en la esfera de la naturaleza humana. Hay en él, por supuesto, un íntimo conocimiento de los diferentes tipos de caballos, su peculiaridades físicas, todos los detalles que van a conformar un buen o un mal espécimen de una variedad concreta, casi un conocimiento veterinario de sus enfermedades y tratamientos. Pero por encima de todo ello hay un tratamiento distintivo del tema que eleva a un caballo casi hasta el nivel de un ser con naturaleza moral.

Por ejemplo, en *Venus y Adonis*, tenemos lo que es en realidad un poema dentro del poema, que asciende a más de setenta versos, en el que un mero instinto animal es elevado en los caballos a la dignidad de una compleja y exaltada pasión humana.

O bien, tomemos el siguiente diálogo de *Ricardo II*:

> PALAFRENERO: ¡Oh, cuánta ansia en mí, al contemplar entonces,
> por la coronación, las calles londinenses,
> montando Bolingbroke el roano berberisco!
> Aquel que vos montabais con tanta asiduidad,
> aquel que yo domé tan cuidadosamente.
> REY RICARDO: ¿Montó el berberisco? Dime, gentil amigo,
> ¿qué tal iba el caballo?
> PALAFRENERO: Altivamente como si desdeñase el suelo.
> REY RICARDO: ¡Altivo por llevar encima a Bolingbroke!
> Ese rocín había comido en mi real mano,
> la que con sus palmadas lo hizo así de altivo.
> ¿No pudo tropezar? ¿Y no lo echó al suelo,
> pues la altivez debiera caer, romper el cuello

del orgulloso ese que le usurpaba el lomo?
¡Perdón, caballo mío! ¿Por qué he de censurarte?*

Se lee como una experiencia personal verdadera, como si la persona que lo escribió supiese lo que era ser dueño de un caballo valioso y sufrir la mortificación de ver al animal que él amaba, pasando, como resultado de sus desgracias, poseído por otro: una experiencia que muy probablemente ha de haber soportado Edward de Vere.

Al trabajar así a partir de la vida temprana de De Vere, poco queda por decir de las obras de Shakespeare. Con los escasos materiales que tenemos ante nosotros es imposible imaginar la vida del poeta durante esos primeros años. Si había empezado o no a escribir poesía no lo podemos afirmar. Los poemas que tenemos ante nosotros, parecen, por sus contenidos, pertenecer sobre todo a la primera parte de los próximos diez años, cuando él contaba entre los veinte y treinta años de edad. No obstante deseamos dejar caer la sugerencia de que puede valer la pena que lo examinen los hombres de letras. En *England's Helicon* hay un conjunto de poemas de mérito superior que, aun así, nos parecen inferiores a la poesía de

---

* GROOM: O! how it yearn'd my heart when I beheld/In London streets that coronation day,/When Bolingbroke rode on roan Barbary./That horse that thou so oft hast bestrid,/That horse that I so carefully have dress'd./KING RICHARD: Rode he on Barbary? Tell me, gentle friend,/How went he under him?/GROOM: So proudly as if he disdain'd the ground./KING RICHARD: So proud that Bolingbroke was on his back!/That jade hath eat bread from my royal hand,/This hand hath made him proud with clapping him./Would he not stumble? Would he not fall down,/Since pride must have a fall, and break the neck/Of that proud man that did usurp his back?/Forgiveness, horse! Why do I rail on thee?

Edward de Vere ya examinada. Aparecen sobre la firma de Shepherd Tony y constituyen otro de los misterios de la literatura isabelina. Sin embargo contienen ciertos signos de la obra de Edward de Vere, y no es imposible que puedan incluir sus esfuerzos juveniles más tempranos. Pues, sin perjuicio de la evidencia de que su obra más conocida pertenece sobre todo a sus primeros años, parecen demasiado hábilmente hechos para haber sido su primera producción. Incluso parecen exigir un «antecedente en alguna parte», y Shepherd Tony puede representar ese antecedente. Estos poemas en particular parecen contener bastante más de la afectación de la temprana poesía isabelina que la obra reconocida de De Vere, y no siempre poseen la misma suavidad de dicción. Al mismo tiempo señalan un claro avance en la dirección del realismo; y un poema de Shepherd Tony, *Beauty sat bathing by a spring,* que erróneamente se ha atribuido a Anthony Munday, significa una ruptura muy decidida con la obra más débil de la época isabelina anterior.

Antes de dejar esta primera etapa de su carrera, podemos añadir un memorándum algo inexplicable de Cecil referente a sus asuntos, de fecha 10 de julio de 1570, y preservado en los manuscritos Hatfield. Corría el rumor de que Cecil estaba gestionando los asuntos de Oxford en materia de tierras, con ventaja para sí y en detrimento de Oxford, una cuestión sobre la que este lo atacó unos seis o siete años más tarde. Cecil contradice rotundamente la acusación, y continúa:

> Quienquiera que diga que me quedé aquí con el dinero de mi señor de Oxford, así como que él no tuvo dinero alguno en Italia durante seis meses, tampoco dice la verdad.

No podemos encontrar ninguna otra indicación de que Oxford visitase Italia antes de su gira de 1575 y 1576.

Este capítulo en su conjunto puede decirse que es un resumen que trata de fundamentos biográficos; todos sus datos se reflejan directamente en la literatura de «Shakespeare». La reputación con que lo grabó un «vulgar escándalo» se representa en los sonetos. Su orgullo de nacimiento se expone a través de los dramas y se refleja especialmente en la parcialidad de Shakespeare hacia los condes de Oxford. El cargo hereditario de su familia tal vez esté aludido en los sonetos. Su orfandad, la tutela real y detalles de su vida temprana se representan en *A buen fin no hay mal principio*. Detalles de su educación, sobre todo la parte ocupada por su tío, Arthur Golding, se reproducen en las características destacadas de la educación de «Shakespeare», según lo ofrecido por stratfordianos eminentes. La importancia del Derecho en «Shakespeare» encuentra por primera vez una explicación consecuente con todos los demás requisitos de la obra. Por lo que preguntamos otra vez: ¿es todo esto mera casualidad?

William Cecil (1520–1598), 1.ᵉʳ lord Burghley, en un retrato atribuido a M. Gheeraedts, en la National Portrait Gallery de Londres

CAPÍTULO X

MAYORÍA DE EDAD DE EDWARD DE VERE

Como los papeles de Burleigh son la principal fuente original en materia biográfica relacionada con la vida privada del conde de Oxford, y los escritores de quienes dependemos para la mayoría de nuestros datos están marcados por su parcialidad a favor de Cecil, es necesario señalar que, si bien aceptamos muchos de los hechos bajo su autoridad, estos escritores no tienen en ningún grado la responsabilidad de la interpretación de los hechos. Ella es totalmente nuestra.

Al llegar a la mayoría de edad, en abril de 1571, Oxford tomó asiento en la Cámara de los Lores, y en el mismo año se distinguió en una justa solemne que se celebró en presencia de la reina, en Westminster. En diciembre del mismo año, con el consentimiento de la reina, se casó con Anne, hija de lord Burleigh. La reina «asistió a la ceremonia, que se celebró con gran pompa».

Como ya hemos tenido ocasión de señalar el notable paralelismo entre el caso del conde de Oxford y el Beltrán de *A buen fin no hay mal principio*, ahora debemos añadirle este hecho de su matrimonio con una joven con la que se había criado. No obstante en el caso de Beltrán habían vivido juntos en su propia casa, mientras que en el caso de Oxford habían convivido en casa de la señora. Si hemos de creer la información contemporánea sobre el asunto, el parecido entre los dos casos se extiende a pormenores aún más interesantes. Elena era socialmente inferior a Beltrán. En la primera parte de la obra teatral él no muestra ninguna inclinación hacia esta joven que está enamorada de él, y es ella la que persigue al joven hasta que tiene éxito en conseguirlo como marido.

> ELENA: Humilde es mi nombre, el suyo ilustre;
> oscuros son mis padres, los de él nobles;
> es mi amo y mi señor querido, y yo
> su sierva y moriré vasalla suya.*

Podemos señalar de paso que es difícil de creer que estas palabras pudieran haber sido escritas por cualquiera que no fuese un aristócrata en quien el orgullo de nacimiento era un sentimiento pronunciado. También podemos comparar los últimos versos de este pasaje con la parte final del poema *Eco* de De Vere:

> ¿Podré yo enamorarlo? ¿Mi amor aceptará?
> ¿He de pagar su cuna con mi fe y moriré?

La mayoría de las personas estarán de acuerdo en que la semejanza de estos dos pasajes es sorprendente.

Ahora bien, no solo Anne Cecil pertenecía a la nueva clase media emergente, tan despreciada por los pocos representantes que quedaban de la antigua aristocracia, sino que un contemporáneo, lord St. John, nos ha informado de que «el conde de Oxenforde ha conseguido una esposa, o al menos una esposa lo ha atrapado a él. Esta es la señora Anne Cecil, y la reina ha dado su consentimiento». Se puede concluir, por lo tanto, que el conde de Oxford supuestamente no se había mostrado muy activo en llegar al matrimonio. Con razón o

---

* HELEN: I am from humble, he from honour'd name;/No note upon my parents, his all noble:/My master, my dear lord he is; and I/ His servant live, and will his vassal die.

sin ella, otros consideraron el matrimonio de Oxford con la hija de Burleigh de la misma manera en que se representa el matrimonio de Beltrán con Elena. Todo esto se lee con mucha extrañeza en vista de la edad de la novia, pues Anne nació el 5 de diciembre de 1556. Al igual que Julieta, no contaba, pues, sino catorce años de edad en el momento en que se celebró la boda y cuando se hicieron todos los preparativos. El matrimonio en sí parece simplemente haberse retrasado hasta el momento en que ella cumpliría los quince años.

Esta combinación de juventud extrema con los modales y la conducta de una mujer madura, comunes a Julieta y Anne Cecil, los encontraremos en una posterior representación dramática de lady Oxford. La semejanza con Julieta, sin embargo, ha de verse a la luz de la notable correspondencia de datos literarios entre la obra de De Vere y la obra teatral de Shakespeare *Romeo y Julieta*. Esta obra es reconocida como una de las primeras producciones del autor, y también es interesante notar que el Sr. Frank Harris elige a Romeo como una autorrepresentación personal de Shakespeare en sus primeros años.

El parecido entre lady Oxford y Elena, que es de lo que nos estamos ocupando, se ve respaldado por cartas en los manuscritos Hatfield, donde se indican su pequeña estatura y sus dulces maneras. En dos ocasiones escritores diferentes hablan de ella como la «dulce condesita de Oxford», precisamente como de Elena, en *A buen fin no hay mal principio*, se habla como la «pequeña Elena» (I, 1) y la «dulce Elena» (V, 3), siendo este último epíteto especialmente enfatizado por repetición.

Lo que realmente puedan haber sido las relaciones de Oxford y su esposa es uno de los secretos que se han ido a la tumba para siempre. Sin embargo tenemos impresiones registradas que claramente se derivan de fuentes hostiles de Cecil. Por otro lado, el mismo Oxford guarda un silencio casi completo, a prueba de toda provocación, y sus enemigos lo llaman berrinche. Lo único claro de esto es que la unión no fue feliz y tuvo una marcada influencia sobre su carrera. En tal caso, el asunto concierne a nuestra presente investigación.

Ya se ha aludido a la rivalidad entre Oxford y Philip Sidney. Ahora nos topamos con que en primer lugar se había propuesto a Sidney como marido para Anne Cecil, y la conducta del padre de ella en las negociaciones, aunque pueda agredir a un aristócrata, a un inglés corriente le parece una sórdida negociación sobre cómo deshacerse de una hija, y bien pudo ser de ese modo. Sidney, pese a sus relaciones familiares y perspectivas personales, que claramente habían sido suficientes para satisfacer las demandas de un suegro al que se iba a ennoblecer como lord Devereux, era, aun así, un hombre demasiado pobre para satisfacer la codicia del sir William Cecil de entonces. Él ha de procurar a su hija, dice, un marido más rico que el maestro Philip Sidney. Con todo, se superó la dificultad y se tomaron los acuerdos para el matrimonio de Anne Cecil y Sidney, aunque ambos eran poco más que niños en aquel momento, pues Sidney tenía cuatro años y medio menos que Oxford, mientras que Anne tenía solo 12 años en 1569, cuando se hizo arreglo el matrimonial.

Por los días en que se concertó el matrimonio entre Anne y Sidney, el conde de Oxford estaba socialmente «fuera del alcance de Anne». Ahora bien, la atención de Cecil al ascenso material y social de su propia familia es una de las características destacadas de su política. Desde este punto de vista el matrimonio de su hija con uno de los principales de la antigua nobleza, y hombre de vastas posesiones, sería una gran adquisición y la gratificación de una gran ambición personal. Estas conexiones sociales claramente significaban mucho para él, pues había pretendido una ascendencia aristocrática y había fallado. Ahora bien, si realmente Isabel iba a sancionar o no tal alianza podría considerarse sumamente dudoso; y si iba a consentir, tal consentimiento sería una concesión a Cecil casi tan grande como lo fue la del rey y la reina de Dinamarca al matrimonio de Hamlet con la hija de Polonio.

Lo que puede haber ocurrido «entre bastidores» tal vez nunca lo sabremos; pero nos encontramos con que a principios de 1571 se elevó a Cecil a la dignidad de par con el título de lord Burleigh, se canceló el acuerdo del matrimonio con Sidney, la reina dio su consentimiento al de Oxford con Anne, la hija de Burleigh, y hacia finales de ese mismo año la boda tuvo lugar en presencia de la reina, siendo «celebrada con gran pompa». No es improbable, pues, que Burleigh debiese su propia nobleza a la propuesta de matrimonio.

Una circunstancia muy curiosa, que sugiere más negociación sórdida, es lo que se registra acerca de Burleigh y de fincas de Oxford. Entre las extensas fincas de los De Veres, las dos asociadas más directamente con la familia parecen haber sido las de Earls Colne y Hedingham en Essex. Ahora bien, nos topamos con que poco después de su matrimonio el conde de Oxford transfirió el importante dominio ancestral del castillo de Hedingham a su suegro. Es imposible conjeturar qué influencias puedan haber intervenido para hacer que renunciase al castillo de Hedingham en favor de Burleigh; pero cuando descubrimos que su suegro se había estado quejando de su pobreza solo unos pocos años antes, que había conseguido ser maestro de corte de los pupilos reales, y que cuando murió dejó trescientas fincas, no se necesita ningún esfuerzo de imaginación para suponer que había sido capaz de ejercer sobre los asuntos de otros pupilos reales algo del mismo tipo de influencia indebida que había sido claramente capaz de ejercer sobre su joven yerno.

Por consiguiente, si hay algún carácter en las obras de Shakespeare que podríamos identificar con Burleigh, de haberlo comparado él con Jefté, como hizo Hamlet con Polonio, habría sido algo así como una difamación para Jefté. Pues la conducta de este personaje del Antiguo Testamento hacia su hija parece muy respetable en comparación con los tratos sórdidos del gran lord Burleigh; y las lágrimas que este último parece haber derramado ostentosamente por la muerte de aquella a quien llamó su «filia carissima» debieran haber surgido del dolor de la vergüenza y el arrepentimiento más que del dolor de la pérdida. Con ocasión de los problemas posteriores Burleigh echó gran parte de la culpa al comportamiento de Oxford mientras era un interno en su casa, y si se encontrase que sus acusaciones estaban bien fundadas, solo harían más despreciable el sacrificio que él hizo de su «filia carissima» por ambición personal y familiar. No puede tenerlo todo.

Así pues, pese al consentimiento real, la pompa de la ceremonia y los grandes festejos, es evidente que la boda no había tenido lugar con el más feliz de los auspicios para las personas directamente interesadas. A todos estos inconvenientes debe añadirse el hecho de que la joven pareja parece haber permanecido bajo la custodia y dirección de la señora del padre, la que, como vamos a mostrar, era tan incompatible con su marido en la disposición, los intereses y las circunstancias como solo una persona podría serlo con otra. También la suegra de Oxford fue un factor importante a tener en cuenta. La severa y vigilante Sra. Burleigh parece que consideró parte de su deber el mantener una estricta vigilancia sobre su joven yerno, y no temía reprender a la gran reina Isabel en persona, de casi cuarenta años de edad, por intentar coquetear con el joven. La enojada réplica de la reina, de que «su señoría (Burleigh) guiña el ojo en asuntos amorosos», es ilustrativa en más de un punto y nos ayuda a imaginar toda la situación moral. En fin, sean cualesquiera los hechos reales detrás de las acusaciones generales de Burleigh contra Oxford mientras este estaba recluido en la casa de Cecil, es bastante evidente que la relaciones de Oxford con la familia no habían sido armoniosas, y solo la mejor de las suertes y la mayor circunspección en todas las partes podrían haber evitado el desastre.

Como la personalidad del gran ministro de Isabel se cernió sobre la vida del poeta durante los años inmediatamente después de la boda, y acaso influyó sobre el conjunto de su carrera, hace falta sopesar debidamente el carácter de su relación. No forma parte de nuestro asunto estimar el valor de Burleigh como estadista o político, ni siquiera evaluar por entero su moralidad. Son sus relaciones con un hombre lo que nos concierne, y cómo estas relaciones habrían marcado al hombre en cuestión. En resumen, nos interesan sobre todo las relaciones de Burleigh con Oxford desde el punto de vista de Oxford.

Por un lado tenemos a un hombre que por muchos años había mantenido una posición suprema en el mundo de la política, en un momento en que tal eminencia solo podía ser asegurada y retenida por el más astuto oportunismo. Por otro lado tenemos a un hombre muy joven, poco más que un niño, con el temperamento sensible e idealista del poeta, profundamente atento a los movimientos literarios e intelectuales de su tiempo, y con un apego ferviente al orden feudal que se iba, cuyos principios sociales y morales estaban en directo desacuerdo con el oportunismo político de la época en la que vivía. Para el joven, la política, en su sentido contemporáneo, sería una abominación tan grande como era un interés dominante en la mente del hombre mayor. Es difícil, pues, concebir dos hombres más concienzudamente opuestos y con menos probabilidad de entenderse. Entonces, si recordamos que el menor había estado sometido al dominio del mayor desde la infancia, dice mucho de la fuerza de carácter del primero y la decidida inclinación de su genio el que su obra literaria y su inclinación poética no fuesen aplastadas por el peso de las influencias que obraban contra ellas.

Como algunos admiradores de Burleigh han pretendido que su influencia fue favorable al movimiento literario de la época, tal vez nosotros podamos juzgarlo mejor al respecto señalando su relación con el segundo genio de ese tiempo, el poeta Spenser. Bastarán una o dos expresiones tomadas de la vida del poeta, de Church:

> La aversión de Burleigh a Spenser. (Pág. 47)
> Burleigh lo detestaba a él y sus versos. (Pág. 87)
> En virtud de lo que se pensaba comúnmente de la enrevesada y tacaña administración de Burleigh, [...] parecía como si la poesía de la época estuviese desfalleciendo en el frío desánimo. (Pág. 107)

Ningún tratamiento de la cuestión de las relaciones de Burleigh con otras personas sería adecuado si se omitiese mencionar el sistema de espionaje que él practicó. Hasta sus panegiristas están obligados a admitir el largo alcance y las complejas ramificaciones del sistema que estableció, la aplicación del mismo incluso a aquellos servidores del Estado que tenían todas las razones para creerse de la mayor confianza, y el carácter bajo, sin escrúpulos de los agentes que empleó para vigilar a personas de alto rango y honor aceptado. El artículo sobre Burleigh en el *Dictionary of National Biography*, que es muy parcial con su tema, sin embargo admite todo esto, y aparece ocasionalmente en la «Vida de Spenser», de la que hemos hecho un uso frecuente. Desde luego, sus admiradores encuentran una justificación para esto en los peligros a los que estuvo expuesta su vida. Otros hombres, no obstante, en una posición elevada han estado expuestos a semejantes peligros y algunos han tenido que protegerse a sí mismos por medios similares, pero han sido capaces de hacerlo sin ultrajar el sentido de la decencia en la misma medida en que lo hizo Burleigh. Por otra parte es bastante evidente, a resultas de la obra de G. Ravenscroft Dennis, *The House of Cecil,* que cuando su hijo mayor, Thomas, más tarde conde de Exeter, estaba en París, Burleigh lo observó y vigiló en secreto, muy en la forma como Polonio empleó al espía Reinaldo. En este caso ninguna excusa como la ofrecida sería aplicable. Ello parece más la insensibilidad de una naturaleza vulgar a los requisitos de la decencia común. El hombre que, después de encumbrarse por medio de su patrono, el duque de Somerset, se salvó a sí mismo, cuando su patrono cayó, redactando los artículos de impugnación contra su benefactor, quizá fuera incapaz de creer que otros podían actuar por motivos más elevados y no estaba dispuesto a confiar en nadie. Ciertamente, nadie podía sentirse libre de las atenciones de los espías de Burleigh, y menos que todos el yerno que sabía que por debajo de cualquier demostración externa de cordialidad había entre ellos una antipatía natural y arraigada.

En estos métodos de espionaje de Burleigh podemos acaso encontrar una explicación a un misterioso incidente registrado como ocurrido antes de la boda de Oxford, sobre todo si suponemos que Oxford es «Shakespeare». Oxford había infligido una herida a un ayudante de cocinero, empleado de Burleigh, y por desgracia esta herida resultó fatal. No se nos transmiten las circunstancias, quizá porque se desconocen, pero, como todo lo demás, es preciso que el suceso se ajuste al descrédito de Oxford. Ahora, recordando los métodos de espionaje de Burleigh y las peculiares circunstancias bajo las cuales Polonio recibió su herida mortal de manos de Hamlet, tal vez podamos encontrar en el drama una sugerencia de algo que había ocurrido realmente en la experiencia de su autor; sobre todo en vista de la exclamación de Hamlet:

> ¡Tú, miserable, imprudente, necio entrometido, adiós!
> *Te tomé por más listo.**

Por lo tanto, si en Shakespeare hay algún personaje a quien podríamos identificar con Burleigh, debemos esperar encontrar entre sus características una astucia al acecho. Y este es, desde luego, el caso de Polonio.

En el conflicto apenas velado entre los dos hombres es evidente que Burleigh no se salió siempre con la suya. Acostumbrado como estaba al pensamiento de que otros cedían a su dominación (acaso menos verdadera de lo que se imaginaba, cuando él parece haber sido más un instrumento en las manos de su avezada patrona y un poder dirigente menor de lo que suponía), tratado sin duda con deferencia extrema por una de las dinastías más autocráticas y despóticas, sin embargo se encontró rebatido, reprobado y puesto en apuros por un yerno que era poco más que un muchacho y que con seguridad consideró al gran ministro como perteneciente a una clase inferior.

Es difícil entender el punto de vista de los escritores que hablan de la «ingratitud» de Oxford hacia Burleigh y de que

---

* Thou wretched, rash, intruding fool, farewell! / *I took thee for thy better.*

se agregó a la eminencia de este por matrimonio. El hecho es que se limitan a repetir el juicio de Burleigh como aparece en los documentos que él ha dejado. Como maestro de corte de pupilos reales, Burleigh había estado al cargo de Oxford y usado su posición tanto para elevar el prestigio social de su propia familia como para aumentar sus propias fincas. Por lo que se refiere a De Vere es difícil ver qué ventaja sustancial sacaba de su relación con Burleigh, mientras que este fue sin duda el causante de un gran acuerdo que actuó como un lastre sobre la vida de su yerno, interfiriendo en la expansión natural de sus facultades, intensificando los disgustos de sus problemas domésticos y adhiriendo un estigma a su reputación. Ya nos hemos referido a Burleigh en su represión reiterada del deseo que Oxford tenía de una carrera más útil y una experiencia más amplia de la vida, y cualquier razón que haya podido dar para ello, está bastante claro que detrás de todo no había ninguna simpatía verdadera hacia el hombre más joven. La pretensión de un buen motivo detrás de la negativa reiterada (su esperanza de que la reina pudiera encontrar algo mejor para él) es tan a las claras un subterfugio como para hacer la hostilidad verdadera todavía más evidente.

Y no es el único caso en que nos topamos con Burleigh tratando de dar un lustre de simpatía a sus intentos de agraviar a su yerno. Algunos años más tarde, cuando Oxford estaba en problemas con las autoridades, encontramos a Burleigh apelando a Raleigh y Hatton para que usasen su influencia con la reina Isabel en nombre de Oxford. Al principio, esto se lee como un acto amistoso. Sin embargo, cuando recordamos que Raleigh fue tal vez el hombre en la corte con quien su amante real disfrutó más al burlarse; cuya influencia verdadera con la reina era prácticamente desdeñable, y que entre él y Oxford hubo una rivalidad de larga data; si a todo esto le sumamos el hecho de que Burleigh, al apelar a Hatton, aprovecha la ocasión para reunir todos los cargos que puede formular contra el mismo hombre por quien se supone que intercede, y los vierte en oídos poco amigables (pues Hatton también fue de la parte enemiga y escribió una carta de queja a la reina Isabel hablando de sí mismo como la «oveja» y de Oxford como el «jabalí»), solo podemos admirarnos de la torpeza de una maniobra que ni siquiera tiene derecho a ser clasificada como astucia rastrera.

Ya que se nos ha deparado la ocasión de mencionar la relación poco amigable de Oxford y Raleigh, podemos ver un reflejo de ella en la alusión de Shakespeare al «santurrón pirata que se hizo a la mar con los Diez Mandamientos, pero eliminó uno de la tabla, "No robarás"» (*Medida por medida*). Porque no es fácil conciliar el pietismo religioso de la poesía de Raleigh con alguno de sus conocidos episodios marineros. Las normas morales de la época son a veces aducidas como atenuante de los hechos de Raleigh, pero el mismo Burleigh, dicho sea en su favor, desaprobó las piraterías del gran marino, aunque por otro lado veía que la reina se aseguraba una parte del botín.

Aún no podemos reunir como una verdadera secuencia los datos registrados de la vida temprana de Oxford. Es evidente, sin embargo, que tantos esfuerzos por obtener un alivio de la vida cortesana con una vida de experiencia más amplia y de mayor utilidad, como había hecho antes de su matrimonio, se repitieron después del mismo y todavía sin éxito, presentando un vergonzoso contraste con el trato que se dio a su rival Sidney. Oxford era una de las personas más destacadas y pudientes de la nobleza; Sidney en aquel momento era simplemente el maestro Philip Sidney, pues solo ascendió al honor inferior de la caballería tres años antes de su muerte. Se lo consideraba demasiado pobre para casarse con una hija de Burleigh, y era más de cuatro años y medio menor que Oxford. Con todo y eso, a la edad de diecisiete años Sidney comenzó sus viajes por el continente y visitó París, Francfort, Viena, Hungría y Venecia, habiéndosele dado todas las facilidades para conocer personas importantes. Del otro lado, Oxford, con su posición social superior, su riqueza, cultura y genio, a la edad de veinticuatro años aún tenía que quedarse en casa encadenado por un suegro desagradable. Es difícil, aun para quienes no están en modo alguno involucrados, y después de un lapso de casi trescientos cincuenta años, contemplar semejante trato sin un sentimiento de indignación. Definitivamente el hombre que fue responsable de ello no era amigo del conde de Oxford.

Por fin, en vista de sus súplicas inútiles, resolvió tomarse la justicia por la mano, y en 1574, sin el consentimiento de las autoridades, dejó el país para cumplir su propósito de viajar por el continente. Había llegado más allá de los Países Bajos cuando lo rebasaron los emisarios de Burleigh y lo trajeron de vuelta. Una vez más nos encontramos con el extraordinario paralelismo mantenido entre el conde de Oxford y Beltrán en *A buen fin no hay mal principio*. Beltrán había rogado en vano que se le permitiese realizar el servicio militar igual que Oxford había hecho. Aquel había rogado viajar solo y lo desanimaron con excusas falaces: «demasiado joven», y «el próximo año», y «demasiado pronto». Hasta que, cediendo a la sugerencia de algún amigo (Acto II, 1) exclama, en un pasaje ya citado:

> Aquí me quedaré, corcel ocioso,
> chirriando mi calzado en la tarima,
> ganando otros honor y yo ni espada
> tengo si no es para bailar con ella.
> Mas ¡por los cielos! ¡Me escabulliré!

Es lo que hizo de inmediato.

Nos atrevemos a decir que sería difícil encontrar en cualquier lugar de la literatura inglesa una analogía más cercana entre los detalles narrados de un personaje ficticio y el detallado historial de una vida contemporánea como el que tenemos aquí entre Beltrán y el conde de Oxford. Ya se ha señalado la parcialidad de Shakespeare hacia los condes de Oxford *(Enrique VI, Tercera parte)*. Su interés en particular por el conde que entonces estaba vivo, y que era un poeta y dramaturgo, es la suposición más natural. Si, por lo tanto, el conde de Oxford fue o no el autor de la obra *A buen fin no hay mal principio*, a la vista del paralelismo incesante no puede dudarse que la persona que escribió la obra tenía en su mente al conde de Oxford como prototipo de Beltrán. Entre los registros de los pupilos reales de la época no podemos hallar ningún otro ejemplo que toque a Beltrán en tantos puntos. Así pues, reiterando un procedimiento en que hemos insistido desde el principio, haríamos hincapié en que descubrir tal paralelismo en las obras de Shakespeare, durante una fase avanzada de la investigación, fortalece nuestras convicciones enormemente más que si el caso de Beltrán y su analogía con Oxford hubiesen sido conocidos antes de hacerse la selección.

El punto especial que ahora estamos tratando, los obstáculos puestos en el camino a un hombre joven que quiere viajar, aparece de nuevo en *Hamlet*. Laertes solicita al rey permiso para viajar fuera, y el rey pregunta «¿Tenéis licencia ya de vuestro padre?». A lo que Polonio responde:

> La tiene, mi señor; él ha arrancado
> muy tenazmente mi permiso lento

y a duras penas sello su deseo.
Suplico, pues, que lo dejéis partir.*

Luego está la oposición del rey y la reina al deseo de Hamlet de ir a Wittenberg, y las falsas razones dadas:

> El rey: Nada más lejos del deseo nuestro:
> rogamos que aceptéis permanecer
> aquí, reconfortando nuestros ojos,
> cual noble principal, sobrino e hijo.**

Una vez más notamos que es Polonio quien sobre todo se opone a que viaje su hijo, exactamente como Burleigh mostró su misma oposición en una rotunda máxima política:

> No permitas que tus hijos crucen los Alpes [...] y si por viajar consiguen unos pocos idiomas rotos, no les aprovecharán más que tener una carne servida en diversos platos.***
>
> (Martin A. S. Home: *Burleigh's maxims*)

Reanudando la historia de la mayoría de edad de De Vere, nos encontramos con que al año siguiente a su intento fallido de visitar Italia se le concedió por fin el permiso de viajar al extranjero. Cuán importante fue este asunto para él puede juzgarse por el hecho de que se lo cita como «da ambición de su vida»; con todo, en ese momento él tenía veinticinco años y medio, y hombres inferiores a él habían gozado del privilegio durante su adolescencia. Incluso a esta edad él solo había

---

* He hath, my lord, wrung from me my slow leave/By laboursome petition, and at last/Upon his will I seal'd my hard consent:/I do beesech you, give him leave to go.

** It is most retrograde to our desire;/And we beseech you, bend you to remain/Here in the cheer and comfort of our eye,/Our chiefest courtier, cousin, and our son.

*** Suffer not thy sons to cross the Alps [...] and if by travel they get a few broken languages they shall profit them nothing more than to have one meat served up in divers dishes.

sido capaz de exprimir la concesión de Isabel por medio de súplicas; y teniendo en cuenta el favor y la indulgencia que la reina mostró hacia él tanto antes como después de esto, parece como si la concesión hubiera sido obtenida pese a la oposición encubierta de su suegro. En vista de todo ello, el discurso de Polonio recién citado es de una importancia extraordinaria. Por consiguiente, en octubre de 1575 llegó a Venecia, después de haber viajado a través de Milán.

Siendo nuestro propósito presente explorar en las obras de Shakespeare indicaciones de la vida y las circunstancias del conde de Oxford, no debemos dejar esta cuestión de los viajes al extranjero sin llamar la atención sobre la obra de Shakespeare en la que este tema recibe un trato especial, a saber, *Los dos caballeros de Verona.* La fecha generalmente asignada a esta obra es 1590-92; o sea, se reconoce como uno de las primeras piezas de Shakespeare, aunque no se publicó hasta que apareció en el edición *Folio* de 1623. Ahora nos topamos con que una obra teatral cuyo título evoca este otro la estaba representando la compañía de Anthony Munday, quien más de diez años antes de la fecha asignada a esta pieza admitió que él era sirviente del conde de Oxford. Como la obra teatral de Munday, *Los dos caballeros italianos,* puede haber constituido la base de la obra de Shakespeare, no es improbable que esta última fuese de hecho la primera obra de Shakespeare y quizá, si asumimos la autoría de De Vere, haya sido empezada poco después de su regreso de Italia. También vale la pena señalar que en ella la escena se traslada de Verona a Milán, una ciudad especialmente mencionada en el pequeño registro de los viajes de Oxford. Ya hemos tenido la ocasión, además, de indicar un paralelismo muy llamativo entre la obra temprana de De Vere y la discusión sobre el amor con la que abre esta obra en particular.

Sobre el tema de los viajes tenemos en primer lugar la declaración de Valentín, «Casera juventud, gustos caseros», seguida de su exhortación a Proteo:

> antes [...]
> mirar las maravillas extranjeras
> que hastiarse por gandulear en casa,
> gastando juventud en ocio informe.*

A continuación, en la escena 3, está el reproche de Pantino al padre de Proteus por haberle permitido

> pasar su juventud en su ciudad,
> mientras que otros de menor prestigio
> envían y promueven a sus hijos.**

Así que se pone a «importunarlo»

> para que no hagáis más que él pierda el tiempo,
> porque más tarde lo fastidiaría
> no haber viajado cuando aún era joven.***

A lo que el padre de Proteo responde:

> Ya he pensado en lo que se ha perdido
> y en cómo no ha de ser hombre perfecto
> de no llegar a instruirse por el mundo.****

Por un lado no podemos atribuir estos versos a un hombre indiferente a los viajes al extranjero, y por otro es difícil pensar

---

* Rather [...]/To see the wonders of the world abroad,/Than, living dully sluggardized at home,/Wear out thy youth with shapeless idleness.

** To spend his youth at home,/While other men, of slender reputation,/Put forth their sons to seek preferment out.

*** To let him spend his time no more at home,/Which would be great impeachment to his age,/In having known no travel in his youth.

**** I have considered well his loss of time,/And how he cannot be a perfect man,/Not being tried and tutor 'd in the world.

en ellos como escritos por alguien que había encontrado la manera de viajar al extranjero fácilmente abierta ante él. Todo apunta a un escritor que se había mortificado y aburrido «por gandulear en casa», que había tenido que luchar para conseguir por sí mismo «llegar a instruirse por el mundo», mientras que a «otros de menor prestigio» se les habían otorgado las ventajas que a él se le habían negado.

Antes de dejar la obra teatral de *Los dos caballeros de Verona*, nos damos cuenta de que al pasaje recién citado lo sigue otro que toca un punto ya mencionado en otra parte:

> Sería bueno, creo, enviarlo allí [a la corte real]:
> practicaría justas y torneos,
> oiría el bien decir junto a los nobles,
> adquiriría todas esas prácticas
> tan propias de su edad y su alta cuna.*

Relacionemos esto con Edward de Vere y de nuevo tendremos un caso en que un comentario resulta superfluo. Pensar que el pasaje viene de un escritor de clase baja o media exige considerable credulidad. Cada palabra nos habla de los intereses especiales de De Vere y palpita con el respeto excesivo al alto linaje que es común a De Vere y a «Shakespeare».

Los registros no dan ninguna indicación en cuanto a cómo invirtió su tiempo en Italia. Esto solo podría saberse con precisión por él mismo, y como parece haber sido peculiar de él una gran reserva y sigilo en todo sobre sus andanzas, solo podemos suponer lo que sería su ocupación durante los seis meses de estancia. Sin embargo, considerando el movimiento

---

* ´Twere good, I think, your lordship sent him thither:/There shall he practise tilts and tournaments,/Hear sweet discourse, converse with noblemen,/And be in eye of every exercise/Worthy his youth and nobleness of birth.

literario y dramático de Italia en aquellos días, su particular inclinación y el curso que su vida tomó después de su regreso a Inglaterra, no cabe duda respecto a su principal interés mientras estuvo en ese país. Sería mucho más probable encontrárselo cultivando la relación muy cercana de aquellos literatos y actores que su suegro desaprobaría, que mezclándose en los círculos diplomáticos y políticos que el gran ministro consideraría propios de un noble inglés eminente.

Como ilustración de un principio y un método sobre los que mucho hemos insistido a lo largo de estas investigaciones, llamaríamos la atención sobre un detalle relacionado con la gira italiana de Oxford que, aunque ligero en sí mismo, añade mucho a esa sensación de verosimilitud que ha acompañados las investigaciones a cada paso. Buscando referencias a Oxford en los manuscritos Hatfield publicados, nos percatamos del registro de una carta que él había dirigido a Burleigh desde Italia. No es sino una breve nota que solo concierne al hecho de que había pedido prestadas quinientas coronas a alguien llamado Bautista Nigrone, y solicitando a Burleigh recaudar el dinero por medio de la venta de algunas de sus tierras, un método de recaudación de dinero que aparece más de una vez en las páginas de «Shakespeare».

Como ha habido alguna discusión sobre el uso que hace Shakespeare del nombre «Bautista», su presencia en esta nota de Oxford nos llamó naturalmente la atención, y de inmediato nos vino el pensamiento de que si Oxford era en realidad el escritor de la obra teatral en que Bautista, el caballero rico de Padua, aparece (*La fierecilla domada*), nosotros deberíamos esperar encontrar «coronas» introducidas en la comedia de algún modo señalado y tal vez en asociación con el mismo Bautista Minola. Y así es. A decir verdad, estas monedas en particular están mucho más presentes aquí que en cualquier otra de las obras italianas de Shakespeare. Se mencionan no menos de seis veces, mientras que «ducados» se mencionan solo dos. Por otro lado, en *La comedia de los errores,* por ejemplo, «ducados» se mencionan diez veces y «coronas» ni una sola. *El mercader de Venecia,* que tampoco incluye mención alguna de «coronas» pero sí abundantes referencias a «ducados», no es, por razones especiales, apta para fines de comparación. Más significativo que el número concreto de referencias en *La fierecilla domada* es el hecho de que las coronas del rico Bautista son especialmente evidentes y entran como un elemento importante en la trama. Oxford, a partir de una carta enviada a casa por un asistente, parece que pasó algún tiempo en la misma Padua, y puede que haya estado involucrado ahí en alborotos: no del todo inverosímiles en el creador del personaje «Petruchio».

Puede valer la pena añadir de paso que incluso encontramos una evocación del apellido de Bautista, «Minola», en otro italiano, Benedicto Spinola, cuyo nombre también aparece en el marco de esta gira. Al parecer, Burleigh recibió de él una notificación de la llegada de Oxford a Italia. Benedicto en *Mucho ruido y pocas nueces* es un noble, también de Padua, y estos son los dos únicos caballeros de Padua que se encuentran en las obras teatrales de Shakespeare. Ha de señalarse además que los nombres «Bautista Nigrone» y «Benedicto Spinola» no se escogen entre una serie de otros, sino que son dos de los tres nombres italianos con que nos hemos topado en relación con la gira de Italia; y al ver que combinados proporcionan casi el nombre idéntico de «Bautista Minola» de Shakespeare, los más escépticos lo admitirán en todo caso como interesante. Por cierto, tales descubrimientos como el lugar ocupado por las «coronas» de Bautista, coincidiendo con las conclusiones de mero razonamiento *a priori,* han añadido, como es fácil de imaginar, un buena pizca de emoción a nuestras investigaciones.

Después de pasar unos seis meses en Italia, Oxford viajó a París, y por una carta que escribió allí, dirigida a Burleigh, parece que se había propuesto hacer una gira ampliada abarcando España, por un lado, y el sureste de Europa, Grecia y Constantinopla, por el otro. En este punto nos acercamos a una gran crisis de su vida que, cuando llegue a escribirse su biografía, requerirá mucha investigación paciente y la más cuidadosa ponderación de los hechos, antes que se pueda sacar de ella una historia coherente y se sitúen los sucesos con claridad. Con todo y eso, de los documentos conservados en los manuscritos Hatfield ciertos hechos especialmente relevantes para nuestro argumento ya destacan perceptible y nítidamente. El primero es que él expresa una cálida atención a su esposa. El segundo es que un servidor responsable suyo, su destinatario, había tenido éxito despertando en su mente sospechas de cierta clase respecto a lady Oxford. El tercero es que el padre de ella, por una razón u otra, llamó a Oxford a Inglaterra, amargando así su proyecto de un viaje ampliado. El cuarto es que a su regreso trató a su esposa de una manera bastante inexplicable para ella, negándose a verla, mientras que ella, por su parte, mostró un serio deseo de apaciguarlo. El quinto es que los informes desfavorables a la reputación de lady Oxford cobraron fuerza. Y el sexto, que parece que no hubo sombra alguna de justificación para estos informes.

Apenas hace falta señalar que tenemos aquí gran parte de las condiciones externas excepcionales de *Otelo,* la célebre tragedia de Shakespeare sobre los celos en la vida conyugal. Brabancio, el suegro de Otelo, era, como el suegro de Oxford, el primer ministro del Estado y un gran potentado, teniendo «en realidad una voz poderosa, que dobla la del duque». El mismo Otelo, como Oxford, fue quien tomó posición firme y algo ostentosamente sobre los derechos y privilegios de un alto nacimiento:

Mi vida y ser provienen
de hombres de regia estirpe, y mis méritos

pueden mostrar mi orgullo a una fortuna
como esta que he alcanzado.*

A Desdémona se la representa como alguien que en palabras de su padre «era la mitad del pretendiente», igual que se representa a Anne Cecil en la carta contemporánea ya citada, mientras que una juventud similar, combinada con una desarrollo prematuro a lo largo de ciertas líneas, se expresa en estas:

Ella, tan joven, pudo hasta fingir
para sellar los ojos de su padre.**

Yago, el gran manipulador de la sospecha, es el «lugarteniente» de Otelo, y ocupa una posición análoga al «destinatario» de Oxford que había dejado caer el veneno de la sospecha en la mente de su amo. El consejo reiterado de Yago, «Pon dinero en tu bolsa», evoca las actividades especiales del destinatario de Oxford: una sugerencia repetida en el bien conocido discurso de Yago «Roba basura quien mi bolsa roba». Así, las cuatro figuras centrales en esta tragedia conyugal de la vida real, Burleigh, Oxford, lady Oxford y el destinatario de Oxford, están exactamente representadas en la gran tragedia doméstica de Shakespeare por Brabancio, Otelo, Desdémona y Yago.

A esta correspondencia en lo personal debe añadirse una correspondencia aún más notable en el doble carácter de la causa de ruptura. Antes de detenernos en esta carta de Oxford y los memorandos de Burleigh relativos a la crisis, habíamos supuesto que toda la causa de los problemas entre él y su es-

---

* I fetch my life and being/From men of royal siege, and my demerits/May speak unbonneted to as proud a fortune/As this that I have reached.

** She that, so young, could give out such a seeming,/To seal her father's eyes

posa fue que a él lo llamó a Inglaterra el padre de ella y que
ella había sido parte en la llamada. La percepción de que aún
había otra causa, evocadora del motivo principal de Otelo, alteró todo el aspecto de las cosas; y esto, junto con la presencia
en ambos casos del motivo subordinado (la llamada hecha por
el padre de la dama) alineó de inmediato los dos casos; toda
la compleja situación encontró su expresión en la patética y
perpleja súplica de Desdémona a Otelo:

> ¿Por qué lloráis?
> ¿Soy causa de ese llanto, mi señor?
> Si acaso *sospecháis que fue mi padre*
> *un instrumento de que se os llamase,*
> no me culpéis a mí.*

Vale la pena destacar que Otelo fue llamado para que volviese de Chipre, el lugar exacto del mundo que a Oxford se le
impidió visitar por la llamada, y que fue llamado a regresar a
Venecia, la ciudad que Oxford acababa de abandonar.

A la luz de lo que ahora sabemos de los problemas entre el
señor y la señora Oxford, dejemos que el lector consulte las dos
primeras escenas del Acto IV de *Otelo*, notando la mezcla de
ambos elementos de desconfianza insinuados por un subordinado y la «orden de regreso» de Otelo. Una sensación de identidad (con el debido ajuste por la diferencia entre realidades y la
dramatización del poeta) será, creemos, irresistible. Por lo tanto,
debemos terminar con este argumento particular poniendo juntas una frase tomada de una carta escrita por Oxford a Burleigh,
en que prácticamente cierra la discusión sobre el tema, y otra

---

* Why do you weep?/Am I the motives of these tears, my lord?/
If haply *you my father do suspect,/An instrument of this your calling back,/*Lay
not the blame on me.

frase que «Shakespeare» introduce por boca de un personaje
secundario en la clausura de este episodio concreto:

> *Oxford*
> Ni él (Oxford) fatigará más su vida con tales problemas e
> importunidades como ha soportado, ni para complacer a su
> señoría (Burleigh) se disgustará a sí mismo.

> *«Shakespeare», en «Otelo»*
> En verdad no he de soportarlo por más tiempo, ni aun estoy
> para aguantar en silencio lo que he sufrido como un tonto.*

Los pasajes paralelos en unos escritos publicados solo pueden ser ejemplo de plagio o de memoria inconsciente. En este
caso, no obstante, el pasaje publicado reproduce una frase de
una carta privada no hecha pública hasta que hubieron transcurrido siglos. Ello es todo lo que parece necesario desde el
punto de vista de este argumento en particular, y tan concluyente parece que estamos casi inclinados a cuestionar la
utilidad de acumular más pruebas. Destacamos que la carta de
la que hemos tomado la cita contiene también una conocida
insinuación shakespeariana respecto al parentesco. También
expresa una atención constante a su esposa, estando él resentido por el modo de manejar Burleigh el asunto como para
haber hecho de ella «la fábula del mundo y levantar abiertas
sospechas para su desgracia».

Qué confidentes ubicuos de Burleigh puedan haber informado dando lugar a la llamada de Oxford no parece saberse. Lo

---

* Neither will he trouble his life any more with such troubles and
molestations as he has endured, nor to please his lordship discontent
himself.

I will indeed no longer endure it, nor am I yet persuaded to put up
in peace what already I have foolishly suffered.

cierto es que incluso desde Italia agentes de Burleigh habían estando enviando informes cuya verdad refutó un auxiliar italiano de Oxford. En todo caso, el propio Oxford al regresar se negó, de la manera más rotunda, a reunirse con su esposa. «Hasta que mejor pueda satisfacerse a sí mismo en relación con ciertas desaprobaciones», dice, «no está dispuesto a acompañarla». Si sospechó que ella había tomado parte en el espionaje sobre él o en tentativas de dominarlo, o si hubo otros asuntos ocultos de naturaleza más grave, no podemos decirlo. Sin embargo puede que no carezca de importancia que más adelante nos topemos con uno de los agentes de espionaje de Burleigh, Geoffrey Fenton, un viajero continental y un lingüista, dedicando a lady Oxford una traducción que había hecho.

De todos modos, la explicación enigmática de su conducta que acabamos de citar parece haber sido la única que Oxford concedería a Burleigh. Este se queja del hermetismo de Oxford en el asunto: de que él solo repetía «Ya os he respondido», que es llamativamente evocador de la expresión lacónica de Shylock «¿Habéis respondido?». Un informe insinúa que la actitud que adoptó a su llegada fue un cambio repentino y errático. Si esto es correcto, en verdad evoca el cambio relámpago en el comportamiento de Hamlet hacia Ofelia, cuando él descubre que ella se permite hacer de instrumento de su padre al espiarlo (Acto III, escena 1).

Como de costumbre, se informa del asunto haciendo reaer el descrédito sobre Oxford. Fue simplemente un caso de mal comportamiento hacia su esposa. No obstante, un escritor establece que Oxford al menos había ofrecido la explicación de que su esposa estaba dejándose influenciar por sus padres contra él mismo. Y esta es una explicación razonable del único cargo que Oxford hace contra ella, en un momento en que hace otros contra el modo en que Burleigh administra los asuntos de él. El padre de lady Oxford sin duda había tratado mal a su marido, y si ella no se irritó ni repudió las acciones de su padre, debe ser considerada de su lado. Resultó uno de esos casos sencillos en que no había camino medio practicable y en que fue imposible a su marido confundirse acerca del lado en que ella se puso.

De todas formas Oxford había vuelto a casa con la mente plenamente realizada por lo que había hecho de una vez por todas con la dominación de Burleigh. Que la hubiese soportado no parece sugerir en absoluto que hubiese en su personalidad algo de aquella suavidad de maneras que las personas dominantes tienden a confundir con debilidad, una suposición que parece apoyar el único retrato que hemos visto de él, hecho a la edad de veinticinco años. Ciertamente su poesía da testimonio de una afectuosidad que fácilmente podría interpretarse mal. Cuando a tales hombres se los fuerza a atacar, sus golpes tienen a menudo una fiereza que pilla por sorpresa y conmociona a sus adversarios, y de hecho la poesía de Oxford muestra capacidad de arrebatos violentos. Sospechamos que algo de este tipo ocurrió en el presente caso. Burleigh había adoptado en relación con Oxford una política que este no estuvo dispuesto a tolerar por más tiempo. Durante los cinco años de vida matrimonial Anne había pasado de la juventud a la adultez. Su padre había creado una situación en la que ella tenía que elegir de una vez entre el padre y el esposo. Con todo, el desenredo de los hechos y su interpretación apropiada debe constituir el asunto de futuras investigaciones.

La mayoría de los escritores coinciden en que gran parte de la conducta posterior de Oxford fue dictada por una resolución de vengarse de Burleigh por una u otra razón, y que sus planes de venganza incluyeron el despilfarro de sus propias fincas y la separación de su esposa. Del castillo de Hedingham en Essex, que Oxford había transferido a Burleigh, las historias locales nos dicen que casi fue arrasado por orden de Oxford, como parte de su plan de venganza. De qué manera pudo arrasar un castillo que ya no era suyo no pretendemos exlicarlo; solo repetimos lo que de este asunto se registró. Pero las dos estrofas siguientes de uno de sus poemas tempranos revisten un interés especial en este contexto:

> No estoy borracho para tal ofensa
> *con que a mi pecho privan de su gozo,*
> ni me conformaré con habituarme
> a consentir en calma tal pesar.
> El sueño no apaciguará mis ojos
> hasta forjar mis ganas en mi herida.
>
> Flaqueará mi corazón, mi mano,
> mas un recurso habrá que me desquite;
> la furia me consumirá el cadáver
> *o arrasará la tierra en que sufrí.*
> Ved, pues, cómo mi rabia no se aplaca;
> yo duermo tras penar a quien me ofende.*

Los registros antiguos sugieren un motivo político (el encarcelamiento y ejecución de su pariente el duque de Nor-

---

* I am no sot to suffer such abuse,/*As doth bereave my heart of his delight;*/Nor will I frame myself to such as use,/With calm consent to suffer such despite./No quiet sleep shall once possess mine eye,/Till wit have wrought his will on injury.//My heart shall fail and hand shall lose his force,/But some device shall pay Despite his due;/And fury shall consume my careful corse,/*Or raze the ground whereon my sorrow grew.*/Lo, thus in rage of ruthful mind refus'd,/I rest revenged on whom I am abus'd.

folk) para el plan de venganza de Oxford. Si, no obstante, podemos relacionarlo con estos versos, como podemos no sin razón, resulta evidente que el motivo para él era mucho más directamente personal. Si además lo relacionamos con estos asuntos políticos, retrocedemos al año 1572, el año inmediatamente después de su matrimonio. Pero no nos parece que desenmarañar los sucesos y las fechas de tales asuntos sea lo suficiente apremiante para exigir que demoremos nuestro argumento presente.

Así pues, sin aguardar a que se aclaren estos puntos oscuros, podemos introducir ahora lo que ha sido la prueba más destacable reunida en todo el curso de nuestras investigaciones: un descubrimiento realizado bastante después de que esta obra hubiera sido virtualmente acabada y de hecho después de que ya hubiera pasado a otras manos. Tal prueba se refiere a la obra teatral *A buen fin no hay mal principio*; el paralelismo llamativo entre el personaje principal de la obra y el conde de Oxford nos llevó a adoptarla como el principal apoyo de nuestro argumento en la etapa concreta con la que ahora estamos ocupados. Este argumento se llevó adelante, hasta su fase actual, en el momento en que nuestro descubrimiento se anunció al bibliotecario del Museo Británico. Lo que ahora hemos de declarar no se descubrió hasta unos meses después.

Al trazar el paralelismo entre Beltrán y Oxford limitamos nuestra atención a lo secundario de la obra, en la creencia de que la idea central del argumento (el enredo de Beltrán en las relaciones conyugales con su propia esposa, para que ella pudiese darle un hijo que él desconocía) se había sacado totalmente del cuento de Beltrán de Boccaccio. El descubrimiento, pues, del siguiente pasaje de *Historia de Essex,* de Wright, proporciona tal prueba inesperada y constituye un clímax tan sensacional a una semejanza de por sí sorprendente, que al fijarnos en ella por primera vez tuvimos alguna dificultad para confiar en nuestros propios ojos. De buen grado nos ahorraríamos escribir sobre este asunto; con todo, su importancia como prueba no nos lo permite. Hablando de la ruptura entre el conde de Oxford y su esposa, Wright nos dice que «él (Oxford) abandonó el lecho de su señora, (pero) el padre de lady Anne ideó como estratagema que su esposo durmiese inconscientemente con ella, creyendo que ella era otra mujer, y ella le dio un hijo por efecto de este encuentro» (Wright: *Historia de Essex,* vol. I, pág. 517). El único hijo de lady Anne, cabe mencionar, murió en la infancia.

De este modo, aun en el rasgo más extraordinario de esta obra teatral, un rasgo que apenas una persona entre un millón habría sospechado por un momento que fuese algo más que una invención extravagante, los registros de Oxford están al unísono con la representación de Beltrán. No hace falta que creamos que la historia es verdadera, pues no lo concede ninguna autoridad. Sin embargo un memorando en los manuscritos Hatfield, en el sentido de que Burleigh depuso ante el Conservador de Documentos y otros algún asunto privado respecto a esta ruptura doméstica, puede haberse referido a ello. Lo que importa es que esta historia extraordinaria se difundiese en referencia al conde de Oxford, dejando bien claro que, o bien fue Oxford el prototipo real de Beltrán, en cuyo caso podrían estar elaboradas en la obra historias tanto falsas como verdaderas sobre el conde de Oxford, o se supuso que él era el prototipo y en consecuencia le endosaron la historia. De todos modos la conexión entre los dos es ahora tan completa como las pruebas acumuladas pueden hacer que sea. Dudamos de reflexionar sobre los posibles disidentes, pero nos sentimos con derecho a afirmar que la persona que no reconozca ahora un vínculo de algún tipo entre Edward de Vere y Beltrán en *A buen fin no hay mal principio,* no tiene la facultad adecuada para sopesar las pruebas.

Habiendo, pues, planteado la peculiar situación, representada en la obra, en relación con nuestro problema, nos percatamos de que algo análogo se repite en la relación entre Angelo y Mariana en *Medida por medida,* junto con el hecho de que Angelo especifica un período de «cinco años» entre la concertación del matrimonio y el episodio especial (V, 1): el período exacto comprendido entre la fecha del matrimonio de Oxford y el tiempo particular con el que estamos tratando (1571-1576). Angelo también señala:

> Me doy cuenta
> de que estas pobres locas no son más
> que útiles de alguien más notable
> que así las suelta. Dejadme ir, señor,
> a descubrir su intriga.*

Con tales posibilidades de descubrimiento dentro de la obra *A buen fin no hay mal principio,* no es sorprendente que, después de haber aparecido primero bajo el título «Trabajos de amor ganados» tuviese que desaparecer para toda una generación, y luego, cuando el conde de Oxford ya había muerto desde hacía casi veinte años, reapareciese bajo un nuevo nombre. *Medida por medida* es también una de las obras no publicadas hasta 1623, si bien se había representado en 1604.

Lo único que abiertamente se destaca de todos estos hechos es un antagonismo inequívoco entre Oxford y Burleigh, sobre el que Burleigh especialmente intenta echar un manto de benevolencia. Su siguiente paso es de alguna manera

---

* I do perceive/These poor informal women are no more/But instruments of some more mightier member/That sets them on: let me have way, my lord,/To find this practise out.

astuto: parece que vertió que al conde de Oxford lo habían seducido «personas indecentes». No hay ninguna alusión, sin embargo, a que Anne hubiese dejado a Oxford, o que Burleigh hubiese intentado separarlos a causa del libertinaje por parte del conde. Todos los hechos apuntan incuestionablemente en la dirección opuesta, pues fue él quien ejerció toda su influencia para propiciar un acercamiento cuando el daño estaba hecho. No fue cuestión, por lo tanto, de proteger a una hija contra un esposo libertino, y si sus cargos contra Oxford estaban bien fundados, es contra el carácter del mismo Burleigh como reaccionan del modo más desastroso. Porque es casi imposible concebir un carácter más ruin que el de un padre que se esfuerza en devolver a su hija a los brazos de su esposo disoluto, cuando ella se había librado de él por el propio acto voluntario del culpable. Es probable que el mismo Burleigh no creyese sus propias acusaciones, y que fuesen un mero ardid de guerra por parte de un taimado luchador sin escrúpulos. De haber creído su propia historia, más bien debiera haberse alegrado del giro que habían tomado las cosas.

Es fácil de ver que la raíz verdadera de gran parte de los problemas residió en el control que Burleigh intentó ejercer sobre los movimientos de Oxford, un control puramente negativo y restrictivo por parte de un hombre cuyo ejercicio del poder, aun en los grandes asuntos de Estado, siempre se rigió por la consideración a sí mismo, a su familia, a su política y a sus instrumentos. Para un hombre del espíritu de Oxford la situación ha de haber sido irritante en extremo, y cuando nos encontramos con el hecho de que quien lo llevaba con correas andadoras se refirió a ello por medio de un poema de Edmund Spenser, ha de haber resultado especialmente mortificante. Si, entonces, Oxford logró volverse una espina en la carne de su pariente dominador, acaso convengamos en que el astuto ministro se había encontrado con la horma de su zapato y que al fin recibió poco más de lo que merecía. Quizá la culpa de lady Oxford no fue peor que el haber sucumbido con debilidad a un padre autoritario, o más bien dos padres autoritarios. La debilidad, pues, de Ofelia, que le permitió convertirse en instrumento de su padre importunando a Hamlet, desde luego la propone como posible analogía dramática de la infortunada lady Oxford.

Siempre se pisa un terreno incierto cuando se intenta desvelar los hechos que han estado detrás de las efusiones de los poetas. En más de un poema de De Vere se repite una nota que parece apuntar a este problema entre él y su esposa. A partir de las fechas indicadas juzgamos que pertenece a este momento particular de crisis en su vida, y si en verdad se refiere a una ruptura entre ellos, parece que, pese al camino que se había visto obligado a tomar, se había despertado en él un intenso afecto hacia su esposa. Esta es ciertamente la peculiar situación representada en los poemas: un afecto del poeta por quien anteriormente lo había buscado, pero que de alguna manera se había puesto en desacuerdo con él. Damos dos estrofas de sendos poemas sobre este tema:

> Oh duro trance y cruel sino,
> forzado a amar a un rival.
> Maldito, horrendo destino,
> haber fijado yo el mal.
> Tanto luchar con la herida
> y no encontrar la salida.

> Delate ya tu pena tu corazón herido;
> renuncie ya tu voz a aquella que te hiriera;

tediosos gritos lloren tu acción, que te ha perdido,
pues la que tú más quieres es tu rival primera.
Ayuda para ti ninguna hay ya segura,
mas aun así tu pena se reanuda y dura.*

(Como habremos de referirnos a esta estrofa al tratar la cuestión del «Willie» de Spenser, pedimos el lector que la tenga presente.)

Estos dos poemas, publicados ambos cuando Oxford no contaba sino veintiséis años de edad, sin duda evocan la referencia de Beltrán a Elena como aquella «A la que, tras perderla, yo he amado». En la obra *A buen fin no hay mal principio* todo se resuelve en una conclusión satisfactoria. En la vida real las cosas no siempre se resuelven así, y aunque Oxford y su esposa se reconciliaron al fin de alguna manera, se nos asegura que en adelante la relación entre ellos no fue del todo cordial.

Mírese como se mire el carácter de Burleigh y del antagonismo entre él y Oxford, todos los registros atestiguan inequívocamente el deseo del primero de ejercer una ascendencia injustificable sobre los movimientos del segundo. Si Oxford hubiera sido un aventurero y un solicitante necesitado del favor de la corte como Raleigh, o alguien deseoso de progresos políticos y diplomáticos como Sidney, los métodos de Burleigh para tenerlo sometido podrían haber conocido un éxito

---

* O cruel hap and hard estate/That forceth me to love my foe;/Accursed be so foul a fate,/My choice for to prefix it so./So long to fight with secret sore,/And find no secret salve therefor.//Betray thy grief thy woeful heart with speed;/Resign thy voice to her that caused thee woe;/With irksome cries bewail thy late done deed,/For she thou lov'st is sure thy mortal foe./And help for thee there is none sure,/But still in pain thou must endure.

permanente. En este caso, sin embargo, no había nada que fuese suyo en la forma de riqueza o eminencia social que otros procuraban, y las ambiciones de gloria militar o naval, como solo podrían ser realizadas por la cooperación de quienes tenían poder, él parece haberlas abandonado definitivamente a su vuelta de Italia. De ahora en adelante sus facultades e intereses deben de haberse concentrado en la literatura y el teatro. Muchos de los poemas de nuestras citas parecen haberse publicado, y algunos de ellos visiblemente escrito, por esas fechas. Su carta a Bedingfield, tan plenamente exenta de toda alusión a infelicidad personal, fue de hecho escrita en esos momentos. En vista, pues, de todas las circunstancias, parece bastante seguro decir que regresó de Italia, cercano a los veintiséis años de edad, con su mente por fin determinada a seguir una carrera literaria y dramática. En esto de ninguna manera dependía de las autoridades, y viendo la actitud de su pariente poderoso como una pura impertinencia, él era libre de enfrentarlo.

Con todo y eso, en el camino que había escogido podría esperar encontrar una hostilidad aún mayor de Burleigh, si bien ahora sería más o menos confusa e impotente. No confiar sus planes a aquellos con quienes estaba en directa relación personal implicaría mucha reserva de su parte, permitiría una cantidad similar de mala interpretación de sus planes y daría un amplio margen a los esfuerzos de otros por manejar la situación en su descrédito. Al parecer es esto precisamente lo que ocurrió.

Ya se ha mencionado la referencia en los sonetos de Shakespeare a un tiempo de crisis especial cuando «él tomó su camino». Entre las cosas que guardaba «para su propio uso» «bajo fieles cerrojos» podemos contar los manuscritos en que estaba trabajando.* En una observación de una de las cartas de Oxford (manuscritos Hatfield) aparece que él tenía por costumbre llevar consigo, cuando iba al interior del país, papeles importantes guardados en un pequeño escritorio. Sus tesoros secretos incluirían, sin duda, también aquellas obras teatrales italianas y otros importantes documentos que ahora sabemos que fueron libremente utilizados por el gran dramaturgo en la composición de sus obras. Que De Vere traería de vuelta esas cosas de Italia no cabe dudarlo. Sobre el número y lo caro de los artículos que trajo a casa de su gira italiana se extiende, y con gran detalle, el informe del que nosotros tomamos muchos de nuestros hechos. Es casi absurdo suponer que trajo todos estos bienes y omitiese llevar consigo precisamente aquellas cosas que le tocaban de un modo más vivo y directo. Y justamente serían tales tesoros literarios los que, como Shakespeare, custodiaría, «[Los que] guardase, para uso propio, de falsedad, a buen recaudo fiel».

El cumplimiento del propósito que le suponemos a Burleigh conllevó que el mismo Oxford se lanzase a aquellos círculos literarios y teatrales cuyo carácter ya se ha descrito. A esto creemos que se refiere Burleigh al hablar de que lo sedujeron «personas indecentes». Es notable, no obstante, que, por más que tengamos gran cantidad de acusaciones tan generales contra él, no hayamos sido capaces de descubrir hasta el presente un solo caso autorizado en que su nombre aparezca en una relación personal deshonrosa; pese al hecho de que a través de los registros de la época la evidencia de tales

---

* Entre las denuncias formuladas contra su padre y su esposa, Oxford declaró que se le había negado la posesión de algunos de sus propios escritos. (*Manuscritos Hatfield*)

asuntos en las vidas de personas eminentes es muy frecuente e inequívoco.

De todos los artificios por los que un hombre mayor puede procurar mantener un ascendiente sobre otro más joven, apenas hay uno más ruin que el de aprovecharse de su sentido de la reputación y el buen nombre, y Burleigh, al tratar de aplicar este método ejerciendo presión sobre Oxford, estaba solo empleando una de sus estratagemas reconocidas. En esta cuestión podemos de nuevo presentar el testimonio de nada menos que un testigo como el poeta Edmund Spenser. Dean Church nos asegura que el siguiente pasaje, tomado de su poema *Mother Hubbard's Tale,* se acepta en general como referido a Burleigh:

> Ningún taimado ardid
> ni contrapunto de gobierno astuto
> ni alcance ni infracción que aprovechase
> sino a sí mismo, fueron su objetivo.

> No tuvo en cuenta alguna a la nobleza.

> A estos abatió con sus amaños
> o los sumió en la sombra y la desgracia.*

La última parte de la cita casi podría suponerse en referencia directa a la forma especial de tratar Burleigh al propio conde de Oxford, mientras que el carácter de embaucador, que Spenser asocia con el gran ministro de Isabel, sin duda nos enfrenta en más de un punto a su trato con su yerno.

---

* No practice sly/No counterpoint of cunning policy,/No reach, no breach, that might him profit bring/But he the same did to his purpose wring.//He no account made of nobility.//All these through feigned crimes he thrust adown/Or made them dwell in darkness of disgrace.

En efecto, parece casi como si fuese un carácter del que él mismo se jactaba, como muestra la siguiente historia que tomamos de Macaulay:

«Cuando él (Burleigh) estaba estudiando Derecho en el Gray's Inn, perdió todos sus muebles y sus libros en la mesa de juego con uno de sus amigos. Así que hizo un agujero en la pared que separaba sus habitaciones de las de su socio, y por él a medianoche bramó amenazas de condenación y llamadas al arrepentimiento en los oídos del jugador victorioso, que estuvo sudando de miedo toda la noche y devolvió al día siguiente las ganancias sobre sus rodillas. "Muchas otras bromas como esa", dice su antiguo biógrafo, "le he oído contar"». Quien así se jactaba, casi como un niño, de sus propias artimañas no era de la clase de hombres que persisten en cualquier «taimado ardid o contrapunto de gobierno astuto» que pudiera «no aprovechar sino a sí mismo». Edward de Vere estaba, ciertamente, «hecho para la sombra y la desgracia» y ninguna lectura cuerda de los sonetos de Shakespeare puede evitar la conclusión de que «Shakespeare» fue alguien que sufrió de la misma manera, mientras que no se ha indicado ningún rastro de descrédito contemporáneo respecto al Shakspere de Stratford.

Incluso si Burleigh tuviese buenas razones para creer que lo que difundía contra Oxford era verdad, parece claro que el ministro oportunista que «guiña el ojo en estos asuntos de amor» estaba simplemente atacando la reputación de su yerno como parte de su astucia habitual. Que el ataque contra el buen nombre de De Vere no solo había logrado herirlo, sino que le había llegado hasta la médula, es evidente por el poema de la pérdida de su buen nombre. Que el plan no tuvo éxito, ya fuese sometiéndolo o desviándolo de su propósito, también está claro. De hecho parece que, a pesar del gran costo para sí mismo, Oxford cobró ventaja sobre Burleigh; tal vez el único hombre que fue capaz de hacer eso. De ahí en adelante sus intereses principales fueron literarios y dramáticos. Se convirtió en «el mejor de los poetas cortesanos en los primeros días de la reina Isabel», y en el teatro «entre los mejores en la comedia». Sin embargo los únicos poemas supervivientes que conocemos son algunos fragmentos que pertenecen sobre todo a su juventud y mayoría de edad, mientras que de los frutos de la actividad dramática que llenó el período de su vida que vamos a tratar se supone que no queda ningún ejemplo, que todo verso ha perecido, «perdido o malogrado».

CAPÍTULO XI

EDAD ADULTA DE EDWARD DE VERE. PERÍODO MEDIO.
PRIMER PLANO DRAMÁTICO

Antes de entrar a considerar las empresas teatrales que ocuparon una parte importante del período medio de la vida de Oxford, que de manera general situamos entre 1576 y 1590, es decir, desde la edad de los veintiséis años hasta los cuarenta, en primer lugar trataremos algunos asuntos personales relacionados con su gira italiana y que proporcionan una prueba confirmatoria de su identidad con Shakespeare. Ya se ha señalado que su estancia en Italia tuvo tanta influencia sobre él como para afectar a su vestimenta y modales y hacer que lo satirizasen como «inglés italianizado». El mismo escritor llega a ridiculizarlo como «un hombre muy raro que pasa».

El escritor en cuestión no era otro que Gabriel Harvey, el amigo de Edmund Spenser, del que se tiene afirmado que casi logró llevar al genio de Spenser por mal camino. El *Dictionary of National Biography* nos da un estudio muy detenido de este curioso e instruido pedante, y si suponemos que el escritor de las obras teatrales de Shakespeare lo conocía en persona, podemos imaginar por ello que el dramaturgo lo tenía presente al escribir *Trabajos de amor perdidos*. En primer lugar he ahí todo el discurso de Berowne sobre los empollones (Acto I. escena 1) que simplemente es un retrato de Harvey incluso en el detalle sobre los «padrinos terrenales de los cielos».

Pues Harvey era entre otras cosas un diletante de la astrología. Una vez más en el Acto IV, escena 3, hallamos un retorno a la misma hostilidad hacia el empollón al observar que

> el empollón universal corrompe
> hasta el sagaz espíritu en las venas.*

Todo el espíritu de la obra es hostil al mero aprendizaje libresco que caracteriza a estudiosos como Gabriel Harvey. Se nos presenta a un espécimen viviente del pedante erudito en el carácter de Holofernes, y tan realista es la representación que naturalmente se ha supuesto que Shakespeare tenía presente a algún contemporáneo como el prototipo de este pedante excéntrico. Si el nombre y la personalidad de Gabriel Harvey hubiesen sido de algún modo asociados antes con Shakespeare, el problema de la identificación de Holofernes no habría quedado sin resolver durante tanto tiempo. Del William Shakspere de Stratford apenas se podía esperar que supiese mucho de Gabriel Harvey, así que el prototipo de Holofernes ha permanecido en la duda, pese a que el parecido fue reconocido por Dean Church *(Life of Spenser,* pág. 18). No hay, desde luego, ninguna correspondencia entre el Holofernes de la obra y el bastante apócrifo personaje bíblico del mismo nombre, que fue decapitado por Judith. Así pues, el nombre se escoge claramente por alguna otra razón. Esa razón se vuelve manifiesta cuando cotejamos el nombre de Holofernes con Hobbinol, bajo el que Gabriel Harvey aparece en las obras de Spenser. Porque Hobbinol, el nombre usado por Spenser, es reconocido como un anagrama irregular compuesto a partir del nombre de Gabriel Harvey, mientras que Holofernes no es sino otro anagrama formado por el

---

* Universal plodding poisons up/The nimble spirit in the arteries.

Hobbinol de Spenser y reforzado por la letra característica «ɪ», tomada de Gabriel y de Harvey, y una «f» que sugiere la «v» de Harvey. La elección de un nombre «a trasmano» como un anagrama, en lugar de la invención de uno nuevo, es característica del genio más sutil de Shakespeare.

Si, por consiguiente, tenemos derecho a relacionar a Holofernes con Gabriel Harvey, se hace imposible evitar relacionar al escritor de la obra con el conde de Oxford. Por esta razón: Oxford, como Harvey admitió, había extendido su largueza habitual al estudioso cuando este era un estudiante pobre en la universidad, y Harvey, en una ocasión importante, había dirigido versos elogiosos a su benefactor. Después, a espaldas de Oxford, había hecho circular en privado versos satíricos que supuestamente se burlaban del hombre al que había elogiado en público. Ahora bien, volviendo a *Trabajos de amor perdidos,* nos encontramos en primer lugar con un discurso de Holofernes que tiene cierto parecido con los versos en que Harvey había ridiculizado a Oxford (el discurso introducido por la frase latina «Novi hominem», Acto V, escena 1). Después, en el aparte de la segunda escena en el mismo acto (y esto es realmente el punto que importa), a Holofernes se le asigna el papel de Judas Macabeo, y por un giro que se le da al diálogo se le hace aparecer como «Judas Iscariote», el que «traiciona besando». Cuando se lo reprochan, muestra resentimiento, como si en ello hubiese un alusión a él mismo. La manera ingeniosa por la que un papel de un actor se convierte en un ataque personal a él mismo sugiere un interés personal encubierto; de ahí que, si no es una confirmación directa de nuestra teoría, sin duda constituye otra de la serie de coincidencias sorprendentes que han aparecido en cada etapa de nuestra investigación.

Bajo la vieja hipótesis de la autoría de las obras de Shakespeare se ha observado a menudo que no hay ningún personaje en las obras que pueda identificarse con el propio autor. Sin embargo, si asumimos la autoría de De Vere, en seguida podemos identificar al autor como el personaje de Berowne (Biron, en algunas ediciones). Porque es él quien se burla de Holofernes como el que «traiciona besando». La obra en conjunto es una sátira sobre las diversas afectaciones de la época: Holofernes representa la afectación del estudio, don Armado la afectación del lenguaje, Boyet las afectaciones de la cortesía. Ahora bien, el satírico en la obra es Berowne, de suerte que él encarna el espíritu de la obra en su conjunto; es decir, representa al escritor, y de hecho es la vida y el alma de la comedia, porque su burla mordaz provoca una especie de terror en sus compañeros.

Por todo lo anterior, es interesante notar que sir Sidney Lee vincula a Rosalinda, que es amada por Berowne, con la «dama oscura» a la que se alude en los sonetos como amada por Shakespeare, y el Sr. Frank Harris establece el mismo vínculo, identificando así a Berowne con el autor de la obra. Este último escritor, aunque nunca se desvía del punto de vista stratfordiano, ha hecho mucho por destruir la vieja noción de que no hay ningún personaje en las obras teatrales que se pueda identificar con Shakespeare. Pese a ello, afirma que Shakespeare suele representarse a sí mismo como un señor o un rey. Si podemos, entonces, aceptar a Berowne como una autorrepresentación del dramaturgo bajo un aspecto, vemos a la vez con cuánta mayor exactitud representa al conde de Oxford que al hombre de Stratford. «Este alocado Sr. Berowne», «un hombre repleto de burlas, lleno de comparaciones y desdenes hirientes que arroja sobre todo el mundo», es justamente lo que tenemos en unos pocos destellos que nos llegan del trato de Oxford con la gente de la corte. Toda esa burla despiadada, que Berowne no duda en volver contra sí mismo, mezclada con hondura de sentimiento e inteligencia vigorosa, y su diversión irreprimible teñida de «tristeza meditativa», lo señala como una representación dramática de Oxford y, al menos en parte, como una autorrevelación dramática de «Shakespeare».

Tomamos esta obra por ser en gran parte representativa de él durante los años en que, al mismo tempo que se hallaba en la corte, se ocupó principalmente en la literatura y el teatro y ganó para sí el título de «el mejor en la comedia». Si por fin tuvo éxito, como Rosalinda había instado a Berowne, en «sacar ajenjo del cerebro fértil», no nos atrevemos a decir. Lo cierto es que entre los cortesanos de la época se ve que ha tenido fama de sarcástico, una fama de la que tanto Sidney como Raleigh parecen haber participado.

La disputa con Sidney, en la que picó a su adversario con una sola palabra, «cachorro», es uno de los pocos detalles de su vida en la corte registrados para los primeros años de este período. La historia de la disputa se cuenta de varias maneras diferentes, toda vez que una dice que, cuando Sidney jugaba al tenis, Oxford se entrometió, mientras que otra informa de que Oxford estaba jugando cuando pasó Sidney. De cualquier manera, se narra que la historia necesita desacreditar a Oxford y acreditar a su rival. La principal autoridad contemporánea para los detalles parece ser Fulke Greville, y al recordar que Greville era el amigo de toda la vida de Sidney y que cuando murió, como lord Brooke, dejo instrucciones para que esta amistad fuese grabada en su lápida, apenas podemos considerarlo como autoridad imparcial.

No obstante, para nuestra presente indagación es relevante una circunstancia de este antagonismo y debe narrarse. Oxford había escrito algunos versos (de nuevo en la conocida sextina) que dos escritores refieren como especialmente «melancólicos». Puede que lo sean, pero ciertamente no son más melancólicos que muchos pasajes en los sonetos de «Shakespeare», y están bastante en consonancia con ese sustrato de

Philip Sidney (1554–1586) De una miniatura de Isaac Oliver,
en la Royal Library del castillo de Windsor

melancolía que se ha rastreado en los obras teatrales shakespearianas.

Estrofa de Oxford:

> De ser yo rey, contento regiría;
> de ser yo oscuro, para mí el cuidado;
> de estar yo muerto, no me afligiría
> por odio, amor u ofensa perturbado.
> De tres hay una ansiable opción dudosa:
> un reino, una cabaña o una fosa.*

Melancolía o no, el estudioso de Shakespeare no tendrá ninguna dificultad en reconocer en esta sola estrofa varias marcas del gran artista.

A esta estrofa había respondido Sidney con la siguiente, que los mismos dos escritores curiosamente refieren como una respuesta sensata:

> De ser tú rey, contento aún no estarías,
> que ni un imperio hubiera a ti bastado;
> de ser tú oscuro, te atormentarías;
> pero tú muerto, ya no más cuidado.
> De tres opciones una no hay dudosa:
> ni reino ni cabaña, una fosa.**

Estas dos estrofas forman una parte importante de otro argumento que será tratado después, así que debe tenerse presente.

------

* Were I a king I might command content,/Were I obscure unknown would be my cares,/And were I dead no thoughts should me torment,/Nor words, nor wrongs, nor love, nor hate, nor fears./A doubtful choice of three things one to crave,/A kingdom or a cottage or a grave.

** Wert thou a king, yet not command content,/Since empire none thy mind could yet suffice,/Wert thou obscure, still cares would thee torment;/But wert thou dead all care and sorrow dies./An easy choice of three things one to crave,/No kingdom nor a cottage but a grave.

Se observará que la «respuesta sensata» no consiste en una composición realmente inventiva. Es una simple parodia escolar, formada retorciendo las palabras y frases de la estrofa original para una afrenta. De haber sido una composición inventiva, habría contenido más materia de la que Sidney jamás comprimió en igual espacio. Entre dos amigos íntimos podía haberse tolerado como una broma inofensiva. Entre dos adversarios falta incluso la justificación de ingenio original. Y si, como un escritor sugiere, este asunto llevó a la disputa de la pista de tenis, considerando todas las circunstancias, aun la edad y las relaciones personales, la réplica de Oxford, «cachorro», tal vez fue menos indignante y seguramente más original de lo que habían sido los versos de Sidney. El tío de Sidney, Leicester, de cuya influencia en la corte el joven (entonces de veinticuatro años) dependía en gran medida, admite tener que «llevar una mano sobre él como joven atrevido»; de modo que de alguien menos interesado en él podría esperarse que expresase la misma idea con mayor énfasis. Ha de observarse que el primer ataque personal, en este ejemplo por lo menos, había provenido de Sidney. Como en otros casos, se tiene la impresión de que Oxford no fue un hombre dado a iniciar peleas, pero sí capaz de ser provocado, y cuando se lo atacó, reaccionó con vigor incuestionable.

La historia de la disputa de la pista de tenis es uno de los pocos datos acerca de Oxford que se ha vuelto conocido. De hecho una historia muy interesante de la literatura inglesa menciona el incidente e ignora que el conde estaba muy involucrado en la literatura. Ahora bien, teniendo en cuenta la importancia que se da a esta historia, casi parece como si «Shakespeare» en *Hamlet* hubiese intentado dar una pista sobre su identidad, cuando representa a Polonio sacando en una referencia a hombres jóvenes «disputando en el tenis».

Si se acepta nuestra identificación de Oxford y Harvey con Berowne y Holofernes, un punto interesante para una investigación futura será la identificación de otros contemporáneos con otros personajes de la obra; y en vista de la relación de Oxford con Sidney quizá nos veamos justificados al mirar a Boyet como una representación satírica de Philip Sidney; no, por supuesto, del Philip Sidney que la tradición ha conservado, sino del Sidney como Oxford lo vio. Pues en comparación con el genio de Shakespeare ningún juez competente dudaría en declarar a Sidney una mediocridad. Si a esto añadimos que Dean Church reconoce que «Sidney no dejó de participar plenamente en esa afectación que entonces se tomó por refinamiento», no es difícil relacionarlo con Boyet, el mujeriego al que Berowne satiriza en el Acto V, escena 2:

> ¡Oh, helo ahí!
> Besa su propia mano cortésmente;
> mono formal, *monsieur* el refinado,
> que, cuando juega, riñe con los dados
> en términos pulidos. ¡Ah!, y canta
> medio mediocremente, y como heraldo
> todos le ganan; grato es para ellas;
> besa su pie cada escalón que él pisa…
> Esta es la flor que a todos les sonríe
> con dientes blancos, huesos de ballena,
> y quien no quiera perecer debiéndole,
> paga llamándolo dulzón Boyet.*

---

* Why, this is he/That kiss'd his hand away in courtesy;/This is the ape of form, monsieur the nice,/That, when he plays at tables, chides the dice/In honourable terms: nay, he can sing/A mean most meanly; and in ushering/Mend him who can: the ladies call him sweet:/The stairs, as he treads on them, kiss his feet:/This is the flower that smiles on every one,/To show his teeth as white as whale's bone;/And consciences, that will not die in debt,/Pay him the due of honey-tongued Boyet.

317

Los dos últimos versos son algo crípticos, aparte de cualquier aplicación especial. Aplicados a Sidney, sin embargo, se tornan muy cáusticos por el hecho de que Sidney murió tan hondamente endeudado como para retrasarse sus funerales públicos; sus acreedores no estaban dispuestos a aceptar los arreglos que se les proponían. Solo se superaron las dificultades por medio de su suegro Walsingham, que tenía un especial interés político en los funerales públicos y adelantó 6.000 libras.

Cuando además nos encontramos con Sidney presentando en un espectáculo pastoral, en Wilton, un diálogo que es un plagio evidente de Spenser y De Vere, podemos entender a Berowne cuando dice de Boyet en los versos que preceden inmediatamente a los citados:

> Pica en ingenio cual pichón en grano,
> para expelerlo cuando a Dios le place.*

Damos una o dos frases a modo de ilustración:

Spenser («Shepherd's Calender», August)
WILL: ¿O son tus gaitas las que desentonan?
¿O amas tú o pierdes a tus crías?

Sydney («Dialogue between two shepherds»)
WILL: ¿Cómo? ¿Tu gaita se ha roto o se han perdido tus crías?

De Vere («Dialogue on Desire»)
—¿Qué ganan los amantes con sus penas?
—Sus damas, si persisten en ser fieles,
buen galardón para su fiel deseo.
—¿Y cuál fue tu comida cada día?
Y luego, ¿qué tuviste de beber?
—Lágrimas de un amante no fingidas.

---

* This fellow pecks up wit as pigeons pease,/And utters it again when God doth please.

Sidney («Shepherd's Dialogue»)
—¿Qué salario ganarás?
—Sus miradas celestiales
las ansío más y más.
—¿A qué viandas te convida?
—Llanto y pena por comida.*

Los versos de Sidney son de hecho poco más que la oferta de ideas y expresiones de los dos poemas. Si además de esto el lector regresa a la estrofa del inicio de De Vere «No soy como pareciera», prestando atención sobre todo a la referencia a Aníbal en ella, podrá detectar más «pichones en grano» en los siguientes versos de Sidney:

En cuanto a mi alegría, ¿cómo no estar yo alegre
el tiempo que creí jactarme con razón
de ser yo solo aquel para mi sola amada?
Mas hoy, si aún mi rostro se viste de alegría,
pensad que Aníbal rio cuando perdió Cartago.**

Cierto grado de rivalidad entre los artistas, en cualquier sector del arte, puede conciliarse bastante con el respeto mutuo. Pero cuando alguien resulta ser «un joven atrevido», culpable

---

* *Spenser (Sheptierd's Calender August).* WILL: Be thy bagpipes run far out of frame?/Or lovest thou, or be thy younglings miswent?//*Sidney (Dialogue between two shepherds).* WILL: What? Is thy bagpipe broke or are thy lambs miswent?//*De Vere (Dialogue on Desire):* What fruits have lovers for their pains?/Their ladies, if they true remain,/A good reward for true desire./What was thy meat and daily food?/What hadst thou then to drink?/Unfeigned lover's tears.//*Sidney (Shepherd's Dialogue):* What wages mayest thou have?/Her heavenly looks which more and more/Do give me cause to crave./What food is that she gives?/Tear's drink, sorrow's meat.

** As for my mirth, how could I be but glad,/Whilst that methought I justly made my boast/That only I the only mistress had?/But now, if e'er my face with joy be clad/Think Hannibal did laugh when Carthage lost.

de hurtos mezquinos a su rival, puede entenderse el punto de vista del rival cuando este protesta:

> Anda vendiendo ingenio que ofrece al por menor
> en romerías, brindis, mercados y verbenas,
> y aquellos que vendemos en grande, Vos sabéis,
> no nos acomodamos a honrar tal espectáculo.*
>
> *Trabajos de amor perdidos* (Acto V, escena 2)

El segundo verso de esta cita es especialmente interesante por causa del plagio de Sidney mencionado antes (el espectáculo de Wilton). En apoyo de nuestra opinión de que el plagio fue característico de Sidney, podemos ofrecer el testimonio de sir Sidney Lee, quien señala que «Petrarca, Ronsard y Desportes inspiraron la mayoría de los esfuerzos de Sidney, y sus apóstrofes a abstracciones como el Sueño, la Luna, su Musa, el Dolor o la Lujuria son traducciones casi literales de los franceses». En resumen, es evidente que a Oxford no le faltó justificación para usar una expresión suya, «comparaciones y desdenes hirientes», que ha pasado a la historia literaria. Casi parece como si *Trabajos de amor perdidos* incluyese una alusión directa al incidente. Pues, luego de un cruce de armas entre Berowne y Boyet, tenemos lo siguiente:

> MARGARET: El último es Berowne, alegre señor loco.
>   Cada palabra suya es una broma.
> BOYET: Y cada broma suya *una palabra.*
> PRINCESA: Habéis obrado bien: tomarle la palabra.**

---

* He is wit's pedlar, and retails his wares/At wakes and wassails, meetings, markets, fairs,/And we that sell by gross, the Lord doth know/Have not the grace to grace it with such show.

** MARGARET: The last is Berowne, the merry mad-cap lord,/Not a word with him but a jest./BOYET: And every jest but *a word.*/PRINCESS: It was well done of you to take him at his word.

Antes de dejar este asunto de «Boyet», queremos ofrecer una observación interesante sobre el nombre en sí. No hemos logrado descubrir cualquier otro uso de la palabra. Sin embargo, si reemplazamos «muchacho» [«boy»] por su viejo equivalente «bribón» [«knave»] obtenemos el nombre de quien tal vez fue el enemigo más señalado de Edward de Vere, a saber, sir Thomas *Knyvet*; la palabra se deletrea de varias formas, como la mayoría de nombres en esos días, pero la conexión etimológica es obvia. La enemistad entre los dos hombres y sus criados fue tan acérrima y persistente como la que tenemos representada en *Romeo y Julieta* entre Montescos y Capuletos. La lucha tuvo lugar entre ellos en plena calle y se perdieron vidas. Se libró un duelo entre Oxford y sir Thomas Knyvet y ambos resultaron heridos, Oxford gravemente. Así pues, es posible que, de acuerdo con el carácter poético y teatral del tipo de *Trabajos de amor perdidos*, Boyet sea un personaje formado a partir de los adversarios destacados de Oxford, sir Philip Sidney y sir Thomas Knyvet.

Hemos estado tratando de mostrar que las obras teatrales de Shakespeare contienen posibles retratos a pluma de los hombres con los que el conde de Oxford tuvo relación, representados no como la tradición los ha conservado, sino como estuvieron en relación con el propio Oxford. No es una parte necesaria de nuestro argumento que estas identificaciones deban aceptarse plenamente. Afectan más bien a una rama del estudio de Shakespeare que ha de recibir un especial desarrollo una vez que se adopte nuestra tesis principal. Mientras tanto, las identificaciones ayudan en la labor de dar a las obras los toques de personalidad que han faltado hasta hoy, y que en su mayor parte han de ir lejos en apoyar o echar abajo todo intento de identificación del autor.

Fue durante el período de la vida de Oxford que estamos tratando cuando él se ganó una reputación de excentricidad. Dicha excentricidad puede haber sido, en parte, natural. No obstante, su reputación en este aspecto podría haber aumentado considerablemente por el modo de vida que él adoptó como medio necesario para cumplir su vocación. También, al ver que le servía de máscara su modo de vida atribuido a excentricidad y que lo protegía de molestias e interferencias, es posible que trabajase el asunto sistemáticamente, como hizo Hamlet. La excentricidad y frivolidad que desde luego mostró en ciertos círculos cortesanos, incluyendo sin duda los miembros de la facción de Burleigh, es probable que fuese no solo un disfraz sino también una expresión de desprecio hacia aquellos para los que adoptó ese modo. En las relaciones literarias y teatrales, que le importaban más, su conducta fue claramente de distinta clase, pues aquí se habla de él como «un muy noble y docto caballero». Es posible también que no haya tenido un éxito completo en lanzar polvo a los ojos de Burleigh, pues encontramos a este último admitiendo que «su señoría tiene más capacidad de la que un extraño podría pensar».

Esta doble actitud hacia los demás se ilustra más de una vez en las obras de Shakespeare. La más eminente ilustración es, por supuesto, la de Hamlet. Hallamos algo, también, de esta doble personalidad en el personaje «del loco señor Berowne» y lo tenemos exactamente descrito en el caso de Bruto en *La violación de Lucrecia*:

> Lo mismo lo estimaron los romanos
> que a un loco en el palacio de los reyes,

por sus chuscadas y sus tonterías.
Mas ahora tira aquel vestido frívolo
que disfrazó su táctica profunda
y arma el ingenio que escondiera adrede.*

La misma nota vuelve a aparecer en la presentación de príncipe Hal o Enrique V, cuyas

vanidades [...]
fueron disfraces del romano Bruto
con que tapó a su tino su locura.** (II. 4)

y quien «cubrió sus reflexiones con un velo de rusticidad».

En el caso de Edgar en *El rey Lear* tenemos el más acentuado desarrollo de la idea: la realización de un propósito definido mediante la simulación de una locura completa; un propósito que

le enseñó a cambiar
andrajos de demente aparentando
lo que los mismos perros desdeñaban.***

Está claro que la concepción era muy dominante en la mente del dramaturgo. Que fue una característica de él mismo, quienquiera que haya sido, se hizo transparente en el pasaje que se cita a menudo de los *Sonetos*:

---

* He with the Romans was esteemed so,/As silly-jeering idiots are with kings,/For sportive words and uttering foolish things./But now he throws that shallow habit by,/Wherein deep policy did him disguise;/And arm'd his long hid wits advisedly.

** vanities [...]/Were but the outside of the Roman Brutus/Covering discretion with a coat of folly.

*** taught him to shift/Into a madman's rags, to assume a semblance/That very dogs disdained.

> ¡Ay!, sí, he andado errante aquí y allá,
> haciendo de bufón ante los otros,
> hiriendo mi amor propio y depreciándome.*

No hay nada sugerente de enigma en estos versos, y por lo tanto, solo debería unirse a ellos su significado obvio. «Shakespeare», como gran líder del verdadero realismo (una cosa bien diferente de la desmesura moderna designada con ese nombre) tiene derecho a ser leído de manera literal cuando habla directa y seriamente de sí mismo; por lo tanto, cuando nos dice en pocas palabras que había actuado de charlatán en alguna forma, podemos admitir que realmente lo había hecho. Pensar de él que fue un hombre de negocios de cabeza asentada y práctico, con un buen ojo para la oportunidad, es poner su personalidad en directa contradicción con todo lo que de él revelan los sonetos. Que lea cualquiera estos sonetos tan llenos de dolor personal; que luego pase a *Trabajos de amor perdidos*, cuya mayor parte claramente se estaba redactando por el mismo tiempo en que muchos de los sonetos se escribían, y se sentirá en presencia de una personalidad extraordinaria, capaz de grandes extremos en el pensamiento y la conducta, la antítesis misma del ciudadano modelo que se supone que ha sido «Shakespeare».

Cuán sugestivas de todo esto son las líneas de De Vere:

1. Yo, cuanto más alegre, más pensativo y triste.
2. Que se usen los opuestos me parece
   de sabios, a fin de encubrir la mente.
3. Así la dulce uva de la vid yo he quitado

---

* Alas 'tis true I have gone here and there/And made myself a motley to the view,/Gored mine own thoughts, sold cheap what is most dear.

y en cambio languidezco de gran sed mientras que otros beben el vino.*

Cada palabra de estas frases revela a un hombre que oculta el dolor de su propia naturaleza bajo una máscara de frivolidad, mientras enriquece el acervo del mundo con el gozo y la alegría.

Así pues, nos sentimos justificados al suponer que la impresión de sí mismo que fijó en los círculos oficiales fue en gran medida como la intentó establecer, y que la parte no menor de satisfacción que obtuvo de su éxito residió en el designio de tomar el pelo a Burleigh y a otros en la corte. Apenas hace falta señalar cuánto es verdad todo esto en el caso de Hamlet, y cómo la actitud de Hamlet hacia Polonio, Rosencrantz, Guilderstern y los otros cortesanos podría tomarse como el desarrollo de una representación idealizada de las relaciones de Oxford con personas como Burleigh, Raleigh, Greville y Hatton.

A modo de última observación sobre este punto, nos gustaría llamar la atención sobre el hecho de que en su obra *The Man Shakespeare* el Sr. Frank Harris rechaza por entero la idea de que Shakespeare no puede ser identificado con alguno de sus personajes, y aunque aborda la cuestión desde un punto de vista totalmente diferente y con otros fines, escoge entre los más destacados ejemplos de autorrepresentación varios de los casos que acabamos de citar. De esta obra tomamos los siguientes pasajes:

---

* 1. I most in mirth most pensive sad. 2. Thus contraries be used, I find,/Of wise, to cloak the covert mind. 3. So I the pleasant grape have pulled from the vine,/And yet I languish in great thirst while others drink the wine.

«Shakespeare ha descubierto en Hamlet demasiado de sí mismo». Hace de «Bruto un retrato idealizado de sí mismo». «Edgar es peculiarmente el portavoz de Shakespeare». «Es difícil negar que Shakespeare se identificó cuanto pudo con Enrique V».

En cada uno de estos casos, como se ha señalado, tenemos a hombres que ocultan una naturaleza superior bajo un velo de locura. Tal vez exista un elemento de confusión entre los dos hombres llamados «Bruto», que aparecen con un intervalo de quinientos años, en *La violación de Lucrecia* y *Julio César* respectivamente. Pero el vínculo del Shakespeare del príncipe Hal con el Bruto que fingió estar loco y juró vengar la muerte de Lucrecia suministra la conexión necesaria.

No nos proponemos intentar la refutación de su presunto libertinaje durante esos años de activa asociación con empresas teatrales. No obstante ya se ha observado que, aun habiendo sido su conducta en otros aspectos bastante irreprochable, el ausentarse de sus círculos sociales y domésticos normales, en parte condición necesaria de la empresa que tenía entre manos, más el carácter reconocido de aquellos con los que hubo de asociarse, como se indica abiertamente en el pasaje que hemos citado de Dean Church, habría sentado amplias bases sobre las que sus adversarios pudiesen erigirle tal reputación. Cuando consideramos más a fondo el carácter especial de Burleigh, tan bien descrito en el pasaje citado de *Mother Hubbard's Tale* de Spenser, podemos estar seguros de que la mayoría de estas cosas se hizo para el descrédito de Oxford. Cualquiera que pueda haber sido su carácter privado, en esas circunstancias era casi inevitable una fama de libertinaje. De ahí que se vuelva perfectamente seguro decir que él no fue peor, sino acaso mucho mejor, de como ha sido retratado. Por otro lado, ya que los mismos sonetos de Shakespeare admiten claras desviaciones de los cánones aceptados de rectitud en cuanto a su escritor, no se trata de reclamar aquí para De Vere una moral más alta que la de Shakespeare. Al mismo tiempo, si consideramos estos sonetos como el producto de la pluma de Oxford, seremos capaces de limpiar su reputación de gran parte de la difamación incuestionable de que hasta hoy ha sido objeto.

II

Nuestro asunto principal en esta etapa son sus actividades teatrales. No sabemos cuándo empezaron después de su regreso de Italia, pero el hecho de que casi de inmediato parezca haber adoptado la práctica de ausentarse de la vida doméstica y de la corte, y compartir la vida bohemia de hombres de letras y actores, sugiere que no pasó mucho tiempo en el inicio de su aprendizaje dramático. Así que, desde este momento hasta el año 1590 aproximadamente, en que enmarcamos de modo general el comienzo de la producción de Shakespeare, su vida tuvo en gran parte ese carácter bohemio y teatral. Tal vez futuras investigaciones proporcionen fechas y detalles más completos de la relación de Edward de Vere con la escena; sin embargo se ha establecido de un modo suficiente que para el año 1580 él ya estaba intensamente comprometido.

Por los papeles calandrados del Estado nos enteramos de que en 1580 los directores de la Universidad de Cambridge escribieron a Burleigh objetando a los servidores del conde de Oxford que «mostrasen su picardía» en ciertas obras teatrales que ya se habían representado ante la reina. Para 1584 él tenía una compañía de actores de gira regular por provincias, y desde este año hasta 1587 su compañía se estableció en Londres, ocupando un lugar destacado en el mundo teatral.

En relación con sus giras por provincias vale la pena comentar que en 1584, es decir, justo antes de establecerse en

Londres, su compañía visitó Stratford-on-Avon. Por ese tiempo William Shakspere tenía veinte años de edad y se había casado hacía dos. Ha habido un gran acuerdo en adivinar la fecha en que William Shakspere dejó Stratford-on-Avon y no es improbable que pueda haber estado relacionada con la visita de los «Muchachos de Oxford». Como el nacimiento de gemelos, a principios de 1585, es lo que suministra el informe del que se ha deducido el momento de su salida de Stratford, la segunda mitad de 1584 puede haber sido, en efecto, el momento real.

Sea como sea, el hecho es que, bien por el país, bien en la metrópoli, parece bastante reconocido que el conde de Oxford tenía que ver en la composición de algunas de las piezas que su compañía estaba representando, mientras que otras eran sustancialmente suyas.

El año 1580, que nos da la prueba más temprana de su implicación directa en una obra dramática, también lo relaciona con un escritor de poesía y teatro, gerente de una compañía teatral, llamado Anthony Munday. Y puesto que esta relación es de un carácter más importante e interesante, debe tratarse con cierta extensión.

Un hecho peculiar acerca de Munday ha sido el habérsele atribuido composiciones tanto poéticas como dramáticas de una clase superior, y que autoridades competentes afirmen ahora que él no habría podido escribirlas. Para establecer este punto debemos tratar primero con cuestiones que nos llevan más allá del período que ahora nos ocupa. En el año 1600 se publicó una importante antología poética llamada *England's Helicon,* que contiene, entre otros, los poemas de «Shepherd Tony», cuya identidad ha sido uno de los más discutidos problemas de la literatura isabelina. Algunos escritores se han inclinado por que Anthony Munday fue «Shepherd Tony», y en una antología moderna de los mejores poemas de Shepherd

Tony, *Beauty sat bathing by a spring,* se adscribe a Anthony Munday como si no hubiese duda sobre ello. Ahora bien, Munday realmente publicó un volumen de su propia poesía, *A Banquet of Dainty Conceits,* y de él el editor moderno de *England's Helicon,* Sr. A. H. Bullen (1887), dice:

«Intrínsecamente los poemas tienen poco interés, pero la colección es importante por eso, porque ofrece una prueba excelente de que Anthony Munday no fue el Shepherd Tony de *England's Helicon.* Munday fue un escritor inferior.»

Luego muestra un pasaje de diez líneas sacado de poemas de Munday y añade: «Muy fina papilla es esto, y hay ocho estrofas más. Tras leer estos "Dainty Conceits" tenazmente rechazaré creer que Munday pudiera haber escrito cualquiera de los poemas atribuidos en *England's Helicon* a Shepherd Tony.»

Ahora volvemos al período correspondiente a este capítulo, sobre los años 1580, en los que De Vere estuvo cumpliendo, por así decirlo, la primera fase de su aprendizaje dramático y pedimos una atención muy cuidadosa a los siguientes pasajes tomados de la *Cambridge History of English Literature,* vol. 5, capítulo 10:

«Anthony Munday […] un adaptador y condensador de obras teatrales.»

«De los dramaturgos isabelinos menores Munday es el más considerable, interesante y peculiar.»

«Estas obras de Munday no implican genialidad.»

«Como inicio de la obra de Munday puede citarse una traducción del italiano. [Es] una comedia de dos caballeros italianos […] y la denuncia de Fedele de la inconstancia de la mujer es exactamente en el ritmo como lo es en el metro y la rima de *Trabajos de amor perdidos.* […] Se emplean por lo común alejandrinos rimados, pero en el discurso de Fedele se alcanza una especial seriedad y dignidad de estilo por el uso de *versos rimados de diez sílabas en sextinas* (la estrofa de *Venus y Adonis* y de *Women* de De Vere). [...] Lo inesperado es el inglés de la traducción, pues las traducciones en prosa de Munday no muestran ninguna facultad especial al convertir el original en el inglés nativo. [...]

«Munday, en 1580 y en sus primeras obras publicadas, está ansioso de proclamarse "servidor del conde de Oxford". [...] La compañía del conde de Oxford actuó en Londres entre 1584 y 1587. [...] (En cierta obra) "que había sido interpretada varias veces por el muy honorable conde de Oxenford, lord gran chamberlán de Inglaterra, su sirviente", aparece la sextina. (Gran parte de ella) podría ser obra de Munday, (pero) él no puede haber escrito el sonoro verso blanco de las escenas históricas. [...] (Una de) las obras teatrales de Munday es una humilde variación del tipo de *Sueño de una noche de verano.* [...] Y nos encontramos en (otra de las obras de Munday) con *frases que pueden haber quedado en la mente de Shakespeare.»*

Nos sentimos con derecho a decir que el autor de estos pasajes, el reverendo Ronald Bayne, licenciado en Humanidades, estuvo al borde mismo del descubrimiento que nosotros reivindicamos. Las frases citadas no se hallan en la cercanía, unas de otras, en que las hemos colocado. No obstante aparecen en el mismo capítulo de la misma obra y todas son de la misma pluma. Para completar la presente declaración haría falta un examen cuidadoso de los pasajes en estas obras de Munday que «pudo no haber escrito él», y que contienen pasajes que podrían haber «quedado en la mente de Shakespeare». Por un lado, tendrán que ser comparados con la obra de Shakespeare; por otro lado, con la obra de De Vere. De momento nos contentamos con dejarlas apoyarse en la autoridad citada y con pedir al lector que observe el número y la importancia de los vínculos que Anthony Munday establece así para nosotros entre Shakespeare y Edward de Vere. Porque, si los pasajes en cuestión cumplen con la descripción hecha por el Sr. Bayne, en vista de todo el curso de nuestras investigaciones no parece posible sino una explicación, y ella es que antes de 1580 el conde de Oxford estuvo aprendiendo su oficio como dramaturgo, adiestrando su mano, por así decirlo, en obras inferiores del momento, colaborando con escritores menores, interpolando pasajes propios en obras producidas por su empleado Anthony Munday, pasajes como los que «podrían haber quedado en la mente de Shakespeare».

Ya que se nos da un ejemplo de verso que aparece en una obra teatral de Munday, vamos a reproducirlo con pasajes correspondientes de De Vere y Shakespeare, sin perjuicio de la repetición que implica:

1. *Obra teatral de Munday:*
   Ved la falta del amor, perseguir a la que huye
   y huir de ella lanzando ruidosas lamentaciones.
   Fedele ama a Victoria, y ella a él ya lo ha olvidado;
   Fedele gusta a Virginia, y él no le presta atención.

2. *Poemas de De Vere:*
   Más yo seguí a una, más ella huyó de mí,
   igual que Dafne siempre que Apolo la apresó.
   Más dejo oír mis quejas, menos la apiado yo.
   Más yo busqué y menos encontré,
   y aún decía ella que era mía.*

---

* 1. Lo! here the common fault of love, to follow her thatflies,/ And fly from her that makes pursuit with loud lamentingcries./Fedele loves Victoria, and she hath him forgot;/Virginia likes Fedele best, and he regards her not.

2. The more I followed one, the more she fled away,/As Daphne did full long ago, Apollo's wishful prey./The more my plaints I do resound the less she pities me. /The more I sought the less I found,/yet mine she meant to be.

Como los versos en la obra de Munday reproducen exactamente la situación de los amantes en *Sueño de una noche de verano*, citamos las líneas de esta obra teatral que tratan de la situación:

> 3. *Shakespeare,* «Sueño de una noche de verano», I. 1:
> HERMIA: Ceñuda yo lo miro, y aún me ama.
> ELENA: ¡Copiase mi sonrisa vuestro ceño!
> HERMIA: Le echo maldiciones, y aún me adora.
> ELENA: ¡Ganasen mis plegarias tal cariño!
> HERMIA: Más lo odio yo y más me sigue a mí.
> ELENA: Más lo amo yo y más me odia él.*

Nos contentamos con dejar estos asuntos para la reflexión del lector. Como última referencia a Anthony Munday, solo señalamos el hecho interesante de que el manuscrito descubierto hace poco, que constituye el tema de la obra de sir E. Maunde Thompson sobre la caligrafía de William Shakspere, es una interpolación en una obra de Anthony Munday.

III

Sería de valor inestimable que se descubriesen algunos manuscritos de Oxford o incluso los títulos de sus obras. Por supuesto, no deberíamos esperar encontrar una correspondencia exacta entre estos títulos y los de las obras teatrales de Shakespeare, sino más bien algo que diese pistas de conexión. Hasta el presente hemos logrado descubrir tan solo un título, y el resultado no ha sido en modo alguno decepcionante. En

---

* HERMIA: I frown upon him, yet he loves me still./HELENA: O that your frowns would teach my smiles such skill!/HERMIA: I give him curses, yet he gives me love./HELENA: O that my prayers could such affection move!/HERMIA: The more I hate, the more he follows me./HELENA: The more I love, the more he hateth me.

la obra de la Sra. Stopes, *Burbage y Shakespeare' Stage* nos topamos con lo siguiente de un registro contemporáneo (1584): «La historia de Agamenón y Ulises ofrecida y representada ante su majestad por el conde de Oxenford y sus muchachos el día de San Juan por la noche en Greenwich.»

No existe, desde luego, ninguna obra shakespeariana titulada «Agamenón y Ulises», pero creemos que un examen cuidadoso de la obra de Shakespeare *Troilo y Crésida* arrojaría desde este punto de vista resultados muy interesantes. Sin tener que contar las palabras estaríamos por decir que, en una inspección general, los discursos de Agamenón y Ulises son para una gran parte, o tal vez para la mayor parte del drama, más extensos que los pronunciados por Troilo y Crésida. Esto, sin embargo, no es lo más interesante del caso. Tomemos el primer acto, por ejemplo, y comparemos detenidamente las tres escenas que lo integran. Se hallará que las dos primeras contienen una gran proporción de frases breves formando un diálogo suelto y ágil, y también una buena mezcla de prosa. En esto tenemos la labor del dramaturgo experto. La escena tres es totalmente diferente. Aquí cada orador se adelanta a su vez y pronuncia un largo discurso, todo en verso blanco; la prosa está enteramente ausente. Hay en esta escena un pensamiento profundo y una expresión diestra, pero en su mayor parte es poesía pura y simple en lugar de drama: intelecto y destreza poética, mas no la propia técnica dialogística.

Esta marcada diferencia en la técnica entre la tercera escena y las dos primeras es justamente la que existe entre la labor de un poeta haciendo sus primeros ensayos en el teatro y la del dramaturgo experimentado. Y este, al parecer, drama temprano de Shakespeare es lo que podría llamarse parte de la obra teatral «Agamenón y Ulises». Agamenón, como rey, tiene prioridad y empieza con sus treinta líneas de verso blanco, y

Ulises tiene con mucho la parte del león al intervenir en toda la escena. Un estudio cuidadoso de los dos tipos de trabajo en *Troilo y Crésida* tal vez aportará al lector, más que cualquier otra cosa, un sentido más claro de lo que se produjo en el desarrollo del drama durante el reinado de la reina Isabel. Lo que tomamos por la obra teatral del conde de Oxford, «Agamenón y Ulises», que constituye el trabajo básico para la obra teatral de «Shakespeare» *Troilo y Crésida*, representa el drama isabelino en una primera etapa sencilla de su evolución, con pocos hablantes y discursos largos, y la obra terminada de *Troilo y Crésida* es el trabajo de la misma pluma, cuando la práctica había madurado su dominio sobre los recursos del verdadero diálogo teatral, con numerosos personajes. En la escena de Ulises y Agamenón se introduce a Eneas para establecer un vínculo con el romance de Troilo y Crésida; luego se interrumpe por primera vez la sucesión de discursos largos y sobreviene un diálogo breve y ágil.

Un examen de la obra en conjunto nos da la fuerte presunción de que la obra de Shakespeare *Troilo y Crésida* tuvo como cimiento una obra más temprana, de estructura simple, a la que podría aplicársele muy apropiadamente el nombre de «Agamenón y Ulises».

Ahora pediríamos una lectura cuidadosa de todos los discursos de Ulises en el Acto I, escena 3, de los que vamos a dar solo un breve extracto:

> ¡Oh!, quebrantado el grado,
> que es la escalera de los altos planes,
> la empresa enferma. ¿Por qué otro medio
> escuelas, sociedades, hermandades,
> comercio en paz entre apartadas costas,
> *la primogenitura, el nacimiento,*
> *edad, corona, cetros y laureles,*

> si no es por él, mantienen su lugar?
> [...] Gran Agamenón,
> cuando la jerarquía es ahogada,
> el caos sigue a la asfixia.*

La escena en su conjunto es una discusión de la política estatal, desde el punto de vista de alguien fuertemente imbuido de concepciones aristocráticas y consciente de la decadencia del orden feudal en que la vida social se había apoyado hasta entonces. Hagamos, pues, del conde de Oxford el escritor y de la corte de Isabel la audiencia para la representación del «Agamenón y Ulises» de «Shakespeare», y toda la situación se vuelve mucho más inteligible que si tratamos de convertir en escritor al hombre de Stratford.

Como ilustración de la correspondencia de la mente de Oxford, bajo otros aspectos, con la mente que creó *Troilo y Crésida*, evoquemos primero dos estrofas del poema titulado *What cunning can express?*

> Cuando ella me lanza un dardo,
> con dulce fuego llameo:
> suspira mi pecho y ardo
> vencido por el deseo.
> No puedo mejor vivir
> que amándola hasta morir.
>
> La nieve de la azucena,
> el tinte de roja rosa,

---

* O! when degree is staked,/Which is the ladder to all high designs,/The enterprise is sick. How could communities,/Degrees in schools, and brotherhoods in cities,/Peaceful commerce from dividable shores,/*The primogenitive and due of birth.*/*Prerogative of age, croons, sceptres, laurels*/But by degree, stand in authentic place?/[...] Great Agamemnon,/This chaos when degree is suffocate,/Follows the choking.

la plata de Cintia amena,
mi diosa dulce y hermosa
y Febo me hacen sufrir
bellezas hasta morir.*

La notable estravagancia de los términos cautiva la atención y casi provoca la crítica. Por eso hacemos notar la siguiente expresión del sentimiento por parte de Troilo mientras espera la entrada de Crésida:

Siento mareo; de esperar me aturdo.
El goce imaginario es tan sabroso
que encanta mis sentidos. ¿Qué será
cuando el mojado paladar deguste
el néctar del amor? La muerte, temo;
un destructor desmayo o gozo agudo
muy fuerte y muy sutil, dulce de más
para mis facultades harto rudas.** (III. 2)

El discurso previo de Troilo en que se produce el verso

Donde me tienda en *lecho de azucenas*.***

revela el funcionamiento de la misma imagen, como en el poema de Oxford. Y la canción en la escena inmediatamente anterior, que contiene la pareja de versos

---

* From whence each throws a dart;/That kindleth soft sweet fire:/ Within my sighing heart/Possessed by Desire./No sweeter life I try/ Than in her love to die.//This pleasant lily white,/This taint of roseate red;/This Cynthia's silver light,/This sweet fair Dea spread;/These sunbeams in mine eye,/These beauties make me die.

** I am giddy; expectation whirls me round./The imaginary relish is so sweet/That it enchants my sense: what will it be/When that the watery palate tastes indeed/Love's thrice repured nectar? death, I fear me/Swooning destruction, or some joy too fine,/Too subtle-potent, tuned too sharp in sweetness,/For the capacity of my ruder powers.

*** Where I may wallow in the *lily-beds*.

Estos amantes lloran,
¡Oh!, ¡oh!, mueren.*

muestra la insistencia de la idea central en una vena más ligera.

Unas pocas líneas después aparece esa nota dominante del alto linaje, seguida de inmediato por la expresión «pocas palabras para la buena fe», que casi reproduce una expresión en una carta de Oxford escrita en fecha posterior y solo publicada en tiempos modernos: «Las palabras en las mentes fieles son tediosas».

De manera no exhaustiva hemos hecho la conexión de *Troilo y Crésida* con las obras de teatro, los poemas y la vida de Edward de Vere, para lo cual el punto de partida lo proporciona la obra teatral «Agamenón y Ulises». Bastante se ha dicho, no obstante, para establecer una armonía y acrecentar la suma de estas concordancias que en su multitud y convergencia constituyen la prueba de nuestra teoría.

IV

Se ha mencionado la asociación de Oxford con hombres de letras y su mecenazgo. Uno de tales ejemplos de mecenazgo literario nos lleva al siguiente hito al rastrear sus actividades dramáticas. En este caso el objeto de la benevolencia de De Vere fue Lyly, que dedicó la segunda parte de su célebre obra a su patrono. La intimidad de Shakespeare con el eufuismo es uno de los puntos más debatidos en relación con el problema de la autoría, cuyas dificultades casi desaparecen por sí solas bajo nuestra teoría presente. El Sr. W. Creizenach, en *English Drama in the age of Elizabeth,* hablando de Lyly y su lucha contra la pobreza, dice: «Encontró más patronazgo efectivo en manos del conde de Oxford, quien practicó él mismo el arte

---

* These lovers cry,/Oh! oh! they die.

dramático. Por él se encargó Lyly de la gestión de la "troupe" conocida como los "Muchachos de Oxford", que estaba bajo su protección. Es probable que los actores de los que tomó el nombre su compañía, junto al de este noble, representasen públicamente las obras escritas por su patrono».

En la misma obra también aparece el pasaje siguiente: «Al lado de los poetas que se ganaban la vida componiendo dramas, podemos observar unos pocos miembros de la más alta aristocracia dedicados a la tarea de escribir obras para la escena popular, al igual que probaron suerte con otras formas de la poesía por el puro amor a la escritura. Pero el número de estos autores de alto linaje es muy pequeño y su apariencia es evanescente. Edward, conde de Oxford, conocido sobre todo como poeta lírico, se menciona en *Art of English Poesie,* de Puttenham, al haberse ganado, junto con el director del coro de Edward, el más alto elogio en la comedia y el interludio. Meres también lo ensalza por ser uno de los mejores poetas en la comedia».

El testimonio contemporáneo de su preeminencia dramática en el pasaje citado es de primera importancia, porque, si bien hemos fijado en su obra lírica la clave para la solución del problema, es la posición suya como escritor de teatro en la que estamos más directamente interesados.

Leves como son, pues, las huellas de su literatura y actividad dramática durante los catorce años siguientes a su viaje a Italia, tienen tal carácter como para demostrar que la mayor parte de la energía que antaño había reunido para dedicarse a empresas militares o navales, ahora se dirigen principalmente a la literatura y el teatro, y que él debe haber estado gastando profusamente su sustancia en estos intereses. Salta a la vista que su posición entre los patronos aristocráticos del drama fue muy peculiar. No encontramos que ninguno de los otros fuese un hombre de letras del mismo calibre, que se relacionase de manera tan directa con la obras que estaban escenificando sus compañías, o que compartiesen en un grado igual la vida bohemia de los actores como lo hizo el conde de Oxford. Ni a ninguno de los otros se lo escoge para el mismo tipo de reseña especial en las obras modernas sobre teatro isabelino. Pese a que otras compañías de actores se denominan «Muchachos», es la compañía de Oxford a la que parece que el nombre se ha unido con más propiedad. Esta referencia frecuente a su compañía como los «Muchachos de Oxford» sugiere, asimismo, una familiaridad personal y el amable interés de un empleador en las necesidades y el bienestar de las personas que empleó. Por todos los indicios que tenemos de su carácter, él no era el hombre que mantuviese su oro «continuamente encarcelado en sus bolsas», por usar sus propias palabras, mientras hubiese dramaturgos o actores con él a quienes pudiera beneficiar. Todo anuncia una relación similar a la que había existido entre Hamlet y sus actores, y que expresa al darles la bienvenida renovando su trato con ellos:

> Sean bienvenidos, señores; bienvenidos todos. Me alegra verte bien. Bienvenidos, buenos amigos. ¡Oh, mi viejo amigo!*

Luego está la advertencia de Hamlet a Polonio:

> Mi buen señor, ¿cuidaréis de que se atienda bien a los actores? ¿Oís? Haced que se los trate bien. [...] Tratadlos según vuestro propio honor y dignidad: cuanto menos lo merezcan, más mérito habrá en vuestra largueza.**

---

* You are welcome, masters; welcome all. I am glad to see thee well. Welcome good friends. O! my old friend.

** Good my lord, will you see the players well bestowed? Do you hear, let them be well used. [...] Use them after your own honour and dignity: the less they deserve the more merit is in your bounty.

Al ver, por otra parte, que la compañía de Oxford ha pasado a la historia del teatro inglés como los «Muchachos de Oxford» ¿qué diremos de Hamlet cuando habla de su compañía como «los muchachos»?

¿Se lo llevan *los muchachos?**

Pero importan más las instrucciones y la crítica de Hamlet, como patrono de actores, a su compañía. Toda su actitud es como la que un patrono de la posición social de Oxford, su gusto literario y su entusiasmo por el teatro asumiría naturalmente hacia una compañía que dirigía y no solo patrocinaba. En este asunto ninguna cita de pasajes bastaría para nuestro propósito. Solo podemos pedir al lector, considerando cuanto hemos sido capaces de poner ante él, la obra poética, la vida y el carácter de Oxford, que lea toda esa parte de la obra que trata de la relación de Hamlet con los actores (Actos II y III, escena 2). Si no sentimos que aquí tenemos una exposición exacta de lo que sería la gestión de Oxford en su propia compañía, nuestro mismo trabajo en estas páginas tiene que haberse realizado del modo más imperfecto.

Cuando la dirección de los Muchachos de Oxford se le confió a Lyly, se verá que fue el escritor de *Euphues* el que mantuvo una asociación más continua con el conde de Oxford durante los años en que este se hallaba produciendo las obras teatrales que supuestamente se han perdido. Ahora bien, fue precisamente en este período cuando el mismo Lyly estaba dando salida a sus propias obras, así que era inevitable algún tipo de correspondencia entre su propia labor y la de su amo. En ese caso se convierte en una cuestión de cierta importancia la de si estas obras de Lyly se vinculan de alguna forma

---

* Do *the boys* carry it away?

peculiar con las de «Shakespeare». Por lo tanto, pedimos una atención especial, antes de nada, a cuanto sir Sidney Lee tiene que decir sobre este punto:

«Solo con dos de sus colegas dramaturgos contrajo (Shakespeare), como escritor de comedias o tragedias, una deuda material o inequívocamente definida» (Lyly y Marlowe).

Marlowe era un hombre más joven, y la obra de su pluma, la tragedia, que sir Sidney Lee asocia con la de Shakespeare, pertenece al período posterior o propiamente shakespeariano. En consecuencia, Lyly es el único dramaturgo de este primer período o preparatorio (1580-1592) cuya obra, en opinión del mismo autor, prefigura la obra de «Shakespeare».

«Entre 1580 y 1592 (Lyly) produjo ocho comedias triviales e insustanciales, de las que seis fueron escritas en prosa, una en verso blanco y una con rima. Gran parte del diálogo de las comedias de Shakespeare, desde *Trabajos de amor perdidos* hasta *Mucho ruido y pocas nueces,* consiste en fantásticos conceptos pretenciosos y elusivos, retruécanos y antítesis. Este es el estilo de las relaciones en que se complacen exclusivamente la mayoría de los personajes de Lyly. Tres cuartas partes de las comedias de Lyly giran sin seriedad sobre temas de la mitología clásica y de las hadas, la manera misma que Shakespeare hizo triunfar por vez primera en su *Sueño de una noche de verano.* El tratamiento de personajes excéntricos de Shakespeare, como don Armado en *Trabajos de amor perdidos* y su hijo Moth, se lee como una reminiscencia de la representación de sir Topas de Lyly, un caballero gordo y vanidoso con su hijo Epiton en la comedia *Endymion*, mientras que los vigilantes en la misma obra teatral claramente presagian a Dogberry y Verges de Shakespeare. El recurso del disfraz masculino para las doncellas enamoradas fue característico del método de Lyly antes de que Shakespeare se atreviese a él por la primera vez de muchas otras en *Los dos caballeros de Verona,* y la dispersión a través de las comedias de Lyly de *canciones que poseen todo el encanto lírico* no es el menos interesante de los muchos rasgos llamativos que los logros de Shakespeare en la comedia parecen tomarse prestados de los experimentos relativamente insignificantes de Lyly.»

En el artículo sobre Lyly con que el mismo escritor contribuye al *Dictionary of National Biography,* plantea dudas sobre la autoría de Lyly de ciertas letras que aparecen en sus obras teatrales, por razones de su superioridad. No puede cuestionarse, pues, que Lyly y su obra constituyen un eslabón muy importante en la cadena de pruebas que relaciona la obra de «Shakespeare» con el conde de Oxford; solamente, bajo la influencia de la teoría stratfordiana, se confunde la causa con el efecto.

V

Después de presentar la relación de la obra de Lyly con la de «Shakespeare» según lo declarado por un eminente shakespeariano, vamos a exponer ahora cómo aparece en la principal autoridad inglesa sobre la obra de John Lyly, el Sr. R. Warwick Bond, licenciado en Humanidades, (*The Complete Works of John Lyly, now for the first time collected and edited.* Clarendon Press, 1902). Es de tal importancia que merece una sección por sí misma.

«Gabriel Harvey (declara) que cuando se estaba escribiendo *Euphues,* es decir, en 1578, conoció a Lyly en el Savoy. [...] Una recomendación de un amigo influyente procuraría la fácil admisión (en los apartamentos del Savoy) de un hombre de letras pobre o estudiante universitario, al menos durante un período provisorio. [...] Según pormenores que figuran en los memoriales del Savoy del Sr. W. J. Loftie, varios aposentos y viviendas en el recinto del Savoy solían dejarse a inquilinos, y en 1573 Edward de Vere, conde Oxford, estaba atrasado en más de 10 libras en el alquiler de dos de tales viviendas.»

Con qué finalidad alquiló Oxford estas viviendas, bien para sus propias actividades literarias, bien para alojamiento de los hombres las letras pobres, no se sabe. Sin embargo tan temprano como en 1573, cuando no tenía sino veintitrés años, y dos años antes de su gira italiana, estuvo palmariamente asociado con los hombres de letras en el Savoy, entre los que se incluyeron a los pocos años Gabriel Harvey y John Lyly. La casa de Burleigh en el Strand, donde Oxford había residido, estaba bastante cerca del Savoy, y la asociación temprana y habitual de Oxford con este grupo literario en particular apenas admite duda.

En 1580 Lyly dedica su trabajo, *Euphues and his England* a su «muy buen amo y señor, Edward de Vere conde de Oxenforde» y (reanudando nuestra cita) «aquí tenemos la primera indicación auténtica de la relación de Lyly con el yerno de Burleigh, una relación que puede haber comenzado en el Savoy, donde, como hemos visto, Oxford alquiló dos viviendas. [...] Lyly fue contratado como secretario particular del conde y admitido a su confianza. Los dos hombres tenían una edad similar (Oxford en realidad le llevaba tres años y medio a Lyly, una diferencia considerable en la juventud) y poseían elementos comunes de carácter y sentido del gusto. *Tal vez fuese del conde de quien Lyly recibió el primer impulso dramático.* Ninguna de las comedias de Oxford sobrevive, pero Puttenham, escribiendo en 1589, lo clasifica con Richard Edwards como merecedor del más alto precio (¿aprecio?) en la comedia y el interludio». [...] (Luego siguen algunas indicaciones acerca de las actividades de los «Muchachos de Oxford»). [...] «*Sugestión,* estímulo y un equipo quedan así puestos en la mano de Lyly.» En otro lugar, al describir las ventajas educativas de Lyly, menciona especialmente la de ser «secretario particular del cultivado conde de Oxford».

En consecuencia, la labor de Oxford en el drama se reconoce por haber dado el impulso generador que produjo la obra de Lyly en este dominio particular. Como secretario particular y de la confianza de Oxford, al ayudar en la propia puesta en escena de las comedias de este que, sin aparecer publicadas, le había hecho tal nombre que de ellas se habla como de entre «las mejores»* más de diez años después de retiradas del escenario, Lyly estaría naturalmente más relacionado con estas «obras perdidas» que cualquier otra persona excepto su propio autor. Y ya que la tenencia de ese cargo lo llevó a la composición de obras dramáticas, estamos bastante autorizados para decir que fueron las obras de Edward de Vere las que facilitaron la formación dramática de Lyly, mientras que el contacto de este con su maestro es una fuerza reconocida en su formación personal.

En cuanto a la relación de las obras dramáticas de Lyly con las de «Shakespeare», el Sr. Bond cita en su trabajo las palabras de Mézières: «Quienes han sido los predecesores de los grandes espíritus han contribuido de alguna manera a su educación y les deben el ser salvados del olvido. Dante hace vivir a Brunetto Latini, Milton a Bartas; *Shakespeare hace vivir a Lyly*». Este es el tema que recorre toda la gran obra del Sr. Bond, la justificación, casi, de su inmensa labor en nombre de Lyly y en general de la literatura isabelina. No obstante, la naturaleza y el valor de sus investigaciones solo pueden entenderse con el estudio de la obra misma, así que nos limitamos a presentar unas pocas frases indicativas:

---

* Meres, 1598.

«En la comedia, Lyly es *el único modelo* de Shakespeare: las pruebas de que el segundo estudió e imitó al primero son abundantes, y la influencia de Lyly tiene un carácter mucho más permanente que toda otra ejercida sobre el gran poeta por otros escritores. Se extiende más allá de los límites de la mecánica del estilo a las cuestiones más importantes de la estructura y el espíritu» (vol. II, pág. 243).

«Shakespeare imita la agrupación de Lyly, y al igual que él, repite una relación o situación en sucesivas obras teatrales» (vol. II, pág. 285).

«Lyly enseñó (a Shakespeare) algo en materia de unidad y coherencia de la construcción argumental, con la introducción de canciones y hadas» (vol. II, pág. 296).

Esta es, pues, la situación expuesta por el consenso de dos autoridades eminentes. Las obras dramáticas de Edward de Vere constituyen la fuente de la que surgieron las concepciones e iniciativas dramáticas de Lyly, y las obras dramáticas de este aparecen como el modelo principal, el único en la comedia, sobre el cual trabajó «Shakespeare». De ahí que tengamos derecho a reivindicar que las más altas autoridades ortodoxas, en la sección particular de la literatura con que estamos tratando, apoyen la opinión de que las actividades dramáticas de Edward de Vere se hallan en una casi inmediata relación causal o productiva, del carácter más singular, con la obra dramática de «Shakespeare». Aun si no somos capaces de extraer más pruebas de la relación de Oxford con Lyly, habremos añadido un eslabón muy importante en nuestra cadena de pruebas.

Tomemos ahora el siguiente pasaje de la obra que hemos estado citando: Lyly fue «el primer dramaturgo inglés sistemático, el *verdadero inventor e introductor del estilo dramático, el comportamiento y el diálogo,* y en estos aspectos el maestro principal de Shakespeare. No hay ninguna obra teatral antes de Lyly. Escribió ocho, y acto seguido Inglaterra produjo algunos cientos, que son asombro y orgullo de la mayor literatura del mundo, el drama isabelino. De lo que había carecido la larga infancia de su escena era de un ejemplo de forma, de arte, y Lily dio tal ejemplo. [...] Lyly fue uno cuyos *inmensos méritos y originalidad* los oscurecieron las *cualidades superficiales*, la artificialidad y *el tedio de su estilo*. [...] (Hay) mucho más valor dramático y mucha más influencia sobre Shakespeare atribuible a él que a Marlowe o a cualquier otro de aquellos con quienes él habitualmente ha sido clasificado» (Prefacio, vi y vii).

Así, en el mundo del drama Lyly aparece como un gran genio inventivo a cuyo impulso originario se debe «la mayor literatura del mundo». Ahora contrasta con el anterior pasaje el siguiente comentario sobre *Euphues* de Lyly, que aparece en la misma obra:

«El libro es artificial, divorciado de las realidades sencillas. Es deficiente también en la caracterización y el patetismo; pero sin duda su principal defecto es su *falta de acción*. [...] La falta de acción es quizá imputable a la *pobreza de invención*. [...] *La pobreza de invención* se percibe en el paralelismo de las dos partes» (vol. I, pág. 162).

Así pues, en la escritura de su novela muestra Lyly una clara falta de fuerza dramática y una notable *pobreza de invención*. Cuando entra en el dominio especial de su patrono, el drama, Lyly aparece como «*el verdadero inventor* e introductor del estilo dramático, el comportamiento y el diálogo».

Parece que solo una conclusión se puede sacar de estos hechos; a saber, que el verdadero inventor de esas cosas que se supone que «Shakespeare» ha tomado de Lyly fue el conde de Oxford. Si examinamos los poemas líricos de este último, las vicisitudes de su carrera o las impresiones variadas y turbadoras que dejó en la mente de los demás, con todos los rasgos personales desconcertantes y contradictorios que sugieren, nos encontramos en presencia de una inteligencia original y autosuficiente; justo el tipo de mente que posee esa inventiva dramática que se atribuye a las obras teatrales pero que no se halla en el *Euphues* de Lyly. Así que la inventiva, la forma dramática y el diálogo en las obras teatrales de Lyly sin duda alguna se deben a la participación de Oxford, ya sea directa o indirectamente. Las características de la obra de Lyly, que la relacionan tan íntimamente con los dramas de «Shakespeare», son tales como un discípulo apto podría haber aprendido de un maestro de genio poderoso y original: en la sustancia intelectual de los dramas de Lyly, como en su otra obra literaria, su biógrafo y editor admite francamente superficialidad y tedio. Las ideas, frases y forma dramática de la obra del maestro podría apropiárselas el alumno; su genio no se lo podría apropiar o imitar. Ya que la obra de Lyly, aparte de lo que él pudiera haber tomado de Oxford, lo señala como una clase temprana de esa mente literaria que en seguida capta y refleja las ideas de otros, es casi seguro que sus obras contendrán no solo mucho de lo que había en los escritos de Oxford, sino también una gran parte de lo que pensó y dijo Oxford sin ponerse a escribirlo.

Como una especie de Boswell inconsciente para con el conde de Oxford, es más que probable que incluso su *Euphues* deba mucho a la intimidad con su patrono, pues esta obra consiste sobre todo en esas conversaciones y reflexiones que un hombre del tipo de Lyly recogería de un grupo de jóvenes literatos en el Savoy. Retazos de ideas espigadas de este modo, y acicaladas con su propio estilo ampuloso, fácilmente podrían pasar como sólida materia intelectual por cierto tiempo, al ser la insuficiencia de sustancia genuina tan solo revelada por medio de la confianza. Es interesante señalar que el Sr. Bond nos da nada menos que nueve páginas de paralelismos entre esta obra temprana de Lyly y las obras teatrales de Shakespeare. La diferencia entre los dos es que mayormente en *Euphues* los pasajes aparecen más o menos como observaciones inconexas y dispersas, mientras que en «Shakespeare» tienen lugar como partes de un todo coherente. En una palabra, los pasajes en la obra de Lyly evidencian una mente que refleja las ideas e imita las expresiones de otros; en «Shakespeare» son la expresión de una intelecto originario. Y de no ser por la dificultad que presenta el hecho de que la obra de Lyly se hubiese publicado algunos años antes que la de «Shakespeare», ningún juez competente habría cuestionado la gran deuda de Lyly con «Shakespeare» incluso en la escritura de su famoso *Euphues*.

No forma parte de nuestro argumento, pero desde el punto de vista de la literatura isabelina tiene algún interés que, cuando atisbamos este grupo de jóvenes literatos atraídos a asociarse en el Savoy, y nos percatamos de lo que tenderían a ser sus relaciones por el tiempo en que *Euphues* se estaba escribiendo, sugerimos que de acuerdo con sus métodos literarios Edward de Vere y Philip Sidney fueron los originales principales para los personajes de Euphues y Philautus, de Lyly. A los nombres ya dados podríamos añadir los de Edmund Spenser y Philip Sidney, ya que fue bajo la influencia de Gabriel Harvey como Spenser había venido a Londres en esa época, y fue él también quien presentó Spenser a Philip Sidney. Poco después Spenser sacó su primera obra, *The Shepherd's Calender,* dedicada a Sidney, y creemos que contiene alusiones tanto a Sidney como a Oxford. Más tarde, como ya hemos visto, Spenser dirigió un importante soneto dedicatorio a Oxford en la primera edición de su *Fairie Queen.* Todas las obras que acabamos de citar son representaciones, en variables grados de disfraz, de la vida y personalidades contemporáneas, y como el conde de Oxford y Philip Sidney fueron las personalidades destacadas que relacionaron este grupo de literatos con la vida de la corte, era natural que dos personajes principales de Lyly asumiesen algunas de sus características, aun cuando él al principio no intentase una representación. Por más que Harvey, Lyly, Oxford y Sidney parezcan haber llegado todos a objetivos opuestos en los años siguientes, no hay razón alguna para suponer que sus relaciones no fuesen amistosas por el tiempo en que Lyly estuvo escribiendo *Euphues*.

De cualquier manera, es mucho más plausible que los grandes poemas y dramas «shakespearianos» debiesen su origen al intercambio de ideas y al estímulo que la mente adquiere en la relación con otras afines, tal como serían disfrutados por los jóvenes ingenios y eruditos, más que a los estudios de un joven aislado desgranando libros manoseados en una atmósfera social desagradable. Y si esta relación social fue en realidad la fuente de la literatura shakespeariana, como desde luego creemos, y sir Sidney Lee y el Sr. Bond insinúan que lo fue de modo indirecto, deberíamos lógicamente esperar encontrar en alguna obra teatral destacada una representación de las figuras principales del grupo, como Spenser, Lyly y Gabriel Harvey estaban acostumbrados a hacer con los contemporáneos en sus propios escritos. *Trabajos de amor perdidos* es la obra que a este respecto hemos escogido y abordado en las páginas iniciales del capítulo. Que Lyly también esté representado en la obra es muy probable; no obstante sabemos demasiado poco de su personalidad a efectos de identificación. El hecho de que la autoría que estamos proponiendo acomode las obras teatrales de «Shakespeare» en la literatura de la época, como una representación dramática de sucesos y personalidades contemporáneas, y que al mismo tiempo dé a las obras una firme raíz, al igual que todos los otros grandes logros de la humanidad, en el trato social directo con personas que poseen gustos e intereses comunes, no es el menor de los argumentos en su favor.

Si las obras de Lyly fueron producidas como suponemos, es decir, por una mente en cierto modo ordinaria trabajando sobre ideas y con el equipo aportado por un genio casi transcendente, naturalmente deberíamos esperar encontrar discordancias y desigualdades marcadas en su trabajo, siendo el resultado de la mezcla imperfecta de los dos elementos. Esta es justamente la característica que las obras de Lyly presentan, y en cuanto a las canciones intercaladas en las obras teatrales, entrañan tal superioridad respecto a gran parte de la obra restante, que ha levantado dudas en cuanto a su autenticidad.

La primera obra escrita por Lyly fue *Campaspe*, publicada en 1584, y en más de una ocasión, al hablar de escritos posteriores, el Sr. Bond los contrasta con las canciones de esta primera obra teatral. Describe algún trabajo como «una deshonra para el escritor de *Cupid and my Campaspe*» (una de esas canciones). Hablando otra vez de una sátira poética de Lyly, titulada *A Whip for an Ape*, afirma que «la autoría no es discutible», si bien la noción de que el autor de *Cupido and my Campaspe* también escribió *A Whip for an Ape* lo había inducido a considerar esta última obra como dudosa.

No es ello, sin embargo, el hecho más interesante o significativo que el autor trae a la luz respecto a las canciones en las obras de Lyly. En las ediciones de estas obras publicadas en vida del autor y en la de Edward de Vere y William Shakspere, *las canciones no aparecieron*; en el texto solamente se han indicado sus *posiciones*.

«La ausencia de las treinta y dos (excepto dos incorporadas al diálogo de *The Whoman*) en las ediciones en cuarto (o sea, los originales) ha arrojado alguna duda sobre la autoría literaria de Lyly; no obstante, algunas parecen demasiado delicadas para ser escritas por una mano desconocida; hay una uniformidad de modos y medidas alternativas, etc.». Luego el escritor procede a ofrecer posibles razones para la omisión de las canciones en la primera edición de las obras teatrales. El hecho importante es que estas canciones son en varios casos las mejores cosas que las obras teatrales contienen actualmente. Durante casi cincuenta años algunas de estas obras se editaron y reeditaron sin las canciones (*Campaspe,* representado en la corte en 1582 y publicado por primera vez en 1584). Más tarde, en 1632, es decir, veinte y seis años después de la muerte de Lyly, veintiuna de las treinta canciones desaparecidas reaparecieron, inexplicablemente, en una edición de las obras de Lyly impresa por los mismos editores y en el mismo año de la segunda edición infolio de la obra de «Shakespeare», y en vida del primo de Oxford, Horatio de Vere, a quien, como tendremos ocasión de mostrar, quizá se le hubiese encomendado la tarea de conservar y publicar los escritos de Oxford. Las nueve canciones restantes siguen perdidas. La reaparición simultánea de tantas de ellas, después de tan largo intervalo, sería casi sin duda la obra de alguien que había preservado con esmero todo el conjunto. La desaparición de las nueve restantes sugiere que ya habían aparecido en otro lugar, tal vez en las páginas de «Shakespeare».

Las posibles razones aducidas para la omisión de todas estas canciones, en la edición original de las obras teatrales, son como las que podrían aplicarse a la obra de cualquier otro dramaturgo, pero no podemos encontrar ningún otro ejemplo de conjunto de canciones superiores que haya sido omitido en la publicación original de las obras a las que pertenece. La hipótesis más sencilla es que estas canciones no eran ni composición ni propiedad de Lyly, sino que, al igual que la obra lírica aportada a la obra de Munday, habían sido compuestas por el maestro del dramaturgo, «el mejor de los poetas cortesanos» de aquellos días. Y aunque Oxford no podía impedir a Lyly que se apresurase en la impresión de obras teatrales superficiales, en las que vio explotados prematuramente sus propios desarrollos dramáticos, sin duda le molestaría que en ellas apareciesen sus propias canciones, y sería muy capaz de impedirlo si Lyly hubiese estado dispuesto a insertarlas.

La declaración del Sr. Bond respecto a la calidad de la propia obra lírica de Lyly es, por lo tanto, de especial importancia. «A despecho de su autoría de dos o tres de las canciones más graciosas de que pueda jactarse nuestro drama (*una autoría que, si aún no es susceptible de prueba positiva, lo es igualmente de refutación*), algunas de ellas en sus obras de teatro, y otras seguramente suyas que he encontrado en otro lugar, lo tacho de negligente y acrítico, si no de practicante inadecuado del arte, mientras que a mi juicio carecía por entero de «esas audaces cosas etéreas» tan infinitamente más allá de la técnica, tan por encima de la mera gracia o la delicadeza de la fantasía, de las cuales está hecho el verdadero poeta» (Prefacio, vii). El mero planteamiento, en esta forma, de la cuestión de la autenticidad de estos versos excelentes por alguien que añade a su fina discriminación literaria una admiración indudable hacia Lyly, ofrece una fuerte confirmación de la teoría de que estos versos superiores o fueron escritos por Oxford para las obras de Lyly, o fueron modelados por Lyly sobre canciones escritas por Oxford.

Hay que tener en cuenta que Oxford era sobre todo un poeta lírico; que, durante los años en que se estuvieron escribiendo muchas de las obras teatrales de Lyly, los dos hombres estuvieron trabajando juntos, escribiendo obras para los «Muchachos de Oxford» y que se han conservado ocho de las escritas por Lyly, mientras que todas las obras teatrales de Oxford han desaparecido. En vista, pues, de que Lyly muestra una notable debilidad en la capacidad lírica en tanto que Oxford es especialmente fuerte, la mayoría de las canciones sería, casi con certeza, contribución exclusiva de este a obras teatrales en las que hubo más o menos colaboración entre los dos hombres. Llegamos ahora a lo que es tal vez la parte más vital de este argumento particular. Al estimar la deuda de «Shakespeare» con Lyly en aquello que estamos obligados a llamar de mala gana la visión ortodoxa, tendríamos que incluir su responsabilidad en esta obra lírica que a Lyly tan solo le ha sido atribuida con dudas. Una comparación de los dos conjuntos líricos muestra una marcada similitud de las formas de las canciones con algo de la misma rica variedad. Hemos examinado con cuidado las canciones que reaparecieron en las obras de Lyly en 1632, y si bien hasta el apoyo de las autoridades literarias reconocidas podemos dudar en afirmar decisivamente que son de la misma pluma que las canciones de «Shakespeare», nadie que conozca lo mejor de ellas dudará en decir que son como «Shakespeare» las pudiera haber escrito. No obstante, algunas fueron *escritas*, aunque no publicadas, antes de 1584, el año en que se publicó la obra que las integra y antes de cuando se dice que William Shakspere dejó Stratford. Quienes, por otro lado, sostienen que William Shakspere, que llegó a Londres y comenzó a publicar obras teatrales hacia el año 1592, estudió con esmero e inspiró su trabajo en las obras dramáticas de John Lyly, encontrarán alguna dificultad en explicar cómo pudo haber inspirado su obra en canciones que no se publicaron hasta 1632, o dieciséis años después de su propia muerte.

En este sentido vamos a dar solo un ejemplo de la similitud de la lírica de «Shakespeare» y las canciones atribuidas a Lyly:

Shakespeare

LAS HADAS: ¡Pellizcadlo todas, hadas!
¡Pellizcadlo por villano!
¡Pellizcadlo y quemadlo y girad en redor
consumiendo candelas, estrellas y claro de luna!
(*Las alegres comadres de Windsor*, publicada en 1602)

Lyly

LAS HADAS: ¡Pellizcadlo, en negro y azul,
y traviesos mortales no miren
lo que hace la Reina del Cielo,
ni vigilen el séquito de hadas!
¡Pellizcadlo, oh, en negro,
y también en azul!
¡No dejéis que le falten
unas uñas agudas al rojo y azul
de aquí a que el sueño le arrulle la frente confusa!*
(*Endymion*. Obra teatral de 1585.
Canción no publicada hasta 1632)

Nadie puede dudar que estas dos canciones eran de la misma pluma o el escritor de una de ellas estaba en deuda con el otro. Habiéndose establecido la conexión, no solo para una canción sino para el conjunto de la obra lírica, surge un problema difícil, aunque por supuesto no del todo insoluble, para quienes creen que William Shakspere, al escribir canciones para *Sueño de una noche de verano*, *Trabajos de amor perdidos* y *Las*

---

* *Shakespeare*. LAS HADAS: Pinch him, fairies, mutually;/Pinch him for his villany./Pinch him, and burn him, and turn him about,/Till candles and starlight and moonshine be out.

Lyly. LAS HADAS: Pinch him, pinch him, black and blue,/Saucy mortals must not view/What the Queen of Stars is doing,/Nor pry into our fairy wooing./Pinch him blue/And pinch him black,/Let him not lack/Sharp nails to pinch him blue and red,/Till sleep has rocked his addle head.

alegres comadres de Windsor estaba trabajando sobre una copia de las canciones de Lyly.

Si «Shakespeare» escribió ambos conjuntos o si el escritor de las canciones atribuidas a Lyly trabajó sobre el modelo de «Shakespeare», entonces «Shakespeare» tiene que haber sido alguien que estaba justo en el corazón de la vida literaria de Londres unos años antes de que William Shakspere se supone que iniciase su carrera. Si, por otro lado, «Shakespeare» estaba en 1602 trabajando sobre el modelo de la obra de Lyly, *tiene que haber tenido acceso privado a los manuscritos de su contemporáneo* y no solo tiene que haber explotado la obra en una medida extraordinaria, si no adoptado servilmente las formas líricas y las maneras de su compañero poeta. Que el mayor genio lírico y dramático de la época se hubiese desviado así de su camino para seguir con pedantería a un solo escritor de facultades inferiores a las suyas, aun suponiendo que toda la obra de ese escritor hubiera sido accesible para él (una suposición casi extravagante), hablaría de una especie de enamoramiento al que no acostumbran a ser propensos los genios.

Todas estas implicaciones contradictorias e inverosímiles desaparecen cuando se instaura la teoría de la autoría que estamos propugnando. Bajo nuestra teoría, «Shakespeare», en la persona de Edward de Vere, suministra el modelo y se convierte en la fuerza iniciadora y dirigente en el movimiento poético y dramático, y Lyly es el seguidor e imitador de «Shakespeare». Las anomalías y «deshonrosas» desigualdades de la obra de Lyly reciben por vez primera una explicación racional, y el misterio de la dependencia aparente de «Shakespeare» con respecto a Lyly desaparece por entero. Se ve que las obras dramáticas de Lyly son en su mayor parte producciones apresuradas que se destinaban a la representación inmediata, y que recibían después tal adorno como un escritor «superficial y tedioso» fuese capaz de darles, pero que se habían inspirado en una obra de orden superior y que en su primer diseño para la escena habían tenido acaso la ventaja de ser recortadas y animadas por la misma mano que en adelante produjo las supremas obras maestras.

Por otra parte, se ve que los dramas de «Shakespeare» son la forma literaria acabada de las obras teatrales de De Vere, las cuales conocía Lyly en bruto como eran representadas por los «Muchachos de Oxford» en los días de trabajo dramático pionero, pero que su autor, con la sensación y la visión del verdadero poeta, había visto que eran susceptibles de ser transformadas en algo mucho mayor y más digno de una existencia perdurable. Al mismo tiempo se ve que las llamadas canciones de Lyly han sido en su mayor parte una contribución de Oxford a las obras teatrales de Lyly para ser representadas por los «Muchachos de Oxford», canciones que aquel, por un lado, tal vez había dejado en una forma demasiado tosca para su publicación, al estar compuestas en principio para ser solo cantadas, y que, por otro lado, no estaba dispuesto a que fuesen un regalo para Lyly.

No hay registro alguno de que una sola obra teatral de Oxford se publicase nunca, y las canciones de su pluma publicadas en su vida consisten sin duda en la obra de un hombre muy reacio a entregar nada a la imprenta que cuidadosamente no se hubiese revisado y, de ser posible, perfeccionado. Con su esfuerzo artístico en pos de la perfección, era natural que trabajase mucho y aplicadamente en toda tarea literaria que emprendiese, y que en el proceso de transformación sus obras teatrales debiesen recibir tales cambios que la obra original de Oxford no se habría descubierto en la obras terminadas de «Shakespeare». Que los escritores de obras teatrales deben adoptar la práctica que hemos atribuido a Oxford, de diferir la publicación, no es una mera hipótesis inventada para enfrentar una dificultad. Aun en el caso de Lyly, con su afán evidente de fama literaria y sentido deficiente de la perfección, los intervalos entre la producción y la publicación de obras teatrales fueron considerables. *Campaspe*, compuesta hacia 1579-80, se publicó por primera vez en 1584. *Gallathea,* compuesta en 1584, se publicó por primera vez en 1592; mientras que *Love's Metamorphosis*, que en una forma visiblemente defectuosa hizo su primera aparición hacia 1584, no se puso en su forma actual y se publicó hasta 1601. Entre la representación real de sus obras y su publicación definitiva, por lo general medió un período de tres o cuatro años. Con la obra de «Shakespeare», más rica, más elaborada, más altamente terminada y mucho más voluminosa, era de esperar lógicamente un intervalo más largo. Y precisamente en ese intervalo, desde que Oxford compuso sus dramas hasta la aparición de la obra de «Shakespeare», fue cuando los dramas de su secretario particular y ayudante hicieron su aparición, teniendo un parecido tan sorprendente en todo menos en el genio, que se supone que este último se haya decisivamente inspirado en aquellos hasta el punto más inusual.

En algún lugar, entonces, hacia el año 1592 creemos que empezaron a aparecer estas obras teatrales del conde de Oxford atribuidas a William Shakspere, y este es el momento en que las obras teatrales de Lyly dejan de aparecer (*The Woman in the Moon*, compuesta en 1591-93). En 1598 se *publicaron* por primera vez obras teatrales de «Shakespeare» con un nombre de autor. *The Woman in the Moon* de Lyly se había publicado el año anterior, y después de ella solo publicó una edición revisada de la vieja obra *Love's Metamorphosis*. En cuanto a presentación y publicación de obras teatrales, la aparición de la obra de «Shakespeare» puso coto a la de Lyly. Casi al mismo tiempo apareció el informe de Meres sobre la poesía y el drama isabelinos, que contiene nombres de autores y títulos de obras teatrales, y a pesar de que incluye los títulos de obras de «Shakespeare» y reconoce el puesto más importante al nombre de Edward de Vere como dramaturgo, no da el título de una sola obra que Oxford hubiese escrito.

Estas son cuestiones que pertenecen más propiamente a un período posterior al que estamos tratando. Con respecto a las primeras actividades dramáticas de Oxford y a la relación de sus comedias perdidas con la obra de «Shakespeare» (pues este período temprano es el que ahora nos ocupa), tenemos sin duda el conjunto más extraordinario de coincidencias. Dos hombres, y solo dos hombres, Anthony Munday y John Lyly, están directa y activamente asociados con él en sus empresas dramáticas. Ambos tienen obra que se les atribuye y que a todas luces no les pertenece, y es esta obra lo que especialmente los vincula (en el caso de Lyly, de manera notable) a la obra de «Shakespeare», tendiendo así un puente directo entre los dramas «perdidos o malogrados» de Edward de Vere y «la mayor literatura del mundo». Seguramente esto, junto con todas las otras coincidencias, no es meramente fortuito. Podemos haber trabajado excesivamente estas relaciones; su inmensa importancia, esperamos, es justificación suficiente.

VI

Después del año 1587 no tenemos huellas claras de la actividad dramática de Oxford, y en referencia a esto hemos de llamar ahora la atención sobre un conjunto importante de consideraciones en que está implicado el poeta Edmund Spenser.

En el año 1590, momento en que el período medio de la vida de De Vere se puede decir que ha terminado, cuando, si bien aún con cuarenta años de edad, parecía que casi había abandonado la vista del público, y cuando William Shakspere, entonces de veintiséis años, se estaba estableciendo en el mundo teatral por sí mismo o por medio de patronos desconocidos, Edmund Spenser publicó su *The teares of the Muses*. Esta obra «está llena de lamentos por el regreso de la barbarie y la ignorancia, y por la escasa atención de aquellos en el poder a los dones y las artes del escritor, el poeta y el dramaturgo» (Dean Church: *Life of Spenser*). En este poema aparecen algunas estrofas que Dryden en su día, y Charles y Mary Cowden Clarke en tiempos más recientes, han asignado a William Shakspere, pero que, pese a ello, han constituido más o menos un enigma para los hombres de letras desde que fueron escritas. La mayoría de los que escriben sobre Spenser o Shakespeare parecen sentir el deber de decir algo sobre ellas. El asunto es, por lo tanto, de extrema importancia como cuestión sobre la literatura isabelina, aparte del problema shakespeariano, y requerirá cierta exposición exhaustiva. Las estrofas más importantes de la serie son las siguientes:

> Todo esto y mucho más aún la Escena Cómica,
> con sazonado ingenio y ornada de buen gusto,
> por los que nuestra vida disfruta de su imagen,
> representó después y todo se nos borra.
> Y esos ingenios dulces que antaño daban forma
> ahora se desprecian en un hazmerreír.
>
> Y el hombre a quien Natura de ella había hecho
> para su propia mofa copiando la verdad,
> con un amable estrado bajo una sombra mímica,
> nuestro agradable Willie, acaba ¡ay! de morir.
> Con él ya todo gozo, todo disfrute alegre
> también ha perecido ahogado en el dolor.

Mas ese mismo espíritu gentil de cuya pluma
fluyen muy altas olas de néctar y de miel,
al desdeñar la audacia de los de humilde cuna,
que arrojan sus locuras obrando a la ligera,
opta por el retiro de un aposento ocioso
antes que por venderse burlándose de sí.*

En primer lugar, la expresión «acaba ¡ay! de morir» ha sido interpretada no como que «esté muerto literalmente, sino que se ha retirado». Esta lectura no solo es necesaria para ajustarse a lo que sigue, «opta por el retiro de un aposento ocioso», sino que la apoyan también otros pasajes del mismo escritor. La referencia es claramente a alguien que, habiéndose destacado en la escritura de la poesía y en relación con la comedia teatral, últimamente no estaba muy visible.

A pesar, pues, de que las expresiones laudatorias son tales que solo podrían aplicarse adecuadamente a «Shakespeare», la fecha de publicación hace imposible que se refiriesen de algún modo al hombre William Shakspere. Al mismo tiempo, el nombre «Willie» solo sirve para ahondar el misterio. En el año 1590 el hombre de Stratford contaba solo veintiséis años y acababa de aparecer en el mundo teatral. Por lo tanto, no tenía

---

* All these, and all that else the Comic Stage,/With seasoned wit and goodly pleasance graced,/By which man's life in his likest image/Was limned forth, are wholly now defaced;/And those sweet wits which wont the like to frame/Are now despised and made a laughing game.//And he the man whom Nature's self had made/To mock herself and truth to imitate,/With kindly counter under Mimic shade,/Our pleasant Willie, ah! is dead of late./With whom all joy and jolly merriment/Is also deaded and in doleur drent.//But that same gentle spirit from whose pen/Large streams of honey and sweet nectar flow,/Scorning the boldness of such base-born men,/Which dare their follies forth so rashly throw,/*Doth rather choose to sit in idle cell*,/Than so himself to mockery to sell.

una gran carrera a sus espaldas para retirarse, mientras que el «Willie» al que se refiere el poema de Spenser tenía ya, sin duda alguna, una posición destacada en el mundo de la poesía y el teatro. Dean Church en su *Life of Spenser* propone una solución cuyo punto débil él mismo reconoce plenamente. Dice que sir Philip Sidney en algún lugar había hablado como «Willie», y piensa que los versos pueden aludirlo a él. Admite para esta teoría dos excepciones muy notables En primer lugar, sir Philip Sidney nunca había intentado nada en el drama excepto «piezas de máscaras», y para estas las expresiones laudatorias serían, dice, «un elogio extravagante». Mucho más que eso: con más precisión, una deformación grotesca de la lengua inglesa.

La segunda gran dificultad de la teoría es la siguiente. En lugar de estar retirado sir Philip Sidney en 1590, de hecho ya estaba muerto desde hacía casi cuatro años. Esta mayor dificultad, piensa él, podría superarse con suponer que la obra se había escrito unos años antes y se había retenido hasta 1590. Pero datar la obra con tal anterioridad para hacer las estrofas aplicables a los sucesos de la vida de 'Sidney, arruinaría toda la secuencia de producción de las obras de Spenser y las alusiones personales que contienen, así como la relación de sus obras con los sucesos de su propia vida. En consecuencia, debe buscarse alguna otra solución al problema.

La clave de este misterio se encuentra, a nuestro juicio, en una obra de Spenser publicada en los primeros años del período particular de la vida de De Vere que ahora nos ocupa. En diciembre de 1579 Spenser publicó su primera obra importante, *Shepherd's Calender*. Ahora bien, los que especialmente no son estudiantes de la literatura isabelina, es decir, la mayoría de los lectores ingleses, por no hablar del resto del mundo, *Shepherd's Calender* necesita una breve explicación. Este conjunto de poemas es simplemente una serie de parodias sobre las personas destacadas del día, que se ven con la apariencia de «pastores» y que se expresan bajo disfraces más o menos adivinables. En algunos casos los nombres que reciben sugieren sus nombres reales; en otros casos no los sugieren. En algunos casos se comprende bastante a quiénes representan; en otros, permanecen indefinidos. El mismo Spenser aparece como «Colin Clout»; Gabriel Harvey, como «Hobbinol»; el arzobispo Grindal, como «Algrind». Fácilmente se percibirá la formación de los dos últimos nombres a partir de los de sus prototipos.

Revisando los nombres de los diversos «pastores» nos encontramos con que de hecho hay uno llamado «Willie». Así que, cuando en 1590 Spenser habla de «Willie», aquel «de cuya pluma fluyen muy altas olas de néctar y de miel», es natural suponer que, de acuerdo con su práctica en otros casos, estaba implicando a la misma persona que la del poema de 1579 con ese nombre, pero que entre tanto ella había manifestado sus facultades como para que en el año 1590 él fuese capaz de aludirla en unos términos que, como señala Dean, «al presente consideramos, como Dryden en su día, que solo eran aplicables a Shakespeare».

Por eso ha sido un asunto de notable sorpresa que, pese a la gran atención que han prestado los que escriben sobre literatura isabelina a la cuestión de quién es el que Spenser entiende por «Willie» en los versos anteriores, no parece que a nadie se le haya ocurrido nunca relacionarlo con el «Willie» que aparece en los poemas anteriores de Spenser. Incluso la manera misma en que él introduce ocasionalmente el nombre sugiere una alusión a su primera gran obra. Entonces, la pregunta que de inmediato nos concierne es esta: ¿cuáles son las probabilidades de que el «Willie» de *Shepherd's Calender* sea el conde de Oxford? Y si puede hacerse un argumento sólido de tal identificación, también tendremos derecho a reclamar para él la alusión en *The teares of the Muses*, sobre todo si la representación posterior de «Willie» se ajusta a las circunstancias especiales de Oxford en la fecha posterior. También habremos hecho una importante contribución a la evidencia de que Oxford fue «Shakespeare». El William Shakspere de Stratford, dicho sea de paso, era un muchacho de catorce años cuando el «Willie» de Spenser hace su aparición en la poesía isabelina. Volviendo a los poemas de *Shepherd's Calender* nos encontramos con que «Willie» ocupa un lugar destacado en dos de ellos. Su papel en el mes de marzo es algo subalterno; en el mes de agosto, en cambio, aparece en lo que es quizá lo más ampliamente conocido y mejor ejecutado de la serie, y ha entrado en las antologías modernas. Su calidad superior sugiere que se trata de algo de lo último compuesto para el conjunto. Esta pieza es, ni más ni menos, una contienda en verso entre dos poetas rivales llamados «Willie» y «Perigot». Por lo tanto, teniendo en cuenta el carácter general de la obra, su representación deliberada de coetáneos destacados tomada junto con la situación literaria del momento, hay en la rivalidad poética entre Philip Sidney y el conde de Oxford, para empezar, algo más que una mera presunción de que los dos poetas rivales, «Willie» y «Perigot», fuesen Oxford y Sidney. Pedimos por ello al lector que recuerde el verso inicial de Oxford «De ser yo rey», y la réplica de Sidney «De ser tú rey», ya citados en este capítulo; versos que en vista de los posteriores sucesos tienen que haber sido escritos poco antes de que el poema de Spenser se publicase. Después vuelva el lector a este poema de Spenser y léalo teniendo presente el otro episodio de la contienda en verso. Desde las líneas iniciales se zambulle en la causa de su rivalidad: «Dime, Perigot, [...] ¿por qué te atreves conmigo a un combate de música?». Y continúa con un desafío: «si en rimas conmigo te atreves a luchar». Entonces, como para poner el asunto de la identidad fuera de dudas, se introduce como árbitro a una tercera persona llamada

«Cuddy», y esta asume el cargo con un comentario que no viene al caso: «Lo mismo que un juez *fue Cuddy para un rey*».

Si alguna duda quedaba sobre si los dos pastores representaban a Oxford y Philip Sidney, casi debería eliminarse por cómo concluye poema. Después de la competición, Cuddy tiene que terminar con algunos «versos» que afirma que ha obtenido de Colin Clout (Spenser). Ni siquiera son coplas. En lugar de rimas se limita a repetir las mismas palabras una y otra vez, y estas, junto con otras palabras y frases que constituyen los «versos», no forman sino una maraña verbal compuesta de palabras características de los poemas de los dos escritores rivales. Para apreciar toda la broma de las líneas de Cuddy, la mente de uno debe haberse impregnado, en alguna medida, de los dos conjuntos de poemas.

No obstante, si antes de leer los «versos» de Cuddy el lector se volviese a la última estrofa citada en el capítulo anterior, y además tiene en cuenta las pocas frases que aquí agregamos de los primeros poemas de Oxford y de Sidney, podrá ser capaz de captar el humor del «verso triste» de Cuddy.

Oxford

Más dejo oír mis quejas,
menos la apiado yo.

Las lágrimas que surcan mis mejillas.

¡Auxilio, aquellos que soléis llorar,
sabuesos aulladores del infierno!

¡Auxilio, hombre, bestia, aves, larvas,
que fatigáis la tierra!

---

* The more my plaints I do resound/The less she pities me.//The trickling tears that fall adown my cheeks.//Help ye that are aye wont to wail,/Ye howling hounds of hell.//Help man, help beast, help birds and worms/That on the earth do toil.

Sidney

Al despedirme así, de mí yo me despido.

Dulces arroyos, ¡ay!, mis lágrimas aumentan.

Un alma simple así criaría el infortunio.

Amor [...] nutrió mi pena.*

«Vacío», «casa», «alimento», «naturaleza», son palabras todas que reaparecen en el vocabulario algo limitado de Sidney. Incluso en la propia competición hay una alusión frecuente a las expresiones distintivas de los dos hombres. Un ejemplo de cada uno será suficiente.

De un poema de Sidney:

> Tales son estas dos, que apenas vos diréis
> cuál es la *bella, linda* y exquisita.**

Del poema de Spenser:

> Yo vi a la animosa lindabella,
> ¡eh!, ¡ah, la *bellalinda*!***

De un poema de Oxford:

> Paciencia es tal *pellizco de aflicción*.****

---

* *Oxford.* The more my plaints I do resound/The less she pities me.//The trickling tears that fall along my cheeks.//Help ye that are aye wont to wail,/Ye howling hounds of hell.//Help man, help beast, help birds and worms/That on the earth do toil. *Sidney.* Thus parting thus my chiefest part I part.//Alas, sweet brooks do in my tears augment.//A simple soul should breed so mixed woe.//Love [...] bred my smart.

** Such are these two, you scarce can tell/Which is the dainter *bonny belle.*

*** I saw the bouncing bellibone/Hey, ho, the *bonnibell.*

**** Patience perforce is such a *pinching pain.*

Del poema de Spenser:

> Mas si me prendo en aflictivo amor,
> ¡eh!, ¡ah, ese p*ellizco de aflicción*!*

Una ponderación cuidadosa de este poema no puede dejar sino pocas dudas sobre la identidad de «Willie» y «Perigot» con Oxford y Philip Sidney. La única cuestión es si «Willie» se trata de Oxford o de Sidney. Si asociamos la contienda en el poema de Spenser con el «igualarse» Sidney con los versos de Oxford, como podemos hacerlo razonablemente, entonces «Willie» es Oxford; pues es Willie quien encuentra faltas en Perigot para que iguale su música [la de Willie] y por ese motivo lo reta a que lo iguale en las rimas.

Esta es, pues, la situación. Las circunstancias de Oxford encajan y permiten una fuerte presunción de que él sea el prototipo histórico del «Willie» de Spenser en el poema temprano *Shepherd's Calender*. Entre la redacción de este poema y la de *The teares of the Muses* Oxford se había ocupado solo de las actividades dramáticas y se había hecho un nombre en un sector preciso, la Comedia, en el cual el «Willie» de Spenser a todas luces había alcanzado fama. Y en el momento en que se escribió *The teares of the Muses,* Oxford al parecer se había retirado de la actividad dramática y se hallaba como «en un aposento ocioso», precisamente como Spenser describe a «Willie». ¿Hemos de creer que todo esto es una serie de coincidencias sin sentido?

Pueden señalarse puntos menores para confirmar la teoría de que Oxford y el «Willie» de Spenser son una y la misma persona. El pastor, «Willie», en el otro poema en que aparece, comenta:

---

* But whether in painful love I pine/Hey, ho, *the pinching pain*.

En casa tengo yo, ¡ay!, a un morueco
y a una *madrastra muy acalorada*
que día a día cuenta mis (ovejas).*

(Día a día ejerce una estrecha vigilancia sobre mí y mis asuntos). Es obvia la referencia a la situación doméstica de Oxford, a la vigilancia ejercida por Burleigh y por su irascible lady Burleigh. Luego, en el soneto al conde de Oxford, que ocupa una posición relevante entre aquellos con los que prologa *Fairie Queen*, Spenser pone un énfasis especial en el antiguo y noble linaje de Oxford. Encontramos la misma nota reflejada en los versos de *The teares of the Muses* refiriéndose a Willie, a quien representa como «desdeñando la audacia de hombres de humilde cuna». Se deduce de ello que «Willie» no era «de humilde cuna», sino más bien un hombre distinguido por su alto linaje.

Tenemos todas las razones para creer entonces que no solo hemos resuelto el misterio de larga data de «Willie» en *The teares of the Muses*, sino que de paso hemos confirmado el testimonio de nada menos que la autoridad del poeta Spenser, de que las facultades de Edward de Vere eran reconocidas como para justificar que se reseñasen en términos, como se ha dicho, tan solo aplicables a Shakespeare. El hecho de que una solución propuesta para un problema suministre de paso una solución razonable a otro es una prueba adicional a su favor. El testimonio también es valioso como lo demuestra el que, pese a la no aparición de obra públicamente de su pluma, él hubiese dado pruebas no de un descenso, sino de un desarrollo de tales facultades suyas como para crear una fuerte impresión en la mente de su gran contemporáneo. Asimismo es

---

* Alas! at home I have a sire,/A *stepdame eke as hot as fire*/That duly-a-days counts mine (sheep).

367

prueba de que había producido mucha más poesía que la que tenemos bajo su nombre, pues las escasas canciones breves apenas pueden ser descritas como «muy altas olas». La solución de este misterio nos permite, además, añadir otro eslabón a nuestra cadena de pruebas interesantes, pues encontramos que, algunos versos importantes que varios escritores suponen referentes a Shakespeare, bajo nuestro examen se refieren de hecho a Edward de Vere, conde de Oxford, al tiempo que la descripción personal que hacen evoca extraordinariamente a Berowne en *Trabajos de amor perdidos*. Por último, los dos conjuntos de referencias, el que aparece en 1579 y el otro de 1590, enlazan a la vez las fases de apertura y clausura del período medio de su vida. El primero al presentarlo como poeta, y el segundo como dramaturgo, juntos apoyan lo que hemos reclamado para él: que él es la encarnación personal de la gran transición literaria por la que la poesía lírica de los primeros días del reinado de la reina Isabel se fusionó con el drama de sus últimos años. Así obtenemos al mismo tiempo un sentido de la unidad literaria de la época y de la grande y consistente unidad de su propia carrera.

Suponiendo que nos hallemos ante la interpretación correcta de estas alusiones, hay motivos de sobra para creer que tenemos su contrapartida en los escritos de «Shakespeare». Los dos sonetos enigmáticos en que él juega con la palabra «will» terminan con la sorprendente y rotunda frase «Porque mi nombre es Will».

De haber sido escritas estas palabras por un hombre cuyo nombre verdadero era William, como el hombre de Stratford, serían tan pueriles como cualquier cosa en la literatura inglesa. De haber implicado una referencia directa a su seudónimo, solo habrían sido un poco mejores a este respecto. Tenemos buenas razones, por otra parte, para suponer que esos sonetos en particular los escribió antes de que adoptase la máscara «Shakespeare» (1593). Que esto sea o no sea así, las palabras particulares citadas apuntan sin duda a algún significado oculto. En ese caso, si se nos permite suponer que Shakespeare estaba aludiendo al «Willie» de los poemas del gran contemporáneo, tendremos en tales palabras nada menos que una confesión directa del gran dramaturgo de que él no era otro que el conde de Oxford.

Antes de dejar este punto no debemos pasar por alto la declaración de Dean Church de que Sidney había sido aludido en otras partes como Willie. Ninguna referencia se da, pero lo tomamos como alusión a un poema que apareció en *Poetical Rhapsody* (1602), de Davison, otra de las numerosos colecciones misceláneas de poesía en las que se ha conservado gran parte de la obra isabelina. Aquí se llora la muerte de Sidney como la muerte de Willie. No obstante solo aparece esto en la primera edición; en otras posteriores esto se cambia, como si el autor o los editores hubiesen reparado en una falta (una posible lectura errónea de la obra temprana de Spenser), al tiempo que aparece la siguiente nota al pie por parte del editor moderno: «No recuerdo ningún otro poema en que el nombre Willie se dé a Sidney». A pesar de que en su primera edición de 1602 se menciona que el poema se había escrito mucho tiempo antes. Al ser una obra necrológica es lógico suponer que se escribiese poco después de la muerte de Sidney (1586). Así pues, como el autor del poema tan solo tendría a su alcance en ese momento el *Shepherd's Calender*, el error fue en parte disculpable. La publicación de *The teares of the Muses* en 1590 le daría los motivos para la posterior corrección del error que claramente había pasado por alto en la primera impresión.

Por el tiempo en que *The teares of the Muses* se publicó, el conde de Oxford parecía estar «en un aposento ocioso». No es imposible que el poema de Spenser pueda haber reanimado su actividad literaria, o puede haber sido que aun en ese tiempo él estuviese hondamente inmerso en la obra literaria que pronto iba a derramarse sobre el país. Después de una preparación como aquella por la que él había pasado, creemos que una libertad en el trabajo efectivo como está implícita en las palabras «en un aposento ocioso» es justamente lo que él precisaba para la producción de los dramas shakespearianos, y ello coloca esa producción por primera vez sobre una base realmente razonable. Falta, pues, considerar la tercera etapa o etapa final de su carrera, que en general coincide con el período en que aparecen estas obras.

Al concluir el presente capítulo quisiéramos encarecer la extrema importancia de su contenido. El capítulo en que nos ocupamos de la poesía lírica de Edward de Vere, y este capítulo en que se examinan sus relaciones dramáticas, tienen que constituir, por la índole del caso, los cimientos principales de nuestro argumento constructivo.

CAPÍTULO XII

EDAD ADULTA DE EDWARD DE VERE
(UN ENTREACTO)

Antes de entrar a considerar el período tercero y final de la vida de De Vere, hay que referirse a algunas circunstancias que pertenecen a los últimos años de su segundo período y que enlazan con el tercero o final.

De 1587 tenemos los últimos indicios de las actividades dramáticas de Oxford. Hacia el final del año anterior, sir Philip Sidney, después de disfrutar de su título de caballero durante solo tres años, murió cuatro semanas después de la batalla de Zutphen, en la que había resultado herido. En el momento en que Sidney se estaba muriendo, estaba celebrándose en Inglaterra el juicio contra la reina María de Escocia, y en la comisión nombrada para enjuiciarla figuraba Edward de Vere, conde de Oxford.

En primer lugar han de señalarse ciertas fechas relativas a los dos sucesos anteriores. María compareció ante la comisión el 14 de octubre de 1586 y fue sentenciada el 25 de octubre. Sidney murió el 17 del mismo mes, es decir, una semana antes de que María fuese sentenciada. María fue ejecutada el 8 de febrero de 1587, es decir, tres meses y medio después de ser sentenciada, y Sidney fue enterrado el 16 de febrero, una semana después de la ejecución de María. A grandes rasgos la sentencia de María se pronunció en el momento de la muerte de Sidney, y su ejecución tuvo lugar en el momento del funeral de este, de tres y medio a cuatro meses después de los dos acontecimientos.

Por supuesto, fue un lapso extraordinario de tiempo el que se mantuvo el cuerpo de Sidney en espera de enterramiento. Es todavía más extraordinario que este período exactamente coincidiese con el que Isabel estuvo dudando, entre las presiones de Burleigh y Walsingham, sobre la ejecución de la sentencia contra María. A esto hay que añadir el hecho de que el agente más determinado y despiadado en conseguir la ejecución de María fue el suegro de Sidney, Walsingham; el mismo también que se interesó más activamente en la organización de los funerales públicos otorgados a Sidney. Este último asunto conllevó una petición a su bolsa particular de no menos de 6.000 libras, una suma enorme en aquellos días, equivalente a cerca de 50.000 libras en los nuestros. Todo esto apenas parece una coincidencia accidental.

Queremos llamar la atención sobre tales hechos porque una apreciación de su sentido ayudará a la comprensión del tiempo en que vivió Oxford y de las personalidades con las que tuvo relaciones.

El juicio y la ejecución de María nos recuerdan los temores albergados por políticos como Walsingham y Burleigh de que pudiera producirse un renacimiento católico en cualquier momento en Inglaterra, y de que la ascensión de un soberano católico romano significaría para ellos la ruina y tal vez la pérdida de la vida. Por lo tanto, la ejecución de María la determinaron ellos por motivos políticos. Al país en general no podía considerárselo entusiasmado a favor de este paso. Las únicas personas que realmente desearon la ejecución de María fueron los políticos y los protestantes extremistas; así que mucho quedaba por hacer después de asegurar la sentencia y antes de que sin peligro pudiera llevarse a cabo. La asociación de

Burleigh con los puritanos, sus «hermanos en Cristo», ha de entenderse que se apoyaba en motivos políticos. Los puritanos representaban una fuerza utilizable y él no era un hombre que descuidase nada que favoreciese sus propósitos. Como la ejecución de María se había convertido en un propósito fijado, suyo y de Walsingham, los puritanos y cualquier partido o circunstancia que pudiese utilizarse para influir en la opinión pública, de la que el más despótico de los gobiernos depende en última instancia, han de ser tenidos en cuenta.

Ahora bien, aparte de consideraciones políticas, la transformación repentina de Sidney en un héroe nacional es uno de los más curiosos fenómenos históricos. No estamos arguyendo que él no fuese un joven meritorio. Estamos muy dispuestos a apoyar su caso en lo mejor que sus amigos hicieron a su favor. Concedamos que en su conducta era la flor de la cortesía y que era atractiva su conversación. Supongamos que el único acto caballeroso registrado de él, el perdón de un vaso de agua en favor de un soldado moribundo, es verdadero y fue incomparable en su desinterés. Aun así, no es por estas cosas por las que a la gente se le otorgan minuciosos funerales públicos y sus muertes se lloran como desgracias nacionales. Cuando nos preguntamos por lo que realmente Sidney llevó a cabo en su vida, empezamos por admirarnos de la gran demostración organizada para la recepción de su cuerpo en Inglaterra y más tarde para su inhumación. Ni con las armas ni como estadista alcanzó una preeminencia como es habitual en los destinatarios de tales distinciones de Estado, mientras que sus logros en la literatura, de haber sido tan dignos de mención como los de Spenser, no le habrían asesegurado la mitad del honor nacional que acompañó sus exequias. Estamos, pues, lógicamente dispuestos a buscar algún motivo político detrás de la demostración pública y todos los panegíricos que la siguieron.

Ahora bien, el miedo de Isabel a que de la ejecución de María pudiese resultar contra ella una revulsión del sentimiento popular era tan verdadero como para hacer que no solo aplazase la ejecución de la sentencia, sino también para prever la secuela de odio contra los agentes subalternos una vez que la ejecución hubiese tenido lugar. Así pues, Burleigh y Walsingham no debieron de ser menos sensibles a su peligro y también ellos tomaron medidas para asegurarse contra ser cargados con la principal responsabilidad. Mientras tanto, hubo de fomentarse una opinión pública favorable a sus propósitos con todos los artificios disponibles. En aquellos días «opinión pública» significaba en gran medida «la opinión de Londres» y en tiempos de crisis podía ser influida de manera sistemática y dirigida por un despliegue espectacular.

Como Sidney había sido un partidario acérrimo de la política antipapal de Burleigh y Walsingham, una política que incluía la rivalidad con los Guisas, y como algo agresivamente se había hecho portavoz de los que pensaban que aquellos se oponían a la reina en el tiempo en que su diplomacia jugaba con la idea de casarse con el duque de Anjou, y como él había perdido la vida en una aventura que apoyaba la misma política antipapal, su muerte, con su poder de llamada al sentimiento, fue para su partido un activo valioso que Burleigh y Walsingham no podían permitirse descuidar. Tratándose la prevista ejecución de María de una parte de la misma política que había llevado las cosas a Zupten, la muerte de Sidney fue susceptible de ser aprovechada. Ahora su partido tenía la inestimable buena fortuna de poseer un mártir y esto debía trabajarse a favor de todo lo que valía la pena.

Las exequias organizadas minuciosamente, tan en desproporción con cualquier logro registrado de Sidney, presentan mucho más el aspecto de estrategia política que de honor merecido. Los políticos de cualquier período se parecen llamativamente a los de cualquier otro. Es el mismo exceso de demostración, junto con el hecho de que no provino espontáneamente de ningún organismo público sino de individuos interesados, lo que pone todo el asunto bajo sospecha. No podemos recordar ninguna otra ocasión en que Londres se pusiese de luto con tal esplendor como lo hizo por Sidney. El caso se puso bien en escena y la moda del duelo por Sidney se hizo popular. Ninguna culpa de todo esto se puede echar al hombre en sí, pero cuando se nos pide perpetuar la adulación insistimos en preguntar ¿qué hizo él para merecer todo esto? La fama de la que ha disfrutado a través de la historia quizá deba mucho a la despedida artificial que obtuvo en ese momento, y al hecho de que el movimiento y el partido a los que perteneció estaban entonces, y después continuaron, en ascenso.

Oxford, por otro lado, con sus fuertes afinidades medievales, se hallaba enteramente fuera de contacto con el partido en ascenso, y su fama ha sufrido bajo una desventaja correlativa. De hecho podemos decir que lo que él representaba permaneció bajo una nube hasta mediados del siglo XIX, cuando a través de la influencia combinada de «Shakespeare», Scott y Newman comenzó a revivir un sentido de lo que era admirable y perdurable en el medievalismo.

El sectarismo protestante era tan contrario a su perspectiva de la vida como lo es al vasto genio de Shakespeare. Por otro lado, no podemos decir con seguridad de Edward de Vere más de lo que podemos decir de Shakespeare: que era un católico romano ortodoxo. Exceptuando la observación que hemos citado de Green, no alcanzamos a descubrir una mayor evidencia de su relación con la Iglesia antigua. Es mucho más probable que el suyo fuese el catolicismo de una humanidad universal, «con un gran discurso que mira al pasado y al futuro», incluyendo por un lado la cultura de Grecia y Roma, y por el otro las visiones que pertenecen a un «alma profética del vasto mundo soñando con las cosas por venir». No encontramos ningún rastro de teología medieval en su poesía, ni pietismo religioso alguno como el que hemos dicho que aparece en los poemas de Raleigh. El apego de Oxford debió de ser a las facetas humana y social del catolicismo y el feudalismo, que vio desmoronarse y eran suplantadas por un individualismo y egoísmo desenfrenados.

Nos hemos extendido bastante sobre la muerte de Sidney y la ejecución de María no solo porque el nombre y la reputación de Oxford se mezclan con los asuntos de Sidney, y uno de los pocos actos registrados de su vida está asociado con María, sino también porque la relación que hemos rastreado entre la celebridad del uno y la ejecución de la otra nos ayuda a enfocar el entorno político y religioso de Oxford y a comprender algo de su relación con los partidos contemporáneos. Estas cosas contribuyen mucho a explicar, en comparación con sus rivales, la oscuridad en que han caído los nombres de Oxford y sus socios inmediatos. También explica el hecho peculiar, que tal vez haya afectado a la mayoría de nuestros lectores, de que rara vez nos topemos con el nombre de Oxford excepto en relación con sus oponentes, dando así la impresión general de un hombre en desacuerdo con todos, exceptuando ciertas relaciones literarias y teatrales. Esto nos obliga a examinar de cerca la reputación de sus rivales y modificar alguna ventaja artificial que en este asunto se debe a las vueltas de la fortuna. Entre Oxford y Sidney vemos que había asuntos mucho más profundos que la vanidad artística de unos poetas rivales. Los dos hombres representaban tendencias sociales opuestas, y a estas se debe en gran medida el encanto que se ha congregado en torno a un nombre y la sombra que ha persistido sobre otro. En el momento de la propuesta francesa de matrimonio, a la que se opusieron Burleigh, Sidney y su partido, Oxford había sido uno de los que estuvieron a favor del proyecto. Un escritor moderno ve en esto nada más que un intento de su parte para ganar el favor real (de todas las cosas tal vez la que más se saldría de su conducta). Solo cuando nos percatemos de su hostilidad espontánea hacia las tendencias políticas y sociales representadas por Burleigh, Walsingham, Sidney, Raleigh y Fulke Greville, seremos capaces de juzgarlo a él correctamente o de adecuarnos bien nosotros al problema shakespeariano.

La cuestión que nos ocupa es si puede reivindicarse a Shakespeare como representante de la actitud de Oxford hacia los movimientos políticos y religiosos de la época, o bien de la actitud del grupo de hombres que acabamos de nombrar. Por el lado religioso ya hemos visto que las tendencias ultraprotestantes de ellos no encuentran ningún apoyo en Shakespeare, y en esto Shakespeare y Oxford coinciden. En política continental, el objetivo de Burleigh (y de Sidney) era mantener abierta la brecha entre Inglaterra y Francia. Oxford, como hemos visto, estaba a favor de una política de amistad y alianza entre los dos países. Que este fue el punto de vista de «Shakespeare» queda muy claro en la escena final de *Enrique V*, donde expresa el deseo de que «dos reinos rivales»

> de Francia y de Inglaterra, cuyas costas
> anhelan una a otra enviarse dicha,
> dejen su odio, y esta cara unión
> implante cercanía y fe cristiana
> en su benignidad, y guerra alguna
> vierta la sangre entre Inglaterra y Francia.
>
> Que ni las martingalas ni los celos
> se metan entre el pacto de estos reinos.

Que puedan recibirse el uno al otro
como a sí mismos.*

En política internacional, por lo tanto, Oxford y Shakespeare vuelven a coincidir.

¡De qué diferente manera se habría desarrollado toda la historia europea si la política de Shakespeare hubiese prevalecido sobre la de los políticos de su tiempo! Es más, la relación general de Oxford con los políticos se refleja más claramente en las obras de Shakespeare, donde la misma palabra «político» es un término de burla y desprecio.

> Esta calavera tenía una lengua y antaño podía cantar. ¡Cómo la tira el bribón al suelo cual si fuese la mandíbula de Caín que cometió el primer asesinato! ¿No será tal vez la cholla de un político, uno que pretendía burlar a Dios?** *Hamlet, V. 1.*

> ¡Ponte anteojos
> y como un ruin político simula
> que ves lo que no ves!*** *El rey Lear,* IV. 6

Podemos imaginar todo el desprecio por Burleigh que atraviesa las líneas anteriores, y el apego fingido del ministro a

---

* Of France and England, whose very shores look pale/With envy of each other's happiness,/May cease their hatred, and this dear conjunction/Plant neighbourhood and Christian-like accord/In their sweet bosoms, that never war advance/His bleeding sword 'twixt England and fair France.//That never may ill office, or fell jealousy/Thrust in between the paction of these kingdoms./That English may as French, French Englishmen/Receive each other.

** That skull had a tongue in it and could sing once;/how the knave jowls it to the ground as if it were Cain's/jaw-bone that did the first murder I It might be the pate/of a politician, one that would circumvent God, might it/not?

*** Get thee glass eyes;/And, like a scurvy politician, seem/To see the things thou dost not.

la fuerza creciente del puritanismo, sus «hermanos en Cristo», encuentra una réplica en las palabras

> Odio la política: tanto me daría ser un brownista que un político.* *Noche de Reyes*

Expresión de desprecio por políticos y puritanos. Resumiendo, Shakespeare representa el punto de vista de Oxford y no el de los rivales de Oxford.

No cabe duda en cuanto a qué lado se inclinarían las simpatías de Oxford durante el juicio de María, y así, cuando Burleigh, deseando dotarse de una sólida autoridad para seguir adelante con la ejecución, pidió a los diez hombres la autorización por cuyas firmas él procedió, Oxford no fue uno de ellos.

Una vez más no tenemos nada que ver con los factores positivos del caso del juicio y la ejecución de María; con todo, cuando leemos acerca de su actitud maravillosamente resuelta y solemne y de su conducta capaz y sin ayuda en su propia defensa, podemos creer que, si el dramaturgo que escribió *El mercader de Venecia* estuvo presente en el juicio de la reina de Escocia, con «bucles, casi grises, y hebras de oro vivo» (H. G. Bell: *Mary Queen of Scots*), tuvo delante de él un digno modelo para la bella Porcia:

> bucles de sol
> caen en sus sienes cual vellones de oro.**
> *El mercader de Venecia*, I. 1

De este juicio dice Martin Hume: «María se defendió a sí misma con destreza consumada ante un tribunal predispuesto contra ella casi por entero. Se la privó de asistencia jurídica, sin sus papeles y con mala salud. En su discusión con Bur-

---

* Policy I hate: I had as lief be a Brownist as a politician.
** Sunny locks/Hung on her temples like a golden fleece.

leigh alcanzó un punto de elocuencia emocionante que podría haber conmovido los corazones, aunque no convenció los intelectos, de sus augustos jueces». Y en una nota al pie pone una cita de la carta de Burleigh a Davison: «Fue su intención *mover a piedad con largos discursos artificiosos*». Teniendo presente esta observación de Burleigh, sopese el lector despacio los términos del discurso de Porcia acerca de la «Clemencia», trecho que gira todo sobre concepciones del poder real, con sus símbolos de la corona y el cetro:

> Sienta mejor
> que su corona al rey entronizado.
> Su cetro es fuerza y temporal poder,
> símbolo de respeto y majestad,
> que hace el temblor y el miedo ante los reyes.
> Mas la clemencia reina sobre el cetro;
> su trono está en el pecho de los reyes;
> es ella un atributo de Dios mismo,
> y tanto el poder copia del de Dios
> cuanto el perdón tempera la justicia.*

Ahora que cualquiera juzgue si este discurso no es mucho más adecuado para la reina María de Escocia suplicando por su propia causa ante Burleigh, Walsingham e indirectamente la reina inglesa, que para una dama italiana suplicando a un viejo judío por la vida de un comerciante que jamás había visto. ¿Quién, entonces, podría haber estado mejor cualificado, para dar una versión idealizada y poética de los discursos

---

* It becomes/the throned monarch better than his crown./His sceptre shows the force of temporal power,/The attribute to awe and majesty,/Wherein doth sit the dread and fear of kings./But mercy is above this sceptred sway;/It is enthroned in the hearts of kings;/It is an attribute to God Himself;/And earthly power doth then show likest God's/When mercy seasons justice.

de María, que «el mejor de los poetas cortesanos», un oyente compasivo de su apelación patética y solemne?

En febrero de 1587 la reina María de Escocia fue decapitada, y este es el año en el que perdemos el rastro de la relación de Edward de Vere con el teatro. Un momento de gran tensión y agitación en el país. El temor a una invasión española se extendía y pesaba sobre la nación, y los preparativos para enfrentar la Armada esperada estaban en pleno apogeo. Pasando de estos días a través de momentos de tensión aún mayor, ahora veamos bien la alusión a Inglaterra, antes de llegar la Armada, en el siguiente pasaje de *Hamlet*:

> Que diga, quien lo sepa,
> por qué tan rigurosa vigilancia
> fatiga por las noches el país;
> por qué tal forja diaria de cañones
> e importación de máquinas de guerra;
> por qué tanto astillero agotador
> que ya ni reconoce los domingos;
> adónde va esta prisa sudorosa
> que hace faenar la noche con el día.*

Oxford, al igual que muchos otros que no simpatizaban con la política del gobierno, puso a un lado, sin embargo, todas las diferencias para unirse a la causa común de resistir al invasor. Como voluntario se le permitió unirse a la marina y tomó parte en el gran batalla naval que dispersó la Armada y libró a Inglaterra del miedo a la subyugación.

---

* Tell me, he that knows,/Why this same strict and most observant watch/So nightly toils the subject of the land;/And why such daily cast of brazen cannon,/And foreign mart for implements of war;/ Why such impress of shipwrights, whose sore task/Does not divide the Sunday from the week;/What might be toward, that this sweaty haste/ Doth make the night joint labourer with the day?

La imagen de los inmensos navíos españoles navegando majestuosamente por el Canal, rebasando los barcos ingleses, muchos de ellos no más que pequeños mercantes que cabeceaban a cada leve movimiento del mar, es ahora familiar a todo muchacho y muchacha ingleses. Vale la pena comentar entonces que la misma obra teatral de Shakespeare que evoca la figura de la reina María de Escocia contiene también una imagen evocadora de la disparidad entre las dos flotas.

> Allí bajeles corpulentos vuestros,
> amos y potentados de las olas
> o, si queréis, desfiles de la mar,
> subyugan a las lanchas traficantes,
> que se arrodillan y los reverencian
> cuando las pasan sus tejidas alas.*

Luego, si recordamos el desastre ocurrido a algunos de estos enormes navíos, porque los españoles ignoraban los bajíos y los bancos de arena en torno a la costa inglesa, podemos ver la imagen de uno de ellos, acostándose de lado y con el tope del mástil por debajo del nivel del casco, en estos versos:

> No vea yo la arena del reloj
> vaciarse sin pensar en los bajíos
> y en mi valioso «Andrés» contra la arena,
> su mástil por debajo de sus bordas,
> para besar su tumba.**

---

* There, where your argosies with portly sail,/Like signiors and rich burghers on the flood,/Or, as it were, the pageants of the sea,/Do overpeer the petty traffickers,/That curtsy to them, do them reverence,/As they fly by them with their woven wings.

** I should not see the sandy hour-glass run,/But I should think of shallows and of flats,/And see my wealthy Andrew, dock'd in sand,/Vailing her high-top lower than her ribs/To kiss her burial.

Qué puesto podría haber ocupado el conde de Oxford a bordo del buque no es fácil de imaginar, si bien podemos creer que como un marino inteligente aunque inexperto encontraría un interés y una ocupación considerables en

mirar en mapas puertos y caminos.*

El conde no era un hombre de mar, ni hay nada en su historial que sugiera por el mar un especial entusiasmo. Y como se reveló en sus obras en conjunto, lo mismo es cierto para «Shakespeare» que, mientras los pasajes citados indican unas experiencias leves pero especiales de un agudo observador, humanizó todo aquello en que se posaron sus ojos; no solamente los bajeles en activo sino incluso los restos maltrechos le parecen poseer una personalidad humana.

Asociada con la experiencia de la vida marina de Oxford estuvo la muerte de su esposa. En el mes anterior a la aparición de la Armada murió lady Oxford, el 6 de junio de 1588. Lo que esto pudo haber significado para el propio De Vere es un misterio que tal vez nunca llegue a aclararse, y la humanidad se conformaría con pasarlo por alto si el conde de Oxford fuese a quedar para siempre en no más de lo que se ha supuesto hasta la fecha. Si, no obstante, llega a reconocerse universalmente como Shakespeare, el interés por el asunto será ciertamente reavivado, y podemos encontrar que en su papel de dramaturgo él contesta a nuestras preguntas sobre el tema o sugiere algunas hipótesis razonables.

Las experiencias del mar que tuvo Hamlet observamos que están directamente asociadas con la muerte de Ofelia. Es mientras él se halla lejos cuando ella muere. Regresa a la hora

---

* Peering in maps for ports and piers and roads.

de su entierro, y después de la escena del cementerio reanuda con Horacio el relato de sus aventuras en el mar. Así pues, ya que la actitud de Hamlet hacia Ofelia se parece en algunos detalles a la de Oxford hacia su esposa, podemos esperar al menos que, como «Shakespeare», él nos dé en la famosa escena del cementerio una revelación del estado verdadero de sus afectos: una suposición que incluso su conducta en el momento de su ruptura justifica bastante.

La muerte de lady Oxford y el descenso de la agitación nacional con respecto a la Armada Invencible, al seguir de cerca, como lo hacen, los últimos indicios que tenemos de sus empresas teatrales, pueden tomarse como hito del tiempo en que él optó por «el retiro de un aposento ocioso», o del comienzo del tercer período de su vida.

CAPÍTULO XIII

EDAD ADULTA DE EDWARD DE VERE.
PERÍODO FINAL O SHAKESPEARIANO
(1590-1604)

Creo que el mejor criterio no solo de este país sino en general de Europa
va apuntando a la conclusión de que Shakespeare es hasta hoy el primero
de todos los poetas, el mayor intelecto que en nuestra historia del mundo
haya dejado constancia de sí mismo por el camino de la literatura.

THOMAS CARLYLE: *«De los héroes»*

Ahora hemos llegado a una etapa en nuestro argumento
donde el estudio de las fechas se vuelve de suma importancia.
De hecho estamos por pensar que la falta de apreciación del
significado preciso de ciertas fechas se ha dirigido sobre todo
a la prevención de un descubrimiento más temprano de la
autoría de las obras teatrales de Shakespeare. Podemos creer
muy bien que otros investigadores hayan pensado realmente
en el conde de Oxford en relación con el problema, y que hayan desechado la idea por ciertas consideraciones cronológicas, las cuales pueden haber sido pensadas para impedimento,
pero que, examinadas con cuidado, se habrían encontrado en
efecto para apoyar y confirmar la teoría. Por consiguiente, si
en este y sucesivos capítulos nos demoramos en la cuestión de
las fechas, es porque lo que a primera vista podría dar lugar a
dudas, si se estima correctamente se ve que proporciona uno
de los más fuertes eslabones de nuestra cadena argumental.

Así pues, cuando lleguemos a tales cuestiones cronológicas, pedimos para ellas una atención especial y paciente.

Al entrar en el período final y, como creemos, el más importante de la vida de Edward de Vere, primero hemos de describir con brevedad la situación en la que entonces se encontraba respecto a ciertos asuntos no directamente literarios. Aunque solo tenemos los mínimos indicios sobre los cuales trabajar, juzgamos que en los dos o tres primeros años de este período las cosas no le fueron bien. No es improbable que la suspensión de sus actividades dramáticas se debiese, al menos en parte, al agotamiento de sus recursos materiales. Su tendencia a gastar profusamente es inequívoca, y sus representaciones y socios literarios proveerían un campo casi ilimitado para el ejercicio de su generosidad. Además su propia absorción en estos intereses ha de haber tendido a poner sus asuntos financieros en las manos de agentes y a dejarlos en confusión. A esto hay que añadir la posición casi principesca que parece haber mantenido en algunos aspectos. Pues en una ocasión tenemos un vislumbre de que viaja «en familia» con un séquito de veintiocho sirvientes. Señalamos de paso que en *La fierecilla domada* se encuentran sugerencias de este tipo de cosas, tratadas mucho más desde el punto de vista del amo que del sirviente.

La necesidad de dinero efectivo a menudo tiene que haber sido apremiante, y parece que él ha satisfecho esta necesidad vendiendo fincas «a precios ruinosos». Al igual que el hombre con un «destello de melancolía» mencionado en *A buen fin no hay mal principio,* él vendió muchas «buenas mansiones por una canción», y al mismo tiempo quizá desarrollase aquel desprecio por los «compradores de tierra» expresado por Hamlet en la escena en que cavan la tumba. Es interesante notar que cuando Yago, quien, como hemos supuesto, representa al des-

tinatario de Oxford, insta a una de sus víctimas con «pon dinero en tu bolsa», él encuentra en seguida la respuesta: «Venderé
mis tierras». Cuál habrá llegado a ser con exactitud el estado
financiero de Oxford no lo podemos decir, pero es evidente
que muy bajo, porque se nos cuenta que, tras la muerte de lady
Oxford, Burleigh se negó a ayudar más a su yerno. Lo que
implica que, por supuesto, Burleigh lo había estado ayudando
antes. No se dan detalles de tal ayuda y acaso se nos perdone
que seamos algo escépticos sobre el asunto. En todo caso,
siempre hay que tener presente que dependemos sobre todo
del propio informe de Burleigh acerca de estas cosas. Está
claro, por lo menos, que aun siendo él uno de los principales
de la aristocracia y originalmente un hombre de gran riqueza,
en el momento del que estamos tratando se encontró en circunstancias apuradas.

Al igual que Bassanio en *El mercader de Venecia* había gravemente

> destruido (su) fortuna
> por mantener un lujo superior
> al que (sus) tenues medios permitían.*

Y al igual que Bassanio, él también en alguna medida rehízo
su fortuna por el matrimonio con «una dama rica». Si, como
Porcia, ella era «bella, y más bella aún que esta palabra, por
sus virtudes maravillosas» no se nos dice; pero si se mantiene
nuestra teoría de la autoría de las obras de Shakespeare, es
evidente que los años que pasó con ella fueron para él de gran
productividad, mientras que su importancia en la historia de la
literatura mundial apenas puede sobreestimarse. No se indica

---

* Disabled (his) estate,/By something showing a more swelling
port/Than (his) faint means would grant continuance.

la fecha exacta de este matrimonio, pero del contexto inferimos que ha tenido lugar a finales de 1591 o en 1592.

Ya que sir Sidney Lee sugiere que es improbable que alguna obra teatral de Shakespeare hubiese aparecido antes de 1592, podemos tomar la boda de Edward de Vere con Elizabeth Trentham como coincidente con el advenimiento de los dramas de Shakespeare. No obstante, si tomamos 1590, de manera general, como hito de su primera aparición, aún habría tenido dos años de retiro después de los sucesos registrados en nuestro último capítulo, como preparación especial para su obra. Mientras que, si tomamos el año de su boda como el comienzo verdadero, habría tenido la ventaja de cuatro años de retiro, precedidos por unos diez años probables, y unos doce años posibles de asociación activa con el drama, una preparación bastante considerable y apropiada para la obra de que estamos tratando.

Durante parte del tiempo que precedió inmediatamente a su segundo matrimonio vivió en apartamentos de Londres; un arreglo evocador de aquella reclusión que estimamos esencial para la producción de una obra con el carácter peculiar de las piezas teatrales de Shakespeare. Porque hay que decir aquí lo que debe ser enfatizado más tarde: que los dramas de Shakespeare, como los tenemos ahora, no han de mirarse como obras teatrales escritas especialmente para satisfacer las demandas de una compañía de actores. *Son obras teatrales que se han convertido en literatura.* Sostenemos que es este su carácter peculiar, que exigió a su autor dos distintas fases de actividad si no dos períodos de vida por entero separados para su producción. Y para la producción de una literatura como esta la ausencia de distracciones es una condición muy importante. Por consiguiente, la reclusión de De Vere, que creemos que Spenser en este mismo momento había lamentado en

The teares of the Muses, tiene toda la apariencia de un condición autoimpuesta como necesaria para la cumplimiento de su designio.

Ahora debemos llamar la atención sobre lo que es acaso un hecho tan significativo como cualquiera que hayamos encontrado. Desde el momento de su segundo matrimonio hasta el de su muerte, en 1604, el historial que de él tenemos está casi por entero en blanco. En el relato que de él hace sir Sidney Lee, la totalidad de estos doce años la cubre un párrafo muy breve. Se nos dice que él se encontraba viviendo retirado, pero no en el campo sino en Londres o su periferia, Hackney, donde se hallaría, por ello, en contacto directo con la vida teatral de Shoreditch y ese gran movimiento de renacimiento literario y dramático tan acertadamente descrito por Dean Church, pero en el que es evidente que Spenser, en 1590, no había descubierto promesa alguna. En todo ese tiempo se registran solo dos apariciones de Oxford. Pero como incluso estas ocurrieron en los dos últimos años de su vida, tenemos un período de diez años que puede considerarse vacío de todo registro importante, y los dos sucesos registrados en los dos últimos años no implican una usurpación apreciable de su tiempo y sus energías.

Esta es, pues, la situación. En 1592 se coloca en unas circunstancias confortables. Tiene exactamente cuarenta y dos años de edad, y por lo tanto ingresa en el período de la auténtica madurez de sus facultades. Tiene tras de sí una trayectoria poética y dramática del carácter más excepcional. Sus poemas son con mucho, en la calidad y la forma, los más shakespearianos de cualquiera de ese momento. Su historial dramático lo sitúa a la cabeza de los dramaturgos. Entonces un silencio de doce años adicionales culmina los cuatro años de ociosidad aparente, *y estos doce años de comodidad y aislamiento corresponden justamente al período de la asombrosa efusión de los grandes dramas*

389

shakespearianos. A menos que, por todo esto, debamos imaginar un completo deterioro de todos los gustos e intereses que había mostrado hasta ahora, tiene que haber sido, en cualquier teoría de autoría shakespeariana, uno de los más interesados espectadores de esta culminación de la literatura isabelina, y él mismo el nexo de unión natural entre ella y el pasado. No obstante ni por un momento aparece en todo esto. Su propio historial en tales años está en blanco y «ningún ejemplo de sus producciones dramáticas sobrevive».

En ciertos casos, al sopesar una prueba, lo que puede llamarse prueba negativa tiene a menudo más fuerza convincente que el tipo más positivo. Si tal explosión dramática y literaria no había tenido una relación original con De Vere, se debe inevitablemente a que lo ha arrastrado dentro de su influencia. Pero al mismo hombre que tenía las mayores afinidades con este tipo particular de producción, y quien hasta un año o dos después de la primera aparición de William Shakspere había sido el más destacado en el estímulo y patrocinio de hombres de letras, no se escucha ni una sola vez en ninguna relación con William Shakspere o el drama shakespeariano. Por cuanto se refiere a estos acontecimientos cruciales en su propio dominio particular, podría suponerse de él que ya se había muerto.

Tenemos, por lo tanto, una muy notable combinación de silencios: un silencio respecto a sus propias ocupaciones durante estos años importantes, y un silencio respecto a toda manifestación de interés en un trabajo que bajo cualquier circunstancia debiera haberle afectado profundamente. Nosotros solo podemos suponer que él no deseaba ser visto en estos asuntos, y la única explicación posible de tal deseo es la teoría de la autoría que estamos propugnando. De hecho el vacío real en sus registros, en lo que respecta a cualquier ocupación adecuada, es de dieciséis años, desde 1588 a 1604. Esta gran laguna debe llenarse ahora, a nuestro juicio, con la literatura de Shakespeare. Pues Oxford, de quien se suponía que estaba en el retiro de un «aposento ocioso», ya había dicho de sí mismo, en una canción temprana,

> que estoy menos ocioso si me encuentro yo solo.

En este punto nosotros añadiríamos ciertos detalles respecto a su domicilio y su vida en Londres o alrededor, no carentes de interés en relación con nuestro problema. Residió durante algunos años en Canon Row, Westminster, y esto lo ponía, por medio del transbordador, en contacto directo con las actividades teatrales en Bankside; y desde allí, por un corto paseo, con Newington Butts, escenario de muchas de las actividades teatrales de la Compañía del Lord Almirante. Esta compañía se asocia con la representación de obras de Marlowe, con quien «Shakespeare» reconoce su deuda. También representó en los primeros años de este período obras teatrales que llevan títulos como después algunas obras de «Shakespeare». El siguiente pasaje de una carta de un tal Anthony Atkinson nos muestra al conde de Oxford en relación con el lord almirante (Charles Howard de Effingham, conde de Nottingham, famoso por la Armada Invencible), y tiene algún interés para nosotros:

«El lord almirante cree al capitán Fenner, quien disculpa a Elston, y […] el conde de Oxenford manda decir por Cawley que Elston era un hombre peligroso.» Los sucesos no nos conciernen; es el mero hecho de las relaciones personales lo que importa.

Ya se ha mencionado la residencia de Oxford en Hackney, el barrio londinense adyacente a Shoreditch, entonces el escenario de las empresas teatrales de Burbage y el centro de la vida teatral de Londres. Un detalle algo más interesante se refiere a Bishopsgate, a continuación de Shoreditch hacia el sur. Si bien, hasta donde sabemos, Oxford nunca residió en este distrito, lo encontramos en 1595 enviando una carta a Burleigh desde Bishopsgate (manuscritos Hatfield). Las pruebas apuntan a que William Shakspere estaba viviendo entonces allí, y que el año siguiente se mudaría a Southwark, que iba a sustituir Shoreditch como centro teatral de Londres.

Así vemos a Oxford moviéndose bastante cerca de la obra de «Shakespeare», pero nunca en ella. No obstante durante estos años sus cartas muestran inequívocamente la claridad y el vigor de su intelecto. Los documentos publicados no suministran el texto completo en todos los casos, pero aparecen pequeños toques shakespearianos.

«Las palabras en las mentes fieles son tediosas», es una expresión ya citada en nuestro argumento de *Troilo y Crésida*.

«Sus cambios y malabarismos son una farsa palpable», es otra, que claramente evoca «esta farsa palpable» en *Sueño de una noche de verano* (V. 1) o «tales juegos malabares y granujadas» en *Troilo y Crésida* (II. 3). Las cartas son, en su mayor parte, formales y pragmáticas, pero la tendencia del poeta a expresarse en símiles y metáforas es irreprimible.

No solo hay pruebas abundantes de la integridad de sus facultades mentales, también las hay de que está ocupado a fondo con algún trabajo. Una carta dirigida a él por un miembro de otra rama de la familia, se disculpa, de una manera que no parece convencional, por interrumpir sus ocupaciones; así que, aparte de cuál pueda haber sido su actividad, los que estaban en condiciones de saberlo no lo miraban como a alguien que pasa todo su tiempo libre en diversiones u ocioso. Sin embargo no hay pruebas objetivas, con una curiosa excepción, de su interés por cualquier obra dramática durante estos años, aunque Meres, extrañamente, tan tarde como en 1598, cuando Oxford parecía que había muerto desde hacía diez años para el mundo teatral, sitúa su nombre a la cabeza de aquellos dramaturgos que eran «los mejores para la comedia».

Uno de los mayores obstáculos para la aceptación de nuestra teoría de la autoría de las obras teatrales de Shakespeare será cierta concepción establecida del modo en que se produjeron y publicaron; una concepción que surgió de la necesidad de la vieja teoría. Como William Shakspere no era sino un hombre joven en el momento de comenzarse a publicar los poemas y las obras teatrales, y al tener que escribir, se supone, a fin de subvenir a las necesidades inmediatas de lo que se ha llamado sin justificación *su* compañía de actores, ha habido que aceptar que cada obra se empezó, acabó y puso en escena por sí misma, en un período de tiempo definido, y que no bien se hacía esto con respecto a una obra, la siguiente debía ponerse en preparación. Un hombre sin reservas acumuladas, inmerso, se supone, en todo el negocio de dirigir su compañía y al mismo tiempo crear su propia fortuna privada, estaría obligado a terminar de una vez cada tarea de escritura dramática tal como él la presentó. Se cree que esto lo ha realizado de una manera que solo puede calificarse como milagrosa. Y, al ver el gran número de obras teatrales que se piensa que han existido antes de cierta fecha, no solo no pudo haber intervalos de recuperación y refresco de sus concepciones mientras la avalancha de dramas estaba en su apogeo, sino que ha habido una verdadera dificultad en encontrar espacios de tiempo razonables para que se escribiesen todos ellos. En consecuencia, la suposición de que estas obras teatrales las escribió el William Shakspere de Stratford implica la creencia en una serie de asombrosos esfuerzos creativos dentro de las fechas asignables definitivamente, y esta concepción de un orden fijo de producción, con fechas establecidas para las diferentes obras teatrales, desde 1592 en adelante, la rápida sucesión que presagiaba a un genio de fecundidad casi sobrehumana, está obligada a seguirnos en la discusión de una teoría de la autoría a la que esto no se aplica.

Toda la masa de datos que con tanto trabajo se han recogido respecto a la primera aparición de obras teatrales o a la fecha de su registro o publicación, viene a tener un significado totalmente diferente, y de hecho pierde gran parte de su valor, una vez separada de la supuesta productividad milagrosa del hombre de Stratford. Quizá su valor principal ahora pueda consistir en ilustrar la locura de suponer alguna vez que un logro tan prodigioso pudiera haber ocurrido. Tal cambio de la personalidad y los antecedentes del autor como ahora proponemos, altera el significado de toda esa erudición shakespeariana en que la mera inferencia ha pasado por hecho establecido, y demanda una ardua revolución en la actitud mental hacia la cuestión de la manera y los tiempos de la producción de la obra.

Lo que se necesita en primer lugar es dejar a un lado toda simple inferencia, mirar los hechos que se han establecido respecto a la publicación de las obras teatrales a la luz de la calidad y el contenido de cada obra, y determinar si tomados todos ellos en conjunto sugieren más a un autor que trabaja bajo las condiciones de William Shakspere o bien de Edward de Vere; si la obra sugiere una producción forzosa y apresurada en medio de una multitud de otras actividades, o bien una minuciosa concentración de la mente por parte de un escritor relevado de lo material y otras ansiedades; si sugiere a un escritor que vive, por así decirlo, al día en la producción de sus dramas, o bien a uno que empezó la publicación con grandes reservas ya en la mano.

En cuanto a la datación de las obras teatrales de Shakespeare, aparte del sistema de fechas inferidas que ha crecido en torno al estudio shakespeariano, pisamos el terreno más incierto. Tenemos fechas del registro de ciertas obras, fechas de impresión y publicación, fechas en que se sabe que se representaron ciertas obras, y tenemos listas contemporáneas de obras que nos muestran que ciertos dramas existían en el momento en que las listas se confeccionaron; pero algo así como un registro acreditado de la escritura real de una obra teatral no existe, por lo que hasta ahora se sabe. Todo lo que los hechos atestiguan es que algunas obras existían en ciertas fechas, aunque si habían existido cinco, diez, o veinte años antes es cuestión de conjetura, conjetura que puede hacerse muy fiable cuando se trata del William Shakspere de Stratford, pero que puede estar muy mal encaminada cuando lo reemplaza otro autor. A pesar de ello, si aceptamos de manera general las fechas que se han asignado, nos encontramos con que, empezando por *Trabajos de amor perdidos* en 1590 o 1592 (los primeros años de retiro de Oxford) y terminando por *Otelo* en 1604 (el año de la muerte de Oxford), tenemos aquí una preponderancia abrumadora de los más importantes dramas shakespearianos. Luego viene un período en que hay una mayor incertidumbre ligada a las fechas sugeridas, y una mezcla mayor de trabajo no shakespeariano. Pues se nos asegura que en estos últimos años el dramaturgo había vuelto a una práctica anterior de colaboración con otros.

Lo que sí parece claramente establecido, sin embargo, es que durante el período de lo que puede llamarse la principal oleada shakespeariana, dos y a veces tres obras teatrales aparecieron en el curso de un solo año, al mismo tiempo que grandes poemas como *Venus y Adonis* y *La violación de Lucrecia* también estaban haciendo su aparición. Igualmente aparecían ediciones revisadas de obras teatrales que ya se habían publicado. Aceptamos la declaración de sir Sidney Lee de que *Shakspere* no había tenido que ver con estas operaciones diversas de publicación. En cambio, la idea de que el *autor* no tenía que ver con ellas la rechazamos por entero, por ser casi un ultraje al sentido común. Las dos obras teatrales que se asignan a los años inmediatos tras la muerte de Edward de Vere son *El rey Lear* y *Macbeth*. Si damos por hecho entonces que no se habían representado antes (de ningún modo una concesión necesaria), podemos considerar que estaban en manos de los actores cuando De Vere murió. Incluyéndolos, por lo tanto, en el período principal, nos topamos con que según la lista del profesor Dowden, de los treinta y seis dramas atribuidos a Shakespeare, todos menos ocho ya se habían producido, y aun este pequeño residuo incluye obras como *Enrique VIII*, *Timón de Atenas* y *Pericles, príncipe de Tiro*, las cuales, en su estado actual, bien podríamos imaginar que el autor no estaba muy deseoso de entregar.

Al punto de vista stratfordiano le es necesario, desde luego, encontrar espacios para la escritura de las llamadas obras teatrales tardías después del año 1604, pues antes de entonces todo el tiempo de William Shakspere estaba por entero, y más que por entero, ocupado, y así tenemos lo que siempre tiene que haber parecido una especie de anomalía: el espectáculo del mayor dramaturgo del mundo, cuando, no más que a los cuarenta años de edad y después de producir obras maestras como *Hamlet* y *Otelo,* recurre a una práctica tan solo seguida en su minoría literaria, es decir, la de colaborar con escritores inferiores a él. No existe tal necesidad ligada a la suposición de que sea Edward de Vere el autor de estas obras tardías. Su trabajo durante los años 1590-1604 no consistiría enteramente, o incluso principalmente, en la producción de nuevas obras para la escena, y no le haría ninguna falta trabajar a un ritmo vertiginoso. En su caso las obras publicadas después de 1604 podrían haber sido no solo comenzadas, sino realmente completadas muchos años antes; y cuando nos encontramos con que ciertas obras teatrales, publicadas después de esa fecha, las completaron otros escritores, la situación no implica la anomalía perteneciente al punto de vista stratfordiano: que un escritor vivo de primer orden pudiera permitir que sus propias creaciones fuesen estropeadas. La puesta en escena de sus dramas sería para él solamente algo secundario, aunque sin duda un elemento fascinante; pero él tiene que haber visto que estaba haciendo algo mucho más relevante que proveer al público de la época con unas horas de diversión. Por otra parte, para William Shakspere la provisión de obras de teatro para *su compañía* de actores (suponiendo que él fuese responsable de su dirección) habría hecho imposible que en cualquier momento estuviese produciendo dramas mucho antes de su presentación en escena. En su caso, por lo tanto, la fecha de la escritura real de una obra puede inferirse, con una certeza considerable, de la fecha de su aparición.

El autor de estos dramas tiene que haber sabido que lo que se hallaba dando al mundo estaba destinado a vivir principalmente como literatura, o más precisamente, como poesía. En cumplimiento de tal propósito elegido, podría, por ello, excepto consideraciones materiales, haber publicado cada una de sus obras póstumamente. Esta hipótesis nos permite ver que en una obra semejante las fechas de publicación no guardan ninguna correspondencia necesaria con las fechas de escritura, y nos hace comprender cuán completamente la substitución de William Shakspere de Stratford por otro autor puede alterar todas las deducciones con respecto a los años en que se escribieron varias obras teatrales. Respecto a las obras teatrales de Lyly, por ejemplo, hemos visto que en algunos casos muchos años, y en todos los casos algunos años, transcurrieron entre la escritura y la publicación.

A modo de ilustrar los resultados extraños pero inevitables de atribuir las obras al hombre de Stratford, vamos a tomar un período determinado y a considerar los escritos asignados al mismo. Aunque los dramas shakespearianos habían ido apareciendo desde 1590 o 1592, no fue hasta el año 1598 cuando cualquiera de ellos apareció ligado al nombre de Shakespeare: de por sí un hecho llamativo y sospechoso. Quizá no tenga importancia, pero podemos mencionar de paso que este es el año de la muerte de Burleigh y también el siguiente a la muerte de James Burbage, quien había puesto en escena las primeras obras «shakespearianas». Oxford, hemos dicho, murió en 1604. En los seis años transcurridos entre estas dos fechas, según la clasificación del profesor Dowden de las obras teatrales de Shakespeare, William Shakspere escribió todo lo siguiente:

1. *Las alegres comadres de Windsor.*
2. *Mucho ruido y pocas nueces.*
3. *A vuestro gusto.*
4. *Noche de Reyes.*
5. *A buen fin no hay mal principio.*
6. *Medida por medida.*
7. *Troilo y Crésida.*
8. *Enrique IV, Segunda parte.*
9. *Enrique V.*
10. *Julio César.*
11. *Hamlet.*
12. *Otelo.*

Tampoco esto había seguido a un período de descanso; pues, según los datos que hemos compilado de las notas biográficas para la Falstaff Edition de Shakespeare, durante el año anterior (1597) había escrito dos nuevas obras y publicado otras tres que se habían representado antes.

Además de todo el nuevo trabajo producido en estos pocos años las mismas notas lo presentan como habiendo publicado también por primera vez:
1. *El mercader de Venecia.*
2. *Sueño de una noche de verano.*

También se publicó una edición «recién corregida y aumentada» de *Trabajos de amor perdidos*; al menos otra edición de *Hamlet,* también revisada y aumentada; dos nuevas ediciones de *Enrique VI, Primera parte*; una segunda edición de *Sueño de una noche de verano*; una nueva edición de *Ricardo II*; dos nuevas ediciones de *Ricardo III* y una nueva edición de *Romeo y Julieta.*

Cuando se han hecho todas las concesiones para una buena proporción de ediciones pirateadas y subrepticias que ha caracterizado la publicación shakespeariana, y también para simples reimpresiones en las que el autor puede no haber intervenido, todavía se admitirá que la producción fue enorme.

Si él no hubiera hecho nada más que escribir las doce nuevas obras teatrales, suponiendo que hubieran sido meras cosas efímeras destinadas tan solo a la escena, aun así la hazaña habría sido extraordinaria. Cuando, no obstante, pasamos de la cantidad a la consideración de la calidad literaria, es difícil entender cómo jamás se pudo dar crédito a un logro semejante. También toda esta nueva obra creativa se supone que ha sido producida *pari passu* con una cantidad extraordinaria de otra labor literaria en nuevas ediciones de obras teatrales anteriores, con mucho trabajo administrativo relacionado con la dirección de la compañía, con las ocupaciones más materiales de especulaciones inmobiliarias y litigios, lo que implica mucha distracción mental y el consumo de tiempo y energía en idas y venidas entre Londres y Stratford. Esto, nos atrevemos a afirmar, constituye una completa *reductio ad absurdum* de la teoría stratfordiana de la autoría.

Es mucho más razonable, entonces, suponer que lo que realmente estuvo sucediendo en estos seis años fue la premura en la terminación del proceso, como si el escritor actuase bajo un presagio de que su fin se estaba acercando, o había llegado la hora de dar al mundo una literatura en la que él había estado trabajando durante toda su vida. Todo hace pensar en la rápida salida de provisiones después de un largo acúmulo, y por consiguiente, en vez de ver una dificultad en la aparición de otras obras teatrales shakespearianas después de la muerte de De Vere, es una cuestión de sorpresa el que, según las fechas que han asignado a las obras las mejores autoridades, quedase una proporción tan pequeña de trabajo puramente shakespeariano para ser presentado. (No estamos hablando ahora de que realmente se estuviese imprimiendo; esta es otra cuestión que ha de discutirse más adelante.) Al mismo tiempo nos sorprende la cantidad de trabajo dudoso y de colaboración que se asigna al período posterior a la muerte de De Vere. Ciertamente los últimos siete u ocho años de vida de De Vere están marcados, de acuerdo con la datación ortodoxa, por una producción extraordinaria de obras de Shakespeare, mientras que su muerte marca una interrupción igual de llamativa en la producción, impresión y reimpresión de estos dramas.

Las consideraciones anteriores deberían prepararnos para una completa ruptura con la concepción de la creación en serie de los dramas shakespearianos. Hemos insistido en la cuestión debido a la dificultad de la revolución mental que ello implica. Si pensamos en un autor que por diez o doce años había estado muy ocupado con el trabajo teatral; que había gastado en él su gran fortuna generosamente, empleando a hombres talentosos y cultos que lo ayudasen y relevasen de gran parte del pesado trabajo de la gerencia; que así quedó libre para concentrar sus facultades distintivas en la parte literaria del trabajo, y luego, con el capital literario que de este modo había acumulado, comenzar un nuevo período de catorce a dieciséis años de calma comparativa y reclusión, en el que dar un acabado más alto a obras teatrales ya escritas y quizá también producir obras nuevas, todo el aspecto de la publicación de esta literatura resulta cambiado. Dadas todas las ventajas de la educación y la asociación con las clases más altas de la sociedad, Edward de Vere era capaz en ese momento de llevar a la tarea, por un lado, esta provisión de dramas que se supone que se habían perdido, y por otro lado, la madurez de sus propias facultades mentales y los dones poéticos de un orden superior que habían sido ampliamente ejercitados. En contraste con el punto de vista stratfordiano o cualquier otra teoría planteada de la autoría, la asunción de que Edward de Vere es «Shakespeare» coloca la aparición de esta literatura por primera vez dentro de la categoría de los logros humanos y naturales.

Que ese «Shakespeare» tenía la facultad del disimulo y la reserva con respecto a la producción de grandes obras maestras (guardándolas hasta que estaban listas o hasta el momento oportuno para su publicación), no es ninguna mera conjetura. Él nos lo dice en los términos más sencillos. Porque ya había estado presentando grandes dramas al público cuando publicó la obra maestra poética a la que llama «el primer heredero de mi invención». Entonces obviamente, según su propio relato, ella había quedado en manuscrito durante años, antes de aparecer. Se supone que William Shakspere la ha producido antes de dejar Stratford, y ya que no se publicó hasta 1593, incluso ha de pensarse que la tuvo consigo por unos cuantos años. Y como *La violación de Lucrecia* se publicó al año siguiente, también debe adelantarse esta obra hasta el momento en que apareció *Venus y Adonis*.

Todo apunta a un «Shakespeare» dedicándose a guardar, elaborar y perfeccionar de continuo sus producciones antes de publicarlas, cuando su mente se empeñaba en producir algo digno de sus facultades. *Trabajos de amor perdidos*, que se coloca en algún lugar entre 1590 y 1592, no se publicó en su última forma hasta 1598, y cada línea lleva los signos de la revisión más cuidadosa y exigente. También hay pruebas de que *Hamlet* fue sometido a un tratamiento similar. Cómo pudo creerse alguna vez que los versos acabados de Shakespeare fueron la producción forzada y rápida de un hombre inmerso en muchos asuntos, constituirá quizá una de las maravillas del futuro. Todo nos habla de la revisión pausada y amorosa de un escritor libre de toda presión externa, y esto, combinado con la pasmosa rapidez de publicación, confirma la impresión de «un largo antecedente en alguna parte».

Andrew Lang, en su obra póstuma *Shakespeare and the Great Unknown,* encuentra un argumento a favor de la rapidez de la producción shakespeariana en comparación con la literatura de Scott. Más bien debiera haber encontrado en Scott un ejemplo advirtiendo de las consecuencias de una escritura rápida, y en contraste con la verbosidad de Scott, encontrar también en la compresión de Shakespeare una clara evidencia de esta última en la elaboración persistente y cuidadosa de sus líneas. Ahora bien, esta tendencia a volver sobre su obra con el fin de mejorarla aún más, es típica de Edward de Vere. Se conservan copias diferentes de sus pequeñas canciones, y estas proporcionan una prueba incuestionable de que acostumbraba a volver sobre los poemas, aun después de su publicación, con el fin de enriquecerlos y perfeccionarlos. Era un perfeccionista cuya facilidad y lucidez de sus líneas fue la consumación de un arte que escondía su propia laboriosidad. La precisión de su forma de hablar y la cuidadosa atención a los detalles de su vestido, que a menudo señalan a la persona que luego se esfuerza en la exactitud, fueron de hecho el tema de la sátira de Gabriel Harvey. Estas cosas pueden justificar que supongamos esmero en un detalle como la caligrafía. Su letra es accesible y esta conjetura puede verificarse. Ahora sabemos que los manuscritos de Shakespeare para el uso de los impresores estaban hechos con claridad, y un pasaje de *Hamlet* apunta a que era un detalle al que su autor atendía. Así pues, como hay algunos misterios muy extraños relacionados con los manuscritos shakespearianos, es bastante posible que el peligro de que fuese reconocida su letra pueda haber determinado su custodia estricta hasta que todo se imprimiese, y que luego los manuscritos se destruyesen adrede. Por eso estaremos naturalmente interesados en saber si alguna de las interpolaciones en la obra teatral de Anthony Munday parecen ser la letra del conde de Oxford.

La cuestión de la relación entre obras teatrales y literatura afecta muy de cerca a nuestro problema. Que las dos cosas son muy diferentes en sí mismas desde un cierto punto de vista es evidente en principio. Cuando el público en un teatro desea ver el desenlace de un argumento, con todos sus enredos de circunstancias externas y complejidades de la naturaleza humana, los elementos de novedad, suspense y sorpresa deben entrar en gran medida en la representación. Esta necesidad de una sucesión continua de sensaciones exige un tratamiento amplio y audaz; los efectos más profundos no se logran por las sutilezas de frases condensadas, que solo se apoyan un instante en la mente, sino por la impresión general y total transmitida por las situaciones enteras.

Sería, por lo tanto, un gasto excesivo e irracional de fuerzas el poner, en una obra destinada sobre todo a satisfacer la demanda de novedad y sensación recreativas del aficionado al teatro, una gran cantidad de detalles minuciosamente elaborados y sutileza de pensamiento, lo que solo podría apreciarse después de reflexión y de un trato muy continuado. Dotar de significado importante cada sílaba de una obra comportaba tan solo divertir o suministrar emociones durante dos o tres horas y además derrotaría sus propios fines. Por otra parte, la forma ampliada del enunciado, tan necesaria con palabras habladas en el manejo de situaciones nuevas, se torna aburrida en expresiones impresas destinadas a perdurar y ser consideradas. Estas apreciaciones de ninguna manera agotan la cuestión de la distinción entre meras obras teatrales y literatura dramática. Solo están destinadas a resaltar la distinción y son suficientes para ese propósito.

Así pues, cuando la literatura dramática conocida se pone en escena, como puede hacerse con mucha propiedad, debe su interés en el escenario a consideraciones totalmente distintas, y hace su llamada, si no a un conjunto de personas diferente, al menos a una fase de sus actividades mentales diferente de lo que hace una obra teatral ordinaria. El verdadero propósito de tal puesta en escena es ofrecer una exposición de la literatura, a la que ella misma está subordinada. La observación, repetida a menudo, de que «Shakespeare no compensa en escena», en lugar de tomarse como una reflexión sobre el gusto del público, debe indicar que hay alguna diferencia básica entre las obras de Shakespeare y las otras con que se pone en competencia, y que estos grandes dramas ingleses están siendo vistos bajo una luz equivocada, y que a veces acaso se usen para lo que no se adaptan por entero.

El hecho es que sus líneas inigualables, colmadas de sustancia y refinamientos intelectuales, exigen no solo madurez mental en el oyente sino voluntad de volver una y otra vez a los mismos pasajes, cuyo significado se expande con cada ampliación de la experiencia de la vida. Esta es una razón por la que, a fin de disfrutar plenamente de los mejores contenidos de una obra teatral de Shakespeare en el escenario, es necesario haberla leído primero, y la más conocida es de antemano la que se vuelve un mayor goce intelectual si la obra está muy bien dirigida. En este caso la actuación se convierte en una especie de comentario de la literatura, un trabajo de interpretación, al traer a la superficie y desplegar su significado más profundo. Por otra parte, que se hubiesen leído y vuelto familiares muchas obras teatrales ordinarias antes de verlas, disminuiría el interés por su representación. Esto no implica despreciar forzosamente tales producciones, sino iluminar con más claridad la diferencia radical entre esas obras y las de «Shakespeare». Cuando unos escritos han tomado la forma y ganado la posición de este último, dejan de ser la posesión especial de actores y aficionados al teatro y ocupan su lugar entre los tesoros perdurables de la literatura.

Pese a este hecho, sigue siendo cierto que incluso como obras teatrales los dramas de Shakespeare han sido creados para hacer un servicio efectivo, y sin duda seguirán haciéndolo. Por más que sus obras maestras sean sin duda literatura magnífica, descansan sobre una base de verdaderas obras de teatro. Y cuando esto se pone de relieve y se adorna con toques de su destreza literaria, los resultados efectivos pueden asegurarse. Es casi absurdo tener que destacar el hecho de que escribir incluso una muy mediana obra teatral exige algo más que capacidad literaria. La producción de este tipo de obra es un asunto muy técnico, que requiere un buen conocimiento de todo el mecanismo de la dirección escénica y los ajustes de «entradas» y «salidas», y esto ocurriría especialmente en aquellos primeros días de innovación dramática.

Ahora bien, es la combinación única de esta técnica y esta calidad espectacular con su suprema posición literaria lo que da a los escritos de Shakespeare al menos uno de sus rasgos peculiares. Sin insistir de más en la cuestión habrá que determinar la relación establecida entre estos dos elementos en sus producciones más acabadas. Aquí, no obstante, podemos decir que la humanidad ya ha resuelto la cuestión por nosotros. Pues la fama y la inmortalidad de los dramas de Shakespeare descansan en sus méritos literarios. Aunque el primer objetivo del escritor pueda haber sido producir un drama perfecto para fines escénicos, en el curso de su labor y mediante infinitos sufrimientos y la naturaleza de su propio genio produjo una literatura que ha eclipsado la obra teatral. Es difícil, por lo tanto, imaginar que la relación de estos dos elementos en la misma obra represente un producto simultáneo. Y si hemos de elegir entre la teoría de que las piezas son literatura convertida en obras teatrales, u obras teatrales convertidas en literatura, en una revisión del trabajo ningún juez competente dudaría en pronunciarse a favor de la última opción.

Nos sentimos justificados para afirmar, entonces, que lo mejor de los dramas pasó por dos fases distintas, al ser originalmente obras escénicas (sin duda de una alta calidad literaria) que después se transformaron en la literatura suprema de la nación. Además afirmamos que el hombre que tenía la capacidad para hacer esto tenía también la inteligencia para saber exactamente lo que estaba haciendo, y habiendo creado esta literatura no era probable que se hubiese vuelto indiferente hacia su destino, como así lo presenta la tradición stratfordiana.

Teniendo en cuenta que nuestro objetivo principal ahora es ver en qué medida las huellas de la personalidad y la vida de Edward de Vere se pueden descubrir en la obra de Shakespeare, vamos a resumir primero la situación en su forma actual desde el punto de vista literario en el apertura de este tercer período. Habiéndose ganado en su edad temprana la distinción de ser «el mejor de los poetas cortesanos en los primeros días de la reina Isabel», y habiendo pasado luego por un período medio ocupado en gran parte con el trabajo relacionado con el drama, en el que se ganó la distinción adicional de estar «entre los mejores en la comedia» (lo que no debe interpretarse como que él se hubiese limitado a este género), entra con la madurez de sus facultades en un tercer período, el más largo de todos.

De este período poco se sabe, pero lo que sí sabemos es que las condiciones de su vida en ese momento fueron precisamente las que llevarían a un poeta de tales facultades a trabajar en sus dramas guardados e incompletos, dándoles una forma y un acabado más altamente poéticos. ¿Son, entonces, las obras teatrales de Shakespeare tales como para abonar la hipótesis de haber sido producidas de este modo? ¿Se parecen a la obra de alguien cuyo principal interés fuese mantener un negocio teatral, o bien de alguien que era sobre todo un poeta, no solo en el sentido amplio y general sino en el especial y técnico de un artista de las palabras, que hace música de las cualidades vocales y las cadencias del habla?

Una vez más, hacer la pregunta es responderla. No consiste solo en el número y la calidad de las canciones dispersas por los dramas lo que otorga a Shakespeare su alta posición como poeta; es la poesía del cuerpo efectivo de los dramas mismos, en verso blanco o rimado, lo que determina su posición. Es aquí donde tenemos la poesía que eleva a su autor a los honores que comparte solo con Homero y Dante. Varias de las obras teatrales difícilmente pueden describirse de otro modo que como colecciones de poemas ingeniosamente entrelazados, y concebir de una de esas obras que está escrita como un ejercicio continuo, empezando por la primera escena del primer acto y terminando con el último «Salen», es una suposición casi imposible. Todo sugiere mucho más a un poeta que crea sus variados pasajes de la multiplicidad de su propios estados de ánimo y experiencias, y los incorpora a partes adecuadas de sus diferentes obras teatrales, y los termina por un proceso final de ajuste de las partes, retocando y enriqueciendo los versos.

Ahora bien, de todas las personas a las que hemos tenido ocasión de pasar revista en el curso de estas investigaciones, no hemos encontrado a nadie que en modo alguno pudiera considerarse que cumpliese, en su persona y sus circunstancias externas, las condiciones precisas para la ejecución de dicha obra en este momento particular, como sí lo hace Edward de Vere, conde de Oxford.

Tómese una sola obra, *Trabajos de amor perdidos*; examínese la habilidad exquisita puesta no más que en la versificación, y se hace imposible pensar que proviene de «un joven con prisa» por hacer obras teatrales y dinero. Piénsese que proviene de un hombre de entre cuarenta y cuarenta y cuatro años, trabajando retirado, sin prisa, bajo ningún tipo de presión o necesidades materiales, en la obra que había guardado en bruto, más o menos, durante varios años, y surge en seguida una sensación de correspondencia entre el obrero y su obra. No es improbable que, para producir tal obra como se propuso, sintiese la necesidad de reclusión y de liberarse de trabajar a la vista del público, y esto puede haber sido no menos importante que los motivos que lo llevaron a adoptar y mantener su máscara. Si ello fue así o no, es indudable que, durante estos años en que hubo el mayor flujo de los grandes poemas dramáticos, Edward de Vere estuvo colocado en las circunstancias más favorables a su producción que toda otra persona de entonces de las que hayamos tenido noticia.

Tales son, pues, las actividades que por muchas razones podemos creer que llenaron aquellos años, los de su madurez y su retiro. Durante nueve años después de su matrimonio ninguna aparición pública se registra de él, y luego el silencio se rompe de una manera tan significativa para nuestro asunto presente como ninguna cosa con que nos hayamos topado. Ya en 1593 «Shakespeare» había dedicado al conde de Southampton su primer poema largo, *Venus y Adonis*. Al año siguiente repitió el honor en términos más afectuosos al publicar *La violación de Lucrecia*. En 1601 tuvo lugar la rebelión desafortunada del conde de Essex; una rebelión de la que sus líderes sostuvieron tenazmente que no apuntaba al trono sino a los políticos, entre los cuales Robert Cecil, hijo de Burleigh, era entonces prominente. Si Edward de Vere aprobó o no la rebelión, lo cierto es que esta entrañaba fuerzas sociales y políticas con las que él simpatizaba. Nos encontramos, pues, con que la compañía de actores que supuestamente gestionaba William Shakspere, y se ocupaba en gran medida con la puesta en escena de las obras teatrales de Shakespeare, la Compañía del Lord Chambelán, estuvo implicada en la rebelión por medio del conde de Southampton.

A fin de soliviantar a Londres e influir sobre la opinión pública en una dirección favorable a derribar a los que tenían la autoridad, la compañía dio una representación de *Ricardo II* subvencionada por el conde de Southampton. En la misma

Henry Wriothesley (1573–1624), 3.er conde de Southampton, a los 21 años de edad. Miniatura de Nicholas Hilliard en el Fitzwilliam Museum de Cambridge

rebelión el conde de Southampton participó activamente. Tras el colapso de ella, este fue juzgado por traición junto con el cabecilla Essex, y fue entonces cuando Edward de Vere surgió de su retiro por vez primera en nueve años para tomar posición entre los veinticinco pares que formaron el tribunal ante el que Essex y Southampton iban a ser juzgados. Seguramente es un hecho muy importante, en relación con nuestro argumento, que esta acción extraordinaria de los últimos años de Oxford esté en relación con un contemporáneo que «Shakespeare» ha inmortalizado. Teniendo en cuenta la dirección en que iban sus simpatías, su paso adelante en ese momento solo admite una explicación. Las fuerzas desplegadas contra el conde de Essex fueron demasiado poderosas y este sufrió la pena capital. La misma sentencia se dictó contra Southampton, pero fue conmutada y este sufrió prisión hasta el fin del reinado, ahora cercano. Es un tanto curioso que, aunque *la compañía de Shakspere* había estado implicada, no fuese procesada, ni tuviese otro problema, y sus fortunas parecen no haber sufrido ningún revés.

El interés especial de ello estriba en que nos da la primera indicación de una relación personal directa entre Edward de Vere y la exhibición de una obra de Shakespeare gracias a Henry Wriothesley, tercer conde del Southampton; pues claramente muestra un interés por parte de De Vere en el mismo hombre a quien «Shakespeare» había dedicado poemas importantes. Ya que solo con dificultad los amigos de Wriothesley lograron salvar su vida, es posible que él debiese mucho a la influencia de Oxford. Su liberación a poco de la ascensión de Jacobo I también puede haber debido algo a la intervención de Oxford, pues la actitud de este hacia la reina María de Escocia ha de haber pesado un tanto con su hijo, y también la posición como gran chambelán cuyas funciones ejerció en la coronación de Jacobo, en seguida lo pondría en estrecha relación con el rey. Su ejercicio de esa función importante es la última aparición pública registrada con respecto al tema de estas páginas.

Como las nimiedades en investigaciones de este tipo pueden resultar significativas, vamos a señalar que justo en el momento en que «Shakespeare» estaba dedicando sus grandes poemas a Henry Wriothesley, y en opinión de muchos, dirigiéndole algunos de los sonetos más tiernos que un hombre jamás dirigió a otro, nació el único hijo de Edward de Vere. Ahora bien, hemos mencionado que De Vere estaba orgulloso de su ascendencia, y también que los De Veres habían descendido de Aubreys, Johns y Roberts durante siglos, casi como una dinastía real. Lógicamente esperaríamos que a su único hijo le hubiese dado uno de los grandes nombres familiares. Sin embargo en todos los siglos de los De Veres no hay más que un «Henry», el hijo de Edward de Vere, nacido precisamente cuando «Shakespeare» estaba dedicando grandes poemas a Henry Wriothesley. La metáfora de «El primer heredero», que aparece en la breve dedicatoria de *Venus y Adonis* a Wriothesley, también sería especialmente adecuada a las circunstancias temporales, y como «Shakespeare» habla de Southampton como el «padrino» de «el primer heredero de mi invención», sin duda sería interesante saber si Henry Wriothesley fue padrino de Henry de Vere, el heredero de Oxford. Nuestro argumento no necesita que lo hubiera sido, pero si se encuentra que él hizo ese papel, la deducción resultaría evidente y conclusiva. Hemos descubierto una referencia al bautismo como habiéndose celebrado en Stoke Newington, así que no debiera ser imposible averiguar la identidad de los padrinos.

Si el lector examina más a fondo los sonetos en torno al que se refiere a la «dedicatoria», tal vez haya de sorprenderse del número de alusiones al alumbramiento.

Como es parte de nuestra labor indicar algo de los partidos y las relaciones personales de aquellos días, hemos señalado la afinidad espontánea de Oxford con los condes más jóvenes de Essex y Southampton, todos los cuales habían sido pupilos reales bajo la tutela de Burleigh y eran muy hostiles a la influencia de Cecil en la corte. Del otro lado tenemos a Raleigh junto con Robert Cecil, que representan el poder que Essex deseaba derribar. De Raleigh hemos de señalar, en relación con la rebelión de Essex, que su actitud había sido tan maliciosa, durante el procesamiento del conde y aun a la hora de su ejecución, que atrajo sobre sí el odio del pueblo. Parece que cuando Cecil estuvo dispuesto a ceder en relación con Essex, Raleigh insistió mucho en su castigo. Y cuando el infortunado conde había alcanzado ante la reina el consentimiento para una ejecución en privado, Raleigh se encargó de ser un espectador de la ejecución de su enemigo.

La conducta de Francis Bacon fue todavía más indecente que la de su tío Burleigh hacia Somerset. Es interesante observar, por lo tanto, que la suerte de los dos hombres cuya conducta en este asunto estuvo más expuesta a la censura, sufrió un colapso completo durante el reinado siguiente: el carácter público de la ejecución de Raleigh fue un castigo adecuado a su intrusión indecorosa en el carácter privado de la ejecución de Essex. Hay que señalar estas cosas si hemos de hacer un dictamen correcto sobre los hombres con quienes el conde de Oxford tuvo que tratar, y sobre la fuerza de cuyas relaciones con Oxford se han formado la mayor parte de las impresiones acerca de él encontradas en los libros.

Sean cuales fueren las opiniones que se puedan formar acerca de estas cosas, está claro que, desde el punto de vista del problema de la autoría shakespeariana, el famoso juicio del conde de Essex reviste un interés apasionante. De pie ante los jueces estaba la única personalidad que «Shakespeare» ha vinculado abiertamente a la edición de sus obras y hacia quien ha expresado públicamente su afecto: Henry Wriothesley. La fuerza más poderosa en el trabajo de provocar la destrucción de los acusados era el poseedor de la mayor inteligencia que ha aparecido en la filosofía inglesa: aquel a quien en los tiempos modernos de hecho se le ha atribuido la autoría de las obras de Shakespeare, Francis Bacon. Y sentado en los bancos entre los jueces no estaba otro, creemos, que el mismo «Shakespeare», intentando salvar, de ser posible, a uno de aquellos hombres a quienes Bacon intentaba destruir. Algún artista del futuro ha de encontrar aquí, desde luego, un tema que encienda su entusiasmo y dé espacio a su genio y ambición.

Antes de abandonar el tema de la rebelión y el juicio del conde de Essex, apenas llamaremos la atención sobre un aspecto de la misma que afecta a una teoría de la autoría shakespeariana que no hemos estimado necesario discutir por extenso. La conducta de Francisco Bacon respecto al juicio de Essex ha sido tratada *ad nauseam* y es por ello demasiado conocida para que precise reseñarse. Tampoco nos atañe debatir sobre la ética de su acción. Es totalmente increíble, no obstante, que pudiera haber estado trabajando en secreto, estrechamente, con la misma compañía teatral que estuvo implicada en la rebelión, y que una de sus obras hubiera sido empleada como instrumento en el asunto. De nuevo se sabe algo de la naturaleza de la amistad anterior de Bacon y el conde de Essex; pero, por más que hubiese sido cordial, queda en un plano bastante inferior comparada con los sentimientos de «Shakespeare» hacia Southampton. Los términos en que el dramaturgo se dirige al aristócrata que estaba siendo juzgado con Essex, son los de un afecto personal, y tenemos que esperar, para el buen crédito de la naturaleza humana, que a toda la traición implícita en la idea de volverse contra un amigo cuya insurrección había apoyado con su propio drama y sus socios del teatro (de acuerdo con la teoría baconiana), sea imposible que él pudiera haberle añadido la crueldad de procesar a aquel por quien ya había inmortalizado su amor en sus poemas.

Tampoco nos gustaría pensar que el mismo hombre al que había inmortalizado de esa forma, pudiera a su vez haberse deleitado en dañarlo y buscar su ruina. Pues el conde de Southampton estuvo entre aquellos que buscaron y por fin provocaron la ruina de lord Bacon. Si a esto le sumamos que la mayoría de los sonetos de «Shakespeare» se supone que está dirigida al conde de Southampton, y que estos fueron puestos en circulación por las buenas siete años después del juicio, en un momento en que Southampton estaba muy resentido hacia Bacon, tenemos una situación moral tan por los suelos como es posible concebirla, si suponemos que Bacon era «Shakespeare». En consecuencia, la respuesta decisiva a la teoría baconiana nos parece que es Henry Wriothesley.

Por otra parte, el interés de Southampton en William Shakspere y las obras shakespearianas no declinó de resultas de su juicio y encarcelamiento, pues lo encontramos a poco de su liberación organizando una representación privada de *Trabajos de amor perdidos* para diversión de la nueva reina; cosa muy improbable que hubiera hecho de haber sido su autor un antiguo amigo que a traición hubiese intentado destruirlo. Por otro lado, a menos que el lord gran chambelán, «uno de los mejores en la comedia», quien había mostrado recientemente su interés en Southampton y los nuevos ocupantes del trono, fuese físicamente incapaz de hallarse presente, es seguro suponer, además de las teorías especiales que estamos avanzando, que estaría entre el grupo selecto de espectadores en la representación en casa de Wriothesley. Un hecho más llamativo, que vincula al conde de Southampton directamente con Edward de Vere y la obra de «Shakespeare», lo reservamos para el capítulo en que habremos de revisar los *Sonetos* de Shakespeare en relación con nuestro argumento.

La mención del cambio que había acontecido en la ocupación del trono de Inglaterra evoca un hecho muy significativo en relación con nuestro problema. Cuando murió la reina Isabel, los poetas de la época, que la habían colmado de halagos absurdos en vida suya, naturalmente compitieron en honrar a la soberana fallecida. En otro lugar hemos comentado que no tenemos una sola línea de De Vere haciendo cumplidos a Isabel, ya sea durante su vida o después de su muerte; un hecho que no causa una gran sorpresa. En cambio, una ausencia similar de alguna palabra elogiosa de la pluma de Shakespeare ha sido siempre objeto de sorpresa considerable. Su silencio sobre el tema de la muerte de la reina suscitó comentarios entre sus contemporáneos, y Chettle, el «amigo» personal de William Shakspere, le hizo una apelación directa bajo el nombre de Melicert:

> Vertió su dulce musa una atezada lágrima
> para llorar la muerte que honró su soledad.*

De paso destacamos que esta intimidad personal de Chettle y Shakespeare es otra suposición stratfordiana para la que no hay justificación suficiente; y que el «Melicert» de Chettle solo es otra conjetura.

En todo caso, la dulce musa no respondió, ni apareció ninguna «atezada lágrima». Teniendo en cuenta el conjunto de circunstancias del supuesto ascenso rápido y acceso temprano

---

* Drop from his honeyed muse one sable tear/To mourn her death that graced her desert.

de William Shakspere al favor real, es difícil explicar su silencio en tal momento bajo otro supuesto de que no escribió porque no pudo; mientras que el hombre de quien fue instrumento no estuvo dispuesto a escribir versos por el mero placer de añadirlos a la gloria de William Shakspere.

En otro contexto hemos tenido que señalar que el soneto 125 de Shakespeare parece apuntar a De Vere oficiando en el funeral de la reina Isabel. Este puede tomarse como su último soneto, pues el 126 no es de hecho un soneto, sino una estrofa compuesta por seis pareados, en la que él parece dirigiendo un mensaje de despedida a su joven amigo. El soneto 127 comienza la segunda serie, cuya totalidad parece, por los contenidos, pertenecer a la misma época que los primeros sonetos de la primera.

Si podemos tomar entonces el soneto 125 como la expresión de los sentimientos privados del conde de Oxford en relación con el funeral de la reina Isabel, llegamos a entender que no se molestase en honrarla con unos versos especiales. El argumento no se refiere a William Shakspere de la misma manera, pues las razones que nos llevan a suponer que el soneto particular alude al funeral de Isabel, se aplica solo en el supuesto de que los haya escrito el conde de Oxford. También vale la pena notar que estos últimos sonetos parecen afectados por la idea de acercarse a la muerte, y cuando nos encontramos con que De Vere murió el 24 de junio de 1604, al año siguiente de la muerte de la reina Isabel, al que parecen referirse, los dos suposiciones que hemos establecido acerca de ellos parecen confirmarse mutuamente.

El soneto especial al que hemos prestado atención, si en realidad se refiere a la participación como lord gran chambelán en el funeral de Isabel, muestra claramente que la participación fue meramente formal. No es necesario explicarse la actitud de Oxford; ocurre que la actitud mostrada en el soneto es precisamente la misma que la de la ausencia de cualquier línea de la pluma de Oxford sobre el tema de la muerte de Isabel, y una ausencia similar de cualquier expresión de Shakespeare sobre el mismo tema. En una palabra, todo se vuelve «de una pieza» tan pronto como se introduce el nombre y la persona del conde de Oxford.

No cabe ninguna duda de que, como Oxford no simpatizaba con el partido en el poder en ese momento, el éxito de la rebelión de Essex, desde algunos puntos de vista, le habría sido gratificante; aunque tal vez, como una medida práctica, en ese momento de su vida la hubiese considerado imprudente y mal aconsejada. La ejecución de Essex, que había hecho más que toda otra cosa por perjudicar la popularidad de Elizabeth en sus últimos anos, no lo dejaría indiferente. Si además suponemos que «Shakespeare», quienquiera que haya sido, guardó en 1603 los sentimientos que había expresado por Southampton en 1593 y 1594, es imposible pensar de él escribiendo panegíricos sobre la reina Isabel mientras a su amigo se mantenía en la cárcel. Cheddle evidentemente no consideró a su «amigo», William Shakspere, lo suficiente interesado en el conde de Southampton para denegar, a causa del conde encarcelado, su «atezada lágrima» al féretro de la reina difunta. No obstante, la experiencia de Oxford en conjunto lo indispondría a participar en un coro de lamentos o alabanzas.

Los manuscritos Hatfield y los papeles del Estado de la época lo representan como procurando restaurar la fortuna de su familia con un llamamiento a Isabel, invocando sus propias energías juveniles gastadas en la corte y las promesas que él recibió y animaron su temprana extravagancia. La reina le había respondido con palabras amables, pero no se le concedió el cargo especial que pedía, la Presidencia de Gales, ni cualquier otro nombramiento, y los documentos muestran claramente su decepción con la reina. Desde luego no estaría de humor para lamentaciones por la soberana fallecida.

Ahora debemos regresar un año con el fin de llamar la atención sobre aquellos detalles que habían pasado inadvertidos hasta después de la virtual conclusión de nuestro argumento. Tras catorce años de aparente retiro de las actividades teatrales, Oxford hace su aparición una vez más, y en una sola ocasión, en calidad de patrono del teatro. Es un simple destello lo que nos permite captar de él, pero tal como es reviste especial importancia para nuestro propósito. Halliwell-Phillipps, al discutir la cuestión de la relación de «Shakespeare» con la taberna Cabeza de Jabalí, en Eastcheap, nos dice que «en 1602 los señores del Consejo dieron permiso a los servidores de los condes de Oxford y Worcester para actuar en esta taberna». Tiene alguna importancia, pues, empezar por dejar claro el lugar que esta taberna ocupa respecto a los dramas de Shakespeare.

En ediciones actuales de las obras de Shakespeare, esta taberna en particular se especifica en las acotaciones como el escenario de algunas de las correrías del príncipe Hal y Falstaff (*Enrique IV, Partes I y II*). En las ediciones infolio, sin embargo, el nombre de la taberna no figura en las acotaciones. El texto de la obra, por otro lado, deja claro que se cita alguna taberna en Eastcheap. Falstaff observa: «Hasta la vista; me hallaréis en Eastcheap» (*Enrique IV, Primera parte,* I. 2) y el príncipe Hal, cuando se reúnen en la taberna (II. 4) agrega: «Comandaré a los muchachos de Eastcheap». Refiriéndose a este asunto Halliwell-Phillipps dice:

«Es una circunstancia singular que no se mencione esta célebre taberna en ninguna edición de Shakespeare anterior a la aparición de la de Theobald de 1733, pero a ese lugar se alude allí con precisión como a "sir John de la taberna Cabeza de Jabalí, en Eastcheap" en los Apuntes Festivos de Gayton 1654, pág. 277. Shakespeare nunca menciona esa taberna en absoluto, y la única alusión posible se encuentra en *Enrique IV, Segunda parte*, donde el príncipe Hal pregunta, hablando de Falstaff: "¿El viejo jabalí sigue comiendo en su vieja pocilga?" Una sugerencia del lugar quizá se haga también en *Ricardo II*, donde se menciona al príncipe como asiduo de tabernas "situadas en caminos estrechos". [...] Había otros numerosos lugares en Londres, entre ellos cinco tabernas de la ciudad, conocidos por el nombre de "Jabalí". [...] Curiosamente, por una coincidencia accidental, sir John Fastolf concibió para el Magdalen College, en Oxford, una casa así llamada en el distrito de Southwark.»

Sir Sidney Lee relaciona a Falstaff sobre todo con la taberna Cabeza de Jabalí en Southwark, relegando la de Eastcheap a una nota al pie y haciendo caso omiso de la relación de Falstaff con alguna taberna de Eastcheap en el texto real de las obras.

Cualquiera que sea la duplicación de asociaciones que pueda haber surgido de la relación de Falstaff con el sir John Fastolf de la Cabeza de Jabalí, en Southwark, es evidente, por el texto de la obra teatral, la tradición escénica apoyada por los Apuntes Festivos de Gayton de 1654 y la edición de Theobald y todas las ediciones modernas de las obras de «Shakespeare», que la «Cabeza de Jabalí», en Eastcheap, está asociada con la creación del Falstaff de Shakespeare. Por lo tanto, hay una amplia justificación para la alusión de Halliwell-Phillipps a Falstaff como «el famoso héroe de la taberna Cabeza de Jabalí, en Eastcheap», y para la observación de sir Walter Raleigh de que «da Cabeza de Jabalí, en Eastcheap, se ha hecho famosa por los siglos gracias al patrocinio de Falstaff y compañía».

Tiene más que un interés ordinario, entonces, encontrar al conde de Oxford, después de una ausencia de catorce años del mundo teatral, reapareciendo en la taberna particular asociada con Falstaff y en el mismo año en que la representación de Falstaff culminó con *Las alegres comadres de Windsor*. Porque fue el 18 de enero de 1601 cuando «se otorgó una licencia para la publicación de la obra» y «se imprimió un borrador imperfecto en 1602». ¡Cuánto daríamos por saber el título de la obra u obras que los servidores de los condes de Oxford y Worcester representaron en la Cabeza de Jabalí, en Eastcheap, el año 1602! Este es otro de los silencios misteriosos con que nos topamos a cada paso respecto al problema Shakespeare.

La relación de Falstaff con «el viejo jabalí» que establece Halliwell-Phillipps tiene también su interés especial para los que puedan creer que Falstaff es una obra de autocaricatura de «Shakespeare». Pues el escudo de armas de Oxford era el jabalí, y él mismo es aludido como «el jabalí» en una carta de Hatton a la reina Isabel. A uno de sus antepasados lo mató un jabalí, lo que a él fácilmente le sugeriría el tema de su primer gran poema. Puede valer la pena mencionar que el personaje de Puntarvolo, en *Cada cual fuera de su humor*, de Ben Jonson, de quien algunos baconianos creen que era la representación de Bacon por parte Jonson, fue también uno que tenía por escudo de armas un jabalí. Estas cosas son en todo caso interesantes si no se les da demasiada importancia.

Otro hecho interesante, que pertenece a un período mucho más temprano de la vida de Oxford, se relaciona con los asuntos particulares que estamos examinando. Las aventuras del príncipe Hal y sus hombres, en *Enrique IV, Primera parte*, no solo involucran la taberna Cabeza de Jabalí, en Eastcheap, sino también la parte de la carretera cerca de Rochester que une Londres con Canterbury. Aquí el príncipe alocado y sus socios

421

molestan a los viajeros. Ahora bien, en 1573, el mismo año en que Hatton escribe su queja a la reina hablando de Oxford como el «jabalí», otros presentan quejas porque son molestados por los «hombres del conde de Oxford» en la parte idéntica de la carretera, «entre Rochester y Gravesend», donde el príncipe Hal se había entregado a sus travesuras. Hubo disparos, y todo evoca un salvajismo similar al que se representa en la obra teatral de «Shakespeare» acerca del futuro Enrique V. La correspondencia exacta de las formas de localidad y de correría no es menos llamativa que las muchas coincidencias que nuestras investigaciones han revelado.

Un significado especial se une al año particular en que Oxford hace su reaparición como patrono del teatro después de una ausencia de catorce años. En el capítulo I, al tratar del stratfordianismo, tuvimos ocasión de señalar que 1602 es el único año del gran período de Shakespeare en que los registros del tesorero de la Cámara no contienen ninguna entrada de los pagos realizados a la compañía de actores del lord chambelán. Como si la compañía hubiese suspendido temporalmente las actuaciones oficiales. Un examen de los registros de publicación de «Shakespeare» revela una laguna similar. No hubo ninguna obra nueva publicada con ninguna apariencia de autenticidad, al ser la publicación de 1602 de *Las alegres comadres de Windsor*, como declaran las autoridades, una edición «pirateada». Por eso es curioso que, si bien los stratfordianos afirman que William Shakspere no publicó ninguna de las obras teatrales, sin embargo distinguen entre ediciones «pirateadas» y autorizadas, estando hechas las «pirateadas», se supone, por los editores a partir de las copias de los actores y no de las versiones completas.

Con la Compañía del Lord Chambelán al parecer en una especie de hibernación, lógicamente estamos dispuestos a preguntarnos ¿qué compañía de actores habían estado representando *Las alegres comadres de Windsor*? Ciertamente se robustece la probabilidad de que esta fuese la obra que los servidores de Oxford y Worcester representaron aquel año en la taberna Cabeza de Jabalí. En todo caso la laguna en sí es una realidad y no una conjetura, y esta laguna corresponde exactamente al año entero que Henry Wriothesley pasó en la Torre: una muy buena prueba de que Wriothesley había estado actuando como intermediario entre «Shakespeare» y otros. Es entonces, en el año exacto en que «Shakespeare» careció por entero de la asistencia de su agente, cuando el conde de Oxford reaparece en relación con la representación de alguna obra, en la misma taberna asociada con Falstaff, y los editores se apoderan de las copias de los actores de *Las alegres comadres de Windsor*.

A la interesante cadena de pruebas ofrecidas por la asociación de Oxford con la taberna Cabeza de Jabalí en 1602, hemos de añadir ahora un vínculo importante. Al año siguiente aconteció la muerte de la reina Isabel, y de nuevo citamos a sir Sidney Lee: «El 19 de mayo de 1603, Jacobo I, a poco de su ascensión, brindó a Shakespeare y otros miembros de la Compañía del Lord Chambelán un reconocimiento muy señalado y valioso. Les concedió bajo patente real una licencia para usar y ejercer libremente el arte y la facultad de representar comedias, tragedias (etc.). [...] La compañía se llamó desde entonces "Compañía del Rey"». Y en una nota al pie añade: «Al mismo tiempo la *compañía del conde de Worcester* (es decir, la compañía asociada con la de Oxford en la taberna Cabeza de Jabalí) fue puesta bajo el patrocinio de la reina, y a sus miembros se los conoció como servidores de la reina».

Creemos que ha de reconocerse fácilmente que, sin ser identificado en realidad con la compañía que estuvo escenificando los dramas de «Shakespeare», ahora se ha llevado al conde de Oxford, por medio de la taberna Cabeza de Jabalí y la compañía de Worcester, a una estrecha relación con lo que suele llamarse «compañía de Shakespeare». Es importante destacar el hecho de que la referencia especial a estas compañías en relación con la «Cabeza de Jabalí» no se escoge entre varias, sino que es la única referencia de esta clase en ese sentido. Asimismo puede valer la pena señalar que las únicas compañías teatrales asociadas en cualquier forma con los registros familiares de William Shakspere, en Stratford, fueron «la Compañía de la Reina y la Compañía del Conde de Worcester», de una fecha anterior. Pues en los días lejanos del padre de Shakspere «cada una (de estas compañías) recibió de John Shakspere una bienvenida oficial». Esta es la única información con que la investigación ha podido de algún modo relacionar la familia de Shakspere, en Stratford, con el teatro del tiempo de Isabel. A falta de datos más completos nos conformamos, sin embargo, con poner este último hecho no como prueba sino como una interesante coincidencia, puede que accidental.

Así pues, en 1601 Oxford participó en el juicio de Essex. En 1602 se asoció con lo que fue después los Actores de la Reina en la representación de algunas obras desconocidas en la taberna Cabeza de Jabalí, en Eastcheap. En 1603 ofició en la coronación de Jacobo. El 24 de junio de 1604 murió y fue enterrado en la iglesia de Hackney. Por desgracia la vieja iglesia fue demolida por el año 1790, así que es improbable que se halle nunca el lugar exacto donde reposan sus restos. Creemos que esto es una verdadera pérdida nacional. No podemos creer, sin embargo, que la voluntad de la nación inglesa consienta para siempre en el abandono del lugar donde «Shakespeare» se halla enterrado.

Se observará que el año de la muerte de Oxford (1604) es aquel en que culminó la gran serie shakespeariana de dramas.

A *Hamlet* se le asigna el año 1602. Primero se publicó de forma incompleta en el año 1603, y en 1604 apareció el drama como esencialmente lo tenemos ahora. Este punto hemos de tratarlo con más detenimiento en nuestro siguiente capítulo. Por consiguiente, la tragedia que se acepta universalmente como el logro supremo del autor pertenece al año de la muerte de Edward de Vere, y las últimas palabras de Hamlet (el pasaje que citamos en la apertura de esta serie de capítulos biográficos) casi se pueden aceptar como las últimas palabras de Oxford. También *Otelo* se ha asignado a 1604, si bien no se imprimió hasta 1622; es decir, seis años después de la muerte de William Shakspere, el autor supuesto.

Los detalles reales hasta ahora registrados de la vida de Oxford componen la reseña más pobre y apenas suministran materiales para una biografía apropiada; pero si al final se establece lo que estamos sosteniendo respecto a la autoría de las obras de Shakespeare, con el paso del tiempo sabremos más de él que de casi cualquier otro hombre de la historia. En su caso tendremos no los meros aspectos de la vida, que nunca manifiestan lo suficiente al hombre, sino el juego infinitamente variado de su misma alma en la más magistral exposición de la naturaleza humana que exista en cualquier parte de la literatura mundial. Aunque estas cosas conciernen sobre todo al futuro, hay una que debe decirse de una vez, una reivindicación importante que debe hacerse en su nombre.

Ya se han hecho muchos generosos pronunciamientos sobre «Shakespeare» en la creencia de que el hombre de Stratford fue el dramaturgo verdadero. Ahora bien, aparte de sus escritos no se sabe casi nada de la personalidad de aquel a quien se han atribuido hasta hoy. Estas generosas valoraciones de «Shakespeare», siendo casi todas inferidas de las obras que nos ha dejado, deben transferirse con toda honradez a Edward de

Vere, cuando sea aceptado como el autor. Le pertenecen por derecho. No podemos volver a los juicios que se han transmitido sobre «Shakespeare», simplemente porque se desprende que el hombre de Stratford no es él. Adoptando su máscara, el autor de las obras teatrales se ha asegurado para sí un juicio despojado del sesgo de un «vulgar escándalo». Al revelarse a sí mismo en sus obras teatrales, ha agarrado el mundo, por así decirlo, para que emita sobre él un veredicto más imparcial que el que de otro modo se le hubiese concedido, y le ha dado una señal de revisión a su tendencia de ahorcar al perro con un mal nombre.

Las referencias a él que hemos encontrado en el curso de nuestras investigaciones, a menudo han adoptado la forma de expresiones condenatorias, totalmente sin apoyo o en su mayoría no probadas adecuadamente con hechos. Ahora todas ellas deben someterse a una revisión minuciosa. Después de haber sido tanto tiempo la víctima de una «política astuta», por fin tiene derecho a tal apreciación personal, igual que se ha expresado un juicio serio sobre «Shakespeare» mediante la consideración de los escritos. Lo que el mundo ha escrito en este sentido, lo ha escrito, y debe estar dispuesto a permanecer.

CAPÍTULO XIV

CONSIDERACIONES PÓSTUMAS

Si bien las facultades de Shakespeare no mostraron signos de agotamiento, en 1607 retornó a su costumbre anterior de colaboración y con la ayuda de otro compuso Timón de Atenas, *etc.* SIR SIDNEY LEE

Hemos visto que hasta el momento de la muerte de Edward de Vere fueron apareciendo a un ritmo admirable nuevas obras teatrales de Shakespeare y ediciones de otras que ya se habían puesto en escena. A estas las hemos considerado transformaciones literarias de lo que ya había existido como obras teatrales. Nuestra siguiente pregunta es si los escritos de Shakespeare, tal como ahora los tenemos, representan un trabajo terminado o no. Esta pregunta ya ha sido respondida, incluso bajo la vieja suposición de un autor que pasó los últimos años de su vida retirado del trabajo literario, y la respuesta dada ha constituido de nuevo una de las paradojas de la literatura. Pues nos aseguran que el mayor genio que ha surgido en la literatura inglesa, cuando había llegado a su madurez y sus facultades no daban señales de decadencia, habiendo forrado sus bolsillos de dinero se retiró de sus trabajos literarios, dejando en manos de directores de escena los manuscritos de obras teatrales incompletas, que otros más adelante fueron llamados a completar. En este caso hay que admitir que la obra de Shakespeare es una realización inacabada.

Realizaciones inacabadas de grandes genios no se desconocen en el mundo, pero cuando aparecen hay solo una explicación para ellas: una absoluta incapacidad de seguir, normalmente la muerte. Ni a William Shakspere ni a Bacon ni a cualquier otra persona cuyo nombre se haya suscitado en este contexto es aplicable tal explicación. En todos estos casos hemos de suponer el abandono intencionado de la obra por otros intereses. En el caso de Edward de Vere tan solo hallamos la explicación natural de que el escritor fue interrumpido en medio de su trabajo y dejó algunas obras inéditas que puede haber considerado acabadas, y otras que se publicaron más tarde inacabadas o como las acabaron otros escritores.

Suponer que «Shakespeare», habiendo alcanzado el rango más alto como dramaturgo, estando aún en el apogeo de sus facultades, debió, al acercarse a su cenit, haber retornado a su práctica anterior de colaboración con otros (la mano maestra en el arte volviendo a los recursos de sus días de aprendiz), es negarle la posesión del simple sentido común. Y suponer que él era tan indiferente a la suerte de sus propios manuscritos como para dejarlos a la deriva entre actores desconocidos, sin disposiciones para su preservación y publicación, es suponerlo incapaz de medir su valía. Sin embargo todo esto está implícito en el punto de vista stratfordiano y gran parte en el baconiano.

Bajo la teoría de De Vere toda la situación asume por primera vez un aspecto de sentido común y racional. Impedido por la muerte de completar su tarea, aun así había estado apurando la edición de sus obras durante algunos años precedentes, y tenía amigos lo bastante de su confianza para salvaguardar sus manuscritos y preservar su incógnito cuando él ya no estuviese. Entonces, el carácter ciertamente inacabado del trabajo de Shakespeare que nosotros mantenemos, solo puede explicarse racionalmente suponiendo que la muerte, y no el retiro, había puesto fin a sus actividades literarias. Este es el primer punto a establecer en la exposición de nuestro argumento desde el punto de vista póstumo.

Cuando pasamos a examinar la publicación de las obras de Shakespeare en relación con la muerte de Edward de Vere, encontramos hechos de un carácter especialmente interesante y esclarecedor. Ya hemos señalado la enorme efusión atribuida a los seis años anteriores. Veamos ahora lo que ocurre a poco de su muerte.

Hay tres puntos de vista desde los cuales puede contemplarse la datación de las obras teatrales. En primer lugar tenemos el sistema de datación hipotética basada en la suposición de que el hombre de Stratford fue el autor; en segundo lugar están las fechas comprobadas de la primera publicación conocida de las obras; y en tercer lugar tenemos las fechas registradas de las diversas ediciones tempranas, incluyendo ediciones revisadas y meras reimpresiones.

Empezando por el primer punto de vista, en el cual se basa gran parte del argumento del último capítulo, aunque consiste ampliamente en conjeturas fundadas en los mismos puntos de vista sobre la autoría que estamos cuestionando, encontramos que indica otra revisión de las ediciones en el momento de la muerte de Oxford. El profesor Dowden asigna solo una obra, *El rey Lear,* al año 1605, y otra, *Macbeth,* al año 1606; e incluso a esta última sir Sidney Lee y el compilador de las notas «Falstaff» la tienen por muy dudosa. Al mismo tiempo, el primero escoge 1607 como el año en que volvieron a aparecer obras teatrales en que el trabajo de Shakespeare estuvo mezclado con el de escritores contemporáneos. Por consiguiente, incluso esta datación hipotética de las obras indica un cambio radical cerca del momento en que Edward de Vere murió.

Como *El rey Lear* y *Macbeth* se asignan a los dos años posteriores a la muerte de Edward de Vere, ha habido que examinar algo de cerca los datos a partir de los cuales se ha extraído tal conclusión. La mayor parte de estos se ha reunido en el apéndice de *Variorum Shakespeare*, y el punto sobre el que se hace girar gran parte de la discusión son las alusiones que figuran en la obra respecto a la unión de las coronas inglesa y escocesa. El resto parece determinado por el esquema general de hallar en la vida de William Shakspere espacios razonables de tiempo para la realización de la obra. Estas alusiones a la unión de las coronas serían muy naturales para alguien que hubiese ocupado una posición más adelantada en la coronación, si él estuviese retocando estas obras particulares en aquel momento; sin embargo el esquema general de datación de las obras no es aplicable, como hemos visto, al conde de Oxford.

Pero el hecho más significativo que el estudio de otras autoridades trae a la luz es que, en vez de fijar un año definido para cada una de estas dos obras, asignan un período de tres años, de 1603 a 1606, durante los cuales afirman que se habrían escrito. Así se verá que, incluso estas dos, bien pueden haberse añadido a la producción, aparentemente asombrosa, de los últimos seis o siete años de la vida de De Vere.

De *El rey Lear* el *Variorum Shakespeare* observa que «Drake (en *Shakespeare and his times*) piensa que su producción debe atribuirse a 1604. [...] Creo que hemos de contentarnos con el término de tres años (1603-1606); ninguna fecha más precisa que esta quizá no logre nunca la aceptación general. El caso de *Macbeth* es aún más interesante. Varias autoridades dan de nuevo el período 1603-1606, y Grant White afirma: «Albergo pocas dudas respecto a su producción en el período 1604-1605».

Teniendo esto presente, las citas que figuran en el *Variorum Shakespeare* de los Sres. Clark y Wright (Clarendon Press Series), mostrando que *Macbeth* fue una obra de colaboración entre Shakespeare y otro, son de gran importancia. Ha surgido la duda entre una colaboración concertada y una interpolación, y se ha llegado a la conclusión siguiente:

«En general nos inclinamos a pensar que la obra fue *interpolada después de la muerte de Shakespeare*, o, por lo menos, después de que él se había retirado de toda relación con el teatro.»

Si las obras se hubiesen disociado del hombre de Stratford o, más bien, si se hubiesen declarado anónimas desde el principio, el estudio de ellas en particular habría justificado la sospecha de que su escritor había muerto alrededor de 1604, el año de la muerte de Edward de Vere. Esto proporciona la segunda etapa en el desarrollo de nuestro argumento póstumo.

Después de *El rey Lear* y *Macbeth* entramos en el último período, que comienza con *Timón de Atenas* y termina con *Enrique VIII*. La primera de ellas, de acuerdo con el pasaje que hemos citado de sir Sidney Lee, marca el inicio del trabajo en que «la colaboración» se convierte en característica acentuada; y la segunda, tras la que se supone que «Shakespeare» depuso su pluma, generalmente se reconoce como obra de Fletcher en gran medida. En este período tenemos grandes dramas que no son mero «trabajo de aprendiz», y en ellos hay pasajes y situaciones dramáticas que revelan a este gran genio en su máxima altura. Con todo, es en estos trabajos donde nos topamos con deficiencias de acabado poético, por un lado, y la intervención reconocida de plumas extrañas, por el otro: un estado de cosas al que no podemos imaginar sometido de manera voluntaria ni siquiera un escritor de tercera categoría.

Con todo respeto a los estudiosos de Shakespeare, estamos obligados a decir que, en cuanto a las obras asignadas a este período, la admiración y la alabanza parecen haber conseguido lo mejor de la discriminación. Aquí hay tanto de lo mejor de «Shakespeare» que ha surgido la fatal tendencia a considerar como bueno lo que es más que cuestionable. Hasta los

431

fallos de quienes fueron llamados a terminar el trabajo, o tal vez incluso de los primeros borradores del autor, han sido tratados como las más avanzadas concepciones de «Shakespeare» y como señales de su desarrollo poético. Quisiéramos especificar, sobre todo, la versificación irregular debida a sílabas sobrantes en los versos, el ritmo defectuoso y los finales flojos, que han hecho que gran parte del llamado más tarde «verso blanco» apenas el oído lo distinga de la prosa llana.

Nuestros comentaristas afirman que este verso «sincopado» nos muestra al genio poderoso rompiendo sus grilletes. No obstante, las raíces verdaderas de esta elogiada emancipación se percibirán fácilmente a partir de un examen de los siguientes pasajes del Plutarco de North y *Coriolano* de Shakespeare (uno de estos dramas finales), pasajes por los que estamos en deuda con la obra de sir Sidney Lee:

Plutarco de North (prosa)
Soy Cayo Marcio, quien te ha hecho
a ti en particular, y a todos los volscos
en general, gran daño y perjuicio, que
no puede negar mi sobrenombre de
Coriolano que llevo.

«Coriolano» de Shakespeare (verso blanco)
Mi nombre es Cayo Marcio, quien te ha hecho
a ti en particular y a todo volsco
gran daño y gran perjuicio; lo atestigua
mi sobrenombre Coriolano.*

---

* I am Caius Marcius, who hath done/to thyself particularly, and to all the Volsces/generally great hurt and mischief; which/I cannot deny for my surname of/Coriolanus that I bear.

My name is Caius Marcus who hath done/To thee particularly, and to all the Volsces/Great hurt and mischief; thereto witness may/My surname Coriolanus.

Por fin queda desvelado, pues, el secreto de esta gran emancipación literaria. Las personas que estuvieron «rematando» estas últimas obras teatrales tomaron prosa directa, ya de las obras de otros, ya de los apuntes reunidos por «Shakespeare» en la preparación de sus dramas, y la trocearon, junto con un poco de aderezo, para hacer que impresa pareciese algo así como verso blanco. Que «Shakespeare» en vida pudiera haber tolerado de buena gana dicho trabajo, para que saliese como suyo, es inconcebible. El resultado de tal método ha sido la producción de un ritmo defectuoso y unos «finales flojos», y estos han sido aclamados por shakespearianos cultos como signos de una gran liberación poética. Sobre tal plan hasta un colegial podría darnos tal vez una edición de los *Principia* de Newton en verso blanco.

Cimbelino (otra de estas últimas obras) también está fuertemente marcada por «finales flojos» e interpolaciones, y tanto el profesor Dowden como Stanton reconocen en la obra la participación de una mano inferior.

De *Antonio y Cleopatra* sir Sidney Lee observa: «El origen de la tragedia es la vida de Antonio en el Plutarco de North. Shakespeare siguió de cerca la narración histórica y asimiló no solo su temperamento sino mucho de su fraseología en los primeros tres actos». El caso de *La tempestad* lo reservamos para un examen especial en el apéndice.

Por consiguiente, el sello general de esta obra posterior es la grandeza, que sugiere facultades constantes, y defectos, que sugieren mano de obra inacabada e intervención de plumas inferiores: una combinación de la que afirmamos que solo puede explicarse por la muerte del dramaturgo.

Con el conde de Oxford sustituyendo a William Shakspere gran parte de las conjeturas acerca del momento en que se escribieron las obras teatrales dejan de tener valor: lo que más importa ahora es la fecha de su *publicación* efectiva. Así pues, hemos hecho una lista de las fechas de las primeras ediciones, y por más que hayamos deslizado errores, debidos a la posición relativamente subordinada que hasta hoy se ha asignado a este grupo particular de hechos, al presente se verá que su tendencia general está lo bastante bien marcada para nuestro propósito. *Venus y Adonis* y *La violación de Lucrecia* se publicaron en 1593 y 1594 respectivamente: pasó un intervalo de cuatro años antes que comenzase la impresión de las obras teatrales y aun entonces la primera de la serie no llevó adjunto el nombre de Shakespeare. Se incluyen los *Sonetos* en la siguiente lista por su especial importancia.

TRES PERÍODOS DE LA PUBLICACIÓN SHAKESPEARIANA DESPUÉS DE «VENUS Y ADONIS» Y «LA VIOLACIÓN DE LUCRECIA». DE LAS NOTAS DE LA EDICIÓN «POCKET FALSTAFF»

PRIMER PERÍODO (1597-1603)

1. *Ricardo II.*
2. *Ricardo III.*
3. *Romeo y Julieta.*
4. *Trabajos de amor perdidos.*
5. *Enrique IV, Primera parte.*
6. *Enrique IV, Segunda parte.*
7. *Enrique V.*
8. *El mercader de Venecia.*
9. *Sueño de una noche de verano.*
10. *Mucho ruido y pocas nueces.*
11. *Tito Andrónico.*
12. *Las alegres comadres de Windsor.*
13. *Hamlet* (pirateado); el auténtico, en 1604.

PUBLICACIÓN DETENIDA (1604-1607 INCLUSIVE)
Ninguna nueva publicación.

SEGUNDO PERÍODO (1608-1609)

1. *El rey Lear.*
2. *Troilo y Crésida.*
3. *Pericles, príncipe de Tiro.*
4. *Sonetos.*

TERCER PERÍODO (1622-1623)

1622, *Otelo.*

1623, edición infolio: todas las obras restantes, veintidós en total, incluyendo nombres como

A vuestro gusto;
La fierecilla domada;
Macbeth;
La tempestad;
Julio César;
El rey Juan;
Noche de Reyes;
Medida por medida;
Los dos caballeros de Verona;
A buen fin no hay mal principio.

En los seis años desde 1597 a 1603 se notará que hubo no menos de trece obras teatrales de Shakespeare impresas y publicadas por primera vez. Algunas se habían representado en años anteriores, y otras fueron siendo representadas e impresas después por primera vez también. Esto nos lleva al año anterior a la muerte de Oxford.

De 1603 a 1608, de acuerdo con este registro, ni una sola obra teatral se imprimió y publicó por primera vez. Aun supo-

435

niendo que haya errores y descuidos en estas notas, queda todavía un amplio margen suficiente para que podamos afirmar con seguridad que la publicación de obras de Shakespeare se detuvo notoriamente durante varios años después de la muerte de Edward de Vere. Podemos añadir que esta interrupción la confirma la tabla del profesor Dowden, el recuento de sir Sidney Lee y todos los registros que hemos visto. Ello nos da el tercero y tal vez el más concluyente de los argumentos desde el punto de vista póstumo.

Si una vez más nos dirigimos a la edición de simples reimpresiones que no conllevaban ningún trabajo literario propiamente hablando, encontramos que después de 1604 no hubo nada reimpreso hasta 1608 exceptuando las dos obras populares de *Hamlet* y *Ricardo III*, de las que podríamos juzgar que habría una demanda considerable; e incluso estas solo se reimprimieron una vez, es decir, en 1605. Parecería por ello que todos los tipos de ediciones, incluso las pirateadas y subrepticias, así como las meras reimpresiones, se realizaron sin lugar a dudas en el momento de la muerte de Oxford: un hecho que debería dar tanto que pensar a los estudiosos shakespearianos con respecto a las llamadas obras «pirateadas». Tan completa interrupción en la publicación en este preciso momento es casi alarmante en su naturaleza; la leve reanudación ocurrida después de un intervalo de cuatro años no es menos asombrosa.

En 1608 y 1609 hubo una leve reactivación de la publicación shakespeariana que implicó, no obstante, solo tres obras teatrales y los *Sonetos*. Nada más se volvió a publicar hasta *Otelo* en 1622, y la edición infolio de Shakespeare en 1623, seis y siete años, respectivamente, después de la muerte del Shakspere de Stratford. Entonces, incluso de acuerdo con el punto de vista stratfordiano, la mayor parte de las obras de Shakespeare se publicaron a título póstumo. En la edición infolio no menos de veinte de las treinta y siete, así llamadas, obras teatrales shakespearianas fueron impresas y publicadas por primera vez, según lo que se ha descubierto hasta hoy. De las tres obras aparecidas en la reactivación temporal, una es *Pericles, príncipe de Tiro*, publicada en 1609, el mismo año en que aparecieron los *Sonetos*. Ahora bien, la forma de la publicación de estas dos obras es una confirmación, tan fuerte como pudiera desearse, de que en ese momento el dramaturgo estaba muerto. Abordaremos primero *Pericles, príncipe de Tiro*, citando de nuevo las notas «Falstaff».

«*Pericles, príncipe de Tiro* es sobre todo de otras manos que las de Shakespeare, quizá las de Wilkins y Rowley. Primero se imprimió en cuarto en 1609 con el siguiente título: "*Pericles* [...] como ha sido varias veces representada por los servidores de Su Majestad en el Globo. [...] Por William Shakspere [...]".»

Por consiguiente, esta obra se publicó con el imprimátur completo de William Shakspere y el Teatro del Globo, aunque se trata sobre todo de otras manos que las de Shakespeare. Contrasta esto con las obras publicadas en vida de De Vere bajo el seudónimo de «Shakespeare». Son

> 1598, *Trabajos de amor perdidos;*
> 1600, *Enrique IV, Segunda parte;*
> *El mercader de Venecia;*
> *Sueño de una noche de verano;*
> *Mucho ruido y pocas nueces;*
> 1602, *Las alegres comadres de Windsor* (pirateada);
> 1603, *Hamlet* (reducida y pirateada);
> 1604, *Hamlet* (autorizada).

Dejando fuera de consideración las obras teatrales publicadas en 1597 y 1598 sin ningún nombre de autor, el punto notable es el carácter de las que recibieron el imprimátur de Shakespeare hasta el momento de la muerte de De Vere.

Nadie se atrevería a decir de ninguna de ellas que era «sobre todo de otras manos» que las de Shakespeare, sea cual fuere la opinión que pudiera sostener acerca de la calidad o integridad de la obra en sí. Es interesante también que, aunque *Tito Andrónico* se publicó en el mismo período, fue sin el nombre de «Shakespeare». Conclusión lógica de ello: cuando en 1609 se publicó *Pericles, pínape de Tiro* con todo el brillo de una genuina obra shakespeariana, la mano que controlaba al mismo «Shakespeare» había sido eliminada. Quienes estaban dirigiendo el asunto pudieron haber creído que la obra era de él. Lo más probable es que fuesen ellos quienes habrían pedido ayuda para terminar una obra que él había dejado inacabada.

Abordemos ahora la cuestión de los *Sonetos*, un problema que ha agitado y desconcertado el mundo literario por tanto tiempo. No hace falta que al presente discutamos quiénes pueden haber sido W. H. y T. T, o que intentemos aclarar el misterio de su relación con la publicación de estos poemas; pero el noventa por ciento del misterio de la publicación desaparece tan pronto como suponemos que los *Sonetos* es una edición póstuma. De hecho su dedicatoria nos ha estado diciendo durante trescientos años, en los términos más sencillos, que el escritor ya estaba muerto. Puede ser una curiosidad del lenguaje, y sin embargo es cierto que solo decimos de una persona que es «inmortal» después de que está muerta de verdad; y en la dedicatoria de los *Sonetos* su autor es mencionado como «nuestro poeta inmortal». ¿Quién era, entonces, este «poeta inmortal»? Seguramente no el hombre que, según todas las apariencias, había abandonado o se disponía a abandonar los altos intereses de la literatura y el teatro para ocuparse de su tierra y sus casas en Stratford, y que estaba siendo totalmente ignorado por quienes se hallaban editando el texto literario completo de lo que se suponía que eran sus grandes poemas personales. Tampoco es probable que «nuestro poeta inmortal» estuviese en ese momento dimitiendo de sus funciones de fiscal general con los ojos puestos en su saco de lana o planificando su Gran Instauración.

Suponer que un conjunto de no menos de ciento cincuenta sonetos, muchos de ellos de una calidad exquisita, relativos a los más privados sentimientos y experiencias de un gran genio, cuya obra proclama de su parte un respeto casi puntilloso por sus producciones, pudiera, mientras él aún vivía, haber encontrado el camino a la imprenta subrepticiamente, con las extrañas iniciales adjuntas, sin su conocimiento, consentimiento, firma, o protesta inmediata y rotunda, es tan extravagante suposición como cabría imaginar. Aun así, todo esto está implícito en la teoría stratfordiana de la autoría. La única hipótesis que explica adecuadamente la situación es que el propio poeta había muerto y su manuscrito había pasado a otras manos. La dedicatoria misma lo proclama y la edición simultánea de *Pericles, príncipe de Tiro* lo confirma.

Vamos a cerrar la discusión de estas dos publicaciones con una frase, sobre cada una de ellas, de sir Sidney Lee en *Life of Shakespeare*.

Pericles, príncipe de Tiro: «La forma ampulosa del título muestra que Shakespeare no participó en la publicación» (1609).

Sonetos: «No puede atribuírsele a él (Shakespeare) ninguna responsabilidad en la publicación de Thorpe de la colección de sus sonetos en 1609».

Con respecto a las otras dos obras publicadas en 1608-1609 bastará con ofrecer las siguientes citas del mismo autor:

«*El rey Lear* [...] fue desfigurado por muchas y grandes erratas. Algunas hojas nunca se sometieron a ninguna corrección de prensa. El editor, Butter, procuró hacer alguna reparación [...] mediante la edición de un segundo cuarto concebido para librar el texto de las incoherencias más obvias del primero. Pero el esfuerzo no tuvo éxito. Hojas no corregidas desfiguraban el segundo cuarto poco menos visiblemente que el otro.»

«*Troilo y Crésida* [...] Oscuridad excepcional unida a las circunstancias de la publicación [...] Después de una portada pomposa se insertó por primera vez, en el caso de una obra teatral de Shakespeare publicada en su vida, un anuncio o prefacio [...] los editores rindieron elogios ampulosos y altisonantes a Shakespeare [...] y en son de reto alardearon de que los distinguidos poseedores del manuscrito desaprobaron su publicación». Esta es la obra particular de la que nosotros indicamos en un capítulo anterior que tal vez contenga el asunto de la obra temprana de Oxford «Agamenón y Ulises».

William Shakspere de Stratford ya no era, claramente, el titular del manuscrito en este caso, y sin duda la expresión «distinguidos poseedores» es digna de atención. Lo que importa, sin embargo, es que ni el mismo autor ni los propietarios del manuscrito auténtico tuvieron nada que ver con esta publicación particular. Y como lo mismo se ha demostrado que es cierto de la relación del autor con las otras tres ediciones de este período, las cuatro en total, sin excepción, apoyan incuestionablemente los puntos de vista que estamos defendiendo. Esta es, pues, la situación. *Tenemos una oleada de obras teatrales shakespearianas que se publicaron auténticas justo hasta el año anterior a la muerte de Edward de Vere; luego, una parada repentina, y después, nada más publicado con ninguna apariencia de la debida autorización durante casi veinte años,* aunque el supuesto autor aún estuviese vivo durante doce de ellos. No dudamos en decir que el simple hecho que hemos enunciado en la última frase proporciona un argumento que es casi imposible de fortalecer todavía más.

Decisivo como puede parecer el hecho que acabamos de exponer, queda otra consideración que nos acerca más todavía a la fecha real de la muerte de Oxford. Se verá que, ya en la teoría stratfordiana, ya en la de De Vere, fue *Hamlet* la última obra teatral publicada con cualquier apariencia de autorización adecuada durante la vida de Shakespeare. Así pues, es de especial importancia un examen de los hechos relacionados con la impresión de esta obra. Nosotros la hemos incluido en el período 1597-1603 debido a una edición en cuarto que apareció en el último año. La edición en cuarto de 1603, no obstante, la describe sir Sidney Lee como «una copia descuidada y pirática del primer borrador de la obra de Shakespeare». De la edición Segundo Cuarto de 1604 nos dice que se publicó «a partir de un manuscrito más completo y riguroso». Y añade más adelante:

«Las palabras finales de la portada intentaban acabar con su predecesora como subrepticia y no autorizada. Pero es evidente que el Segundo Cuarto no fue una versión perfecta de la obra. Un tercera versión figuró en el infolio de 1623. Aquí muchos pasajes que no se encontraban en los cuartos aparecen por primera vez, pero se omiten algunos otros que aparecían en los cuartos. El texto infolio tal vez se aproximase más al manuscrito original.» Ahora bien, con un intervalo de casi veinte años entre la segunda y la tercera versión de una obra teatral que claramente se había sometido a revisión y desarrollo constantes, mientras que habían aparecido en el intervalo reimpresiones sencillas de la segunda edición, ¿cuál es la deducción lógica a la vista de los hechos ya señalados? Simplemente que el autor fue eliminado por la muerte mientras de hecho se hallaba dedicado a la obra en particular, en el momento en que se publicó el Segundo Cuarto, o sea en 1604, el año exacto del fallecimiento de Edward de Vere. Nos sentimos bastante jus-

441

tificados al afirmar que «Shakespeare», quienquiera que haya sido, murió en 1604 casi en medio de la revisión de *Hamlet*, al igual que en un tiempo posterior murió Goethe casi en el momento de terminar su mayor obra, *Fausto*.

Sobre la edición Primer Infolio de las obras de «Shakespeare» (1623) volvemos a citar un pasaje de sir Sidney Lee: «John Heming y Henry Condell fueron nominalmente responsables de la empresa, pero parece que la ha sugerido una pequeña asociación de impresores y editores que asumieron toda la responsabilidad pecuniaria [...] Heming y Condell [...] firmaron la dedicatoria. [...] Las mismas firmas se añadieron al proemio sucesivo [...] En ambos proemios los actores hacen ostentación de una responsabilidad mayor de la que realmente contrajeron».

En una palabra, estaban siendo empleados como pantalla, y su parte se exageró. Es evidente, en todo caso, que la iniciativa no provino de los actores. Como constituían el único vínculo entre el Shakspere de Stratford y la publicación de las obras, obviamente los habían puesto en el asunto con el fin de echar un velo sobre otros que no deseaban aparecer en ella. Ya se ha tratado el silencio del testamento de William Shakspere respecto a estos importantes manuscritos.

Además las obras publicadas ahora por primera vez no procedían de las copias reducidas de los actores, aquellas que habían proporcionado el texto de varias ediciones pirateadas, sino del texto literario completo. En algunos casos, como hemos visto en el de *Hamlet*, se ha considerado que hasta mejoraron versiones de obras que ya habían disfrutado de una apropiada publicación literaria, y debería desecharse por entero la afirmación de que la colección había sido reunida por actores a partir de las reservas de directores teatrales no especificados, o pescada en los cuartos traseros posteriores a los escenarios. Tal punto de vista no concuerda con el sentido común y apenas se le daría crédito en cualquier otro contexto. La única suposición factible es que los documentos los habían custodiado personas responsables y que la muerte, siete años antes, del hombre que había servido de máscara hizo necesario el subterfugio «Heming y Condell», si el anonimato iba a preservarse. En una palabra, la reanudación de la publicación autorizada, después de su interrupción por dieciocho o diecinueve años, está marcada por los mismos elementos de misterio y secreto en que se ha envuelto la relación del hombre con su obra, y proporciona su propia cuota de pruebas de que la mano del maestro había sido eliminada hacía muchos años.

No solo el momento de la muerte de De Vere señala una interrupción en la publicación de las obras de «Shakespeare», sino también una especie de crisis en los asuntos de William Shakspere, de acuerdo con autoridades ortodoxas. Charles y Mary Cowden Clarke, en la vida de Shakespeare publicada con la edición de sus obras teatrales, datan su retiro a Stratford en el año 1604 precisamente. Tras señalar que en 1605 se lo menciona como «William Shakspere, caballero, de Stratford-on-Avon», continuaban: «Varias cosas lo llevaron a resolverse a dejar de ser actor, y 1604 ha sido generalmente considerada la fecha en que lo hizo». Varios otros escritores, no tan conocidos, repiten esta fecha, y las obras de consulta, escritas en su mayor parte hace algunos años, sitúan en el mismo año su retiro: «No cabe duda de que nunca tuvo intención de regresar a Londres, excepto para visitas de negocios, después de 1604» (*National Encyclopedia*).

Este es quizá el más exacto y sorprendente sincronismo proporcionado por stratfordianos. En otro lugar hemos dado razones para nuestra creencia de que su retiro efectivo de Londres ocurrió mucho antes. El hecho de que se haya elegi-

443

do esta fecha es una prueba, sin embargo, de que los registros shakespearianos apuntan a alguna crisis en este momento preciso. Autoridades más recientes, encontrando tal vez necesario dar una fecha más de acuerdo con las ideas aceptadas sobre la escritura de las obras, y la continuación de los intereses materiales de William Shakspere en Londres, han añadido a esto ocho o nueve años, durante los cuales se supone que las fuerzas de Shakspere habían estado divididas entre Stratford y Londres, pero en cuyo período él no ha dejado rastros de domiciliación en Londres y ningún «incidente». En todo caso, el tiempo de la muerte de De Vere se corresponde con el tiempo asignado al retiro, parcial o completo, de William Shakspere. El trabajo del último en Londres estaba prácticamente hecho, y él no podía permanecer en contacto constante con la vida anterior sin peligro de que fuese descubierta la parte que había representado como máscara de un gran genio.

Cabe señalar de paso que las primeras compras de propiedad de William Shakspere se extendieron desde el momento de la primera publicación de las obras, en 1597, hasta el año posterior a la muerte de De Vere, cuando en 1605 William Shakspere «compró a Ralf Hubbard por 440 libras un tramo no vencido» del arriendo de ciertos diezmos, y otra compra importante se registra en 1613, el año posterior a la muerte de la segunda lady Oxford. Pocas transacciones de esta clase están registradas entre los dos acaecimientos. La única que hemos encontrado ocurrió en 1610, cuando compró alguna tierra adyacente a su finca. Se observará que esto data del año siguiente a la publicación de *Pericles, príncipe de Tiro* y los *Sonetos*. Su compra en 1613 de una propiedad en Londres por 140 libras fue «su última inversión en bienes inmuebles».

Seguramente hay una sugerencia de valor distinto en esta correspondencia de fechas, sobre todo cuando se registra que en una ocasión él recibió una gran suma de dinero (se dice que 1.000 libras) del conde de Southampton con el objeto expreso de una compra de propiedad. Por más ganancias que le pueda haber reportado su participación en el teatro, en todo caso la autoría no era entonces una senda de prosperidad, mientras que un actor que no parece haber llegado a más que a la interpretación del Fantasma en *Hamlet* apenas gozaría de las mieles de su profesión.

Cualquier opinión que se pueda formar de William Shakspere por otros motivos, no queremos insinuar ningún reproche por la parte que tomó en ayudar a Oxford en la ocultación de su autoría. Su papel en la vida fue humilde desde la perspectiva de la literatura, y a la vista de la gloria que ha disfrutado tanto tiempo, ahora se convierte en algo ignominioso. Sin embargo, con independencia del estímulo que pueda habérsele ofrecido, él cumplió su parte con lealtad. Su tarea consistió en ayudar a un hombre, notable pero infortunado, a realizar un trabajo cuyo valor él mismo quizá no pudiese apreciar; y si bien los ingleses deberán hacer que se ponga por fin al maestro en posesión de los honores que otro gozó tanto tiempo, será imposible disociar totalmente del trabajo y la personalidad del grande la figura y el nombre de su ayudante. En cualquier caso, tal sería el deseo de Oxford, si se nos permite interpretarlo a la luz del principio de *noblesse oblige* que brilla a través de los grandes dramas shakespearianos. Podemos suponer incluso que Oxford tuvo alguna parte en defender a William Shakspere del ataque de Greene. La defensa que Chettle hizo de él, en el sentido de que era «civil» y que *«personas de todo crédito han informado* de su rectitud en el trato, que habla de su integridad»*, claramente sugiere algún tipo de intervención por parte de Oxford. Los términos de la defensa son sin duda mucho más apropiados para las referencias de un fiel servidor que para un homenaje al genio supremo de la época.

Huelga decir que semejante trabajo secreto no podría haberse hecho sin la fiel cooperación de otros. Sin embargo, para sostener nuestra tesis no es preciso que debamos resolver el problema de quiénes fueron sus socios o cómo realizaron su labor. Es razonable suponer que Henry Wriothesley fue uno de ellos, y es natural concluir que otro fue la esposa con quien vivía con evidente comodidad. También podemos aventurar la hipótesis de que su primo, Horatio de Vere, militar distinguido, puede haber sido un tercero.

Debemos imaginar que Horatio de Vere fue un hombre del gusto de Edward, y por más que hubiese pasado la mayor parte de su vida en el extranjero, estuvo viviendo en Inglaterra durante los años en que se reanudó la publicación shakespeariana (1608-9) y también cuando en 1623 se publicó el Primer Infolio. La publicación de las obras teatrales en 1623, como la de los *Sonetos* en 1609, muchos de los cuales de otro modo se habrían perdido precisamente como se supone que lo habrían hecho las obras teatrales de Oxford, puede haber sido la cancelación de una parte de un compromiso solemne. De hecho la publicación de las obras teatrales debería haber ocurrido durante la vida de William Shakspere, cuya muerte quizá dejase perplejos a los que se habían comprometido con la publicación; una situación que, como hemos visto, trataron de eludir con el recurso «Heming y Condell». La ausencia de Horatio de Vere del país durante los últimos años de la vida de William Shakspere pueden explicar el retraso fatal. Esto, con todo, es solo una especulación interesante y no forma ninguna parte esencial del argumento.

Ya se ha mencionado la participación de Henry Wriothesley, primero organizando una representación de *Ricardo II* relacionada con la insurrección de 1601, y luego una representación privada de *Trabajos de amor perdidos* para diversión de la nueva reina en 1603. Así que, aunque habían transcurrido diez años desde que Shakespeare comenzó a dedicarle poemas, él no solo estuvo profundamente interesado sino activamente ocupado en la llamada «compañía de Shakspere» y las obras shakespearianas. No obstante en el otoño de 1599 sus intereses teatrales fueron tan pronunciados como para provocar un comentario especial: se informa que ha pasado todos los días gran parte de su tiempo en los teatros. En vista del temperamento emprendedor que después evidenció, tal modo de pasar el tiempo no es probable que haya surgido de la simple pereza, sino más bien que se haya relacionado con algún propósito definido. Ahora bien, el año siguiente fue el más importante en la historia de la publicación shakespeariana durante la vida de Edward de Vere o William Shakspere. Porque en el solo año de 1600 había publicado o reimpreso no menos de seis obras teatrales.

1. *Enrique IV, Segunda parte.*
2. *Enrique V* (no obstante, quizá pirateada).
3. *El mercader de Venecia* (dos ediciones).
4. *Sueño de una noche de verano* (dos ediciones).
5. *Mucho ruido y pocas nueces.*
6. *Tito Andrónico.*

En 1601 Southampton fue encarcelado, y acto seguido cesó toda publicación de versiones literarias, propiamente dichas, de las obras teatrales; solo aparecieron, durante su encarcelamiento, las copias de actor pirateadas de *Hamlet* y *Las alegres comadres de Windsor*. Parece como si en ese momento se hubiese decidido y comenzado la edición completa de las obras teatrales, y que el encarcelamiento de Wriothesley había interferido en los planes. Después de su liberación se reanudó de inmediato con un versión autorizada de *Hamlet*. Entonces acaeció la muerte de De Vere, y se suspendió hasta 1622 y 1623 toda otra publicación autorizada. Mientras Southampton estuvo en desgracia, William Shakspere empezó otras actividades. No se puede negar, por ello, que hay mucho para apoyar la opinión de que Henry Wriothesley actuó como intermediario entre el conde de Oxford y los que representaban y publicaban los dramas. El hecho de que su padrastro, Thomas Henneage, fuese tesorero de la Cámara, y por consiguiente responsable de la parte financiera de toda la empresa, no deja de tener importancia. La relación especial entre Oxford y Southampton, considerada con respecto a los *Sonetos* de Shakespeare, confiere a estos asuntos una posición de primera importancia.

Después de los sucesos vinculados con la liberación de Southampton, incluyendo, como nos asegura la mejor autoridad, una referencia en uno de los sonetos de Shakespeare, sir Sidney Lee nos informa de que «no hay rastro de más relaciones entre» Southampton y William Shakspere. Es decir, la muerte de Edward de Vere es seguida de inmediato por la pérdida de todo rastro de conexión personal entre William Shakspere y el único de los contemporáneos a quien el poeta ha asociado directamente con la edición de sus obras.

Con respecto a la viuda de De Vere, la segunda lady Oxford, comentamos que murió en 1612, mientras que 1613 es la última fecha asignada por algunas autoridades al retiro final y completo de William Shakspere de la escena de la vida literaria y teatral de Londres. El hecho sustancial en que se basa esta conclusión es que hay un registro de su presencia en Londres en ese año atendiendo a un negocio. Curiosamente este negocio no tenía nada que ver con asuntos teatrales o literarios, sino con una toma de posesión de propiedad: «su última inversión en bienes inmuebles».

Queda por añadir una consideración a estas póstumas generales. El soneto particular que, de acuerdo con sir Sidney Lee y otras autoridades, dio la bienvenida a la liberación de Southampton de la cárcel en 1603, es uno de los últimos de la serie: el «soneto 127, al parecer el último de la serie, hace referencia a los acontecimientos de 1603 (la muerte de la reina Isabel y la ascensión de Jacobo I». En una palabra, la muerte de Edward de Vere clausuró la serie de sonetos que «Shakespeare» había comenzado unos doce o catorce años antes. Entonces durante cinco o seis años estos sonetos quedaron sin que uno solo se añadiese a su número, antes de que fuesen dados al mundo, misteriosamente, por unos extraños (1609). Y aunque el hombre de Stratford vivió durante otros siete años, no volvió a aparecer soneto alguno de la pluma del mayor sonetista que haya producido Inglaterra.

Ninguna insistencia sobre un punto como este podrá reforzar su importancia, y quien a la vista de su conjunción con otros puntos suscitados en este capítulo no crea que «Shakespeare» murió al mismo tiempo que Edward de Vere, no sería persuadido por más que uno de ellos (y solo uno) se levantase de entre los muertos.

Lo que sigue es un resumen de los diversos puntos establecidos en este capítulo:

1. Las últimas obras de Shakespeare, al ser terminadas por otras manos, indican que el dramaturgo ya había fallecido en el tiempo al que se asignan.

2. Las obras que se suelen adscribir a los años inmediatamente después de la muerte de Oxford, en especial *Macbeth*, proporcionan el testimonio adicional de que ya estaba muerto, con lo que la muerte del dramaturgo es simultánea con la muerte de Oxford.

3. La edición de las obras teatrales se detuvo repentinamente en el momento de la muerte de Oxford, y la leve reanudación de las ediciones de 1608 y 1609 proporciona una ulterior confirmación de la muerte del dramaturgo.

4. La forma de la publicación de los *Sonetos* en 1609 es muy sugestiva de la muerte de su autor: la dedicatoria parece atestiguar directamente ese hecho.

5. Nada con carácter auténtico volvió a publicarse desde el momento de la muerte de Oxford hasta 1622 y 1623, seis y siete años respectivamente después de la muerte de William Shakspere.

6. El modo en que aparecieron las diversas ediciones de *Hamlet* ofrece una fuerte evidencia de que el autor falleció en 1604, casi en el acto de revisión de su obra mayor.

7. La forma de publicación del Primer Infolio sugiere que Heming y Condell estaban siendo utilizados como pantalla por otros que tenían razones especiales para no ser vistos en el asunto.

8. El momento de la muerte de Oxford señala, de acuerdo con las autoridades ortodoxas, una crisis y un cambio definitivo en las circunstancias del William Shakspere de Stratford y su retiro parcial o total de la vida teatral de Londres.

9. El momento de la muerte de Oxford señala el cese de los tratos de Henry Wriothesley con William Shakspere, y un cambio acentuado en los intereses y propósitos del último.

10. Por último, la muerte de Edward de Vere, conde de Oxford, termina repentina y completamente la serie de sonetos que «Shakespeare» ha estado escribiendo durante muchos años atrás.

«Todo hecho en el universo», dice un escritor, «encaja con todos los demás». Suponer que todas las consideraciones anteriores son meramente fortuitas es sugerir que los mismos dioses habían conspirado para hacer que la muerte de

«Shakespeare» pareciese coincidir con la muerte del conde de Oxford en 1604. En otras palabras, nuestra teoría parece estar apoyada por nada menos que el principio de la armonía universal de la verdad. Así pues, por vía de comparación, adjuntamos una lista de las fechas del fallecimiento de los hombres cuyos nombres, en un tiempo u otro, se han aportado a este problema, incluyendo el nombre en particular que nosotros hemos tenido el honor de introducir.

Edward de Vere murió en 1604.

Roger Manners, conde de Rutland, murió en 1612.

William Shakspere murió en 1616.

Francis Bacon murió en 1626.

William Stanley, 6.º conde de Derby, murió en 1640.

Por otro lado, no podemos encontrar ningún registro de la muerte de cualquier otro hombre de letras que ocurriese sobre el año 1604; el más cercano es el de Lyly, que ocurrió en 1606. Y por supuesto, está fuera de lugar en tal contexto. Tenemos sus propias obras teatrales y proporcionan todas las pruebas necesarias.

Así llegamos al final de una serie de capítulos en que hemos intentado una secuencia biográfica aproximada, y con ello concluye la parte más larga, difícil y decisiva de las investigaciones que hemos emprendido. Las necesidades de la argumentación han implicado a menudo el sacrificio del orden cronológico, y aun la omisión de detalles interesantes. Esto ha de remediarse cuando se escriba la biografía del «Shakespeare» verdadero. Por ahora nuestro propósito ha sido, de acuerdo con el plan general de investigación, proceder desde la obra, la personalidad y la carrera de Edward de Vere a la obra de «Shakespeare», y al revisar los capítulos en su conjunto nos atrevemos a afirmar que la multitud y el carácter de las pruebas que contienen han de asegurar, cuando se sopesen debidamente, el reconocimiento universal de la autoría con que ahora sustituiríamos la vieja tradición stratfordiana.

Al desplazar a Shakspere de Stratford sustituyéndolo por Edward de Vere, sin duda privamos la idea de «Shakespeare» de un elemento atractivo. Ha sido agradable pensar en el gran dramaturgo, después de todos sus trabajos, disfrutando del descanso y la calma de su retiro en una campiña a la que siempre su corazón se había tornado en medio de la gloria y la emoción de su carrera en Londres. Si perdemos esta evocación de lo idílico en la clausura de una gran carrera, en todo caso lo reemplazamos por una concepción vigorosa de realismo poético y trágico. La imagen de un alma grande, incomprendida, casi un marginado de su propio ámbito social; con defectos naturales, a todas luces uno de los colosales fracasos de la vida; esforzándose sin pausa en sus grandes tareas, pero dispuesto a pasar por el escenario vital sin dejar tras de sí ningún nombre a no ser uno desprestigiado; por fin muriendo, como si dijésemos, casi con la pluma entre los dedos, después de lograr cosas inmensas pero no todo lo que se había propuesto: esto, parece, tendrá para la madurez de la Inglaterra a la que «Shakespeare» amó seguramente, un poder de inspiración muy superior a lo contenido en la concepción que hemos desplazado.

CAPÍTULO XV

AUTORREVELACIÓN POÉTICA. LOS *SONETOS*

Shakespeare es el único biógrafo de Shakespeare, y ni siquiera él puede decir nada sino al Shakespeare en nosotros. * EMERSON

La línea de investigación seguida a través de la mayoría de estas páginas ha sido la de buscar la autoexpresión indirecta e inconsciente por parte de «Shakespeare». No es de esperar algo así como un autodescubrimiento deliberado y completo; de lo contrario no habría habido para nosotros ningún problema que resolver. Entre las dos formas, no obstante, hay una que puede llamarse autoexpresión y autorrevelación intencionadas, que el escritor podría esperar o no que al fin llevase a un autodescubrimiento definitivo. Viendo, pues, que hemos insistido en la distinción entre el poeta y el dramaturgo, y que Edward de Vere comenzó y terminó como poeta, un poeta lírico al principio, y en sus últimos años creemos que convirtiendo sus dramas en poemas, nuestra primera tarea será tomar cualquier autorrevelación poética que «Shakespeare» haya hecho de sí mismo, y ver hasta qué punto se puede considerar como una obra de autodescubrimiento por parte de Edward de Vere. Desde luego, la obra de Shakespeare de

---

* Curiosa frase en que notoriamente se usa el término *Shakespeare* en lugar de *Cristo* o *Dios*: un fundamento de la *bardolatría* junto con alguna cita de Thomas Carlyle en este libro. *(N. del T.)*

autoexpresión poética son los *Sonetos*. La idea de que estos poemas son fantásticas invenciones dramáticas con significados místicos nos parece una violación de todas las probabilidades y precedentes normales. En consecuencia, al aceptarlos como autobiográficos, nuestro paso siguiente será ver cómo estos poemas en su conjunto se hallan relacionados con la teoría de la autoría que estamos promoviendo.

Varios puntos de acuerdo entre Edward de Vere y el «Shakespeare» revelado en los *Sonetos* ya han sido objeto de atención en el curso de nuestro argumento. Vamos a recapitularlos.

1. Fue a partir de los sonetos como dedujimos en primer lugar la actitud personal de Shakespeare hacia las mujeres: esa curiosa combinación de intensa afectuosidad con falta de fe. Toda la ternura apasionada de su naturaleza combinada con la desconfianza atraviesa el conjunto de sonetos dirigidos a la «dama oscura», mientras que su falta de fe encuentra una expresión adicional en los sonetos dirigidos al joven, que tiene

> un corazón sensible de mujer,
> mas no mudable como el femenino.

La misma afectuosidad apasionada encuentra expresión en los versos de Oxford, en tanto que el pasaje recién citado de los *Sonetos* es el tema particular de la totalidad del primer poema de Oxford con que nos hemos encontrado: el titulado *Women*.

2. El escritor de los *Sonetos*, pese al vigor filosófico de los poemas, confiesa que ha «andado errante aquí y allá, volviéndo(se) un bufón abigarrado»; lo cual está estrictamente de acuerdo con el «aturdimiento» y «excentricidad» que se atribuyen a Oxford, junto con el alto testimonio que se da de la superioridad de sus facultades, tanto por parte de sus contemporáneos como de escritores modernos, ofreciendo así un contraste entre su capacidad real y su comportamiento que no había escapado a la observación del mismo Burleigh.

3. Los *Sonetos* dan testimonio inequívoco del hecho de que el escritor fue alguien cuya frente estaba marcada con un «vulgar escándalo», alguien cuyo buen nombre se había perdido, y que él, en el momento de escribir los sonetos que tratan este tema, deseó que su nombre fuese enterrado con su cuerpo. Que Edward de Vere fue un hombre caído en el descrédito es un hecho que parecen haber comprendido los que estaban muy familiarizados con él. Que este fue un asunto del que él se resintió, como Shakespeare, lo muestra el que sea tal vez uno de los temas más poderosos de sus poemas, «la pérdida de su buen nombre».

4. La pérdida de Edward de Vere, a temprana edad, de las influencias domésticas, el haberse criado en la corte y quizá también la vida bohemia necesaria para el cumplimiento de sus objetivos como dramaturgo, todo contribuyó a producir las condiciones bajo las cuales «su nombre quedó marcado».

Esto encuentra su expresión en el soneto 111:

> ¡Oh!, por mi bien, reñid a la Fortuna,
> diosa culpable de mis actos malos,
> que nada dio mejor a mi existencia
> que medios públicos y formas públicas.

5. Que Shakespeare fue alguien que estuvo siguiendo una vocación que implicaba, en principio, la ocultación de materiales a aquellos con quienes estaba en relaciones sociales directas, es evidente en el soneto 48.

> Cuán cuidadosamente emprendí viaje,
> echando un fiel cerrojo a bagatelas.

Esto encaja exactamente en las relaciones domésticas tempranas de Oxford con sus empresas literarias y teatrales.

6. Una alusión a las funciones de Oxford como lord gran chambelán tal vez esté contenida en soneto 125, que comienza por

> ¿Qué importará si yo llevé el palio?

7. Como no hay pruebas sólidas para apoyar nuestra teoría de que Oxford era el hombre mencionado por Spenser como «nuestro agradable Willie», podemos relacionar con esta teoría la expresión críptica de «Shakespeare» en los sonetos «Will»:

> Pues mi nombre es Will.

8. En nuestro capítulo «Consideraciones póstumas» hemos puesto de manifiesto que hay buenas razones para creer que «nuestro poeta inmortal» estaba muerto cuando se publicaron los *Sonetos* en 1609; y el hecho de que la serie, habiendo sido escrita durante muchos años, se clausurase abruptamente, hasta donde puede juzgarse, justo antes de la muerte de Edward de Vere, apoya la afirmación de que el autor de los *Sonetos*, quienquiera que fuese, murió al mismo tiempo que Edward de Vere.

A partir de estos varios puntos de acuerdo, que en su combinación representan en verdad un notable conjunto de coincidencias, nuestra próxima tarea debe ser examinar la situación general configurada en los *Sonetos*, y ver hasta qué punto, junto con los detalles recién enumerados, se combina y forma una unidad coherente, aplicable a la persona y las circunstancias de Edward de Vere.

El primero y más importante conjunto de sonetos es en sí divisible en secciones, siendo la sección de apertura un conjunto de diecisiete, cuyo tema principal es instar a casarse al joven a quien se dirige, a fin de que asegure la continuidad de su familia aristocrática y el renacimiento de su propia personalidad atractiva en su posteridad.

¿Pues qué podrá la muerte cuando partas
si tú te dejas en posteridad?

Porfías conspirando
para destruir esa morada hermosa
que reparar debiera ser tu anhelo.

¿Quién deja declinar su bella casa
cuando el cuidado puede con honor
alzarla ante las ráfagas de invierno?

Tuviste un padre: que así diga tu hijo.*

No se nos dice quién fue el joven en particular, pero la suposición general es que fue Henry Wriothesley, conde de Southampton. Esto no es solo una suposición razonable, sino que no sería razonable suponer que se trataba de cualquier otra persona. Por las siguientes razones:

1. La descripción personal se adapta con exactitud.

2. La situación personal también se adapta, pues su padre estaba muerto, su madre vivía, él era el único representante superviviente de su familia, y se hicieron esfuerzos para lograr que se casase, esfuerzos a los que él se estuvo resistiendo.

3. El poeta se dirige a él en los mismos términos de gran afecto que en la dedicatoria de *La violación de Lucrecia*.

4. Se hace referencia directa a las dedicatorias.

El hecho de que el padre del joven estuviese muerto y su madre viviese todavía se deja claro por las referencias separadas a ellos: «Tuviste un padre: que así diga tu hijo». Y

---

* Then what could death do if thou shouldst depart,/Leaving thee living in posterity?//Thou stick'st not to conspire,/Seeking that beauteous roof to ruinate/Which to repair should be thy chief desire.// Who lets so fair a house fall to decay,/Which husbandry in honour might uphold/Against the stormy gusts of winter's day?//You had a father: let your son say so.

Reflejas a tu madre y *ella*, en ti,
recuerda el bello abril en su sazón.*

Tales referencias al padre y a la madre de Southampton son muy convenientes en un escritor que tenía edad suficiente para haber sido el padre del joven, y que había tenido una estrecha relación con ambos padres; pues la de Oxford con el conde difunto queda muy clara en los papeles del Estado que se ocupan de los problemas católicos unos diez años antes. La referencia al «bello abril» de la «sazón» de la condesa era natural para quien la recordaba en sus años tempranos; así que el joven, el padre fallecido, la condesa viuda y el escritor asumen todos una relación muy inteligible entre ellos y con los poemas, tan pronto como asumimos que el conde de Oxford ha sido el escritor.

Por otra parte es casi imposible encajar al William Shakspere de Stratford en el cuadro, e imaginarlo a la edad de veintiséis años hablando con tal seguridad de un conocimiento cercano de la «bella sazón» de la condesa. Quizá pueda excusársenos que recordemos al lector que fue la condesa de Southampton quien, en las cuentas del tesorero de la Cámara, hizo la *entrada después de la fecha* de la única referencia a Shakespeare que estas cuentas contienen. En una carta escrita después a su hijo ella hace lo que siempre ha sido considerado como una alusión misteriosa a alguien a quien alude como «Falstaff». Esto, de nuevo, será interesante para los que puedan pensar con el Sr. Frank Harris que Falstaff es la caricatura de «Shakespeare» hecha por sí mismo bajo aspectos particulares. No hace falta, sin embargo, que pretendamos explicar la parte de lady Southampton en estos asuntos.

---

* Thou art thy mother's glass and *she*, in thee,/Calls back the lovely April of her prime.

La identidad del joven de los sonetos con aquel a quien se dedicaron los largos poemas está además atestiguada por los sonetos 81 y 82.

> Tu *nombre*, pues, tendrá vida inmortal,
> por más que yo me muera para el mundo.
> Te conmemorará mi dulce verso.*

Entonces, como el nombre de Southampton es el único que el poeta ha asociado con sus versos, ni siquiera exceptuando el suyo propio, es difícil imaginar que el joven destinatario pudiera ser otro que él; sobre todo cuando el soneto acompañante continúa

> Bien, tú no te has casado con mi musa,
> y puedes, sin ofensa, contemplar
> dedicatorias de otros escritores
> a ti, gran tema, bendición de libros.**

En nuestra conclusión de que los *Sonetos* se dirigieron a Southampton contamos con el apoyo total de la gran mayoría de las autoridades en la materia.

Deseamos evitar en lo posible enredarnos en la discusión de la dedicatoria que prologa la edición de Thorpe de los *Sonetos*. Si las letras W. H son o no las iniciales transpuestas de Henry Wriothesley, no hay rastros de «nuestro poeta inmortal» intentando conferir «inmortalidad» a ningún otro contemporáneo, y el hombre al que se dirige el primero de los sonetos fue clara-

---

* Your *name* from hence immortal life shall have,/Though I, once dead, to all the world must die. //Your monument shall be my gentle verse.

** I grant thou wert not married to my Muse,/And therefore may'st, without attaint, o'erlook/The dedicated words, which writers use/Of their fair subject, blessing every book.

mente el «progenitor» de la primera sección en el sentido de ser su inspiración y su tema. Es lógico suponer, por lo tanto, que el «progenitor» referido en la dedicatoria significa la persona a la que se dirigen los sonetos en particular. Al mismo tiempo, no fue el «único progenitor» en este sentido, ya que otros de estos poemas también se dirigen claramente a una «dama oscura». No obstante, como esta dedicatoria carece de la autorización de «Shakespeare», puede haber sido escrita por T. T. antes de que hubiese leído toda la serie. En todo caso, ningún argumento definitivo se puede sacar de un estudio de las iniciales solamente.

El único argumento que realmente necesita atención es en el sentido de que el uso de las letras W. H muestra que, en opinión del escritor de la dedicatoria, Wriothesley no era la persona a la que los *Sonetos* estaban dirigidos; que, si se pretendía la ocultación, el dispositivo de las iniciales transpuestas era demasiado transparente para haber sido utilizado; mientras que, si no se pretendía la ocultación, las iniciales habrían aparecido en su orden correcto. Decisivo como puede parecer este argumento, por desgracia existen hechos en contra suya, pues en la publicación de una importante antología de la época, *England's Helicon*, que contiene materia relevante para nuestra indagación actual, si bien la dejamos de lado por el momento, el editor aparece como L. N., las iniciales transpuestas de Nicholas Ling, el editor de *Hamlet*. Por ello W. H. puede referirse o no a Henry Wriothesley, y como no se sabe nada de la autorización del escritor, es evidente que no importa si se refieren o no. En una palabra, la discusión es perfectamente inútil, pero quizá por eso continuará ejerciendo una fuerte fascinación para «intelectuales».

Se ha gastado tanta tinta de impresora sobre estas iniciales, que alguna más apenas importará. Ya que otros han hecho conjeturas sobre T. T, siendo la teoría favorita que se refieren al editor Thorpe, quizá se nos permita señalar que el nombre del padre de la viuda de Oxford fue Thomas Trentham, y que si él vivía en el momento en que Oxford murió, sería él a quien la viuda naturalmente recurriría para arreglar los asuntos. Ciertamente, el nombre de su hermano aparece más de una vez en relación con la gestión de sus bienes inmuebles. Por fortuna no es probable que surja la cuestión de si estas iniciales están en su orden original o transpuesto.

Al margen, sin embargo, de esta discusión de la dedicatoria, hay una amplia justificación para la creencia de que «*el mejor ángel*» de los *Sonetos* fue Henry Wriothesley, el tercer conde de Southampton.

Ahora bien, el punto más importante es realmente el hombre que escribió los sonetos. A lo largo de toda la serie asume la actitud de un hombre maduro dirigiéndose a un joven. De hecho en un soneto de la otra serie dice de sí mismo que no es «un joven inexperto», pero que sus «días mejores han pasado». Lo que sigue, del soneto 63, es inequívoco:

> Contra mi amor vendrá, como yo estoy,
> el tiempo a consumirlo y aplastarlo;
> cuando las horas beban de su sangre
> e impriman en su frente sus arrugas.*

Incluso podemos detectar una indicación aproximada de su edad en las líneas:

> Cuando *cuarenta* inviernos pongan cerco a tu frente
> y caven con sus zanjas tu campo de belleza.**

---

* Against my love shall be, as I am now,/With Time's injurious hand crush'd and o'er-worn;/When hours have drain'd his blood and fill'd his brow/With lines and wrinkles.

** When *forty* winters shall besiege thy brow,/And dig deep trenches in thy beauty's field.

El siguiente punto es la fecha en que se escribieron estos sonetos en particular. Encontramos que los primeros sonetos de la primera serie se asignan generalmente a alrededor del año 1590, justamente cuando Oxford tenía cuarenta años. La dedicatoria de *Venus y Adonis* a Wriothesley tiene fecha de 1593, y como el soneto que parece referirse a ella es el número 83, el año de 1590 podría aceptarse como una fecha razonable para estos diecisiete sonetos de apertura. Esta es, pues, la situación representada por los poemas. Sobre el año 1590 un hombre maduro que «el tiempo ha consumido y aplastado», dirigió al joven conde de Southampton, entonces de unos diecisiete años solamente, un número de sonetos instándolo al matrimonio, con el ruego especialmente aristocrático de mantener la sucesión de su familia.

En relación con estos hechos consideraremos primero la posición stratfordiana. En el año 1590, William Shakspere, hijo de un ciudadano de Stratford, habiéndose interesado en los teatros y después de conocer de esta manera a un joven que acababa de regresar de la universidad, y habiendo alcanzado él mismo en ese momento la edad patriarcal de veintiséis años, de repente se convierte en su gran preocupación la continuidad de la familia aristocrática del joven, y escribe un conjunto de sonetos exquisitos instándolo a casarse. También adopta los modos y el tono de un hombre de gran experiencia, incluso dolorosa, para quien sus «días mejores han pasado», y con la sangre fría y la frente arrugada. Dudamos que una posición más ridícula haya provocado nunca la risa de la humanidad. La posición de Bacon en relación con este asunto es solo un poco mejor, pues en este momento aún contaba treinta años de la edad; sin embargo, como uno de la corte, su relación con Wriothesley habría durado más y acaso habría sido más íntima.

Lo más divertido sobre la cuestión de la edad del poeta es la teoría de que Roger Manners, quinto conde de Rutland, fue el autor de los sonetos. Pues en 1590 Roger Manners tenía solo catorce años, y toda la serie de los *Sonetos* de Shakespeare llegó a su fin antes de que hubiese alcanzado los veintisiete. Para superar el absurdo inherente a que sea William Shakspere el autor de estos poemas, se han inventado explicaciones descabelladas, y los contenidos personales de los sonetos se han pasado por alto como un puro enigma o se han interpretado en un sentido metafórico y extravagante. La sustitución del hombre de Stratford por De Vere altera todo ello y vuelve estos versos realmente inteligibles y racionales por primera vez desde que aparecieron, hace más de trescientos años. En el año 1590 Edward de Vere tenía cuarenta años de edad. Detrás de él quedaba una vida marcada por vicisitudes en todos los sentidos como para haberle dado a él una sensación mayor de la edad, incluso más allá de sus cuarenta años. Él era un noble del mismo alto rango que Southampton y solo una generación más viejo. La cuestión de la perpetuación de las antiguas familias aristocráticas era para él un asunto de sumo interés; un interés intensificado por la decepción, pues aunque tenía varias hijas, ese deseo dominante de los aristócratas feudales, un hijo*, se le había negado. Su único hijo había muerto en la infancia y él en ese momento estaba viudo. Las circunstancias peculiares del joven al que se dirigían los *Sonetos* eran sorprendentemente análogas a las suyas. Ambos habían quedado huérfanos y habían sido pupilos reales en una edad temprana, ambos se había educado bajo el mismo tutor, ambos tenían los mis-

---

* Una autoridad dice dos hijos.

mos gustos e intereses literarios, y más tarde el joven siguió exactamente el mismo curso vital que el mayor como patrono de la literatura y el drama.

Entonces, justo en el momento en que estos sonetos se estaban escribiendo, instando a Southampton a casarse, en realidad él estaba siendo instado al matrimonio con una hija del conde de Oxford; y a esta propuesta él se resistía, aunque su madre la había autorizado, y las partes del otro lado estaban ansiosas por llevarla a cabo. Ello confiere una vital importancia a la relación entre el conde de Southampton y el conde de Oxford, a la que se ha aludido en capítulos anteriores. Por eso declararemos tal hecho en palabras de la eminente autoridad stratfordiana a la que estamos tan obligados.

«Cuando él tenía diecisiete años, Burleigh le ofreció esposa en la persona de su nieta, lady Elizabeth Vere, la hija mayor de su hija Anne y del conde de Oxford. La condesa de Southampton aprobó la unión. [...] Southampton declinó casarse.» (SIR SIDNEY LEE: *Life of Shakespeare*)

Ahora, teniendo presente este hecho, y con un sentido de todo lo que hemos dicho del conde de Oxford en estas páginas, dejemos que el lector vuelva a los *Sonetos*, en especial a los primeros diecisiete, y los examine cuidadosamente. Haber instado al matrimonio como una proposición general e indefinida a un joven de diecisiete años, con el único objetivo de asegurar la posteridad para el joven, habría tenido algo de fatuo. En relación con un proyecto definido de matrimonio, por parte de quien estaba personalmente interesado en ello, el llamamiento acaba aportando una relación explicable a los hechos.

Es lo que claramente le había ocurrido al juez Webb, pues en su obra *The Shakespeare Mystery* llegó hasta el punto de atribuir estos sonetos a la particular propuesta de matrimonio, y aun a sugerir la idea de haberlos escrito alguien especialmente interesado en la dama. Cómo se las arregló para fallar la deducción obvia parece otro «misterio de Shakespeare» en sí mismo. El juez conjetura que, como Bacon era sobrino del abuelo de la dama, podría haberse interesado lo bastante en la propuesta de matrimonio como para haber escrito los *Sonetos* en este momento. Las inclinaciones baconianos de su señoría habían perturbado evidentemente su equilibrio jurídico, porque no solo una conexión familiar como esta sería demasiado remota para provocar tanto entusiasmo, sino que, como ya hemos dicho, Bacon, en el momento de esta propuesta de matrimonio, aún no tenía treinta años de edad.

Ya que hemos citado a un baconiano en apoyo de la idea de que los sonetos surgieron de esta particular propuesta de matrimonio, podemos mencionar el hecho de que la Sra. Stopes, como stratfordiana, apoya la idea y sugiere que a Shakspere lo instó a escribir los sonetos alguien que estaba ansioso por llevar a cabo el matrimonio.

Ningún hombre que responda a la descripción que el escritor de los *Sonetos* hace de sí mismo pudiera haber tenido mejores razones que el padre de la dama para el tipo peculiar de interés expresado en los poemas. Hallar, pues, una clave razonable para un conjunto de sonetos sobre un tema tan singular es algo en sí mismo, y hallar esta clave tan directamente relacionada con el propio hombre que hemos escogido como probable autor de los poemas es casi desconcertante en su contundencia. La misma obviedad de todo nos hace pensar. Nos sentimos con derecho a mantener que, por primera vez desde que aparecieron, estos diecisiete sonetos se elevan por encima del absurdo y lo enigmático y se convierten en una ex-

465

presión inteligible, simple y perfecta de un deseo legítimo. El hombre mayor que estaba instando al joven a pensar en hijos, una asunto de interés improbable para un joven de diecisiete años, estaba contemplando su propia posteridad posible en forma de nietos.

Ahora bien, si de las relaciones externas representadas por los sonetos nos volvemos a los sentimientos internos que expresan, aunque no seamos capaces de insertarlos aún dentro de los límites de lo que ahora consideraríamos normal, es difícil imaginar cualquier otro conjunto de circunstancias en las que la amistad de un hombre por otro encajaría mejor con tales expresiones. Todo lo que hay que hacer es leer a lo largo de las biografías de estos dos hombres, como ellas aparecen en el *Dictionary of National Biography*. Entonces uno se percatará de que en muchos de sus rasgos principales la vida del hombre más joven es una reproducción de la vida del más viejo. Es difícil resistirse a la sensación de que Wriothesley había hecho un héroe de De Vere y había intentado modelar su vida sobre la de su predecesor como pupilo real. Cuando a esta llamativa correspondencia en circunstancias externas y literarias y en otros intereses se añade la intensa naturaleza afectuosa del hombre mayor y su relativo aislamiento en esa época, se dan en verdad las más favorables condiciones para tales expresiones de apego en los sonetos.

Con respecto al ritmo de la producción de estas sonetos, sería absurdo reducirlo a simple aritmética. No obstante, aun las obras del genio poético tienen alguna relación con el número y el tiempo. Entonces, si el soneto 82, que se refiere a las dedicatorias de los poemas, se escribieron sobre los años 1593-1594, cuando se publicaron los poemas, se obtiene un promedio de entre 20 y 30 sonetos por año para el ritmo inicial de producción. En la medida en que puede juzgarse, esto sitúa bien los primeros diecisiete, en los cuales el escritor está pulsando en gran parte la sola cuerda del matrimonio, dentro del año que corresponde, el tiempo en que el matrimonio de Southampton y la hija de De Vere estaba considerándose. Debido a la decidida oposición de Southampton el asunto parece haber sido abandonado, y volviendo a los sonetos nos topamos con que, si bien los sentimientos personales del escritor hacia Southampton devienen más intensamente afectuosos, el interés por la posteridad del joven noble desaparece totalmente; después de estos sonetos de apertura la cuestión no vuelve a plantearse. Parecería que al escritor de los *Sonetos* le importaba más este matrimonio particular que la posteridad de Southampton, un estado de cosas que habría aparecido extraño por sí mismo, pero interpretado a la luz del propio interés personal de Oxford en la particular propuesta de matrimonio que no se concretó, es desde luego bastante inteligible.

Antes de dejar el tema de esta propuesta de matrimonio, dado que ya hemos introducido los nombres de otros dos que se han presentado como candidatos a los honores de Shakespeare, Bacon y Rutland, tal vez se nos excuse que nos refiramos al único cuyo nombre, por lo que sabemos, se ha suscitado a este respecto; a saber, William Stanley, sexto conde de Derby. Tenía casi la misma edad que Bacon, y de hecho se casó realmente con la misma dama con la que se instó a Southampton a casarse. Así que, si nuestra teoría de la autoría es correcta, el Sr. Greenstreet en Inglaterra y M. Lefranc en Francia, al presentar al yerno de Oxford como el autor, pueden congratularse de haber llegado muy cerca de la persona adecuada.

Quizá valga la pena señalar que por unas cartas en los manuscritos Hatfield parece que Oxford se interesó más en su hija Elizabeth que en cualquiera de las otras dos, y este matrimonio con William Stanley, conde de Derby, fue una cuestión de interés muy especial para él. Entonces, dado que la teoría Derby surgió del simple hecho de que en 1599 el conde de Derby había estado ocupado en «escribir» obras de teatro, mientras que nada se sabe de sus composiciones, no está fuera de razón suponer que como esposo de la hija favorita de Oxford pueda haber estado ayudando a su suegro en la escritura efectiva de las obras teatrales de «Shakespeare».

La otra relación personal sobre la que tratan estos poemas («Shakespeare» y la «dama oscura», a quien él describe como el «espíritu malo» y su «diablo femenino») presenta un problema aún no resuelto, y que puede quedar sin resolver para siempre. Tal vez no haya ninguna razón particular por la que debiéramos preocuparnos al respecto, salvo con el propósito de hacer justicia al poeta. Con todo, una cosa claramente se destaca del conjunto de sonetos (comenzando desde el 127), es decir, que para él era un asunto del corazón, de un carácter más intenso y sincero; mas para la dama, una relación mucho más equívoca. Solo un hambre abrumadora del corazón podría haber inducido nunca a un hombre de espíritu a mantener la actitud descrita.

Mezclados con esta serie más corta nos encontramos con que hay varios sonetos que no pertenecen a ella como una serie personal y especial. Tampoco los que pertenecen propiamente al conjunto parecen estar todos impresos en el orden en que se escribieron. Sin embargo, si tomamos los que se refieren al episodio de la «dama oscura» en la vida del escritor, vemos que justo antes acaba abruptamente la serie que toca cuestiones tratadas en los sonetos 40 a 42 de la primera serie. En otras palabras, los sucesos tratados en la segunda serie (véanse los sonetos 133 a 144) llegan a su fin en la primera parte, posiblemente el segundo año, de la primera serie. Esto nos llevaría al año antes del segundo matrimonio de De Vere. Así pues, los sucesos en conjunto parecerían pertenecer a un período de sobre dos años de los cuatro que estuvo viudo. El intolerable estado de cosas que se dan a conocer no podía seguir, y las palabras que Shakespeare pone en boca de Otelo podrían tomarse como una alusión a sus propios asuntos personales.

> Aunque mi corazón la encordonase,
> la soltaría con un silbo al viento
> para que aletease a la ventura.

Es el pasaje exactamente paralelo a estas líneas de De Vere:

> ¿Quién de su puño no las sacudiera
> para que vuelen, necias, dondequiera?

En todo caso, la clausura repentina de la serie sugiere tal acción, y si atribuimos palabras y acción por igual al conde de Oxford, su matrimonio, en el año siguiente, estaría en armonía con tal acto de autoliberación de lazos deshonrosos. Cabe señalar, no obstante, que es como «Shakespeare» y no como Oxford la manera en que tenemos pruebas de esta alianza lamentable. A pesar de las acusaciones generales formuladas contra Oxford, ni un solo ejemplo definido y acreditado se aporta de otra manera.

Ahora bien, si tomamos toda la serie breve como habiéndose escrito casi al mismo tiempo que los primeros cuarenta o cincuenta sonetos de la primera serie, podemos a estas alturas reanudar el examen de los primeros sonetos con el sentido de que ahora forman una serie ininterrumpida, sin contracorrientes de la otra serie. De aquí en adelante no aparece ni el tema original del matrimonio del joven ni alusión alguna al episodio doloroso común a las dos series. Lo que hay de carácter doloroso surge de una personal retrospección, reflexión, o cambios de ánimo, más que de sucesos contemporáneos; lo cual es bastante evocador de un hombre cuyas más tormentosas experiencias externas habían terminado. Esto corresponde al período en que se estaban dando a luz los dramas de Shakespeare, y cuando Oxford, según todas las apariencias, estaba disfrutando de su retiro después de su segundo matrimonio.

Una complicación en la amistad entre el poeta y el joven aparece por el tiempo de la dedicatoria de los poemas (sonetos 80-90), y solo las partes interesadas conocerían, desde luego, las circunstancias particulares que hayan concurrido detrás de esto y otras referencias a sucesos pasados. Lo importante es que todo esto aparece, si no explicado, en todo caso explicable por primera vez, cuando suponemos que los sonetos hayan sido escritos por el noble misterioso y algo solitario, cuyas experiencias conocidas, unidas a las que los sonetos revelan, lo representan como una de las figuras más heroicas y patéticas en la registros trágicos del genio.

Como detalles complementarios sugeriríamos que se considerase lo siguiente del soneto 91.

> Unos de su linaje o su destreza,
> otros de su riqueza o su vigor;
> unos de sus vestidos a la moda,

otros de halcones, perros o caballo;
cada carácter, su divertimiento. [...]
A todos gano con un bien mejor.
Tu amor es superior a la alta cuna,
a la riqueza, a las suntuosas prendas,
al goce con halcones y caballos.*

En un hombre como William Shakspere tal expresión sería tan palpablemente un caso de «quiero y no puedo», que es increíble que cualquier poeta inteligente hiciese de sí mismo tamaño ridículo. En un hombre de la posición de Oxford, que había tenido todas estas cosas y que sin duda se había vanagloriado de todas ellas a su vez, la expresión se eleva por encima de lo pueril y se sitúa en una relación razonable con los hechos. No es demasiado afirmar que cada palabra de este soneto nos habla de Edward de Vere como su autor, pues nos da casi un simposio de los hechos externos sobresalientes de su vida y sus intereses. Aun así todas estas cosas, las ventajas del nacimiento, la fama de destreza y vigor, los ricos vestidos, la fortuna, los halcones, sabuesos y caballos, él había demostrado ser capaz de sacrificarlas a aquellos intereses que solicitaron su espíritu. En cada detalle, entonces, ante el contraste presentado por el supuesto de que esos sonetos hayan sido escritos por el hombre de Stratford, por un lado, o Edward de Vere, por el otro, no cabe duda alguna

---

* Some glory in their birth, some in their skill,/Some in their wealth, some in their bodies' force,/Some in their garments, though new-fangled ill,/Some in their hawks and hounds, some in their horse;/And every humour hath his adjunct pleasure./[…] All these I better in one general best./Thy love is better than high birth to me,/Richer than wealth, prouder than garments' cost,/Of more delight than hawks or horses be.

sobre cuál de los dos hombres se elegiría como el autor si la decisión tuviese que descansar tan solo en la consideración de los sonetos.

Los *Sonetos* están ahí para que cada uno los lea, y ningún argumento podría tener el mismo valor que un íntimo conocimiento de los poemas mismos contemplados a la luz de los hechos reales de la vida y la reputación de Edward de Vere. A cuantos deseen llegar a la verdad del asunto los exhortamos a la lectura frecuente y ceñida de los *Sonetos*. No es necesario creer que todo el primer conjunto se hubiese dirigido al joven o todo el segundo a la «dama oscura». Tampoco es necesario resolver el misterio de la dama oscura, pues no está en la naturaleza de las cosas que un hombre semejante fallezca y no deje ningún misterio insoluble. Algunos de los sonetos parecen no contener ninguna relación personal y otros apenas se pueden aplicar a las dos personalidades principales. Estas cosas son inmateriales. Ni es necesario penetrar todos los disfraces que el mismo «Shakespeare» o sus albaceas después de él pudieron haber pensado adoptar con respecto a estas efusiones de sentimiento y sus objetos. Pero no somos capaces de ponernos en la situación de un lector que, con los hechos relativos a Oxford que hemos presentado, pueda llegar a familiarizarse con estos sonetos sin percatarse de que reflejan a la vez el alma y las circunstancias de «el mejor de los poetas cortesanos de los primeros tiempos de la reina Isabel».

Para concluir hemos de añadir unas palabras sobre la técnica de los *Sonetos*. Consideramos que el rechazo de Shakespeare del soneto petrarquiano se debe a un juicio poético sobre el sonido, basado en un buen oído para las cualidades musicales y las propiedades acústicas del idioma inglés. El soneto petrarquiano ha crecido fuera de las cualidades distintivas de la lengua de Italia, y el intento de imponer al soneto inglés sus reglas sobre la rima, que implica un sacrificio tan grande del sentido al sonido, ha llegado a producir la pobreza relativa del soneto posterior a Shakespeare. Sin embargo tal vez el soneto shakespeariano tenga su propia peculiaridad, que afecta a nuestro tema.

El llamado «soneto shakespeariano», nos dice William Sharp en su *Sonnets of this Century,* posee «una capacidad impresionante no superada por ningún soneto de Dante o de Milton». El autor señala, no obstante, que, cuando Shakespeare utilizó esta forma de soneto en los últimos años del siglo XVI, estaba usando una forma «totalmente preparada para su uso por Daniel y Drayton». Ahora bien, como Daniel era doce años y Drayton trece años más joven que Edward de Vere, y como el último citado estuvo publicando poesía a una edad relativamente temprana, está claro que sus primeras poesías líricas aparecieron antes que las de cualquiera de los otros dos. Como disponemos, entonces, de un soneto de Edward de Vere que es obviamente una producción temprana y que está en lo que ahora llamamos la forma shakespeariana, tenemos derecho a reivindicar, bajo dicha autoridad, que el fundador verdadero del soneto de Shakespeare fue Edward de Vere; sin duda una contribución muy importante a las pruebas que hemos ido acumulando. Los *Sonetos,* por lo tanto, que son fundamentalmente una obra de autorrevelación espiritual, casi se convierten en una obra de autodescubrimiento completo. Al presentar el siguiente soneto de Oxford, principalmente a causa de su forma, también señalaríamos su nota de constancia: un tema en el que insisten muchos sonetos de «Shakespeare».

Soneto de Edward de Vere

«Ama tu elección»

¿Quién te enseñó suspiros, alma mía?
¿Quién te enseñó palabras de lamento?
¿Quién te dio penas contra la alegría?
¿Quién te inundó los ojos de tormento?
   ¿Quién puso palidez en tu semblante?
¿Quién quebrantó tu sueño más tranquilo?
¿Quién te hizo el cortesano más brillante?
¿Quién te aguzó para el honor el filo?
   Porfiando en la verdad, firme y seguro,
¿ya no apreciar sino al amigo leal?
Sufriendo cada amor, paciente muro,
¿plantarse en un deseo hasta el final?
   Pues ama tu elección, si es de tal suerte
que solo cambiará ya con la muerte.*

Este soneto puede considerarse, entonces, el primero de «Shakespeare». Es el único soneto en la colección de poemas de Edward de Vere y está compuesto en la única forma empleada por Shakespeare, si bien otros sonetistas estuvieron luego experimentando con otras formas de soneto. Notoriamente es una de sus primeras tentativas, pues expresa una actitud hacia la mujer que solo se encuentra en otro de sus poemas, *What cunning can express?*. Se trata de una actitud

---

   * Who taught thee first to sigh, alas! my heart?/Who taught thy tongue the woeful words of plaint?/Who filled your eyes with tears of bitter smart?/Who gave thee grief and made thy joys to faint?/Who first did paint with colours pale thy face?/Who first did break thy sleeps of quiet rest?/Above the rest in court who gave thee grace?/Who made thee strive in honour to be best?/In constant truth to bide so firm and sure,/To scorn the world regarding but thy friends?/With patient mind each passion to endure,/In one desire to settle to the end?/Love then thy choice wherein such choice thou bind/As nought but death may ever change thy mind.

que pertenece a los ideales sin mancha de su mocedad, que más tarde dio lugar al cinismo o la amargura del poema de De Vere *Women*, y es un intento de lo que ahora se conoce como el «soneto shakespeariano». Desde el punto de vista de las pruebas de la identidad de Oxford con Shakespeare, su principal valor estriba en su técnica, sin duda alguna shakespeariana. Proporciona en la cadena de pruebas un eslabón más que es digno de mención.

Los primeros sonetos de «Shakespeare» en aparecer fueron los de *Romeo y Julieta*, una obra que ya nos ha provisto de conexiones importantes entre la poesía de Edward de Vere y Shakespeare. Ahora bien, *Romeo y Julieta* no solo presenta los primeros sonetos en este modelo, sino que *es la única obra teatral de Shakespeare que expresa seriamente el sentimiento de este soneto* de Edward de Vere. Las comedias de Shakespeare tratan el tema del amor del hombre hacia la mujer con el espíritu de la comedia, y sus grandes tragedias, como *Otelo* y *Antonio y Cleopatra*, nos dan las pasiones vigorosas de los hombres maduros. Solo *Romeo y Julieta*, de todas las obras teatrales, nos da cabalmente el amor tierno, dulce e idealista de los jóvenes. Y como ya hemos señalado más de una vez, Julieta tenía exactamente la edad de la esposa de Oxford en el momento de su matrimonio, unos 14 años.

Con este soneto de Oxford en mente, volvamos a *Romeo y Julieta* y busquemos en su texto especialmente las partes en que habla Romeo o se refieren a él, observando las alusiones a suspiros, torrentes de lágrimas femeniles, penas amargas, sueño interrumpido, promesas de constancia, y la muerte. El juvenil Romeo en la obra es el joven conde de Oxford como él se representa a sí mismo en el soneto que tenemos ante nosotros.

Basta desde el punto de vista de las pruebas. Otro objetivo, sin embargo, hemos de alcanzar en esta obra; a saber, ayudar a la formación de una estimación correcta de Edward de Vere. Solicitamos, pues, una cuidadosa ponderación de este poema en particular y del espíritu que descubre: suave, tierno, hipersensible, idealista, refinado casi hasta la feminidad. Tal es el joven conde de Oxford como aquí se revela a sí mismo. Y si a la luz de tal revelación examinamos las referencias diversas a él en los libros modernos, solo podemos decir, sin tratar de echar toda la culpa a cualquier parte, que fue la víctima de un destino muy adverso, cuyas muchas referencias a través de los sonetos quedan ahora explicadas por primera vez, mostrando abiertamente cómo ha ocurrido un Problema Shakespeare o un Misterio Shakespeare, para que tenga un lugar en la historia del mundo.

Concluimos nuestro examen de los *Sonetos* con una sensación de que están marcados por la misma característica que se ha manifestado en todas las demás secciones de nuestra investigación; a saber, que no solo en uno o dos puntos llamativos la personalidad descubierta coincide con la del conde de Oxford, sino que todo ello encaja, de la manera más extraordinaria, tan pronto como se inserta su personalidad. Seguramente solo hay una explicación posible para todo esto.

CAPÍTULO XVI

AUTORREVELACIÓN DRAMÁTICA. *HAMLET*

En Hamlet *Shakespeare ha revelado demasiado de sí.* FRANK HARRIS

Como la fama de Shakespeare se basa principalmente en sus grandes logros en el teatro, es en ellos donde el mundo está obligado a buscar alguna revelación especial del propio autor. Tal revelación, sin embargo, ha de esperarse que esté en consonancia con el carácter de su genio. Criptogramas y anagramas, si bien pueden desempeñar un papel, sobre todo estos últimos, por ser una característica reconocida de la literatura de la época, solo pueden entrar como complementos de algo mayor: la autorrevelación verdadera, que es dramática.

La objetividad esencial de la obra de Shakespeare, fundada en la observación, es garantía suficiente de que sus personajes se habrán tomado de su propia experiencia de los hombres y mujeres a su alrededor. Tal genio no nos ofrecería, desde luego, una mera reproducción fotográfica, sino hombres y mujeres verdaderamente vivientes, artísticamente modificados y ajustados para adaptarlos al papel que habían de representar; es lo que podemos estar seguros de que contienen las obras teatrales. El hecho de que estos no se hayan identificado hasta ahora se debe sin duda, parcialmente, a tales disfraces astutos como deberíamos naturalmente esperar de una mente tan profunda y compleja. También el hecho de que la vida activa del autor supuesto no encajase en el tiempo o las circuns-

477

tancias de la vida activa del autor real ha tendido a evitar la detección. Otra explicación es que «Shakespeare» quizá viese los acontecimientos y personalidades de su tiempo desde un punto de vista totalmente distinto al de los ingleses desde sus días. En consecuencia, si la sustitución de una nueva personalidad, como autor, proporciona un punto de vista que nos permita identificar personajes en las obras teatrales, constituirá un argumento fuerte de que se ha descubierto al hombre adecuado.

Tal facultad de observación como percibimos en él, que lo llevó a fijar su atención especialmente en aquellos cuyas vidas presionaron directamente la suya propia (inevitable en alguien tan sensible y consciente de sí mismo como los *Sonetos* lo revelan), lo cierto es que ha hecho de su trabajo un registro de sus relaciones personales mucho más de lo que se suponía hasta hoy. Siendo su dominio especial, además, el estudio del alma humana, esta facultad de observación ha de haberlo impulsado a someter su propia naturaleza a un examen y análisis rigurosos. En consecuencia, al conocerse mejor al autor, sin duda se encontrará que sus obras están llenas de descripciones y estudios de sus propias experiencias espirituales. La planificación de este departamento de la investigación shakespeariana pertenece en gran parte al futuro. Algo de este tipo, con todo, ya se ha intentado de manera inconexa en estas páginas. Nuestro propósito actual es algo más definitivo.

La noción largamente aceptada de que el autor no nos ha dado una representación de sí mismo en sus obras teatrales se viene abajo por entero, como hemos visto, bajo el punto de vista de la autoría presentado en este trabajo. Ya se ha llamado la atención sobre el caso del señor Berowne en *Trabajos de amor perdidos*, y también sobre un paralelo más llamativo entre Edward de Vere y otro de los personajes de Shakespeare, es decir, Beltrán en *A buen fin no hay mal principio*.

Beltrán, un joven señor de rancio abolengo, del cual él mismo está orgulloso, después de haber perdido a un padre a quien ha tenido un gran afecto, es llevado a la corte por su madre y allí queda como pupilo real, para ser criado bajo la supervisión de la realeza. Cuando crece, solicita el servicio militar y que se le permita viajar, pero ello se le niega o posterga reiteradamente. Por fin, se marcha sin permiso. Antes de marcharse se había casado con una joven con la que se había criado y que había sido la más activa en conseguir la unión. Problemas conyugales, de los que el rasgo destacado es la negativa a la convivencia, se asocian con su estancia en el extranjero y su regreso a casa. Tal es el resumen de una historia que hemos contado por fragmentos en otros lugares, y tan cerca está de una biografía o autobiografía, si nuestra teoría se acepta, como nunca un dramaturgo se permitió. El descubrimiento posterior, que por fortuna hemos podido incorporar a esta obra antes de su publicación, de que el incidente central de los problemas conyugales de Beltrán tiene un lugar en los registros del conde de Oxford, no deja dudas en cuanto a que él sirve de prototipo a Beltrán. Aun así, es concebible que un dramaturgo contemporáneo, conociendo la historia de De Vere, haya utilizado partes de ella para escribir la obra, y por lo tanto, mirada ella sola, no tiene derecho a llamarse una autorrevelación dramática.

Hablando con propiedad, es el conjunto de los dramas lo que constituye la autorrevelación dramática plena. Por lo tanto, cuando nos acercamos a los más altos triunfos de su genio, que representan el todo, es como su obra se convierte en una autorrevelación especial o sinóptica. Esto, sin embargo, pertenece a la vida interior o espiritual en lugar de a sus formas externas. Si entonces a una correspondencia espiritual se añade un acuerdo notable en las circunstancias externas, como prueba de la identidad personal del autor, esa obra dramática se vuelve especialmente convincente. La pregunta, por ello, se formula así: ¿qué obra teatral de Shakespeare tiene tal preeminencia que nos autoriza a considerarla como un trabajo de autorrevelación especial, y en qué medida sus hechos espirituales internos y las formas externas que los revisten justifican el supuesto de que constituyen una obra de autorrevelación por parte de Edward de Vere?

Sobre el primer punto, la elección de la obra, no hay por fortuna ninguna necesidad de que ejerzamos nuestro propio juicio individual, ni ninguna incertidumbre en cuanto al veredicto social, pues el mundo ha proclamado hace mucho la obra teatral *Hamlet* como el mayor logro de este principal dramaturgo. La comedia *Trabajos de amor perdidos* ocupa sin duda una posición única entre las obras más ligeras. Suele concedérsele prioridad en el tiempo; lleva la prueba inequívoca de la mano de obra más laboriosa y fue la primera publicada bajo el seudónimo de «Shakespeare». Así que, la correspondencia de su figura central, Berowne, con el conde de Oxford tiene un valor especial, sobre todo si se toma como suplementaria de la obra de *Hamlet*.

La figura central en esta última obra ocupa, sin embargo, una posición más excepcional en relación con la obra en la que aparece, y por ello sobresale como la suprema creación dramática del artista. «La obra de *Hamlet* con Hamlet excluido» se ha convertido en una expresión proverbial de la extrema privación, y sir Sidney Lee nos asegura que «da extensión total de los discursos de Hamlet es muy superior a la de los asignados por Shakespeare a cualquier otro de sus personajes». Esos discursos, una vez más, han pasado al dominio común como para justificar la broma muy usada de que la obra está «llena de citas». La obra y el personaje de «Hamlet» pueden así aceptarse como que son, en un sentido peculiar, la autorrevelación dramática del autor, si tal revelación existe en alguna parte.

Grande como es el volumen de materia impresa que esta creación particular ya ha provocado, tal vez superando en cantidad lo que se ha escrito sobre cualquier otra obra literaria de dimensiones similares aparte de la Biblia, es seguro que surgirá más si tenemos éxito en defender nuestra principal proposición. El peso de mucho de lo que ha aparecido apunta a que en Hamlet el poeta quiso darnos la imagen de un alma humana luchando con el Destino. Nos atrevemos a decir que él no intentó nada tan abstracto filosóficamente, sino que lo que en realidad procuró hacer con más voluntad y empeño fue representarse a sí mismo; y él, como cualquier otro ser humano nacido en este mundo que logra mantener viva su alma, fue en verdad un alma luchando muy trágicamente con el Destino, negándose a ser pasivamente arrastrado por las corrientes en que su vida se sumergió o a rendirse a las fuerzas adversas dentro de sí mismo. Esta es ciertamente la imagen que se destaca de esa autopresentación del poeta contenida en sus sonetos, y el hecho de que el personaje de Hamlet se haya definido en términos que lo ponen directamente de acuerdo con esa autorrevelación poética es una prueba más de que la obra teatral aspira a una autorrevelación dramática especial y directa. Este es el factor personal, sin duda, que ha dado al drama esa intensa vitalidad y realismo que hace que sus palabras y frases capten la mente, convirtiéndose así en los instrumentos por los cuales la humanidad en general ha encontrado nuevos medios de autoexpresión.

Es este hecho de que Hamlet representa al dramaturgo mismo lo que también le hace destacarse entre todos los personajes de Shakespeare como un intérprete de los motivos de las acciones humanas. En ningún otro personaje el autor

481

ha puesto en igual medida sus propias facultades peculiares de visión perspicaz de la naturaleza humana. Mientras otros personajes de la obra están tratando de penetrar su misterio, para descubrir sus objetivos y leer su mente, encontramos a Hamlet confundiéndolos a todos, y mientras tanto, leyéndolos como un libro abierto.

> Vos no os iréis sin poner yo un espejo
> donde os veáis en vuestro ser más íntimo,*

le dice a su madre.

Toda esa rapidez de sensaciones que señala por igual la obra de De Vere y de Shakespeare se manifiesta en la persona de Hamlet. Él no se pierde nada, y cada cosa que ve u oye abre una nueva vía hacia «el ser más íntimo» de los que le rodean. Un hombre así está casi predestinado a una trágica soledad, pues incluso un amor como el que él muestra hacia Ofelia y ella hacia él no puede cegarlo respecto a la falta de honradez de ella en su trato. Él ve mucho de lo que no puede hablar. En la obra puede expresarse en soliloquios o astutamente revelar a la audiencia lo que se oculta en los otros personajes en el drama; pero en la vida real se convertiría en un hombre de grandes reservas mentales y un secretismo forzoso. Algo de esto es ciertamente notorio en los leves registros que tenemos de De Vere: un rasgo que incluso Burleigh encontró desconcertante.

Después de haber decidido que *Hamlet* es la obra teatral que por su preeminencia tiene derecho a ser considerada como la obra especial de autodescripción de «Shakespeare», la parte siguiente de nuestro problema es ver si la revelación

---

* You go not till I set you up a glass/Where you may see the inmost part of you.

que entraña tiene una aplicabilidad peculiar y marcada al caso de Edward de Vere. Al examinar la obra desde este punto de vista ha de tenerse en cuenta que las tramas de Shakespeare son rara vez puras invenciones. El dramaturgo está obligado, por ello, a amoldarse a ciertos elementos esenciales del original, es para lo que trabaja, y las adaptaciones especiales que él hace nosotros hemos de buscarlas por su autorrevelación, más que por la idea central de la propia trama. No obstante, lógicamente, sus objetivos definidos han de influir en su elección de la trama; con todo, también ha de tenerse en cuenta que el autodisfraz es uno de sus objetivos lo mismo que la autoexpresión.

Al comprobar el paralelo debemos sustituir, antes de nada, la corte de Dinamarca por la corte de Inglaterra. Hamlet, príncipe de Dinamarca en la corte danesa, pasará luego a ser sustituido por Edward, conde de Oxford en la corte de Inglaterra. Oxford, por supuesto, no era un príncipe de sangre real, pero entonces no había príncipes de sangre real en la corte inglesa, y el conde de Oxford en su juventud fue lo más parecido a un príncipe real del que la corte inglesa pudiera jactarse. En materia de linaje antiguo e institución territorial, un descendiente de Aubrey de Vere no tenía nada que temer de la comparación con un descendiente de Owen Tudor. Y cuando se recuerda que los nobles de rango inferior al de Oxford estuvieron en aquellos días contemplando la posibilidad de compartir honores reales, ya fuese con Isabel o con su posible sucesora, la reina de Escocia, para el dramaturgo representarse como un príncipe real no era una autoexaltación extravagante. Teniendo presente la sustitución que hemos recomendado, dejemos que el lector se vuelva hacia *Hamlet* y lea la obra con la atención puesta no en la trama sino en la caracterización. Como no experimente toda la euforia que acompaña a una nueva iluminación, como no sienta que todas las líneas de los discur-

483

sos de Hamlet laten con el corazón y el espíritu de Oxford, o nosotros no hemos sabido presentarlo con precisión, o él ha fallado en apreciar el carácter y las circunstancias de este noble excepcional e infortunado.

Procuraremos indicar elementos de paralelismo y coincidencia entre los dos, pero nada puede reemplazar una lectura atenta y rigurosa de la obra misma. Así como en otra parte hemos recomendado la lectura de los sonetos como una de las pruebas más convincentes, ahora también exhortamos, a los que estén interesados, a *leer Hamlet*. Al rastrear ejemplos de la vida y las circunstancias de De Vere en las obras de Shakespeare, ya hemos tenido que llamar la atención a menudo sobre las analogías con Hamlet, que se extienden a detalles de las relaciones privadas. Por ello podemos abreviar nuestra tarea presente pidiendo al lector que vuelva a los capítulos que tratan de los períodos temprano y medio de la vida de Oxford.

Tras la consideración de su rango social viene el hecho central de que Hamlet concibe un designio secreto bajo una máscara de excentricidad que llega casi a la locura fingida. Haber fingido una locura completa no le habría permitido realizar su designio, así que adopta apenas la insania suficiente para desconcertar a los que desea eludir y que están tratando de eludirlo. Es una partida de ingenio en que la mente más diestra gana al permitir que sus adversarios inferiores lo supongan deficiente mental. Ahora bien, los registros que tenemos de Oxford representan su excentricidad en sus períodos temprano y medio como de un carácter extremo, y si suponemos que él es Shakespeare, bien podemos creer que se estaba dedicando a sus propios designios secretos en parte bajo una máscara de divagación.

Es de observar la frecuencia con que Hamlet emplea esta estratagema particular contra la importunidad, especialmente de aquellos que están intentando penetrar sus secretos. Esto aparece en su trato con Rosencrantz, Guildenstern, Polonio y Ofelia. Ahora bien, tal resistencia a la intromisión resalta claramente en el momento en que Oxford, después de volver del extranjero, se informa de que se ha comportado de forma extraña hacia lady Oxford, pues, además de la taciturnidad que él adoptó y que un escritor llama «berrinche», dice de sí mismo, en la carta citada en nuestro argumento de *Otelo*, «ni él fatigará más su vida con tales problemas e importunidades como ha soportado». Compárese especialmente con el espíritu aquí expresado la interesante escena en la que Rosencrantz y Guildenstern están intentando sondear y «hacer sonar» a Hamlet (III. 2): «Queréis hacerme sonar; pareciera que conocéis mis registros, que arrancarais el corazón de mi secreto, que me sondearais desde la nota más baja a la más aguda de mi diapasón. [...] ¡Por Dios!, ¿pensáis que soy tan fácil de tocar como una flauta? Aunque me toquéis, no me haréis sonar».

Que Hamlet es una representación que Shakespeare hace de sí mismo lo confirma otra característica que este comparte con Oxford. Esa notable combinación de tragedia y comedia, en el sentido corriente de tales palabras, que encontramos en Shakespeare alcanza su mayor desarrollo en la obra teatral de *Hamlet*. La única competidora posible es *El mercader de Venecia*. En esta tenemos una comedia que puede en cualquier momento resolverse en una tragedia espantosa. En *Hamlet* tenemos una tragedia que en algunas partes bordea peligrosamente la comedia y puede en cualquier momento acabar en farsa absoluta. Aun en horas de melancolía y en medio del desastre, el ingenio y la diversión sutil del héroe nunca lo abandonan. Sobre su vida pende una negra sombra. La impotencia, el fracaso y el desaliento siguen sus pasos. Con todo, cuando las cosas están peor, se vuelve ágilmente sobre sus talones, se burla y enreda con un evidente disfrute del juego intelectual.

Así pues, la obra de *Hamlet*, que puede tomarse en esto como un compendio de todos los dramas de «Shakespeare», es sin duda sintomática de la constitución mental en general y de la carrera del conde de Oxford.

Una vez que la posición social y la conducta habitual del héroe de esta obra ha apoyado la teoría de que su autor fue Edward de Vere, hallaremos una confirmación adicional y aún más sorprendente cuando nos volvamos a los detalles de las relaciones personales. La fuerza impulsora en la obra teatral de *Hamlet* es, desde luego, el culto al padre: el amor y la admiración de un hijo por un padre muerto que se había portado de una manera digna de su elevada posición. Tal afecto y respeto es la fuente espontánea de culto a los antepasados. Por ello, aunque no se nos hubiese dicho que el culto al padre fue un rasgo marcado de Edward de Vere, estamos muy justificados para suponerlo, y en verdad podría inferirse del hecho de que el culto a los antepasados fue un rasgo pronunciado de su carácter.

No obstante, cuando pasamos a la relación de Hamlet con su madre sobreviviente, nos encontramos con un imagen totalmente distinta. La pena y la decepción por la conducta materna es la raíz de toda la tragedia de su vida. Con una tal capacidad de intenso afecto como ya hemos señalado en «Shakespeare» y en De Vere, Hamlet fue incapaz de una fe verdadera en la femineidad. Su fe se había destrozado por la inconstancia de su propia madre. Esta curiosa combinación de una intensa afectuosidad con una debilidad de la fe en las mujeres es, pues, característica de los tres: de «Shakespeare» (en sus sonetos), de Hamlet y de De Vere.

No sería justo para la memoria de la madre de De Vere el mantener, a falta de una prueba positiva, que por su inconstancia hubiese justificado la desconfianza de su hijo. Con todo, podemos llamar la atención sobre los hechos que pudieran contar para ello, así no lo justifiquen. Ya se ha señalado que en la breve biografía de De Vere, de la cual nos hemos servido tan libremente, no se hace mención alguna de su madre, y uno tiene la impresión de que tras la muerte de su padre ella salió casi de su vida, contrastando notablemente todas las circunstancias con las registradas para Southampton y su madre. Sin embargo por el relato sobre el padre de De Vere nos enteramos de que su viuda murió en 1568, teniendo Oxford entonces solo dieciocho años, y que en algún momento de estos primeros años de su vida en la corte, su madre se había casado con sir Charles (o Christopher) Tyrell. Como, por otra parte, su muerte ocurrió en el castillo de Hedingham, uno de los principales hogares ancestrales de los De Veres, quizá el padrastro de Oxford se hubiese establecido en las fincas de la familia, y puede haberle parecido al joven que había suplantado a su padre por partida doble, primero en los afectos de su madre y luego en los dominios hereditarios. Esta es, por supuesto, la situación representada en Hamlet. Si, además del hecho central, también había habido un brevedad indecorosa en el viudedad de la madre de Oxford, no lo podemos decir, pues aunque se da la fecha exacta de su muerte, se omite la fecha de su segundo matrimonio. Hemos pasado mucho tiempo buscando esta fecha; hasta ahora, sin resultado. Será, pues, interesante saber si consistió o no en una «boda apresurada», y como Hamlet comentó con ironía,

> las carnes horneadas para el duelo
> fueron los fiambres del festín nupcial.*

Aparte de esto, sin embargo, la situación general bastó para hacer una incisión muy profunda en la mente de un joven ima-

---

* The funeral baked meats/Did coldly furnish forth the marriage tables.

ginativo e hipersensible, y para haber infligido un golpe severo en aquel ideal poético de constancia femenina que era natural a su edad y temperamento. Lo importante para nuestro argumento presente es que tenemos en Oxford el mismo rasgo moral que en Hamlet; que tenemos circunstancias externas paralelas que tienden a producirlo, y que estas circunstancias externas son justamente tales como podrían llevar a todos los sucesos trágicos que resultaron en ambos casos. Siendo la fe en la maternidad la fuente en que la fe en la femineidad puede ser reanimada cuando un hombre se ve amenazado por el fracaso de otras relaciones, aquel que como Hamlet u Oxford carece de esta fe para conducirlo a través de las crisis, no puede mostrar sino una actitud desesperada en la más vital y fundamental de las relaciones humanas.

En la obra la relación personal que afecta de un modo más crítico a nuestro argumento actual es la de Hamlet con Polonio y Ofelia. El primer ministro en la corte real de Dinamarca es Polonio. El primer ministro en la corte real de Inglaterra era Burleigh. ¿El carácter de Polonio es tal que podemos identificarlo con Burleigh? Una vez más no se trata de si Polonio es una representación precisa de Burleigh, sino de si es una representación posible del ministro inglés desde el punto de vista particular del conde de Oxford. Con lo que ya se ha dicho en otra parte a este respecto, quizá sea suficiente citar el ensayo de Macaulay sobre Burleigh:

«Hasta el final fue Burleigh algo jocoso y algunos de sus dichos traviesos los ha registrado Bacon. Muestran mucha más astucia que generosidad, y de hecho expresan buenas razones para exigir dinero con rigor y guardarlo con cuidado. No obstante hay que reconocer que él fue tan riguroso y cuidadoso para el beneficio público como para el suyo propio. Ensalzar su carácter moral es absurdo. Sería igualmente absurdo representarlo como un hombre de mal corazón, rapaz y corrupto. Prestó gran atención a los intereses del Estado igual que a los de su propia familia.»

Apenas habrá quien niegue que la descripción hecha por Macaulay de Burleigh es un retrato preciso de Polonio, y por consiguiente, si Burleigh le pareció así a Macaulay después de los dos siglos y medio que habían trabajado en depurar su memoria, bien se puede suponer que haya presentado una apariencia similar a un contemporáneo que no había tenido ninguna razón especial para bendecir su memoria. Aún más notable se vuelve el parecido si añadimos a esta descripción la tendencia al espionaje del ministro de Dinamarca, el egoísmo filosófico que propugna bajo un brillo de moralidad, su oposición a que su hijo viaje al extranjero y sus referencias a su historia de amor juvenil y a lo que hizo «en la universidad». Todas estas son llamativas características de Burleigh y la mayoría de ellas ya han sido tratadas adecuadamente.

Acaso la prueba más concluyente de que Polonio es Burleigh se encuentre en las líneas más conocidas que Shakespeare ha puesto en boca del ministro de Dinamarca: la sarta de máximas mundanas que regala a su hijo Laertes (Acto I. 3). Son demasiado bien conocidas para que se repitan aquí. Con ellas presentes, sin embargo, considérense las máximas que Burleigh prescribe a su hijo favorito, de las cuales el biógrafo de Burleigh (Martin A. S. Hume) comenta que, si bien «estos preceptos inculcan moderación y virtud, aquí y allá se asoma la propia filosofía de la vida de Cecil». Luego da ejemplos:

Que tu hospitalidad sea moderada.

Cuida con no gastar más de tres o cuatro partes de tus ingresos.

Cuidado con ser fiador de tus mejores amigos; el que paga las deudas de otro hombre busca su propio declive.

Con tus iguales sé familiar pero respetuoso.

No confíes a nadie tu vida, crédito o bienes.

Asegúrate de ser un buen hombre para tu amigo.

Todo el método, el estilo, el lenguaje y el sentimiento se reproducen con tanta exactitud en el consejo de Polonio a Laertes que parece que Shakespeare apenas ha ejercido sus facultades peculiares en la composición del discurso. Hace tiempo que se ha reconocido la conexión de los consejos de Polonio con preceptos similares en el *Euphues* de Lyly. Lo que parece que no se ha advertido hasta ahora es que ambos tienen un origen común en Burleigh. Resultaría inútil discutir cuánto de lo que aparece en Lyly de estos preceptos se deriva a través de Oxford. Ya se han considerado bastante las relaciones entre los dos hombres.

Aprovechamos esta oportunidad para destacar lo que puede no ser muy importante para nuestro argumento; que el espíritu de las palabras finales del discurso de Polonio, las que empiezan por «Sé sincero para contigo mismo», nos parece que no se interpreta muy bien. Estas palabras ponen fin a un discurso que a lo largo de todo él es una apelación directa, en cada palabra, al mero interés propio. ¿Está, entonces, este último pasaje vaciado en un molde más noble con un alto propósito moral y una apelación a un sentimiento elevado? No lo creemos. Los términos desnudos en los que se vierte la exhortación final, despojados de inferencias éticas y reinterpretaciones, son un recurso tan directo al interés propio como todo lo demás en el discurso. Son «para *contigo mismo*»; no para lo *mejor* que hay en ti, ni lo peor. En consonancia con sus otros mandatos él concluye con uno que resume todo, cuyo verdadero alcance tal vez se aprecie mejor convertido en jerga moderna: «Sé fiel al "número uno". Haz de tus propios intereses tu principio rector, y sé fiel a ello».

Esto está bastante de acuerdo con el egoísmo cínico del consejo de Burleigh «Cuidado con ser fiador de tu mejores amigos»; pero «sé un buen hombre para tu amigo». Y, por supuesto, de ello «se sigue como la noche al día» que un hombre que rige su vida por este principio egoísta no puede, a decir verdad, ser falso con nadie. Un hombre no puede ser falso con otro a menos que le deba fidelidad. Así pues, si un hombre solo reconoce la fidelidad *para consigo mismo*, nada de lo que haga puede ser una violación de la fidelidad a otro. Sobre este principio Burleigh fue fiel a sí mismo cuando utilizó el patrocinio de Somerset; estaba siendo fiel a sí mismo, no falso con Somerset, cuando preparó los artículos de acusación contra su antiguo patrono. Bacon fue fiel a sí mismo cuando utilizó la amistad de Essex; estaba siendo fiel a él, no falso con Essex, cuando usó sus poderes para destruir a su antiguo amigo.

Este oportunismo filosófico fue, pues, una cosa muy real en la vida política de aquellos días. Y el hecho de que Shakespeare lo ponga en boca no de un moralista sino de un político, y como creemos, en boca de aquel con quien pretende representar a Burleigh, sirve para justificar tanto la interpretación literal que damos a estas frases, como la identificación de Polonio con el primer ministro de Isabel. No hace falta decir que alguien como «Shakespeare», que estaba impregnado de los mejores ideales de feudalismo con sus conceptos altruistas del deber, la fidelidad social y la devoción, no habría propuesto nunca como un sentimiento elevado un concepto ético que descansa en una sanción individualista meramente personal. Pues esta admiración de la base moral del feudalismo lo iluminaría de un modo como casi nada más podía hacerlo con respecto a la sofistería que acecha en todo sistema ético individualista o egoísta.

Los consejos de Polonio a Laertes se dan en el momento en que este está a punto de partir para París, y todas las instrucciones de aquel al espía Reinaldo se refieren a la conducta de Laertes en esa ciudad. La aplicabilidad de todo ello al hijo mayor de Burleigh, Thomas Cecil, luego conde de Exeter, y fundador de la actual casa de Exeter, será evidente para cualquiera que se tome el trabajo de leer *The House of Cecil,* de G. Ravenscroft Dennis.

La tendencia a irregularidades, que Ofelia insinúa en sus palabras de despedida a su hermano, es muy evocadora de la vida de Thomas Cecil en París, y todas las indagaciones que Polonio indica al espía que haga en relación con Laertes evocan la información privada que Burleigh estaba recibiendo, por algún canal secreto, de la vida de su hijo Thomas en la capital francesa. Pues Burleigh escribe al tutor de su hijo, Windebank, que «de ha enviado una consigna de sacarlo de Francia porque la estancia de su hijo allí le servirá de poco, ya que gasta su tiempo en la ociosidad». Se nos dice que Thomas Cecil incurrió en el descontento de su padre por su «pereza», «extravagancia», «descuido en el vestir», «afición desordenada a juegos indecorosos como dados y naipes», y que aprendió a bailar y jugar al tenis.

Teniendo presente estas cosas, que el lector vuelva con cuidado a los consejos de Polonio a Laertes y las instrucciones del primero a Reinaldo. Apenas escapará, creemos, a una sensación de la identidad de padre e hijo con Burleigh y su hijo Thomas Cecil. Un punto de las relaciones de Hamlet con Laertes llama la atención como peculiar: su repentina y bastante inesperada expresión de afecto:

> ¿Por qué razón me tratas de este modo?
> Yo siempre te estimé.*

---

* What is the reason that you use me thus?/I loved you ever.

Ahora bien, el hecho es que Thomas Cecil fue alguien enteramente fuera de contacto y en muchos aspectos bastante contrario a Burleigh y su política. A pesar de su rudeza en los primeros años, se habla de él como «un valiente y espontáneo hombre de acción, fuera de lugar en la corte, pero con todos los mejores instintos de un soldado». También fue uno de los que, junto con Oxford, estuvo a favor del matrimonio de la reina con el duque de Alençon, en directa oposición a la política de Burleigh. Thomas Cecil era mayor que Oxford, y tenían mucho en común para fundar su afecto.

Es imposible, pues, resistirse a la conclusión de que Polonio es Burleigh y que Thomas Cecil constituyó, en parte y en todo caso, el modelo para Laertes. Siendo esto así, se sigue casi de forma concluyente que Hamlet es Oxford. Pues aunque la hija de Polonio, Ofelia, no era en realidad la esposa de Hamlet, representa esa relación en la obra. Se había dado a la boda el consentimiento real, y no fue por culpa de ella o de su padre por lo que la unión no tuvo lugar. La conducta de Hamlet hacia su suegro potencial es además muy evocadora de la de Oxford hacia su suegro real. Qué puntos de semejanza pueden haber existido entre Ofelia y lady Oxford es imposible de decir. Nos percatamos, no obstante, de que las pocas palabras de la reina respecto a Ofelia insisten en la idea de esa dulzura que, como hemos visto, lady Oxford y la Elena de *A buen fin no hay mal principio* tenían en común:

> Dulzuras a la dulce: ¡adiós! Yo esperaba que fueses la esposa de mi Hamlet [...] dulce doncella.*

Algo también de la desconfianza y el trato peculiar de Hamlet a Ofelia ya ha sido comentado sobre el comportamiento de

---

* Sweets to the sweet: farewell! I thought thou should'st have been my Hamlet's wife [...] sweet maid.

Oxford hacia su esposa, junto con sugerencias del crecimiento final de un afecto similar.

También hemos observado que la única acusación que Oxford estuvo dispuesto a hacer contra su esposa fue que ella permitía que sus padres se interfiriesen entre ella y él. Este es precisamente el estado de cosas al que Hamlet objeta en Ofelia. Él percibe que Polonio lo está espiando con la connivencia de ella, y astutamente la pone a prueba; ella le miente. Lo que él le responde es que ha descubierto su mentira.

> HAMLET: ¿Dónde está tu padre?
> OFELIA: En casa, señor
> HAMLET: Pues que le cierren bien las puertas para que no haga el tonto sino en su propia casa.*

El uso que hace Hamlet del doble sentido de la palabra «honesta» [*honest*, honesta, sincera] en una pregunta a Ofelia (la misma palabra que en su peor sentido fue aducida por Burleigh respecto a la ruptura entre el señor y la señora Oxford) no carece de importancia. Así pues, nos damos cuenta de que Polonio proporciona la clave para la obra teatral de *Hamlet*. Si Burleigh es Polonio, Oxford es Hamlet, y Hamlet, tenemos derecho a decir, es «Shakespeare».

Ningún rasgo del paralelismo entre Hamlet y Oxford es más pertinente que el de su interés común por el teatro, y la forma de su interés. Ambos de alto linaje, son patronos de compañías de actores y se muestran interesados en el bienestar de sus componentes, como críticos solidarios e instructivos en los aspectos técnicos del arte. No son meros adeptos pasivos al teatro, sino que realmente colaboran modificando

---

* HAMLET: Where is your father?/OPHELIA: At home, my lord./ HAMLET: Let the doors be shut on him that he may play the fool nowhere but in's own house.

y adaptando las obras, componiendo pasajes para ser interpolados, y en general supervisando todas las actividades de sus compañías. No solo en la obra dentro de la obra, que constituye un rasgo tan característico de *Hamlet*, sino también antes del período de que tratamos, es evidente que Hamlet habría estado muy ocupado. En todo esto él es una representación directa del conde de Oxford y de nadie más en un grado igual entre los otros patronos señoriales del teatro en el reinado de la reina Isabel.

Elaborar plenamente el paralelismo entre Hamlet y Oxford exigiría una reescritura de casi todo lo que se conoce de este último, ilustrada por la mayor parte del texto de la obra. Deberíamos, por lo tanto, añadir a lo que ya se ha dicho varios puntos de menor importancia. Hamlet expresa su sentimiento musical e incluso apunta habilidad musical en la escena «de la flauta» (III. 2). En la misma escena muestra su interés por Italia. El duelo en que participa también tiene su equivalente en la vida de Oxford, y hasta el destino trágico de Polonio a manos de Hamlet es un recordatorio de la muerte desafortunada de uno de los servidores de Burleigh a manos de Oxford. El deseo de viajar de Hamlet tuvo que ceder a la oposición de su madre y su padrastro. Sus ambiciones no realizadas a favor de una vocación militar se indican en la escena final, y su participación verdadera en un combate naval se registra debidamente. La muerte y el entierro de Ofelia en el momento del episodio marino de Hamlet se muestra en otro lugar por ser análoga a la muerte de lady Oxford casi al mismo tiempo que las experiencias marinas de De Vere. Sugerencias de una correspondencia entre personajes secundarios de la obra y personas con las que Oxford tenía relación se pueden detectar fácilmente. Rosencrantz, por ejemplo, bien podría ser tomado por una representación que Oxford hizo de sir Walter Raleigh, «santurrón pirata que se hizo a la mar con los Diez Man-

495

Horatio de Vere, 1.ᵉʳ barón Vere of Tilbury (1565–1635),
por Michiel Jansz. National Portrait Gallery de Londres

damientos, menos uno de ellos». Si estamos en lo cierto en esta conjetura, encontramos un toque más sutil en el Acto III, escena 2. Hamlet, en lugar de decir «Por estas manos» hablando con Rosencrantz, acuña una expresión del catecismo y llama a sus manos sus «captoras y ladronas», indicando de esta manera muy ingeniosa la combinación de la piratería con la religiosidad de Raleigh. La observación irónica que luego hace Hamlet, que él mismo «carece de anticipo», ayuda a confirmar la identificación que proponemos.

Apenas cabe duda de que el dramaturgo tenía presente alguna personalidad definida para el personaje de Horacio. La forma curiosa en que pone expresiones en boca de Hamlet describiendo esta personalidad, sin permitir que Horacio en parte alguna de la obra desarrolle teatralmente sus cualidades distintivas, indica que la descripción es como un puro tributo personal a algún hombre viviente. Aquí, no obstante, es la misma exactitud de la correspondencia del prototipo, incluso en el detalle de su nombre real, lo que nos hace creer en la justeza de la identificación que proponemos. Pues la introducción en la obra del primo mismo de Oxford, sir Horace de Vere (o, en los registros más antiguos, Horatio de Vere), solo parece explicable suponiendo que el dramaturgo estaba meditando entonces, justo antes de su muerte, dar un paso al frente para reclamar en su propio nombre los honores que había ganado por su obra, o, en todo caso, que había decidido que estos honores debían reclamarse en su nombre a poco de su muerte, y que a Horatio de Vere se le había confiado la responsabilidad. Tal suposición está plenamente justificada por las últimas palabras que Hamlet dirige a Horacio. Desde luego la concordancia es del carácter más sorprendente y no debe ser descuidada.

Sir Horace Vere (como también se llama) había seguido la vocación que se le había negado al conde de Oxford, y al convertirse en el militar más importante de su época y el principal de los «Veres guerreros», había mantenido las tradiciones militares de la familia. Esta era la clase de gloria que Edward de Vere había deseado ganar: una ambición que ha dejado distintas señales en los dramas shakespearianos. Así pues, el pasaje en que Hamlet describe el carácter de Horacio debe ser comparado con lo que Fuller dice de Horatio de Vere.

Hamlet a Horacio:

> Desde que mi alma supo preferir
> y pudo distinguir entre los hombres,
> en ti imprimió su sello. Pues tú has sido
> como quien sufre todo y nada sufre,
> uno que acoge premios y reveses
> por un igual. Y bienaventurados
> los que bien mezclan juicio con carácter,
> que no son flautas en que la Fortuna
> toca a su antojo. Dadme a mí ese hombre
> libre de las pasiones y lo pongo
> en mi corazón mismo, ¡ay!, en su centro,
> como hago yo contigo.*

Worthies of England, de Fuller: Horatio de Vere tenía

> más mansedumbre y tanto valor como su hermano (Francis).
> En cuanto a su temperamento, era cierto de él lo que se dice del

---

* Since my dear soul was mistress of her choice/And could of men distinguish, her election/Hath seal'd thee for herself; for thou hast been/As one, in suffering all, that suffers nothing,/A man that fortune's buffets and rewards/Hast ta'en with equal thanks: and blest are those/Whose blood and judgment are so well commingled,/That they are not a pipe for fortune's finger/To sound what stop she please. Give me that man/That is not passion's slave, and I will wear him/In my heart's core, ay, in my heart of heart,/As I do thee.

mar Caspio: que nunca mengua ni fluye, observando un tenor constante, ni eufórico ni deprimido, [...] que regresaba de una victoria (en) silencio [...] en retirada, (con) alegría de espíritu.

Así pues, sir Horace Vere se destacó entre su contemporáneos por la posesión del mismo carácter y temperamento que Hamlet ha atribuido a Horacio en términos que se han convertido en clásicos. Y como Horacio fue el hombre elegido por Hamlet para «contar su historia», la teoría que proponemos, que «Shakespeare» había dado instrucciones a su primo Horatio de Vere para «dar cumplida información de él y de su causa al que aún ignore», no deja de tener importantes fundamentos.

La situación religiosa representada en *Hamlet* es peculiar. Aunque el propio Hamlet y su padre muestran vestigios claros de catolicismo, a él no lo encontramos en relación con las instituciones y ministerios del catolicismo, al igual que ello se representa en *Medida por medida* y *Romeo y Julieta*. Tampoco encontramos a los otros personajes de la obra que exhiben el mismo punto de vista. Incluso el amigo más íntimo de Hamlet, Horacio, difiere claramente de él en la perspectiva religiosa. La posición de Hamlet, por lo tanto, es muy similar a la que un noble inglés de inclinaciones católicas ocuparía en los círculos de la corte en los días de la reina Isabel. Por otro lado, Hamlet no es un católico del tipo piadoso. Su franqueza con respecto a su faltas es tan clara y genuina como la que «Shakespeare» muestra en los *Sonetos*. Hamlet confiesa: «Yo me podría acusar de tales cosas que fuera mejor que mi madre no me hubiese dado a luz», tal como «Shakespeare» confiesa en sus sonetos.

> No probarás que fui merecedor
> si no recurres a un mentir piadoso
> que haga más que mis merecimientos,

y sobre mi memoria no me elogias
más que quisiera la verdad avara. [...]
Pues me avergüenzo de lo que produje.*

La aplicación de todo esto a Edward de Vere, por lo que se refiere a él en los registros, es, por desgracia, un punto sobre el que no pende una sombra de duda y sobre lo que no es probable que surja ninguna disputa.

Tampoco es la fe religiosa de Hamlet del firme tipo ortodoxo. Sus soliloquios revelan una mente que había sido afectada por el tipo de escepticismo que se estaba acentuando en los círculos literarios y dramáticos de la segunda mitad del reinado de la reina Isabel. De nuevo esto es representativo de la mente de Shakespeare como se muestra en las obras teatrales en su conjunto, pues el catolicismo atenuado que contienen apenas podría provenir de la pluma de uno de los fieles. También todo esto concuerda con las vagas indicaciones que se dan sobre las relaciones de Oxford con la religión: a un tiempo la profesión de catolicismo y la acusación de ateísmo contra él en otro lugar. El grito de Hamlet, por lo tanto, de que «el tiempo está fuera de quicio», apunta a algo más profundo que a sus desgracias personales y la tragedia de su vida privada. Son mucho más como el estallido de un escritor que está sufriendo él mismo por un agudo sentido del carácter insatisfactorio de todo su entorno social; alguien sin buena relación con el tiempo en que vivía, una época de perturbación social y espiritual incapaz de satisfacer sus ideales de orden social o la necesidad del poeta de una vida espiritual plena, rica y armo-

---

* You in me can nothing worthy prove,/Unless you would devise some virtuous lie,/To do more for me than mine own desert,/And hang more praise upon deceased I/That niggard truth would willingly impart./[...] For I am shamed by that which I bring forth.

niosa. Toda esta insatisfacción personal que el poeta expresa por medio de Hamlet es precisamente lo que se esperaría de alguien situado como Edward de Vere en sus relaciones con las personas y los movimientos de su tiempo. La aversión que Hamlet muestra hacia los políticos, abogados y compradores de tierras no tiene conexión real con el argumento del drama; luego es a todas luces una expresión de los sentimientos personales del autor hacia el tiempo en que vivió, hacia lo que llama «la gordura de estos tiempos groseros», tiempos que se jactaban de no ser ya de «curas campantes», pero que, según él percibía, solo habían cambiado de amos, y se estaban convirtiendo en tiempos de campantes políticos, abogados y monedas. Estas eran de hecho, precisamente, las fuerzas de clase media que ascendían hacia el poder sobre las ruinas del mismo feudalismo que «Shakespeare», por un lado, describe, y Edward de Vere, por otro lado, representa personalmente. En esto vemos otra vez que Hamlet, «Shakespeare» y Edward de Vere coinciden plenamente en relación con el tiempo en que se escribió la obra.

Hamlet se lamenta en relación con su tiempo «¡Maldita suerte, que haya nacido yo para arreglarlo!». Y sin embargo la puesta a punto no se ha logrado a pesar de que han pasado tres siglos desde que «Shakespeare» escribió este lamento. De todos modos, si el nuevo orden que el «alma profética» de «Shakespeare» vio que debe surgir al fin por una reinterpretación y aplicación a problemas modernos de principios sociales que existieron en germen en el medievalismo, entonces «Shakespeare», al ayudar a conservar los mejores ideales de feudalismo, habrá sido un factor muy potente en la solución de aquellos problemas sociales que en nuestro tiempo asumen dimensiones amenazantes por todo el mundo civilizado. El ideal feudal que, de nuevo hacemos hincapié, es el de *noblesse oblige*, la dedicación del fuerte al débil, el principio de que todo el poder de un hombre sobre sus semejantes, ya descanse sobre una base política o industrial, solo puede poseer una sanción duradera mientras los superiores cumplan fielmente sus deberes con los inferiores. En esta tarea de «arreglar las cosas», Hamlet o «Shakespeare», quien creemos que era Edward de Vere, a través de las silenciosas influencias espirituales que se extienden por sus dramas, tal vez haya contribuido tanto como cualquier otra fuerza sola.

No como una parte importante de nuestro argumento, sino como fortalecimiento de la sensación de una conexión entre la obra de *Hamlet* y los acontecimientos en Inglaterra por el tiempo en que apareció, la rebelión de los ciudadanos de Elsinor al grito de «¡Laertes, rey!» evoca la rebelión en Londres bajo Essex, pese a que no se debe omitir que Thomas Cecil, que en algunos aspectos se asemeja a Laertes, fue un instrumento decisivo para sofocar la rebelión de Essex. Una vez más el cambio, no solo de los ocupantes del trono, sino también de la dinastía en Dinamarca, «el alumbramiento electivo de Fortinbrás» desde el país vecino de Polonia, evoca un cambio similar en Inglaterra cuando, de conformidad con el nombramiento real, Inglaterra recibió al primer monarca de una nueva dinastía del país vecino de Escocia. En este caso Fortinbrás sería Jacobo I, y al oficiar Oxford en la coronación podría aparecer como un equivalente del último voto de Hamlet, «Para él mi voz moribunda».

Pues Oxford sería probablemente de los que esperaban del hijo de la reina María de Escocia más simpatía con lo que su madre representaba que la que Jacobo realmente mostró. Una comparación de las diferentes ediciones de *Hamlet* con respecto a estas cuestiones políticas pueden revelar detalles interesantes.

En vista de todo lo que se sabe de Edward de Vere, y de «Shakespeare» como se revela en los *Sonetos*, ningunas palabras contenidas en los grandes dramas superan, ya en importancia respecto a nuestro problema, ya en poder de llamamiento conmovedor, las palabras de despedida que Hamlet dirige a Horacio. Cuanto más se extienden en lo menos apropiado, hacen que Hamlet parezca ficticio, y más suenan como un verdadero grito del corazón oprimido del propio dramaturgo por la reparación y la justicia para su memoria. Póngase a Edward de Vere fuera de cuestión; recuérdese solo que «Shakespeare», en sonetos escritos años antes del drama, había hablado de sí mismo como un hombre que vivía bajo una nube de descrédito más allá de lo que había merecido, deseando para sí nada más que salir de la escena de la vida de tal manera que su nombre se borrase de la memoria de los hombres, y luego léanse las palabras de Hamlet moribundo:

> Tuviese tiempo yo, pues es la muerte
> feroz esbirro, ¡ah!, y os contaría…
> Pero está bien. Horacio, yo me muero;
> tú vives; da cumplida información
> de mí y de mi causa al que aún ignore.
> Oh buen Horacio, ¡qué injuriado nombre,
> con todo así oculto, dejaré!
> Si un día me acogió tu corazón,
> abstente de la dicha por un tiempo
> y en este áspero mundo alienta en pena
> para contar mi historia. [...]
> Lo demás es silencio.*

---

* Had I but time as this fell sergeant, death,/Is strict in his arrest, O, I could tell you,/But let it be. Horatio, I am dead;/Thou livest; report me and my cause aright/To the unsatisfied./O good Horatio, what a wounded name/Things standing thus unknown, shall live behind me!/If ever thou did'st hold me in thy heart./Absent thee from felicity awhile,/And in this harsh world draw thy breath in pain,/To tell my story. [...] The rest is silence.

Si, por lo tanto, Hamlet puede considerarse como una autorrevelación dramática indirecta de Shakespeare, con tanta evidencia se vinculan estas últimas palabras a declaraciones explícitas en su autotorrevelación poética directa, que pueden aceptarse, sin forzar en modo alguno las cosas, como un llamamiento de «Shakespeare» moribundo, quienquiera que haya sido, a que se contase su historia verdadera y se limpiase su nombre de las manchas con que lo había marcado un «vulgar escándalo». El cambio de actitud estaba justificado por lo que él había logrado en el intervalo. El suyo no era ya el historial de un genio desperdiciado. Sentado al parecer «en un aposento ocioso», había conseguido algo que alteró todo el aspecto de su derecho al honor. Había creado y ofrecido como expiación por las faltas de las que había sido culpable (¿y quién de hecho no las tiene?) el logro más magnífico del que puede jactarse la literatura inglesa; uno de los tres mayores logros de la literatura mundial. Es imposible resistirse a la convicción, entonces, de que estas últimas palabras de Hamlet se destinaron a algún amigo de «Shakespeare» que, por una causa u otra, no ha estado a la altura en el cumplimiento del encargo con que fue honrado; si bien la publicación de los sonetos, y de las ediciones infolio de Shakespeare, tal vez hayan sido un parcial cumplimiento.

Aunque estas cosas son aplicables a cualquier «Shakespeare», y cualquier hombre al que no se apliquen queda ipso facto excluido, parecería que, desde toda reivindicación o derecho en el asunto, es solo a Edward de Vere, hasta donde sabemos, al que se pueden aplicar plena y directamente. Así pues, cuando nos encontramos con que esta obra teatral en particular, aunque apareciendo no autentificada en una forma reducida el año anterior, fue publicada, como la tenemos ahora, en el año de su muerte, y luego, bien que sin revisión posterior durante dieciocho años, apareció una edición que contenía alteraciones a las que él se había dedicado a todas luces en el momento de su muerte, podemos leer en estos pasajes finales de la obra nada menos que una llamada postrera a la justicia y el honor que había merecido por su trabajo.

Durante trescientos años los actores han pronunciado y el público ha escuchado estos trágicos y patéticos pasajes sin imaginar que salieron de lo más hondo del alma y de las experiencias amargas del escritor. Nosotros reivindicamos que su profundo significado personal se está dando a conocer ahora por primera vez, y confiamos en que nuestro propio trabajo, imperfectamente realizado, pueda conseguir algo hacia el triunfo de aquella reparación por la que nuestro gran dramaturgo ha implorado tan dramáticamente.

Toda la historia de su vida, como él pueda haber deseado que se contase, tal vez nunca se conocerá. Reinterpretar los hechos conocidos a la luz de la literatura shakespeariana, trabajo en que hemos hecho el primer ensayo, producirá sin duda mayores y mejores resultados cuando otros se hayan puesto a la tarea. También existe la posibilidad de que se exhumen nuevos datos, y esto, junto con la reunión y unificación, por parte de otras personas, de hechos dispersos en distintos registros, puede sacar a la luz «todo lo que así está oculto» y que se hallaba en su mente. El mayor de los hechos «que estaban así ocultos» es el que ahora se anuncia, y su sustanciación avanzará más hacia el desagravio de su «injuriado nombre» que cualquier otro hecho que se descubra en el futuro.

En una revisión de los contenidos de este capítulo apenas se negará que el número de detalles y la unidad general del plan, que ponen la mayor obra maestra de «Shakespeare» en concordancia con la vida y la personalidad del hombre que

por muy distintos motivos hemos escogido como el probable
autor de la obra teatral, no es la menos destacable de la serie
de correspondencias que han aparecido a cada paso de nuestras investigaciones.

CAPÍTULO XVII

RESUMEN CRONOLÓGICO DE EDWARD DE VERE Y «SHAKESPEARE»

Las partes biográficas de este trabajo no están destinadas en ningún sentido a una biografía de Oxford, ni a una representación adecuada ya sea de él mismo o de las diferentes personas cuyas vidas se entreveraron con la suya. Todo es tratado desde el punto de vista del argumento principal, que concierne principalmente a la identificación del autor de las obras de Shakespeare, y de manera secundaria, a la corrección de una concepción falsa e incompleta que se ha asentado respecto el conde de Oxford. En la exposición de nuestro argumento solo hemos sido capaces de guardar una adhesión muy general al orden cronológico. Sucesos que pueden haber estado separados por muchos años han tenido a veces que exponerse en conjunto debido a su relación con algún punto específico de las pruebas. Así pues, ha sido inevitable cierta superposición de los períodos y muchas repeticiones de hechos. Como una enmienda necesaria ofrecemos ahora la siguiente exposición resumida de los hechos en el orden en que se produjeron.

PRIMER PERÍODO

1550. Nacimiento de Edward de Vere, 17.º conde de Oxford (2 de abril).

1556. Nacimiento de Anne Cecil (5 de diciembre).

1556. Ascensión de la reina Isabel.

1562. Muere el padre de Oxford: Oxford se convierte en pupilo real y en interno de la casa de Cecil en The Strand. Arthur Golding, su tío, traductor de Ovidio, es su tutor privado.

1568. Muere la madre de Oxford, que se había casado con sir Charles (o Christopher) Tyrell. Se desconoce la fecha de la boda.

1569. Oxford solicita el servicio militar y se le deniega.

1571. Cecil se convierte en lord Burleigh. Oxford llega a la mayoría de edad: se casa con Anne Cecil.

1573. Arthur Golding se matricula en Inner Temple Records.

Hatton escribe a la reina Isabel refiriéndose a Oxford como «el jabalí».

«Los hombres de Oxford» se permiten correrías alocadas que recuerdan al príncipe Hal y sus hombres en idéntico camino (entre Gravesend y Rochester).

Oxford pide un empleo en la Marina y se le deniega.

Oxford tiene apartamentos en el Savoy, un centro literario.

1574. Oxford se escapa al continente y es traído de vuelta.

1575. Oxford visita Italia: Milán, Venecia, Padua. (Detalles que evocan *La fierecilla domada* y *El mercader de Venecia*.

1576. Oxford regresa vía París. Escribe desde París detalles que evocan *Otelo*.

Se separa temporalmente de lady Oxford.

Notable episodio registrado en *History of Essex*, de Wright, que identifica a Oxford con Beltrán de *A buen fin no hay mal principio*.

Período medio

1576. Comienza su asociación bohemia con hombres de letras y actores.

1576-8. Publicación de varias canciones tempranas.

Carta a Bedingfield.

Rivalidad con Philip Sidney.

1579. Pelea de Oxford con Sidney.

Edmund Spenser publica *Shepherd's Calender*, que contiene referencias probables a la rivalidad de Oxford y Sidney: «Willie y Perigot».

1580. Anthony Munday, dramaturgo y gestor teatral, revela que es servidor del conde de Oxford. Las obras teatrales de Munday contienen pasajes no escritos por él: pasajes que «podrían haber quedado en la mente de Shakespeare».

1580-4. Gira por provincias de la compañía de Oxford (Los Muchachos de Oxford).

Lyly, secretario particular de Oxford, encargado de sus gestiones.

1584. La compañía de Oxford visita Stratford-on-Avon.

1584-7. La compañía de Oxford se establece en Londres.

Representa las obras escritas por Oxford.

Los Muchachos de Oxford representan «Agamenón y Ulises».

1586. Juicio de María, reina de Escocia; Oxford participa.

Muerte de sir Philip Sidney.

1587. María es ejecutada.

Funerales de Sidney.

1588. Muerte de lady Oxford.

El conde de Oxford participa en la batalla naval contra la Armada Invencible.

Oxford inicia una vida de privacidad y retiro.

PERÍODO FINAL

1590. Spenser publica *The teares of the Muses* con una probable referencia a Oxford (como «Willie») «sentado en aposento ocioso».

Comienzo de la carrera de William Shakspere.

Supuesta fecha de los primeros sonetos.

Proposición de matrimonio de la hija de De Vere, Elizabeth, con Henry Wriothesley, conde de Southampton, a la cual propuesta se han atribuido los primeros sonetos.

1591 o 1592. Segundo matrimonio de Oxford, con Elizabeth Trentham. Retiro completo.

1592-1601. Gran laguna en el historial de Oxford.

1592. Fecha atribuida a *Trabajos de amor perdidos,* obra que contiene representaciones de contemporáneos.

1593. Nacimiento de Henry, hijo de Oxford (24 de febrero).

Dedicatoria de *Venus y Adonis* a Southampton.

1594. Dedicatoria de *La violación de Lucrecia* a Southampton.

1597-1604. Gran período de publicación shakespeariana.

1597. Comienza la gran edición de las obras teatrales de Shakespeare.

1598. El nombre «Shakespeare» se imprime por primera vez sobre las obras teatrales.

1600. Avalancha de publicaciones shakespearianas (seis en un año).

1601. Rebelión del conde de Essex.

El conde de Oxford sale de su retiro y participa en el juicio de los condes de Essex y Southampton.

1602. Fecha asignada a *Hamlet.*

Un lapso notable: Southampton en la Torre; laguna en las cuentas del tesorero de la Cámara.

Los servidores de Oxford actúan en la taberna Cabeza de Jabalí.

Edición pirata de *Las alegres comadres de Windsor*.

1603. Publicación no autorizada de *Hamlet*.

Muerte de la reina Isabel: ningún homenaje de «Shakespeare» u Oxford.

Oxford oficia en la coronación de Jacobo I.

Southampton liberado: organiza una representación de *Trabajos de amor perdidos* para la nueva reina.

Últimos sonetos escritos de «Shakespeare».

1604. Publicación auténtica de *Hamlet*.

Fecha asignada a *Otelo*.

Muerte de Edward de Vere.

Últimas ediciones shakespearianas auténticas por dieciocho años.

Supuesto retiro de William Shakspere a Stratford (según algunas autoridades stratfordianas).

Relación de Southampton con el cese de Shakspere.

CUESTIONES PÓSTUMAS

1605-1608. Interrupción de la publicación shakespeariana.

1608-1609. Leve resurgimiento.

Publicación no autorizada de tres obras teatrales y los *Sonetos*.

1612. Muere la segunda lady Oxford.

Fecha asignada para la retirada completa de William Shakspere de Londres.

1616. Muerte de William Shakspere.

1622. Publicación separada de *Otelo*.

1623. Publicación del Primer Infolio de «Shakespeare».

1624. Muerte del conde de Southampton.

1632. Publicación del Segundo Infolio de «Shakespeare».
Publicación de las obras teatrales de Lyly por la misma firma. Aparece por primera vez en estas obras un conjunto de canciones excelentes que se habían omitido en todas las ediciones anteriores de la obra de Lyly.

1635. Muerte de sir Horatio de Vere (2 de abril).

CAPÍTULO XVIII

CONCLUSIÓN

Llamamos a Dante el sacerdote melodioso del catolicismo de la Edad Media. ¿No podemos llamar a Shakespeare el sacerdote aún más melodioso de un verdadero *catolicismo, la Iglesia Universal del Futuro y de todos los tiempos?* THOMAS CARLYLE, *«De los héroes»*

Ahora podemos concluir nuestra labor con una revisión del curso que han tomado nuestras investigaciones y un resumen de sus resultados. Habiendo examinado tanto las condiciones internas como las externas de la vieja teoría de la autoría shakespeariana, encontramos que el conjunto ofrece tal acúmulo y tal combinación de anomalías como para volverla ya no sostenible por más tiempo. Así pues, emprendimos la solución del problema de la autoría, que hemos presentado.

Empezando por una caracterización de Shakespeare elaborada a partir de una consideración de sus escritos, una caracterización que abarca no menos de dieciocho puntos y que implica una combinación muy inusual, procedimos a buscar al dramaturgo. Usando la forma de la estrofa de *Venus y Adonis* como guía, seleccionamos un poema isabelino en esta forma, que parecía guardar el mayor parecido con el trabajo de Shakespeare. Se encontró que el autor de este poema, Edward de Vere, cumplía en todo lo esencial el trazado de Shakespeare que establecimos.

A continuación encontramos que las autoridades literarias competentes, al atestiguar las cualidades distintivas de su obra, hablaban de sus poemas en términos apropiados a «Shakespeare». Un examen de su posición en la historia de la poesía isabelina mostró que él era una posible fuente de la literatura de Shakespeare, mientras que una examen de sus canciones reveló una muy notable correspondencia, así en las cualidades generales como en detalles importantes, con la otra obra literaria que ahora le atribuimos. Pasando luego a los registros de su vida y de su familia, encontramos que estos estaban plenamente reflejados en los dramas: sus contenidos llevan señales acentuadas de todos los incidentes relevantes y las relaciones personales de su carrera, mientras que las condiciones especiales de su vida en el momento en que estas obras teatrales se estaban produciendo concordaban exactamente con la publicación de las obras.

Encontramos que su muerte fue seguida por una interrupción inmediata de la publicación shakespeariana y por otras varias pruebas sorprendentes de la desaparición del gran dramaturgo, mientras que un resurgimiento temporal de la publicación unos años más tarde fue de tal carácter como para dar apoyo adicional a la opinión de que el autor por entonces estaba muerto. Finalmente, hemos demostrado que los sonetos se han hecho ahora inteligibles por primera vez desde su aparición, y que el mayor logro del autor es nada menos que un retrato idealizado de sí mismo.

Resumiendo tenemos:

1. Las pruebas de la poesía.
2. La evidencia biográfica general.
3. La evidencia cronológica.
4. Las pruebas póstumas.

5. Los argumentos especiales:
   a. El argumento de *A buen fin no hay mal principio.*
   b. El argumento de *Trabajos de amor perdidos.*
   c. El argumento de *Otelo.*
   d. El argumento de los *Sonetos.*
   e. El argumento de *Hamlet.*

Es la perfecta armonía, coherencia y convergencia de las diversas líneas de argumentación empleadas, así como el volumen abrumador de coincidencias que implican, lo que da a nuestros resultados el aspecto, creemos, de un caso por entero e impecablemente probado.

Sin embargo en modo alguno hemos agotado el tema. No solo queda mucho por decir, sino que tal vez al dar un paso tan decisivo, implicando el reajuste de más de una concepción arraigada, algunas afirmaciones que se han hecho tendrán que ser más tarde modificadas o retiradas. Al trabajar, también, entre una masa de detalles de lo que fue un dominio desconocido, es posible que se haya incurrido en errores graves. En argumentos como el actual, no obstante, líneas enteras de pruebas subsidiarias pueden romperse y aún dejar la afirmación central firme e inquebrantablemente establecida.

Por otra parte, no nos sorprendería si elementos particulares de pruebas mucho más concluyentes que cualquier argumento que hayamos ofrecido surgiesen después, o incluso si se advirtiese que torpemente hemos pasado por alto alguna cuestión vital. Por la experiencia del curso de nuestras investigaciones no tememos que semejante supervisión afecte apreciablemente a la validez del argumento en su conjunto. Pues la detección de descuidos hasta ahora solo ha conferido una fuerza adicional a nuestra posición, y tan a menudo ha ocurrido esto en el pasado que es difícil pensar que tenga ningún otro efecto en el futuro. Solo una conclusión entonces parece posible; a saber, que el problema de la autoría de las obras teatrales de Shakespeare se ha resuelto, y que toda indagación futura no está destinada a proporcionar sino un mayor apoyo a la solución aquí propuesta.

Se verá que solo de un modo general ha sido posible adherirse, en nuestros últimos capítulos, al plan de investigación descrito al comienzo. Al rastrear indicios de la vida y la personalidad de Edward de Vere en los escritos de Shakespeare, se ha incluido gran parte de los fundamentos aplicados a las siguientes etapas separadas de la investigación. La sexta etapa consistió en reunir «pruebas confirmadoras», y han sido ampliamente suministradas por los dos últimos capítulos, en que la autorrevelación poética y la dramática del poeta, se han tratado respectivamente. La séptima etapa, desarrollar conexiones personales, en lo posible, entre el nuevo autor y la vieja autoría, incluyendo al hombre William Shakspere, está cubierta por los capítulos biográficos que tratan de Arthur Golding, el traductor de Ovidio; Anthony Munday, el dramaturgo; Lyly, secretario particular de Oxford y «único modelo de Shakespeare en la comedia»; y por último Henry Wriothesley, conde de Southampton, al que están dedicados los poemas de Shakespeare, quien se conoce como el amigo munificente de William Shakspere y por quien el conde de Oxford manifiesta un interés especial.

Por consiguiente, la tarea que nos propusimos llevar a cabo se ha realizado bastante de acuerdo con el plan original. Por más que pueda ser indigna de tan gran tema la manera de presentar el caso, es imposible no sentirse satisfecho por la buena suerte que ha asistido a nuestra exploración en una sección que no es especialmente la nuestra. En el breve instante de existencia consciente situada entre los dos inmensidades, el destino nos ha honrado con este tarea particular, y aunque puede que no sea el trabajo que hubiésemos deseado hacer, estamos contentos de haber sido capaces de hacer tanto.

Ahora el asunto debe salir de nuestras manos, y el caso debe ser juzgado en público por medio de una discusión en que la opinión experta tiene que desempeñar un papel importante en la formación de un juicio definitivo. Si tal discusión será inmediata o diferida, no nos cabe duda de que ha de llegar en un momento u otro, y que, cuando llegue, el veredicto final será proclamar a Edward de Vere, decimoséptimo conde de Oxford, como el verdadero autor de las mayores obras maestras de la literatura inglesa.

Así pues, nos atrevemos a hacer un serio llamamiento ante todo a los sectores reflexivos de todas las clases del público británico, y no simplemente de las clases literarias, y a examinar y aun insistir en un examen acreditado de las pruebas aducidas. El asunto pertenece, desde luego, al mundo en general. Pero Inglaterra ha de asumir la mayor parte de la responsabilidad, y su honor está implicado en ver que una cuestión del nombre y la fama de uno de los más ilustres de sus inmortales, el nombre que Inglaterra ha estampado más incuestionablemente en la vida intelectual de la raza humana, no se abandone a la mera polémica literaria. Estamos obligados, no obstante, a hacer un especial llamamiento a aquellos cuyo equipamiento intelectual y posibilidades los adecúan al examen del argumento, para que se aproximen el problema con un espíritu imparcial. No va a ser una cosa fácil para stratfordianos o baconianos de muchos años admitir que estaban equivocados, y que el problema se ha resuelto por fin de una manera contraria a todos sus antiguos puntos de vista. Con todo, a los sinceros admiradores de «Shakespeare», los que han captado algo de su grandeza de visión intelectual y su fidelidad a los hechos, la dificultad de reconocer y admitir un error no resultará insuperable, mientras que su poder de ayudar de este modo en un gran acto de justicia será inmenso.

Además de lograr el reconocimiento de Edward de Vere como el autor de las obras de Shakespeare, mucho queda por hacer para levantar la losa de descrédito de su memoria y ganar para su nombre el honor que por derecho le pertenece. Ese «gentil espíritu», como creemos que Spenser lo ha descrito y como sus propios versos lo revelan (concordando tan bien con la expresión de nuestro «gentil Shakespeare»), ha permanecido durante muchos años bajo la «sombra no disipada».

Cualesquiera que puedan haber sido sus defectos, tenemos en él un alma despierta para todas las cuestiones que atañen a la vida humana. Toda elevada inspiración y todo esfuerzo encuentran estímulo en su obra, y no hay fase de sufrimiento o debilidad humanos que no halle en él un tratamiento compasivo y amable, incluso cuando su burla es más mordaz. «Y el hombre a quien Natura de ella había hecho para su propia mofa copiando la verdad, con un amable estrado bajo una sombra mímica» (los términos en que hemos expuesto que Spenser habla de De Vere, y que con tanta precisión describen a «Shakespeare») no pudo ser ningún disoluto. Las irregularidades de las cuales los sonetos de Shakespeare dan testimonio están sin duda arraigadas en la sinceridad de su carácter y la ternura de su corazón. No las justificamos, pero estamos obligados a hacer una distinción muy marcada entre ellas y el mero libertinaje. Todo lo que Shakespeare ha escrito, y cada línea de De Vere, nos habla de un hombre que, aun en las mayores profundidades del pesimismo, y en sus momentos de cinismo más amargo, había mantenido vivas las más altas facultades de su mente y su corazón. Ningún hombre de vida constantemente licenciosa puede hacer esto, y por lo tanto, establecer la identidad de Edward de Vere y «Shakespeare» exige abandonar todos los juicios superficiales que se habrían dejado pasar indiscutidos mientras se suponía que Edward de Vere era una persona de ningún momento particular en la historia de su país o del mundo.

Además hasta ahora el mundo ha visto y conocido en él tan solo la excentricidad y la turbulencia de Hamlet. El verdadero Hamlet, tierno de corazón y apasionado, cuya alma profunda y melancólica medita con afecto sobre la gran tragedia de la vida humana, y que aún conserva la luz de la inteligencia y el humor, cuyo «noble corazón» se rompe al fin, pero que prosigue su lucha hasta el último momento de la vida, cuando la pluma, no la espada, cae de sus dedos, es el Hamlet que ahora debemos ver en Edward de Vere, cuando él está ante el mundo como «Shakespeare». La inquietud y la turbación de su vida objetiva en la era isabelina han pendido sobre su memoria por más de trescientos años. Todo esto, creemos, está a punto de terminar y, pasado su período de expiación, podemos confiar en que, ingresado en la plena posesión de sus honores, un tiempo de influencia espiritual aún más rica aguarda a su existencia continuada en los corazones y las vidas de los humanos.

«La gordura de estos tiempos groseros», contra la que toda su carrera fue una protesta, se ha instalado más que nunca en la vida de la humanidad, y el producto culminante de este materialismo moderno fue la guerra mundial que asolaba mientras la mayoría de estas páginas se estaban escribiendo, una guerra que ha sido la apuesta más loca por el poder material que el instinto indisciplinado de dominación haya infligido nunca a una humanidad sufriente, amenazando con el hundimiento completo del alma de los seres civilizados. Sin embargo entre los proyectos de reconstrucción «posbélica» que se estuvieron poniendo en marcha, aún con la guerra en curso, los fines materialistas prevalecieron en todas partes. En educación, por ejemplo, donde los objetivos específicamente espirituales deberían haber dominado, se han considerado sobre todo los objetivos comercial e industrial. Y ahora que el conflicto ha terminado, toda la interrupción de la existencia social se ve amenazada por «intereses» materiales y antagonismos.

Contra esto el espíritu de «Shakespeare» vuelve a protestar. Su «alma profética», todavía «soñando con lo por venir», apunta a un futuro en el que el humano *espíritu* y sus instituciones e instrumentos accesorios deben convertirse en la preocupación suprema del ser humano. El despilfarro que hizo «Shakespeare» de sus propios recursos materiales, aunque insensato en sí mismo, fue la reacción del alma contra el creciente culto a Mammón en su día, y la fidelidad con que él representa en sus obras la caballerosidad del feudalismo es la expresión del afecto por aquellas relaciones sociales que atienden al espíritu más sutil en el ser humano. Él simboliza, entonces, una concepción ampliada y enriquecida de las cosas espirituales, una concepción que abarca toda la gama de facultades mentales y morales del hombre, de la risa más alegre y la picardía sutil al pensamiento profundo y la trágica gravedad del designio. Simboliza estas cosas y lo hace por su supremacía en la vida humana, que implica la subordinación de cualquier otro interés humano a estas fuerzas e intereses espirituales.

Más que nunca en los próximos años vamos a necesitar el espíritu de «Shakespeare» para ayudar en el trabajo de mantener al «político» y al materialista, siempre maniobrando por la supremacía en los asuntos humanos, en su posición secundaria y subordinada a y bajo la disciplina de los elementos espirituales de la sociedad. No podemos, por supuesto, volver al medievalismo de «Shakespeare», pero será necesario incorporar en la vida moderna lo que era mejor en el orden social y el espíritu social de la Edad Media. «El alma profética del vasto mundo» llena su visión, no con un estado de competencia material más intensa y aumento del lujo, sino con un orden social en que la mente y el corazón humanos tendrán condiciones mayores para su expansión; en que la poesía, la música, el drama y el arte en todas sus formas proyectarán un encanto adicional sobre una vida de armonía humana y ayuda mutua; en que, por lo tanto, «Shakespeare», «nuestro poeta inmortal», será una íntima influencia personal cuando los héroes de nuestra difunta lucha de Titanes sean olvidados o solo aparezcan débilmente en las páginas de historia.

Sus obras no lo cumplen, y nunca pueden proporcionar todo lo que el alma humana necesita. Para satisfacer las más profundas necesidades de la humanidad las escrituras de Shakespeare deben complementarse con las otras grandes escrituras de nuestra raza, y solo todas juntas satisfarán todas nuestras demandas en la medida en que tengan éxito en poner ante nosotros la imagen conductora de una Humanidad divina. En este trabajo, sin embargo, «Shakespeare» siempre tendrá la prioridad. Hablando ya no detrás de una máscara o bajo un seudónimo, sino en su propio nombre honrado, Edward de Vere, decimoséptimo conde de Oxford, volverá a llamar a la humanidad al culto de la verdad, la realidad, la maravilla infinita de la naturaleza humana y la grandeza eterna del Ser Humano.

APÉNDICE I

«LA TEMPESTAD»

Yo no distingo en La tempestad *las señales de una larga práctica en el arte dramático y la plena madurez del genio del poeta que algunos han descubierto.* HUNTER

Aunque, como era inevitable, han surgido dificultades en el curso de nuestras investigaciones, lo sorprendente ha sido que hayan resultado pocas y no alarmantes. Hasta el momento, el mayor obstáculo es el presentado por una obra teatral, *La tempestad*. Si pasamos revista a las diferentes obras de Shakespeare en el orden de las fechas asignadas a ellas, encontramos que esta ocupa una posición muy notable. Ante todo nos percatamos de que las grandes comedias populares se atribuyen todas a la primera parte de la carrera de Shakespeare, y las tragedias más conocidas, con la excepción de *Romeo y Julieta*, a la última parte. Estas tragedias culminan en *Hamlet* y *Otelo*, en los primeros años de lo que puede llamarse el período trágico, y disminuyen con ciertas composiciones mixtas como las tragedias de *Coriolano, Timón, Pericles, príncipe de Tiro* y *Cimbelino*. Se supone que el gran dramaturgo ha presentado sus últimos respetos al mundo dramático, que él había exornado durante tantos años, con una obra a la que otra persona había sido llamada a terminar (la obra de varias manos y un tanto inarmoniosa de *Enrique VIII*). Luego tenemos *La tempestad*, intercalada en el grupo que contiene una tragedia como *Pericles, príncipe de Tiro* y la insulsa obra histórica de *Enrique VIII*.

Desde este punto de vista parece una obra teatral que se había alejado y caído en malas compañías. Su socia natural, *Sueño de una noche de verano,* está separada de ella por un intervalo casi tan ancho como el período shakespeariano pueda permitirlo. Bajo cualquier teoría de la autoría esta obra ocupa un posición anómala. Para los puntos de vista que ahora estamos propugnando presenta una real y grave dificultad: el único obstáculo formidable que hayamos encontrado hasta ahora y que por ello exige una atención especial.

Se observará que es una de las veinte obras teatrales impresas por primera vez en la edición infolio de 1623. Aunque impresa entonces por primera vez, hay pruebas abundantes de que varias de estas obras existieron muchos años antes. En relación con *La tempestad* el único hecho acreditado parece ser que una obra de este nombre estaba entre las que se representaron para celebrar el matrimonio de la princesa Isabel con el elector Federico en 1613. Hubo sin embargo una referencia a ella, falsificada, conectándola con el año 1611; y como la referencia de 1613 casi la empuja fuera del período shakespeariano apropiado, la referencia falsificada parece una tentativa, por cualquier razón, de traerla más adentro del período. Las circunstancias son seguramente sospechosas. No consta que se haya registrado, ni hay ninguna indicación de haberse impreso antes de 1623. Hechos como estos, en relación con una obra como *Timón de Atenas,* no nos parecen en absoluto notables. En relación con una pieza favorita como *La tempestad* no son lo que deberíamos haber esperado, quienquiera que haya sido el autor de la obra. Con todo, afecta más negativamente a nuestras propias teorías que al punto de vista stratfordiano. Parece increíble que pudiese haberse escrito y escenificado en el período temprano de Shakespeare sin dejar ningún rastro, y es muy improbable que tal obra se hubiese escrito y dejado de escenificar durante muchos años, ya que el elemento de puesta en escena está más acentuado que en ninguna otra obra atribuida a «Shakespeare».

Además de todo esto, se afirma que contiene huellas de sucesos contemporáneos de los primeros años del reinado de Jacobo I e incluso que está parcialmente en deuda con un folleto publicado en 1610. Este hecho por sí mismo no presenta una dificultad insuperable, visto que la interpolación del trabajo de otras personas es una característica muy reconocida de las últimas obras de Shakespeare; pero, tomada junto con su carácter más moderno y lo que a nosotros nos parece la menor calidad isabelina de su dicción, resulta que justifica el supuesto de que la obra en conjunto pertenece a la fecha a que se le ha asignado.

Con respecto a *La tempestad* hemos procurado presentar el caso con toda la fuerza adversa con que afecta a nuestra teoría de que Edward de Vere es Shakespeare, y hemos de confesar que a primera vista parece como si *La tempestad* estuviese amenazando de naufragio todas nuestras esperanzas y trabajos en la causa de la autoría shakespeariana.

No obstante, la posición un tanto anómala ocupada por la obra ya ha dado lugar a dudas sobre la exactitud de la fecha asignada a la misma. El primer escritor de prestigio que ha suscitado estas dudas fue Hunter, al que se describe en el *Variorum Shakespeare* como «uno de los comentaristas más doctos y precisos». También él ha sido el primero en cuestionar su derecho a los grandes elogios que está de moda prodigar a esta composición; véanse las palabras que citamos a la cabeza de este capítulo. Sir George Greenwood también ha suscitado dudas acerca de si su ejecución encubierta es de la mano de «Shakespeare».

Otros críticos y comentaristas han prestado atención a la cuestión de su fecha, y aunque la gran mayoría confirma la fecha posterior que suele adscribirse a la misma (1610-1613), vamos a citar algunas autoridades que están a favor de una producción anterior:

Hunter. 1596.

Knight. 1602-1603.

Dyce y Staunton. Después de 1603.

Karl Elze. 1604.

Existen, pues, algunas autoridades shakespearianas tanto a favor de una fecha anterior como de la intervención de una mano extraña. Aun así, no nos convencen dichas autoridades y por consiguiente no estamos dispuestos a refugiarnos detrás de sus hallazgos. El lector que a pesar de los contenidos de este capítulo pueda seguir aferrándose a la antigua estimación de la obra, tal vez en todo caso encuentre consuelo en las fechas suministradas arriba.

Ahora debemos pedir al lector, al que suponemos deseoso de tomarse alguna molestia por llegar a la verdad del asunto, que lea primero con cuidado algunas de las primeras comedias como *Trabajos de amor perdidos, Sueño de una noche de verano* y *A vuestro gusto*. Cuando haya leído estas obras con admiración y tenga, por así decirlo, una sensación de la fuerza del intelecto y el ingenio de Shakespeare, la significación plena de sus líneas, su imaginería rebosante, la fecundidad de sus ideas sobre todo lo relacionado con las fuerzas múltiples de la naturaleza humana, sus miradas incisivas a los motivos humanos, sus giros sutiles de expresión, la precisión y refinamiento de sus distinciones, el flujo fácil de su dicción, la cualidades vocales de sus combinaciones verbales, todo ello características reconocidas de Shakespeare, pase luego a leer *La tempestad*, pensando no tanto en las amplias situaciones presentadas por el juego escénico, como buscando el más fino material literario y poético que constituye el trabajo del verdadero Shakespeare, y probablemente experimentará una decepción mucho mayor de la esperada.

Tomemos por ejemplo la segunda escena del primer acto, el diálogo entre Próspero y Miranda, sobre todo cuando él le está relatando a ella sus desgracias. Parece bien, sin duda, en una primera lectura o al escucharla repetida en el escenario. Expone una situación particular con lucidez, a grandes rasgos, sin exigencias especiales a la mente del lector o el oyente, y para los que desean continuar con el asunto de la obra y ver cómo se resuelven las cosas, esto es justamente lo que se quiere. Sin embargo, uno no siente un gran deseo de volver a leerlo de inmediato a fin de saborear mejor su encanto poético; ni tampoco nadie memorizaría sus frases con la idea de enriquecer sus propios recursos de expresión.

La situación era, en cambio, muy adecuada para un delicado tratamiento poético, pero el carácter prosaico de la narración, interrumpida por Próspero insistiendo en la pregunta de si Miranda lo estaba atendiendo o no, hace que uno cuestione lo que haya en ella para justificar el intento de verso blanco. Usamos la palabra «intento» a propósito, pues un examen minucioso de él revelará una mayor proporción de medidas falsas y versos no rítmicos que la que se puede hallar en un espacio igual de la mejor versificación de Shakespeare. De hecho a lo largo de la obra hay una tenuidad general en lo que respecta a la sustancia literaria de primera clase y al lenguaje figurativo que distingue la mejor poesía. Nuestra tarea es determinar si lo que hay posee verdaderas características shakespearianas.

Al juzgar esta cuestión, no por sus peores pasajes sino por lo que se acepta como los mejores, no intentaremos seleccionar el que a nosotros pueda parecernos el mejor, sino que

527

tomaremos uno de *La tempestad* que ha sido señalado por una mención especial de otros.

> Estos actores nuestros
> eran, como ya os dije, almas y
> se han hecho aire, impalpable aire;
> y cual mansión sin base de este sueño,
> torres sin fin, magníficos palacios,
> solemnes templos, hasta el mundo mismo,
> sí, cuanto se alza, se disipará,
> y cual este espectáculo ilusorio,
> no dejará ni huella.*

Si nuestras ideas del estilo de Shakespeare se han formado en el estudio de esta obra en particular, el pasaje parecerá sin duda muy shakespeariano; pero no de otra manera. Sin embargo antes de discutirlo en su conjunto pedimos al lector que se fije en la palabra «y» al final del segundo verso, ya que tiene relación con un punto importante que luego consideraremos. ¿A qué deben entonces estas líneas su popularidad? Sabemos a qué la debe un discurso de Porcia, o una meditación de Jacques, o un soliloquio de Hamlet. Todos estas grandes expresiones de Shakespeare deben su poder no a la mera grandilocuencia que las adapta a peroraciones, sino a su apelación directa al corazón y la mente humana, que constituyen su propio objeto. Teorías cosmológicas vienen y van, pero la constitución fundamental de la naturaleza humana, sus experiencias interiores, sufrimientos y luchas, siguen sien-

---

* These our actors,/As I foretold you, were all spirits and/Are melted into air, into thin air:/And, like the baseless fabric of this vision,/ The cloud-capp'd towers, the gorgeous palaces,/The solemn temples, the great globe itself,/Ye all which it inherit, shall dissolve/And, like this insubstantial pageant faded,/Leave not a rack behind.

do en sustancia y eternamente los mismos. Como el tema de Shakespeare es siempre este asunto espiritual perdurable, su influencia no mengua, sino que crece con la siglos.

En el pasaje que acabamos de citar no hay un toque de Shakespeare de especial interés. Es simple filosofía cósmica, y como tal, el más lóbrego negativismo que jamás se haya puesto en palabras pretenciosas. El alma de Shakespeare era demasiado grande para una mera negación. Él era esencialmente positivista. Cuando trató su propio tema de la naturaleza humana, expuso lo que veía y sentía, siempre sometiendo su tema a sus propias realidades, condicionadas por sus relaciones esenciales. En términos modernos, él era un experimentador; o, para usar una palabra más torpe, aunque más precisa, un «experiencialista». Por otro lado no era un mero empirista: la suya era una visión que «miraba el antes y el después», un «alma profética del vasto mundo soñando con las cosas por venir». Reconociendo las limitaciones de la visión humana, su mente aún podía captar con el pensamiento la gran incógnita que se extiende más allá del alcance de las facultades inmediatas, pero él no la llenó con una mera negación, por más indeterminada que pueda haber sido la afirmación suya.

> Más cosas hay en cielo y tierra, Horacio,
> que las que sueña tu filosofía.*

La filosofía del pasaje que hemos citado de *La tempestad* es como la que podríamos concebir que Hamlet le atribuyese a Horacio, y no la de Hamlet mismo. Tampoco creemos que deba su popularidad a la perspectiva que representa. Es más bien el temor que inspira la inmensidad de la concepción y

---

* There are more things in heaven and earth, Horatio,/Than are dreamt of in your philosophy.

sus frases altisonantes lo que le ha granjeado al pasaje su lugar en la literatura retórica inglesa. Ni en el tema ni en la filosofía, con todo, nos parece shakespeariano.

Ni siquiera los términos del pasaje son originales del autor de esta muy alabada comedia, sino que evocan claramente un pasaje de una obra escrita en los últimos años del siglo XVI (ver *Variorum Shakespeare*). Su valor como prueba de la autoría shakespeariana es, por lo tanto, insignificante. Sin embargo, cuando llegamos a la frase de clausura del pasaje, los lectores de Shakespeare nos aseguran que al menos aquí tenemos la obra del maestro:

> Somos la sustancia sobre la que están hechos los sueños y nuestra pequeña vida se acaba con un sueño.*

Aquí nos encontramos ante una de las dificultades principales en la discusión sobre Shakespeare; a saber, una afirmación dogmática** basada en la sensación literaria o el instinto, pero que no ofrece un patrón fijo de medición por el que la verdad de la afirmación pueda probarse. Por más que entonces se nos asegure que estas palabras son sumamente shakespearianas, nosotros nos atrevemos a decir que nos parecen tan in-shakespearianas como cualquier otra expresión que se haya atribuido a «Shakespeare».

Cuando leemos que «todo el mundo es un escenario y todos los hombres y mujeres meros actores», sentimos que la mente del escritor, en el trato con la vida, está ocupada con ideas claras y definidas, que vívidamente imparte a sus lecto-

---

* Looney transcribe estos versos en forma de prosa para que atendamos más bien a su aspecto enunciativo. Lo secundamos. (*N. del T*)

We are such stuff/As dreams are made on, and our little life/Is rounded with a sleep.

** La de los lectores de Shakespeare. (*N. del T.*)

res por la nitidez y precisión de los términos que usa. Cuando la mente de Hamlet trabaja en la gran incógnita, el «sueño de la muerte» y las posibles experiencias después de la muerte, «qué sueños puedan venir», tenemos la misma concreción de la idea, la misma relación precisa del lenguaje y el pensamiento. Podemos pensar que él se para en seco; que podría habernos dado más, pero no tenemos ninguna incertidumbre respecto a la parte que nos ha dado. Nos movemos con él en el plano de las realidades de la vida y la muerte por igual, y cuando trata de lo que no sabe, sabe qué es lo que no sabe. Si entonces esta claridad mental, esta concreción y precisión de pensamiento y expresión por igual, no son notas dominantes de «Shakespeare», debemos confesar que todavía tenemos que empezar a comprender su obra.

Desde este punto de vista, las expresiones características de Shakespeare sobre la vida y la muerte que acabamos de citar vamos a compararlas con los versos antes citados de *La tempestad*. Seguramente podemos desafiar a alguien a que muestre otro pasaje de todo Shakespeare que se empareje con estos en vaguedad metafísica. Abandonemos por un momento la práctica de introducir en estas palabras o extraer de ellas algún significado filosófico; intentemos la tarea más simple de dar un sentido idiomático meramente elemental a los términos y coloquemos estos sentidos en una especie de relación coherente entre sí. Somos sustancia; la sustancia de los sueños; los sueños están hechos sobre (¿o «de»?); la vida *se acaba* [o *se completa*] con un sueño. No podemos decir que Shakespeare nunca nos dé tales «huesos duros de roer», pero sí decir con plena confianza que estas expresiones no son típicamente shakespearianas. Tan lejos como podemos asir la deriva general de las metáforas, parece que la vida actual del ser humano se asemeja a los sueños: «*Somos* la sustancia», etc., y que él [el ser humano] pone fin a sus sueños para irse a dormir. No obstante, en común con Shakespeare y la mayoría de la humanidad, estamos acostumbrados a asociar nuestros sueños con nuestros tiempos reales de reposo.

Por su lado más profundo diríamos que la frase está en contradicción con la mente de Shakespeare. Para él la vida humana es la gran realidad objetiva. No estamos diciendo ahora que él tenga o no razón en esto, sino que es esta presión objetiva sobre él de la vida humana lo que ha producido los dramas inmortales. Si la vida es íntegra o vil, es integridad real y vileza real. Si la vida pasa en serio o no es más que la de «hombres y mujeres interpretando papeles», su mundo está poblado por seres humanos de verdad, no *sustancia soñadora*.

Si captamos, pues, la filosofía cósmica de todo el pasaje, o el toque de filosofía humana con que se cierra, sostenemos que, esté escrito o no por «Shakespeare», no es shakespeariano.

Si estamos dispuestos a negar a la obra la posesión de la primera categoría shakespeariana, sería de todos modos una locura desacreditar un buen trabajo que podría llamarse de segunda categoría, la que sin duda retiene. Los tiempos abundaban en obras de segunda, juzgadas por el nivel de Shakespeare; obras que de no ser por este alto nivel, podrían haberse clasificado de primera. De hecho parece haber en la obra indicios de una verdadera colaboración entre dos personas, un dramaturgo propiamente dicho y un poeta. El pasaje citado, y otros, especialmente los versos líricos, parecen ser de una mano distinta a la que escribió la obra como un todo; pero no parece la obra inacabada de un escritor que fue acabada por otro. Nuestro problema actual, con todo, es ver si es o no es shakespeariana.

Continuando con esta indagación vamos primero a recordar ciertas críticas en *Hamlet* sobre una clase de obra teatral que entonces se estaba poniendo de moda.

Hay, señor, una nidada de críos, polluelos de rapaces, que chillan al final de las interrogaciones y por ello son aplaudidos más tiránicamente.

[…] Los espectadores de pie […] en su mayor parte son incapaces de apreciar nada sino *incomprensibles pantomimas y alboroto.**

Con estas observaciones en mente dejemos que el lector pase a las páginas de los grandes dramas shakespearianos atendiendo a las acotaciones. En su mayor parte hay poco más que las expresiones simples «entra», «sale», «aparte», «duerme», «se levanta y avanza», «trompetas», «ruido dentro», y cosas así. Cuando, como en el caso del episodio de pantomima en el interludio de *Hamlet*, son necesarias las acotaciones, estas se limitan a un simple esbozo, al ser cada particular acción indicada una parte esencial del drama y además bastante comprensible. Ahora bien, teniendo presente la especial animadversión de Hamlet hacia «incomprensibles pantomimas y alboroto», pasemos a las acotaciones de *La tempestad*:

«Se escucha un ruido tempestuoso de truenos y relámpagos». «Un ruido confuso dentro». «Truenos» (a intervalos). «Entra Próspero, arriba, invisible. Entran varias Figuras extrañas, que traen preparado un banquete; danzan en torno a la mesa con gestos amables y salutaciones, e invitan al rey, etc., a comer, y salen».**

---

* There is, sir, an aery of children, little eyases, that cry out on the top of question, and are most tyranically clapped for it.

[…] the groundlings […] for the most part are capable of nothing but *inexplicable dumb-shows and noise.*

** «A tempestuous noise of thunder and lightning heard.» «A confused noise within». «Thunder» (at intervals). «Enter Prospero, above, invisible. Enter several strange Shapes, bringing in a banquet; they dance about it with gentle actions and salutations; and, inviting the king, etc., to eat, they depart».

Otra vez:

> Truenos y relámpagos. Entra Ariel en figura de arpía; bate sus alas sobre la mesa y de una manera inusitada el banquete se desvanece.*

Otra vez:

> Se desvanece en el trueno. Luego, al son de música suave, vuelven a entrar las Figuras y danzan con muecas y contorsiones y se llevan la mesa.**

Más adelante:

> Entran algunos segadores, con sus vestidos peculiares; se unen a las ninfas en una danza graciosa. Hacia el final de la danza, Próspero se sobresalta y habla, después de lo cual, en medio de un extraño ruido hueco y confuso, se desvanecen lentamente.***

Y aún hay más de este tipo de cosas. A pesar de ello se supone que el mismo hombre que escribió todo esto había tomado las armas, seis o siete años antes, contra tales productos pantomímicos y había introducido en su gran obra maestra una advertencia contra estas novedades de «incomprensibles pantomimas y alboroto».

En el Primer Infolio solo seis de todas las obras teatrales de Shakespeare están precedidas por listas de *dramatis personæ*. De estas *La tempestad* es una, y *Timón de Atenas*, una obra que se admite «de colaboración», otra. En esta última obra se hace

---

* «Thunder and lightning. Enter Ariel, like a harpy; claps his wings upon the table; and with a quaint device, the banquet vanishes.»

** «He vanishe* in thunder; then, to soft music, enter the Shapes again, and dance, with mocks and mows, and carry out the table.»

*** Enter certain reapers, properly habited; they join with the Nymphs in a graceful dance; towards the end whereof Prospero starts suddenly and speaks; after which to a strange hollow and confused noise they heavily vanish.»

más ostensiblemente. Como vamos a ver, las singularidades de la primera obra se acumulan y el hecho excepcional que acabamos de mencionar debe tenerse en cuenta. Pasando a la lista en *La tempestad* nos topamos con que un personaje se caracteriza como «borracho», otro como «honesto» y un tercero como «salvaje». Aunque en otra de estas listas (*Los dos caballeros de Verona*) Turio se caracteriza como «grotesco», en ninguna hay tanto de ello como en la obra que estamos considerando. Todo esto sorprende como una cosa ajena al espíritu de «Shakespeare», cuyo método es naturalmente revelar el carácter de sus personajes en el funcionamiento de las obras. Es poco probable que «Shakespeare» tuviese algo que ver con ninguna de las listas; son trabajo editorial, y el carácter que asumen en este caso ayuda a resaltar el hecho, que otros han señalado, de que a la edición de *La tempestad* se le dispensó un cuidado excepcional. El editor o editores tenían evidentemente algún interés especial en esta obra particular.

Pasando ahora a la cuestión de la ejecución general, podemos tomar cualquier otra de las grandes comedias shakespearianas y examinar todo el diálogo, particularmente el que ocurre entre jóvenes de sexos opuestos. Lo que más nos llama la atención es el choque constante de ingenio y broma sutil que tiene lugar cada vez que se encuentran hombres y mujeres jóvenes, junto con los equívocos juguetones con que siempre disfrutan los amantes de Shakespeare. No hay nada de esto en *La tempestad*. En su lugar tenemos el aguado sentimentalismo de Miranda y Fernando, no iluminado por un solo destello de inteligencia. Sin embargo Miranda no era ninguna niña inexperta: un hecho muy evidente en su conversación previa con su padre. Tal vez el dramaturgo, al componer esta escena de amor en la que deseaba representar a Miranda bajo una luz especial, pasó por alto lo que ya había escrito en la escena anterior. Sea como fuere, el carácter del encuentro entre estos dos amantes es digno de consideración. Se ven por vez primera y pasan unos cinco minutos juntos. En ese breve espacio de tiempo se han enamorado perdidamente, se han confesado sus sentimientos y han concertado su primera cita, «para dentro de media hora». Todo esto, por supuesto, se debe a la magia de Próspero. ¡Cuán interminable tiene que haber parecido a los jóvenes esta media hora! Así que, cuando llega a su fin, se vuelven a encontrar, en presencia del padre de Miranda, y le escuchan un sermón; pero cuando él los deja y están por fin solos, por primera vez como una pareja prometida, en los transportes de su recién nacido amor vuelcan su afecto mutuo en una apasionada *partida de ajedrez*. ¿Es posible concebir a «Shakespeare» representando así a cualquiera de las parejas destacadas de sus obras, como Romeo y Julieta, Orlando y Rosalinda, Hermia y Lisandro, Valentín y Silvia, Berowne y Rosalina, Porcia y Bassanio, o Beatriz y Benedicto? En todo estos casos los centros de interés están en el juego del diálogo, mente frente a mente, y no en la iluminación de una escenografía bonita.

No solo en el tipo de encuentro que acabamos de analizar, sino durante toda la obra, el gran rasgo shakespeariano que más echamos de menos es el auténtico ingenio, en el sentido propio de sutileza y refinamiento intelectual. El interés de la comedia depende muy en gran medida de lo espectacular, y acaso por esta razón se escoja en los tiempos modernos para mostrar la técnica del mecanismo escénico más que de los actores. De hecho una autoridad ha reconocido que «no hay ingenio en *La tempestad*». No obstante, su autor estuvo atento al lado más ligero de la obra, y así, cuando ha buscado diversión y descanso del despliegue escénico, la obra apela a lo grotesco y lo absurdo groseros, sacando casi la totalidad de la risa de bufonadas de borrachos. Sin sus elaborados efectos escénicos la actuación quizá fracasaría, y este hecho apoya la teoría de que no es un verdadera obra isabelina, sino que pertenece al período que se le ha asignado, si bien tales obras se estaban poniendo de moda en el último período isabelino.

Por otro lado, pensar en ella como procedente del mayor dramaturgo isabelino, cuando a las vastas facultades de este se había añadido la influencia madurada de una experiencia aún mayor, aumenta el misterio en que está envuelta la obra. El hecho es que siempre se ha mirado con los otros dramas como un fondo imponente. Vista como suplementaria de una literatura monumental, la grandeza que hay en los otros escritos se ha trasladado y añadido a su cuenta. No obstante, separada de las otras obras se ve que contiene unos ingredientes intelectuales mucho más tenues de lo que se ha supuesto.

El efecto de estas consideraciones es suscitar la pregunta no solo de si *La tempestad* incluye una gran mezcla de trabajo de otras personas, sino la pregunta más audaz y trascendente de si es en algún sentido una obra de Shakespeare.

No se trata de la cuestión de si es una producción buena o una pobre, o si algunas auténticas obras teatrales shakespearianas no son en algunos aspectos inferiores a esta. La pregunta es la siguiente: en una comparación de las características de esta pieza con los rasgos sobresalientes de la obra de Shakespeare, ¿cuáles son las probabilidades de que no provenga de la misma pluma que las demás?

Ya hemos indicado que su posición entre los otros dramas, desde el punto de vista de la fecha, la señala en seguida como una obra bastante singular. También en otros aspectos veremos que esto es así. Se trata de la única obra teatral con un escenario de fondo marino y vida marinera; lo más cercano a ella, curiosamente, es *Pericles, príncipe de Tiro.* Y es la única que tiene la práctica de la magia como elemento dominante; los agentes sobrenaturales en *Sueño de una noche de verano* no están bajo la dirección y el control humanos. Tal trinidad de singularidades constituye una acusación suficiente para empezar. Debemos, sin embargo, añadir a esto lo que es quizás el más fuerte argumento general contra ella: que se trata de la única obra teatral atribuida a «Shakespeare» que hace algún intento de conformarse a las unidades griegas. Que «Shakespeare» hiciese esto en cualquier momento parece altamente improbable; es contrario al espíritu libre de su genio y es un ejemplo de ese «sujeción del arte a la autoridad» que repudia explícitamente. Pensar que él se sometió a tal restricción malsana en el último extremo de su carrera requeriría alguna explicación extraordinaria.

Ahora examinemos la obra en su incidencia sobre algunos de los puntos según los cuales hemos tratado de caracterizar a «Shakespeare» al comienzo de nuestras investigaciones. Si bien incluye un rey y un duque, nadie cuando la lee puede sentirse en contacto con la estructura social del feudalismo medieval. Próspero, el duque de Milán, no representa de ninguna manera una dignidad ducal o las funciones de un ducado. Él es, del principio al fin, un mago, y habría importado poco a su papel en la obra si hubiera sido originalmente un diácono patriarcal.

El rey Alonso apenas puede ser mirado como un personaje perteneciente a la obra. En algunas escenas importantes solo está obligado a ponerse de pie y exclamar expresiones tales como «Te ruego paz» o «Te ruego calma». Es el rey más de madera y menos real de todos los de Shakespeare; un papel que se relega a un miembro subalterno de la compañía de actores. El hermano de Próspero, Antonio, el duque usurpador, es un villano muy común en el teatro, a quien el autor parece haber casi olvidado después del segundo acto; con un resultado muy curioso, pues, aunque el anticlímax de la obra consiste en su perdición, su única parte en el acto final, que implica la ruina de su fortuna, es hacer un solo comentario: sobre un pez. Esto ni es feudalismo ni «Shakespeare».

Lo que antecede se refiere a la parte social del medievalismo. Cuando pasamos a su aspecto religioso, el catolicismo, se da una situación más curiosa. Cualesquiera hayan sido las opiniones personales de «Shakespeare» respecto a la religión, no cabe duda alguna sobre que él era un buen conocedor del punto de vista de la Iglesia Católica Romana y estaba bastante familiarizado con su terminología; y todo ello se presenta a menudo y de manera apropiada en sus dramas. Ahora bien, *La tempestad* es una obra que trata de nobles italianos de Milán y Nápoles, es decir, pertenecientes a una sociedad católica; aun así, desde la primera palabra a la última no podemos hallar en la obra un solo término empleado que sugiera una idea católica peculiar. Al mismo tiempo se presentan innumerables ocasiones en que podrían haber sido insertados ciertos toques de color local, y en que cualquier escritor que tuviese el material dispuesto habría tendido a introducirlo inconscientemente. Baste citar la llamada «a la oración», los esponsales de Fernando y Miranda, y el grave aspecto religioso dado a alguna de las relaciones de Próspero con su hija.

Por lo tanto, si lo abordamos por su lado social o religioso, podemos decir que el medievalismo que «Shakespeare», al encarnarlo en sus dramas, ha hecho tanto por preservarlo en colores vivos, está casi, si no totalmente, ausente de esta obra en particular. Es lícito declarar que la persona que la escribió no tenía ni intimidad con el catolicismo de «Shakespeare» ni su idea vitalizada de lo que fue mejor en el feudalismo.

Cuando aplicamos a *La tempestad* la prueba del enfoque de la mujer por parte del dramaturgo, de nuevo obtenemos resultados significativos. Vamos a poner a un lado esa actitud peculiar y definida que dedujimos de los *Sonetos*, que no aparece en las mejores comedias shakespearianas, y vamos a limitar nuestra atención a los dramas. Aquí encontramos las referencias más variadas y frecuentes a los caracteres, la disposición, los estados de ánimo, los motivos y la conducta de las mujeres. Podría cuestionarse que él hubiese observado a las mujeres con precisión, pero nadie puede negar que lo había hecho de cerca y tenía muchas cosas que decir sobre el tema. Por ello la palabra «mujer» es una de las más usadas en sus obras teatrales. Ahora bien, la palabra «mujer» en *La tempestad* nunca surge en conexión con asuntos tales como los que acabamos de aludir. Quizá sea motivo de sorpresa para muchos que la palabra solo surja dos veces en toda la obra, y estas tienen un carácter muy formal y vacío. Miranda comenta que ella «no recuerda ningún rostro de mujer» y Calibán dice «nunca vi una mujer excepto a Sycorax, mi madre y ella». Las tres ocasiones en que se usa el plural son asimismo incoloras. Ciertamente se trata de una muestra muy pobre para una obra que se supone que proviene de la mano de tal exponente de la naturaleza humana como «Shakespeare».

Al rastrear indicios de la vida y el carácter de Edward de Vere en los escritos de «Shakespeare», tuvimos ocasión de comentar la importancia dada a los caballos y la equitación en general. Nos encontramos con que el simple sustantivo «caballo», dejando de lado todo derivado, aparece 206 veces; un promedio de cerca de siete veces en cada una de las 36 obras teatrales. Si sumamos a estas las palabras que aluden a montar a caballo, como «a caballo» y «equitación», el total alcanza casi las 300 veces, *ninguna de las cuales aparece en «La tempestad», la única obra teatral atribuida a «Shakespeare» de la que se puede decir esto.* No obstante aparece la palabra «potro», y el pasaje es muy instructivo.

> Yerguen orejas como potros bravos,
> avanzan párpados, alzan narices,
> como si oliesen música.*

No vamos a comentar estas líneas torpes, pero pedimos al lector que compare el pasaje con el siguiente de *El mercader de Venecia*, que consciente o inconscientemente parece haberlo sugerido.

> Mirad una manada agreste y libre,
> raza de potros aún no domados,
> con sus cabriolas locas, resoplando,
> que es condición caliente de su sangre.
> Como oigan un sonido de trompeta
> o un aire musical llegue a su oído,
> veréis que quedan quietos a la vez,
> sus ojos bravos en mirada humilde,
> por la dulzura de la música.**

Se nos pide creer que la primera parodia de este último pasaje fue escrita por el mismo poeta después de haber añadido quince años a su experiencia como escritor. De haberse inver-

---

* Like unback'd colts they prick 'd their ears,/Advanced their eyelids, lifted up their noses,/As they smelt music.

** For do but note a wild and wanton herd,/Or race of youthful and unhandled colts,/Fetching mad bounds, bellowing and neighing loud,/Which is the hot condition of their blood,/If they but hear perchance a trumpet sound,/Or any air of music touch their ears,/You shall perceive them make a mutual stand,/Their savage eyes turn'd to a modest gaze/By the sweet power of music.

tido las fechas, podríamos haber supuesto un desarrollo de la idea y la capacidad técnica. Sin embargo, tal y como están, es indignante suponer que cualquier poeta eminente pudiera mutilar así su propia obra. De nuevo, en materia de términos de cetrería, en la que el vocabulario de Shakespeare es tan variado («halcón», «falcón», «halcón montano», «cría de halcón», «halcón macho», «borla suave», «azor», «suelta», «encapillar», «desainar», «soltar con silbido»), ninguno de estos ocurre en la obra que estamos examinando. De hecho encontramos el mismo estado de cosas en todos los demás asuntos relacionados con el deporte, la caza y el tiro con arco, exceptuando una sola referencia al arco y las flechas de Cupido. Nunca aparece un ciervo, adulto o joven, una liebre o un sabueso, un galgo, una presa, una pista o trompeta, ninguna vez. Estos son suficientes para demostrar que faltan por entero en esta obra no solo algunos términos raros, uno o dos de los cuales podrían no figurar en una obra verdadera de Shakespeare, sino estratos enteros de términos que tratan de las imágenes con las que la mente de Shakespeare trabajó habitualmente. Se puede excusar a un simple lego si se debilita su fe en el juicio de los expertos shakespearianos.

Siendo un dominio especial de Shakespeare la naturaleza humana, ¿cómo queda *La tempestad* con respecto a las palabras sobresalientes del dramaturgo en este dominio? Una de las palabras que en él recurren constantemente es «voluntad» [will], y en las concordancias de Mary Cowden Clarke solo se registra cuando es usada como sustantivo. En este sentido aparece no menos de 280 veces, y de estas solo una en *La tempestad*, en la frase «la *voluntad de lo alto*» [the *wills above*]; así que de hecho ni una sola vez se alude en esta obra a la voluntad humana, que encontramos a cada paso en Shakespeare, excepto en algunas ediciones en que el sustantivo «buena voluntad» [goodwill] se ha roto en dos palabras [good will]. Cuán importante es esta palabra en el vocabulario de Shakespeare lo comprenderá quien se tome la molestia de leer el capítulo de sir Sidney Lee sobre los sonetos «Will».

Tomemos otra vez una palabra tan fundamental como «fe», que con sus derivados ocurre unas 250 veces. Ni esta palabra ni ninguno de sus derivados, «fiel», «fielmente», «fidelidad», aparece nunca en esta obra. O, de nuevo, ninguna vez ocurre la palabra «deber» ni otras de su familia semántica como «obediente» o «deferente», a pesar de que estas palabras están ligadas al sistema feudal y ocurren en las obras completas unas 200 veces. Encontramos exactamente lo mismo con respecto a palabras dominantes como «coraje» y «celos». Las palabras «melancolía» y «deseo», esta última especialmente, que representa una idea muy persistente en la mente de «Shakespeare», están otra vez totalmente ausentes. En resumen, muchos de los términos más importantes que usa «Shakespeare» al tratar esos problemas de la naturaleza humana faltan en la obra que se supone que representa la mente madura del dramaturgo.

Sobre la base de solo el último grupo de palabras estaríamos muy justificados al rechazar absolutamente cualquier afirmación de que esta obra hubiese sido escrita por el mismo autor de los grandes dramas shakespearianos. Sobre cuestiones menores podemos mencionar la ausencia del contraste «rojo y blanco» y, por supuesto, de «el lirio y la rosa». De hecho ni el lirio ni la rosa ni la violeta, que tomamos como flores favoritas de Shakespeare, se citan ninguna vez.

Es difícil explicar cómo *La tempestad* se destaca en materia de vocabulario general. No obstante, si se toma cualquier concordancia de Shakespeare y se escoge al azar un número de páginas de diferentes partes del libro, entonces, examinada de cerca, se hallara que en *La tempestad* están más a menudo ausentes que en casi cualquier otra obra teatral las largas listas de ejemplos de repetición de palabras que aparecerán en la mayoría de las otras. Se verá, por lo tanto, que tiene quizá el vocabulario más pobre, así como el menos shakespeariano de todas ellas, aun incluyendo *Pericles, príncipe de Tiro*. Además, al leerla con una atención exclusiva a este punto, uno tiene la impresión de que su vocabulario no es solo más limitado en extensión, sino que se extrae de un estrato del idioma inglés bastante diferente. Adicionalmente aparece en cuanto a la lengua una artificialidad y un arcaísmo afectados que sugiere a un escritor posterior tratando de componer en la vena de Shakespeare.

Después de todos los elogios que se le han prodigado a esta obra particular, puede parecer presuntuoso cuestionar algo así como la calidad de su versificación. Sin embargo, si se hace un examen crítico del texto de la obra, la gran proporción de metros malos que se encuentra en ella tal vez cause cierta sorpresa. Desde el primero al último, sus versos blancos trotan y dan tumbos del modo más incómodo. Esas cantidades falsas, que de vez en cuando interrumpen incluso el flujo del mejor verso shakespeariano, tanto se empujan una sobre otra en *La tempestad,* que es imposible conservar por algún tiempo el sentido de dicción rítmica que satisface el oído inconsciente en la lectura silenciosa de otras obras teatrales. Nada se gana tasando la obra por debajo de su valor verdadero, pero estamos obligados a decir que en muchos casos la escansión nos parece tan penosa que sospechamos que el escritor construyó sus pentámetros contando mecánicamente las sílabas por los dedos, y contando mal.

En este sentido ya hemos tenido la oportunidad de llamar la atención sobre el verso blanco del primer diálogo importante de la obra: el de Próspero y Miranda, en el que aquel relata la historia de sus infortunios. Una mínima inspección revela que gran parte del diálogo no es verso en absoluto, en el verdadero sentido, sino prosa simple cortada en tiras cortas: exactamente como en un capítulo anterior vimos que se hizo realmente en *Coriolano*. La versificación, que es básicamente la ruptura de los enunciados en piezas cortas o versos, de acuerdo con alguna regla, siempre implica que de una manera general la pausa formada por el final de los versos corresponde a una pausa, por pequeña que sea, en la expresión oral; las excepciones a esto solo sirven para subrayar la regla. Cuando la conexión entre la última palabra de un verso y la primera palabra del siguiente es demasiado estrecha, y tales conexiones se vuelven demasiado frecuentes, el sentido de la versificación se pierde y se vuelve simplemente prosa desmembrada.

Tomemos, pues, las dos primeras líneas de este diálogo:

> Si en vuestro arte, caro padre, *habéis*
> *puesto* a rugir las olas, amansadlas.*

Ahora bien, apenas es posible hallar dos palabras más estrechamente ligadas en enunciados orales que un verbo principal y su auxiliar, cuando ningún adverbio se interpone entre ellos, como en el caso de este verbo «habéis puesto». Y no es el único ejemplo de este tipo. Roto precisamente de la misma manera tenemos el verbo en

> *Había*/quemado (III. 1);   *ha de*/vengar (III. 2);
> *han*/enfurecido (III. 3);   *habéis*/estado (V. 1);
> *he*/recibido. (V. 1);   *ha de*/sonar (V. 1).**

Tomando a *Hamlet* como nuestra norma para medir el estilo de la versificación de Shakespeare, no hallamos un solo ejemplo de este defecto en la gran obra maestra.

Continuando nuestro examen de este diálogo, encontramos, unas líneas más adelante, este pasaje:

---

* If by your art, my dearest father, you *have*/*Put* the wild waters in this roar, allay them.

** *Had*/Burnt (III.1); *will*/Revenge (III. 2); *have*/Incensed (III. 3); *have*/Been (V. 1); *have*/Received (V. 1); *must*/Take (V. 1).

> Antes que el buen navío hundirse, *y*
> las almas dentro de él.*

Esta conjunción «*y*» al final de los versos en *La tempestad* es un rasgo del estilo de su autor. Ya la señalamos en el pasaje «*y*/se han hecho aire». La encontramos repetida tres veces en este corto diálogo:

> *Y*/un poderoso príncipe. [...]
> *Y*/ella dijo.**

La tercera vez es la de la cita de arriba.

Exactamente de la misma manera tenemos:

> *Y*/mi gran imaginación. (II. I)
> *Y*/buscaré. (III. 3)
> *Y*/armonioso encanto. (IV. I)***

De nuevo ni una vez aparece este defecto en *Hamlet*. Tenemos también los casos de la conjunción «pero» colocada al final de los versos:

> *Pero*/por cada bagatela. (II. 2)
> *Pero*/la amada. (III. 1)
> *Pero*/si rompes. (IV. 1)****

Tampoco este defecto aparece ninguna vez en *Hamlet*.

Hay también ejemplos de versos que acaban en otras conjunciones, a lo que puede añadirse pronombres relativos y adverbios conjuntivos:

---

* It should the good ship so have swallow'd and/The fraughting souls within her.

** *And*/A prince of power. [...] *And*/She said.

*** *And*/My strong imagination. (II. 1). *And*/I'll seek. (III. 3). *And*/Harmonious charmingly. (IV. 1)

**** *But*/For every trifle. (II. 2). *But*/The mistress. (III. 1). *But*/If thou dost break. (IV. 1)

Que/eres ignorante. (I. 2)
Que/haya guardado con tu recuerdo. (I. 2)
A quien/tirar a la basura. (I. 2)
Que/un noble napolitano. (I. 2)
Que/yo daba más valor. (I. 2)
Pues/es gentil. (I. 2)
Que/digamos. (II. I)
Que/caen rodando. (II. 2)*

Y sigue así hasta el final de la obra. Pero nunca aparece en *Hamlet* esta forma de íntima conexión entre el final de un verso y el principio del siguiente. Es muy difícil entender cómo puede sostenerse, delante de una comparación de este tipo, que la versificación de ambas obras proviene de la misma pluma.

Otra forma peculiar de conexión entre el final de un verso y el principio del siguiente es dividir entre ellos frases preposicionales simples. Por ejemplo:

De/una estrella más propicia. (I. 2)
A/algún dios. (I. 2)
A/qué fin. (II. 1)
De/nuestra generación humana. (III. 3)
Con/una pesadez. (V. 1)
En/la extrañeza. (V. 1)**

Las únicas preposiciones que aparecen al final de versos en *Hamlet* son las de los verbos precedentes, y salvo en un caso que tiene una justificación especial, no aparecen las preposiciones que entran en la formación de frases preposicionales.

---

* *Who*/Art ignorant. (I. 2). *That*/Hath kept with thy remembrance. (I. 2). *Who*/*To trash for over topping.* (I. 2). *That*/*A noble Neapolitan.* (I. 2). *That*/I prize. (I. 2). *For*/*He's gentle.* (I. 2). *That*/We say befits. (II. I). *Wich*/Lie tumbling. (II. 2)

** *Upon*/A most auspicious star. (I. 2). *Upon*/Some god. (I. 2). *At*/Which end. (II. 1). *Of*/Our human generation. (III. 3.) *With*/A heaviness. (V. I). *On*/The strangeness. (V. 1)

Imaginamos que un examen crítico y exhaustivo de los finales de línea en el verso blanco de las obras teatrales atribuidas a Shakespeare producirá resultados sorprendentes. Por ello hemos tomado no solo la obra de *Hamlet*, que hicimos nuestra norma en el examen del verso blanco de *La tempestad*, sino todas las obras teatrales de Shakespeare que recibieron una presentación literaria adecuada entre la publicación de *Enrique IV*, *Primera parte*, la primera en editarse (1597), y *Hamlet* (1604), la última de las ediciones auténticas anteriores al Primer Infolio, y hemos pasado algunas horas ojeando las terminaciones de su verso blanco. Ni una sola vez hemos hallado un verso que termine en «y», «pero» u otra conjunción simple o pronombre relativo. No nos arriesgaremos a decir que tal final no exista en *Ricardo III, Ricardo II, Sueño de una noche de verano, Trabajos de amor perdidos, El mercader de Venecia, Romeo y Julieta, Mucho ruido y pocas nueces, Tito Andrónico* o *Hamlet*, sino que, si ocurriese que tal terminación está allí, no la hemos descubierto; y tan extremadamente rara sería que tendría que clasificarse con las «licencias de Homero» y los «lapsos de Milton». Sin embargo en el caso de *La tempestad* no hay que buscar estos finales; se imponen a sí mismos de la manera más incómoda.

Cuando, así y todo, pasamos a las obras a las que «otros fueron llamados a terminar en fecha posterior», nos encontramos con un estado de cosas totalmente diferente. No es probable ninguna de estas sin varios finales «y» y «pero». La obra que se acerque más a *La tempestad* en este aspecto supondríamos que sea *Cimbelino*. Si echamos un vistazo sobre ella mientras tenemos aún presente el contraste entre los verdaderos finales de Shakespeare y *La tempestad*, reconocemos a la vez que los finales de *Cimbelino* son del orden de *La tempestad*. Los «y», los «pero» y los pronombres relativos se hallan con frecuencia, y hay en la versificación, en todo caso, una evocación general de la similitud entre las dos obras. Es interesante, por ello, tener en cuenta en esta obra el mar, la escena delante de la cueva, el trueno y el relámpago, y la mascarada y pantomima (que sir Sidney Lee admite que no podría haber sido escrita por «Shakespeare»), y aun el carácter de Imogenia, todo lo cual evoca la obra que estamos discutiendo.

Entonces, si la sustancia de la obra de *Cimbelino* es shakespeariana, todo sugiere que haya sido versificada por el escritor que compuso *La tempestad*. Un desarrollo de esta línea de estudio tal vez haga mucho por reducir aún más la cantidad de la pura literatura shakespeariana. En la medida en que las ideas y la expresión general de las últimas obras se reconozcan como shakespearianas, tenderá a confirmarse una teoría que hemos desarrollado en un capítulo anterior: que estos dramas existieron primero como obras escénicas con una proporción mayor de prosa y después fueron convertidos en literatura poética, teniendo las obras posteriores que recibir su versificación de manos extrañas. En el caso de *Cimbelino* es posible atribuir el arreglo poético solamente a los extraños. En el caso de *La tempestad* creemos que todo el drama debe cederse a los que se dedicaron a acabar las obras teatrales de «Shakespeare».

Estamos dispuestos a mantener entonces, sobre la base de las diversas cuestiones indicadas, que *La tempestad* no es una obra de «Shakespeare». Lo que nos fuerza a rechazarla no consiste en la ausencia de una característica shakespeariana rara, sino de tantas señales dominantes de su obra, junto con la presencia de varios rasgos bastante contrarios a su estilo. Por consiguiente, si de hecho se presentó durante la vida de William Shakspere como una genuina obra shakespeariana, ello ofrece un testimonio adicional sobre la muerte anterior del dramaturgo, y lo que en un primer momento era una dificultad se convierte así en un apoyo y una confirmación más de nuestra teoría. Quién habrá sido el escritor o quiénes los escritores; cómo la obra llegó encontrar un lugar en la edición completa de las obras de Shakespeare (el Primer Infolio); por qué se le concedió el primer lugar en aquella colección y también se editó con estorbos excepcionales, son, sin duda, problemas de interés considerable que, de solucionarse, arrojarán alguna luz sobre nuestro problema. Con todo, su solución no es ni urgente ni necesaria, por lo que puede quedar para una revisión.

Aun así, deseamos hacer hincapié en el hecho de que, si no fuese por la teoría de que Edward de Vere escribió las obras de Shakespeare, nunca habríamos llegado a sospechar de la autenticidad de *La tempestad*. Cuando, no obstante, la teoría de la autoría de De Vere despierta dudas acerca de la autenticidad de esta obra, y en un examen encontramos tal acúmulo de pruebas de que no es obra de Shakespeare, el descubrimiento ofrece un apoyo adicional al supuesto de que el autor de la obra genuina fue realmente Edward de Vere. Y es la frecuencia con que han surgido tales ejemplos de confirmación mutua o complementaria de nuestra teoría lo que ha dado a esa teoría tal grado de certidumbre.

Somos conscientes de que al presentar estas opiniones con respecto a *La tempestad* quizá estemos «suscitando prejuicios a contrapelo» tan peligrosamente como estamos avanzando en la teoría de la autoría, y también nos arriesguemos a la apertura de cuestiones secundarias que pueden desviar la atención del tema central. Esta es la razón por la que hemos relegado el asunto a un apéndice. A aquellos a los que no satisfagan estos argumentos les indicaríamos de momento las fechas tempranas sugeridas por Hunter y otros, y la teoría general de colaboración que es mantenida respecto a las últimas producciones de Shakespeare. Mientras tanto, aclaramos que no nos apoyamos en estas teorías de fechas tempranas, y que en nuestra opinión el rechazo de *La tempestad* debe incorporarse en última instancia al argumento general.

APÉNDICE II

Una de las dificultades principales con que hemos tenido que enfrentarnos al escribir las páginas precedentes ha sido la de seguir el paso de la acumulación de pruebas y colocarlas en sus relaciones adecuadas: un testimonio muy fuerte de la solidez de las conclusiones generales. Incluso después de que la obra estuvo casi totalmente preparada, establecimos algunas pruebas muy interesantes, de las cuales llegó a nuestras manos una pieza que tal vez vaya a coronar toda la estructura. Estas cuestiones podemos tratarlas solo brevemente.

I

EL ARGUMENTO PÓSTUMO

Primero nos gustaría citar el siguiente pasaje que habíamos pasado por alto de la serie *English Men of Letters*, que presta un apoyo valioso a nuestro argumento «póstumo»: «Al principio de su carrera hizo Shakespeare un uso muy libre del trabajo de otros. [...] Hacia el final de su carrera su trabajo se encontró nuevamente mezclado con el de otros, pero esta vez tenemos motivos para sospechar que estos otros lo han puesto a él a contribución, alterando sus obras teatrales terminadas, o terminando su trabajo inacabado con adiciones de ellos» (sir Walter Raleigh: *«Shakespeare»*, pág. 109).

II

LA CIMERA DE OXFORD Y LA DIVISA FAMILIAR

Un examen de la cimera de De Vere en *Fairbairn's Crest* (vol. II. lámina 40, 2) y en *De Walden Library* (vol. *Banners, Standars and Badges*, pág. 257) da a conocer el hecho interesante de que lo que sir Edwin Durning-Lawrence en *Bacon is Shakespeare* (pág. 41) había tomado por la cimera de Bacon, por la casualidad de hallarse en una copia de la presentación del *Novum Organum*, es en realidad la cimera de De Vere. Varias familias tenían al Jabalí como su cimera, pero la marca distintiva de esta es la media luna sobre el hombro izquierdo del animal (ver *De Walden Library*). Esto es propio de la cimera de De Vere, y aparece en la ilustración de sir Edwin Durning-Lawrence. Cualquier valor que pueda tener el argumento de este escritor, pertenece, pues, a De Vere. Sin embargo no vamos a analizar ese argumento.

Las estrellas sobre la bandera de De Vere y la divisa familiar «Vero nihil verius» («Nada más verdadero que la verdad») son especialmente interesantes en vista de la poesía de Hamlet a Ofelia:

> Duda que los astros arden,
> duda que se mueve el Sol,
> duda que lo cierto es falso,
> mas no dudes de mi amor.*

Este modo de exagerar representando algo como «más verdadero que la verdad» vuelve a aparecer cuando Shakespeare satiriza el eufuismo, al representar a don Armado

---

* Doubt that the stars are fire,/Doubt that the sun doth move,/Doubt truth to be a liar,/But never doubt I love.

como usando los términos de la divisa familiar de De Vere: «Sois [...] más verdadero que la verdad misma».

III

EL RETRATO DE OXFORD Y EL GRABADO DROESHOUT

Generalmente se ignora que no hay ningún retrato de Shakespeare antes del grabado Droeshout que apareció en el Primer Infolio, es decir, siete años después de la muerte del hombre al que se supone que representa, y que es de un tipo totalmente diferente del busto que se colocó en Stratford, donde él sería conocido en persona. Droeshout, por otra parte, era solo un muchacho de quince años cuando Shakspere murió; no tendría sino doce cuando Shakspere estuvo en Londres quizá por la última vez, y nació el año anterior al supuesto retiro de Shakspere en 1604. Estos hechos, combinados con el carácter peculiar del retrato que produjo, han convertido la cuestión de lo que tuvo que realizar en no menos interesante que los muchos problemas relacionados con la autoría shakespeariana.

No fue hasta hace unos meses cuando tuvimos la oportunidad de ver un retrato de Edward de Vere en las reproducciones de Fairfax Murray de los retratos que están en el sitio del duque de Portland en la abadía de Welbeck, cerca de Worksop, en Nottingham.

Ciertos rasgos de la imagen evocaron de inmediato el grabado Droeshout, muy especialmente la fina línea oscura sobre el labio superior, dejando un breve espacio entre esta sugerencia de un bigote y el borde del propio labio. Desde entonces hemos revisado un gran número de retratos de la época y no hemos descubierto nada similar. Además había las

Retrato Grafton, de autor desconocido. Biblioteca John Rylands de la Universidad de Manchester

mismas proporciones faciales, el mismo arqueo de las cejas, la postura idéntica (rostro de tres cuartos), la misma dirección de la mirada, un volumen casi igual de busto, siendo la diferencia principal que uno está girado hacia la derecha y el otro hacia la izquierda: en conjunto había más que suficiente para sugerir que, cuando los dos pudiesen cotejarse, podría sacarse la muy firme conclusión de que Droeshout había trabajado sobre este retrato de Edward de Vere, haciendo cambios según instrucciones.* Pues Oxford tenía solo veinticinco años cuando se pintó el retrato y, por supuesto, había que representar a Shakespeare como un hombre mayor. Esto explicaría el peculiar Tom Pinch** como combinación de juventud y edad que es una de las características desconcertantes del grabado Droeshout.

Sin embargo tenemos ahora ante nosotros lo que puede resultar la más sensacional de las pruebas que han arrojado hasta ahora nuestras investigaciones. Es una imagen conocida como el retrato Grafton de Shakespeare a los 24 años. Todos los detalles acerca de él se explican en una obra de Thomas Kay sobre el tema, publicada en 1915. El principal objetivo de ese libro es mostrar la conexión entre este y otro retrato a partir del cual se concibió el grabado Droeshout.

Ahora bien, hasta que podamos colocar un retrato reconocido del conde de Oxford a su lado, aplazaremos la afirmación de que este sea verdaderamente otro retrato suyo; pero hablando a partir de los recuerdos del otro, nosotros diríamos a primera vista que sí es. La mirada vuelve a de-

---

* Véanse la página 4 y la ilustración de la cubierta. *(N. del E.)*
** Personaje de Charles Dickens en *Vida y aventuras de Martin Chuzzlewit*. *(N. del T.)*

tenerse en seguida sobre la delgada línea oscura encima del labio superior que hemos notado en el retrato de Oxford; están presentes todos los rasgos que percibimos compartidos por su retrato y el grabado Droeshout, y en aquellos puntos en que los rasgos del grabado Droeshout diferían del retrato de Edward de Vere, este concuerda con el retrato Grafton. La probabilidad de que se trate de otro retrato del conde de Oxford es muy alta.

Llegamos ahora a los hechos sorprendentes. Ante todo, si bien el retrato es el de un joven de veinticuatro años, él se viste como un aristócrata, lo que lleva a los stratfordianos a inventar explicaciones rebuscadas. De nuevo bajo el 4 de su edad había habido un 3, y otra vez tienen que inventarse explicaciones. Luego, bajo el 8 de la fecha vuelve a verse como si hubiese habido otro 3, y se citan autoridades para contradecirlo. Ahora bien, como el conde de Oxford tendría 23 años en 1573, *estas dos alteraciones son dos de las tres precisas que habría que hacer para que la edad y la fecha en un retrato de Edward de Vere concordase con los datos para William Shakspere de Stratford.*

En una palabra, que tenemos aquí probablemente (para ser cautelosos de momento) un retrato del conde de Oxford con datos alterados para ajustarse al hombre de Stratford, en cuyo caso nuestras pruebas son tan completas como podrían ser. Es probable, como sugiere un estudio de la obra, que este retrato fuese colocado delante de Droeshout como la base para su grabado. Nos gustaría añadir también que los números tal vez fuesen alterados para que el grabador no estuviese en el secreto. La limpieza a la que se ha sometido la imagen ha hecho crecer los números. Por desgracia, esa misma limpieza ha borrado los brillos sobre la nariz del retrato, alterando así su forma y reduciendo su valor para la identificación.

Esto nos permite finalizar nuestro argumento casi en conformidad estricta con el plan original, cuyo séptimo y último paso era relacionar de manera directa, en la medida de lo posible, al recién acreditado autor con el supuesto anteriormente.*

---

* El retrato Grafton de Shakespeare [pág. 554] ha sido comparado cuidadosamente con el retrato Welbeck de Edward de Vere [pág. 4]. Cuando se hacen las concesiones apropiadas a las diferencias evidentes de tratamiento artístico y habilidad, y a la eliminación de los brillos del primero y a otras desfiguraciones resultantes del mal uso de la imagen, parece suficiente justificación del punto de vista adoptado en el argumento anterior. En nuestro opinión el retrato del conde de Oxford tiene más en común con el retrato Grafton y el grabado Droeshout que estos dos entre sí.

Esta edición de
El verdadero Shakespeare
de John Thomas Looney
se acabó de imprimir
en marzo de 2016